Das Buch

Wenn das Telefon klingelt, weiß die Frau eines Professors in Kalifornien genau, ob ihr Mann am anderen Ende der Leitung ist. Denn dann und nur dann versucht der Kater der Familie, den Hörer von der Gabel zu stupsen. Und obwohl die Hebamme Kate Laufer zu ganz unterschiedlichen Zeiten nach Hause kommt, erwartet ihr Mann sie täglich mit einer frischen Tasse Tee. Woher er weiß, wann sie kommt? Wenn der Terrier aufs Fensterbrett springt und unbeweglich hinausschaut, ist sie unterwegs.
Diese und viele andere erstaunliche Geschichten sind der Ausgangspunkt für Rupert Sheldrakes Untersuchungen. Denn offensichtlich besitzen Tiere einen »siebten Sinn«, der seit Jahrtausenden bekannt ist, aber noch nie wissenschaftlich untersucht wurde.

Der Autor

Rupert Sheldrake, geb. 1942, studierte Naturwissenschaften und Philosophie in Cambridge und Harvard. Er promovierte in Biochemie und war als Direktor für Biochemie und Zellbiologie am Clare College in Cambridge tätig. Sheldrakes revolutionäre Thesen werden von der Wissenschaft weltweit diskutiert.

In unserem Hause ist von ihm bereits erschienen:
Das schöpferische Universum

Rupert Sheldrake

Der siebte Sinn der Tiere

**Warum Ihre Katze weiß,
wann Sie nach Hause kommen,
und andere bisher ungeklärte
Fähigkeiten der Tiere**

Aus dem Englischen von Michael Schmidt

Ullstein

Mein Dank gilt allen Tieren, von denen ich gelernt habe.

Ullstein Taschenbuchverlag
Der Ullstein Taschenbuchverlag ist ein Unternehmen der
Econ Ullstein List Verlag GmbH & Co. KG, München
1. Auflage 2001
© 1999 Rupert Sheldrake
Titel der englischen Originalausgabe:
Dogs That Know When Their Owners Are Coming Home (Hutchinson, London)
Lizenzausgabe mit Genehmigung des Scherz Verlags, Bern und München
Alle deutschsprachigen Rechte beim Scherz Verlag, Bern und München
Einzig berechtigte Übersetzung aus dem Englischen von Michael Schmidt
Umschlagkonzept: Lohmüller Werbeagentur GmbH & Co. KG, Berlin
Umschlaggestaltung: DYADEsign, Düsseldorf
Titelabbildung: Tony Stone
Satz: Ebner Ulm
Druck und Bindearbeiten: Elsnerdruck, Berlin
Printed in Germany
ISBN 3-548-36292-3

Inhalt

Vorwort 9
Einleitung 17

ERSTER TEIL

Bande zwischen Mensch und Tier

1 Die Domestikation von Tieren 33

ZWEITER TEIL

Wenn Tiere wissen, wann ihre Menschen nach Hause kommen

2 Hunde, die wissen, wann ihre Halter nach Hause
  kommen 53
3 Katzen 103
4 Papageien, Pferde und Menschen 118

DRITTER TEIL

Empathie bei Tieren

5 Wenn Tiere trösten und heilen 145
6 Unglück und Tod an fernen Orten 163

VIERTER TEIL

Absichten, Rufe und Telepathie

7 Absichten aufschnappen 183
8 Telepathische Rufe und Befehle 204
9 Telepathie unter Tieren 238

FÜNFTER TEIL

Verschiedene Formen von Orientierungssinn

10 Unglaubliche Reisen 261
11 Migrationen und Gedächtnis 292
12 Tiere, die wissen, wann sie sich ihrem Zuhause nähern 312
13 Haustiere, die ihre weit entfernten Menschen wiederfinden 324

SECHSTER TEIL

Vorahnungen bei Tieren

14 Vorahnungen von Anfällen, Komata und plötzlichen
   Todesfällen 345
15 Vorahnungen von Erdbeben und anderen
   Katastrophen 367

SIEBTER TEIL

Schlußbetrachtungen

16 Die Kräfte der Tiere und der menschliche Geist . . 401

ANHANG

A. Wie man sich an der Forschung beteiligen kann . . 421
B. Experimente mit Jaytee 429
C. Morphische Felder 446
Anmerkungen 472
Literatur 491
Quellennachweis 503
Personenregister 504
Sachregister 509

Vorwort

Dies ist ein Buch der Anerkennung – der Anerkennung, daß Tiere Fähigkeiten besitzen, die wir verloren haben. Teils haben wir diese Tatsache vergessen, teils sind wir uns ihrer bewußt. Als Kind habe ich mich, wie viele andere Kinder auch, für Tiere und Pflanzen interessiert. In meiner Familie gab es alle möglichen Haustiere: unseren Hund Scamp, ein Kaninchen, Hamster, Tauben, eine Dohle, einen Wellensittich, Schildkröten, Goldfische und ganze Populationen von Kaulquappen und Raupen, die ich jedes Frühjahr großzog. Mein Vater Reginald Sheldrake, ein Apotheker mit Leidenschaft fürs Mikroskopieren, förderte meine Interessen und verstärkte die Faszination, die die Welt der Natur auf mich ausübte. Er zeigte mir, daß es in Tropfen von Teichwasser von Myriaden von Lebensformen nur so wimmelt und wie die Schuppen auf Schmetterlingsflügeln aussehen. Besonders fasziniert war ich davon, wie Tauben heimfanden. An Samstagvormittagen nahm mich mein Vater zu Großveranstaltungen von Brieftaubenzüchtern mit. An unserem Bahnhof in Newark-on-Trent in den englischen Midlands warteten Sporttauben aus ganz England in übereinandergestapelten Weidenkörben auf den Start. Zur festgesetzten Zeit öffneten die Züchter die Klappen. Ich durfte ihnen dabei helfen. Unter wildem Geflatter und Flügelschlagen flogen Hunderte von Tauben auf. Sie stiegen zum Himmel empor, kreisten eine Weile und begaben sich dann in alle möglichen Richtungen auf den Weg zu ihren weit entfernten Schlägen. Wie machten sie das bloß? Das wußte anscheinend niemand. Und noch heute gibt es keine Erklärung für diese Fähigkeit heimzufinden. Auf der Schule entschied ich mich natürlich dafür, Biologie und andere Naturwissenschaften zu studieren, und diese naturwissenschaftliche Ausbildung setzte ich dann an der Universität Cambridge fort, wo ich Botanik, Physiologie, Chemie und Biochemie studierte und schließlich in Biochemie promovierte. Aber im Laufe meiner Ausbildung zum Biologen tat sich eine große Kluft zwischen meinen Erfahrungen mit Tieren und Pflanzen und der wissenschaftlichen Methode auf, die mir beigebracht wurde.

Die noch immer vorherrschende orthodoxe mechanistische Theorie des Lebens behauptet, daß lebende Organismen nichts weiter seien als komplexe, genetisch programmierte Maschinen. Sie gelten als unbeseelt und seelenlos. Der erste Schritt beim Studium lebender Organismen bestand generell darin, daß wir sie töteten und aufschnitten. Ich verbrachte viele Stunden im Labor, zunächst mit dem Präparieren und im Laufe meines Studiums auch mit der Vivisektion. So erschöpfte sich beispielsweise ein wesentlicher Teil meines Biologielehrplans darin, Nerven aus abgetrennten Froschbeinen zu sezieren und sie elektrisch zu stimulieren, um die Muskeln zum Zucken zu bringen. Zur Untersuchung von Enzymen in Rattenleber, einem der bevorzugten Gewebe in der Tierbiochemie, mußten wir zuerst die lebende Ratte enthaupten, deren Blut dann ins Spülbecken des Labors spritzte. Wie Tauben zu ihrem Schlag heimfinden, erfuhr ich nicht.

Diese studentischen Übungen waren noch harmlos, verglichen mit meinen Erfahrungen als Labortechniker in der pharmakologischen Abteilung eines Pharmamultis, wo neue Medikamente entwickelt und getestet wurden. Diese Tätigkeit übte ich mit siebzehn, bevor ich auf die Universität ging, ein halbes Jahr lang aus. Da gab es Räume voller Ratten, Meerschweinchen, Mäuse und anderer Tiere, die keinem anderen Zweck dienten, als daß ihnen Chemikalien injiziert wurden, um festzustellen, welche Dosis sie vergiften würde. Den Meerschweinchen, deren Zehen so lange zusammengedrückt wurden, bis sie vor Schmerz quiekten, wurden Mittel gespritzt, die auf ihre schmerzstillenden Eigenschaften getestet wurden. Am Ende eines jeden Tages wurden Dutzende von Tieren, die diese verschiedenen Tests und Experimente nicht überlebt hatten, vergast und in eine Tonne zur Verbrennung geworfen.

Aus Tierliebe hatte ich Biologie studiert, und so weit hatte mich dieses Studium nun gebracht. Irgendwas war schiefgelaufen. Ich fragte mich, was hier eigentlich passierte. Nach meinem Studium in Cambridge bekam ich ein Frank-Knox-Stipendium für die Harvard University, wo ich Philosophie und Wissenschaftsgeschichte studierte, da ich mich für einen umfassenderen Blickwinkel interessierte. Anschließend kehrte ich nach Cambridge zurück und widmete mich der biochemischen Forschung.

Ein paar Jahre später lernte ich in Cambridge eine Gruppe von Naturwissenschaftlern und Philosophen kennen, die sich Epiphany Philosophers nannten – herausragende Wissenschaftsphilosophen, Quantenphysiker und Visionäre, die die Gebiete zwischen Naturwissenschaft, Philosophie und spiritueller Erkenntnis erforschten.[1] Diese Gruppe war sich darin einig, daß die mechanistische Naturwissenschaft alten Stils zu begrenzt war und daß die Quantenphysik den Weg zu einer umfassenden Vorstellung von der Natur wies. Bald schloß ich mich dieser Gruppe an und entdeckte, daß es unter der scheinbar konventionellen Oberfläche der Wissenschaft von

Ideen nur so gärte, die auf ein neues Verständnis der Welt hindeuteten.

Zehn Jahre lang betrieb ich entwicklungsbiologische Forschungen in Cambridge, während ich fortfuhr, mir Gedanken über die Grundzüge einer mehr ganzheitlichen Wissenschaft zu machen. Ich wurde Fellow am Clare College in Cambridge, an dem ich Studiendirektor für Biochemie und Zellbiologie war. Während meiner Arbeit in Cambridge erhielt ich einen Ruf als Forschungsstipendiat der Royal Society, unter deren Schirmherrschaft ich mich an der University of Malaya der Erforschung von Regenwaldpflanzen widmete. Später wurde ich Chefpflanzenphysiologe am ICRISAT, dem International Crops Research Institute for the Semi-Arid Tropics in Hyderabad in Indien, wo ich mich bemühte, Wachstum und Ertrag von Feldfrüchten zu verbessern, die für die Ernährung von Hunderten Millionen von Menschen eine lebenswichtige Rolle spielen.

Aufgrund meiner Erfahrungen in der biologischen Forschung und jahrelanger Diskussionen mit Kollegen veröffentlichte ich 1981 ein Buch mit dem Titel *A New Science of Life* (deutsch: *Das schöpferische Universum*)[2], in dem ich eine neue Hypothese für die Grundlage einer umfassenderen Art von Biologie vorstellte. Diese Hypothese der morphischen Felder entwickelte ich weiter in meinem Buch *The Presence of the Past* (deutsch: *Das Gedächtnis der Natur*)[3]. Im folgenden beschreibe ich neue Möglichkeiten zur Überprüfung dieser Hypothese, die ich in Anhang C zusammenfassend darstelle.

Inzwischen habe ich mehr als 25 Jahre als Wissenschaftler gearbeitet – ich habe Beiträge in wissenschaftlichen Zeitschriften veröffentlicht, Vorträge auf wissenschaftlichen Kongressen gehalten und bin seit langem Mitglied wissenschaftlicher Gesellschaften wie der Society of Experimental Biology sowie Fellow der Zoological Society. Ich glaube entschieden an den Wert wissenschaftlicher Forschung, aber mehr denn je bin ich überzeugt, daß die mechanistische Theorie der Natur zu schmalspurig ist. Meines Wissens sind immer mehr Wissenschaftskollegen dieser Ansicht, auch wenn die meisten sie nur ungern öffentlich vertreten. Ich habe entdeckt, daß der Zwiespalt, den ich in mir selbst erlebte, innerhalb wie außerhalb der wissenschaftlichen Gemeinschaft weit verbreitet ist: die Kluft zwischen der persönlichen Lebenserfahrung und der Theorie, daß lebende Organismen, also auch wir selbst, nichts weiter als seelenlose Automaten wären.

Inzwischen bin ich mir darüber im klaren, daß dieser Zwiespalt nicht unvermeidlich ist. Es gibt nämlich eine umfassendere Art von Wissenschaft. Sie ist zum Glück auch viel billiger. Unvermeidlicherweise aber ist sie umstritten. Für manche Wissenschaftler ist die mechanistische Theorie der Natur nicht bloß eine überprüfbare Hypothese, sondern eher so etwas wie ein religiöses Credo. Für andere ist die aufgeschlossene Forschung wichtiger als die Verteidigung tiefverwurzelter Dogmen. Derartige Wissenschaftler sind für meine Forschungen überaus hilfreich – sie ermutigen mich sehr und unterstützen mich auf praktische Weise.

1994 veröffentlichte ich ein Buch mit dem Titel *Seven Experiments That Could Change The World* (deutsch: *Sieben Experimente, die die Welt verändern könnten*)[4], in dem ich bekannte, aber kaum verstandene Phänomene untersuchte und darlegte, daß eine gar nicht so teure Forschung zu wichtigen Erkenntnissen führen könnte. Bei einem dieser Experimente ging es um die möglichen telepathischen Fähigkeiten von Hunden und Katzen. Insbesondere befaßte ich mich mit dem Vermögen einiger Hunde zu wissen, wann ihre Halter nach Hause kamen.

Indem ich herauszufinden suchte, wie sich eine umfassende Anschauung vom Leben wissenschaftlich entwickeln ließe, kam ich also wieder auf die Haustiere zurück. Ich habe lange gebraucht, um zu erkennen, daß dies die Tiere sind, die wir am besten kennen. Als Kind habe ich es gewußt. Für viele Menschen ist das völlig selbstverständlich, aber für mich barg dies die ganze Kraft einer neuen Entdeckung. Ich erkannte, daß die Tiere, die wir am besten kennen, uns vieles beibringen können. Sie sind nicht bloß süß, knuddelig, beruhigend oder lustig – sie können dazu beitragen, unser Verständnis vom Leben zu erweitern.

In den letzten fünf Jahren habe ich mit Hilfe von über zweitausend Tierhaltern und -trainern das Wahrnehmungsvermögen von Haustieren erforscht. Ich habe durch Umfragen bei über tausend zufällig ausgewählten Haustierhaltern herauszufinden versucht, wie weit verschiedene unerklärte Verhaltensweisen verbreitet sind. Meine Kollegen und ich haben Hunderte von Menschen befragt, die viele Erfahrungen mit Tieren gesammelt haben: Hundetrainer, Such- und Rettungshundeführer, Polizeihundeführer, blinde Menschen mit Blindenhunden, Tierärzte, Tierheim- und Stallbesitzer, Pferdetrainer, Reiter, Bauern, Schäfer, Tierpfleger, Inhaber von Zoohandlungen, Reptilienzüchter und Haustierhalter. Wenn ich aus all den Berichten und Interviews, die mir gegeben wurden, zitiert hätte, wäre dieses Buch mindestens zehnmal so dick geworden. In manchen Fällen haben Hunderte von Menschen mir von ganz ähnlichen Verhaltensmustern bei ihren Haustieren erzählt, etwa bei Hunden, die wissen, wann ihr Frauchen oder Herrchen nach Hause kommt. Ich mußte all diese Informationen zusammenfassen und kann in diesem Buch nur wenige Beispiele von jeder Art von Wahrnehmungsverhalten wiedergeben. Zum Gesamtbild haben zwar viele Menschen beigetragen, doch ich kann nur einer kleinen Minderheit namentlich danken. Ohne die Hilfe all dieser namentlich genannten oder namenlos bleibenden Menschen hätte dieses Buch nie geschrieben werden können. All jenen, die mir geholfen haben – und ihren Tieren – bin ich zu Dank verpflichtet. Dieses Forschungsobjekt wurde anfangs von dem verstorbenen Ben Webster aus Toronto in Kanada finanziert, später waren Stipendien folgender Institutionen und Personen eine große Hilfe: der Lifebridge Foundation in New York, des Institute of Noetic Sciences in Sausalito, Kalifornien, von Evelyn Hancock aus Old Greenwich in Connecticut und des Ross Institute in New York. Organisatorische Unterstützung erhielt ich in den USA vom Institute of Noetic Sciences, in den deutschsprachigen Ländern von der Schweisfurth-Stiftung in München und in England vom Scientific and Medical Network. Für diese großzügige Förderung und Ermutigung bin ich sehr dankbar.

Viel verdanke ich meinen Forschungsassistentinnen Pamela Smart in Lancashire, Jane Turney in London, Susanne Seiler in Zürich und meinem Helfer David Brown in Santa Cruz, Kalifornien, sowie meiner Sekretärin Cathy Lawlor. Sie haben mir auf vielerlei Weise geholfen: indem sie Umfragen veranstalteten, Menschen interviewten, Experimente durchführten und Daten sammelten. Sie alle trugen zur Erstellung einer großen Computerdatenbank bei, für deren Führung und Erweiterung aber in erster Linie Pam Smart verantwortlich war. Dankbar bin ich auch Anna Rigano und Dr. Amanda Jacks für ihre Mithilfe bei diesen Forschungen sowie Helmut Lasateyk für seine liebevolle Mühe, Hunderte von deutschsprachigen Berichten zu übersetzen und sie in unsere Datenbank zu integrieren.

Mein besonderer Dank gilt Matthew Clapp für die Einrichtung und Führung meiner Website (www.sheldrake.org), womit er bereits als Student an der University of Georgia begonnen hatte.

Viele Diskussionen, Kommentare, Vorschläge und kritische Hinweise ebenso wie eine umfassende praktische Unterstützung haben mir bei meinen Forschungen und beim Schreiben dieses Buches geholfen. Mein Dank gilt insbesondere Ralph Abraham, Shirley Barry, Patrick Bateson, John Beloff, John

Brockman, Sigrid Derschey, Lindy und Ava Dufferin, Peter Fenwick, David Fontana, Matthew Fox, Winston Franklin, Robert Freeman, Edward Goldsmith, Franz-Theo Gottwald, Willis Harman (†), Myles Hildyard, Rupert Hitzig, Nicholas Humphrey, Tom Hurley, Francis Huxley, Montague Keene, David Lorimer, Betty Markwick, Katinka Mason, Robert Matthews, Terence McKenna, John Michell, Michael Morgan, Robert Morris, John O'Donohue, Brendan O'Reagan (†), Barbara und Charles Overby, Erik Pigani, Anthony Podberscek, meiner Frau Jill Purce, Anthony Ramsay, Jon Roche, Miriam Rothschild, Marilyn Schlitz, Merlin und Cosmo Sheldrake, Paul Sieverking, Arnaud de St. Simon, Martin Speich, Dennis Stillings, Dennis Turner, Verena Walterspiel, Ian und Victoria Watson, Alexandra Webster, Richard Wiseman und Sandra Wright.

Auf meine Bitten um Informationen haben viele Zeitungen und Zeitschriften in Europa und Nordamerika sowie eine Reihe von Fernseh- und Radiosendungen positiv reagiert. Ich danke allen, die dies ermöglicht haben.

Außerdem danke ich all denen, die ihre Kommentare und Vorschläge zu verschiedenen Fassungen dieses Buches beigetragen haben: Letty Beyer, David Brown, Ann Docherty, Karl-Heinz Loske, Anthony Podberscek, Jill Purce, Janis Rozé, Merlin Sheldrake, Pam Smart, Mary Stewart, Peggy Taylor und Jane Turney. Glücklicherweise habe ich so verständnisvolle und konstruktive Lektoren gehabt wie Steven Ross und Kristin Kiser in New York sowie Susan Freestone in London, und die endgültige Fassung dieses Buches geht in vieler Hinsicht auf ihre hilfreichen Vorschläge zurück.

Schließlich danke ich Phil Starling für die Erlaubnis, die Fotos in Abb. 2.1, 4.1 und 8.1 abzudrucken, Gary Taylor für Abb. 2.2 sowie Sydney King für die Zeichnungen und Diagramme.

London, Februar 1999

Einleitung

Kate Laufer, Hebamme und Sozialarbeiterin in der norwegischen Stadt Solbergmoen, arbeitet unregelmäßig und kommt oft unerwartet heim, aber wenn ihr Mann Walter dann schon zu Hause ist, begrüßt er sie immer mit einer Tasse heißem frischgebrühtem Tee. Wie ist das unheimliche Zeitgefühl ihres Mannes zu erklären? Durch das Verhalten von Terrier Tiki, dem Hund der Familie: «Ganz gleich, wo er ist oder was er gerade macht», sagt Dr. Laufer, «wenn Tiki zum Fenster rast und aufs Fensterbrett springt, weiß ich, daß meine Frau auf dem Weg nach Hause ist.»

Wenn im Haus eines bekannten Professors an der University of California in Berkeley das Telefon läutet, weiß seine Frau, schon bevor sie abnimmt, ob ihr Mann am anderen Ende der Leitung ist. Wieso? Whiskins, der hellgrau getigerte Kater der Familie, springt zum Telefon und greift mit der Pfote nach dem Hörer. «Viele Male gelingt es ihm, ihn von der Gabel zu heben, und dann hört mein Mann am anderen Ende deutlich ein freudiges Miauen», erzählt sie. «Wenn jemand anders anruft, kümmert sich Whiskins gar nicht darum.»

Julia Orr glaubte, ihre Pferde hätten sich an ihre neue Koppel gewöhnt, als sie von Skirmett in Buckinghamshire zu einer

15 Kilometer weit entfernten Farm umgezogen war. Aber Badgar, ein 24jähriges Welsh-Cob-Pony, und der 22jährige Tango warteten nur den richtigen Augenblick ab. Eines Nachts sechs Wochen später, als ein Sturm das Gatter zu ihrem Feld aufriß, nutzten sie die Gelegenheit. Im Morgengrauen warteten sie geduldig am Tor zu Mrs. Orrs früherem Haus. Sie hatten auf unvertrauten Straßen und Feldwegen zurückgefunden, wobei sie unterwegs verräterische Hufabdrücke hinterließen.

Am 17. Oktober 1989 sah Tirzah Meek aus Santa Cruz in Kalifornien, wie ihre Katze auf den Dachboden hinauflief und sich versteckte, was sie noch nie getan hatte. Sie wirkte verschreckt und weigerte sich, wieder herunterzukommen. Drei Stunden später ereignete sich das Erdbeben von Loma Prieta und verwüstete das Zentrum von Santa Cruz.

Hunde, die wissen, wann ihre Halter heimkommen, Katzen, die ans Telefon gehen, wenn ein Mensch, der ihnen vertraut ist, anruft, Pferde, die über unvertrautes Terrain nach Hause finden, Katzen, die Erdbeben vorhersehen – das sind einige Aspekte tierischen Verhaltens, die auf die Existenz von Formen des Wahrnehmungsvermögens hindeuten, welche über das heutige wissenschaftliche Verständnis hinausgehen.

Nachdem ich die unerklärlichen Kräfte von Tieren fünf Jahre lang ausgiebig erforscht habe, bin ich zu der Schlußfolgerung gelangt, daß viele der Geschichten, die von Haustierhaltern erzählt werden, wohlbegründet sind. Manche Tiere verfügen anscheinend wirklich über Kräfte der Wahrnehmung, die die uns bekannten Sinne übertreffen.

Dabei sind die unheimlichen Fähigkeiten von Tieren den Menschen schon seit Jahrhunderten bekannt, und Millionen von Haustierhaltern erleben sie heutzutage persönlich. Aber gleichzeitig meinen viele Menschen, diese Fähigkeiten leugnen oder als belanglos abtun zu müssen. Von der Schulwissenschaft werden sie ignoriert. Haustiere sind die Tiere, die wir am besten kennen, aber ihr am meisten überraschendes und faszinierendes Verhalten wird so behandelt, als wäre es völlig uninteressant. Warum eigentlich?

Zum einen gilt es als Tabu, Haustiere ernst zu nehmen.[1] Dieses Tabu beschränkt sich nicht auf Wissenschaftler, sondern ist eine Folge der gespaltenen Einstellung gegenüber Tieren, wie sie in unserer Gesellschaft insgesamt zum Ausdruck kommt. Während unserer Arbeitszeit engagieren wir uns für den wirtschaftlichen Fortschritt, der von Wissenschaft und Technik in Gang gehalten wird und auf der mechanistischen Anschauung von Leben basiert. Diese Anschauung, die auf die wissenschaftliche Revolution des 17. Jahrhunderts zurückgeht, leitet sich von René Descartes' Theorie vom Universum als einer Maschine ab. Zwar haben sich die Metaphern geändert (so wird etwa zu Descartes' Zeit das Gehirn als hydraulische Maschine, vor einer Generation als Telefonzentrale und heute als Computer verstanden), doch das Denken über das Leben bewegt sich noch immer im begrifflichen Umfeld der Maschinerie.[2] Tiere und Pflanzen werden für genetisch vorprogrammierte Automaten gehalten, und die Ausbeutung von Tieren wird als selbstverständlich erachtet.

Doch gleichzeitig haben die meisten von uns Haustiere. Sie gehören einer unterschiedlichen Kategorie an. Die Haustierhaltung beschränkt sich auf den privaten oder subjektiven Bereich. Erlebnisse mit Haustieren haben in der «realen» oder «objektiven» Welt nichts zu suchen. Eine gewaltige Kluft hat sich aufgetan zwischen tierischen Gefährten, die wie Familienmitglieder behandelt werden, und Tieren in industriellen Viehzuchtbetrieben und Forschungslaboratorien. Unsere Beziehungen zu unseren Haustieren beruhen auf anderen Einstellungen: eher auf Ich-Du-Beziehungen als auf der von der Wissenschaft geförderten Ich-Es-Einstellung. Im Vorwort zu diesem Buch habe ich geschildert, wie ich selbst diesen Unterschied auf besonders intensive Weise erlebt habe.

Im Labor oder in der Feldforschung versuchen Wissenschaftler charakteristischerweise, jede emotionale Verbindung zu den Tieren, die sie erforschen, zu vermeiden. Sie bemühen sich um distanzierte Objektivität. Daher ist es eher unwahrscheinlich, daß sie Verhaltensformen begegnen, die auf engen Beziehungen zwischen Tieren und Menschen beruhen. Auf diesem Gebiet verfügen Tiertrainer und Haustierhalter generell über weitaus mehr Wissen und Erfahrung als Menschen, die sich professionell der Erforschung tierischen Verhaltens widmen – es sei denn, diese sind zufällig auch Haustierhalter. Die Tatsache, daß es tabuisiert ist, Haustiere ernst zu nehmen, ist jedoch nur ein Grund, warum die Phänomene, von denen in diesem Buch die Rede ist, von der Schulwissenschaft vernachlässigt werden. Mit einem weiteren Tabu ist das Ernstnehmen übersinnlicher oder «paranormaler» Phänomene belegt. Man nennt diese Phänomene paranormal – was soviel wie «jenseits des Normalen liegend» heißt –, und das keineswegs, weil sie selten oder außergewöhnlich sind. Einige sind sogar sehr weit verbreitet. Man nennt sie nur paranormal, weil sie sich nicht mit konventionellen wissenschaftlichen Begriffen erklären lassen – sie passen nicht in die mechanistische Theorie der Natur.

Die Erforschung von Haustieren

Die reichhaltigen Erfahrungen, die Pferde- und Hundetrainer, Tierärzte und Haustierhalter mit Tieren gemacht haben, werden im allgemeinen als Anekdoten bezeichnet. Das geschieht so oft, daß ich mich nach dem Ursprung des Wortes erkundigte, um herauszufinden, was es eigentlich bedeutet. Es stammt aus dem Griechischen, von *an ekdotos,* und heißt soviel wie «nicht veröffentlicht». Eine Anekdote ist also eine unveröffentlichte Geschichte.

Einige Forschungsgebiete, zum Beispiel die Medizin, vertrauen stark auf Anekdoten, aber wenn diese veröffentlicht werden, hören sie buchstäblich auf, Anekdoten zu sein – sie genießen nun den Rang von Fallgeschichten. Bei der in diesem Buch dargestellten Forschungstätigkeit habe ich mich dreier einander ergänzender Methoden bedient. Erstens haben meine Kollegen und ich Hunderte von Menschen befragt, die im Umgang mit Tieren erfahren sind: Hundeabrichter, Tierärzte, blinde Menschen mit Führhunden, Zoowärter, Hundeheimleiter sowie Menschen, die mit Pferden arbeiten. Dann habe ich Haustierhalter auch über Fachzeitschriften und über die allgemeinen Medien um Informationen gebeten und über zweitausend Berichte über bestimmte Arten von tierischem Verhalten gesammelt, die auf ein ungewöhnliches Wahrnehmungsvermögen hindeuten. Dabei hat sich gezeigt, daß viele Menschen ganz ähnliche Erfahrungen mit ihren Tieren gemacht haben. Und wenn die Berichte so vieler Menschen auf übereinstimmende und wiederholbare Muster verweisen, werden aus Anekdoten naturkundliche Belege. Zweitens habe ich in England und in den USA formelle Umfragen veranstaltet, bei Zufallssamples von Haushalten, um die Häufigkeit der von den tierischen Gefährten bekundeten verschiedenen Formen des Wahrnehmungsvermögens zu quantifizieren. Drittens bin ich der Frage, ob die Ansichten der Besitzer über ihre Tiere begründet sind oder nicht, mit Hilfe experimenteller Untersuchungen nachgegangen.

Eines meiner Lieblingsbücher in der Biologie ist Charles Darwins Werk *The Variation of Animals and Plants Under Domestication (Abänderung von Tieren und Pflanzen bei der Züchtung),* das 1868 erschien. Es enthält eine Fülle von Informationen, die Darwin von Naturforschern, Forschungsreisenden, Kolonialverwaltern, Missionaren und anderen Leuten erhielt, mit denen er auf der ganzen Welt korrespondierte. Er studierte Publikationen wie den *Poultry Chronicle* (*Die Geflügelchronik*) und *The Gooseberry Grower's Register* (*Das Register des Stachelbeerzüchters*). Er selbst baute 54 Stachelbeersorten an. Er stützte sich auf die Erlebnisse von Katzen- und Kaninchenliebhabern, Pferde- und Hundezüchtern, Imkern, Bauern, Gärtnern und anderen Menschen, die im Umgang mit Tieren und Pflanzen erfahren waren. Er trat zwei Londoner Taubenclubs bei, hielt alle Arten, die er bekommen konnte, und suchte führende Taubenliebhaber auf, um sich ihre Vögel anzusehen.

Die Auswirkungen der Zuchtwahl bei domestizierten Tieren und Pflanzen, die mit solcher Aufmerksamkeit von praxisorientierten Männern und Frauen beobachtet wurden, vermittelten Darwin die nachhaltigsten Beweise für die Kraft der Auslese, ein wesentliches Element in seiner Theorie der Evolution durch natürliche Auslese.

Seit Darwin hat sich die Wissenschaft zunehmend von dem reichen Erfahrungsschatz der Menschen entfernt, die keine professionellen Wissenschaftler sind. Noch immer gibt es Millionen von Menschen mit praktischen Erfahrungen im Hinblick auf Tauben, Hunde, Katzen, Pferde, Papageien, Bienen und andere Tiere ebenso wie auf Apfelbäume, Rosen, Orchideen und andere Pflanzen. Noch immer gibt es Zehntausende von Amateurforschern in der Natur. Aber die wissenschaftliche Forschung beschränkt sich mittlerweile fast völlig auf Universitäten und Forschungsinstitute und wird von Berufswissenschaftlern mit Doktortiteln betrieben. Diese Exklusivität hat zu einer gravierenden Verarmung der modernen Biologie geführt.

Warum ist diese Forschung nicht bereits betrieben worden?

Die Untersuchung der unerklärten Kräfte von Tieren, die ich in diesem Buch schildere, wird zwar durch moderne technische Geräte wie Computer und Videokameras erleichtert, aber im Prinzip hätten sich diese Forschungen größtenteils schon vor 100 Jahren oder noch früher betreiben lassen. Die Tatsache, daß sie erst jetzt unternommen werden, ist ein Zeichen für die Kraft der Tabus, die derartigen Untersuchungen entgegenstehen.

Ich glaube, daß sich viel damit gewinnen läßt, wenn man diese Tabus ignoriert. Ich glaube auch, daß sich viel damit gewinnen läßt, wenn man einer wissenschaftlichen Methode folgt. Aber das Wort «wissenschaftlich» kann ganz unterschiedliche Bedeutungen haben. Allzuoft wird es mit einem engstirnigen Dogmatismus gleichgesetzt, der all das zu leugnen oder in Frage zu stellen sucht, was nicht im Einklang mit der mechanistischen Weltanschauung steht. Im Gegensatz dazu verstehe ich unter «wissenschaftlich» eine Methode des aufgeschlossenen Forschens, bei dem man sein Augenmerk auf die Beweise richtet und mögliche Erklärungen mit Hilfe des Experimentes überprüft. Der Weg der Untersuchung entspricht eher dem Geist der Wissenschaft als der Weg des Leugnens. Und er bereitet mit Sicherheit mehr Spaß.

Diese unterschiedlichen wissenschaftlichen Einstellungen lassen sich an der Geschichte eines Pferdes namens Schlauer Hans veranschaulichen, die gewöhnlich herangezogen wird, um das Vernachlässigen von scheinbar unerklärlichen tierischen Kräften zu rechtfertigen. Für mich steckt in dieser Geschichte die genau entgegengesetzte Lehre – ich sehe in ihr ein Beispiel dafür, wie notwendig es ist, unerklärte Phänomene zu untersuchen, statt sie zu leugnen.

Die Geschichte vom Schlauen Hans

Früher oder später wird jeder, der sich für die unerklärten Kräfte von Tieren interessiert, auf die Geschichte vom Schlauen Hans stoßen. Unter Wissenschaftlern gilt sie als warnendes Beispiel.

Zu Beginn des 20. Jahrhunderts gab es in Berlin ein Pferd namens Hans, das in der Lage sein sollte, mathematische Rechenaufgaben zu lösen, deutsch zu sprechen und deutsche Wörter zu buchstabieren. Die Antworten gab Hans mit Hufeklopfen wieder. Sein Trainer, Herr von Osten, ein ehemaliger Mathematiklehrer, war überzeugt, daß Hans über geistige Fähigkeiten verfügte, von denen man glaubt, sie seien auf Menschen beschränkt. Das Pferd war eine Sensation, und es wurden für Professoren, Offiziere und andere Interessierte viele Vorführungen gegeben.

Die Fähigkeiten des Schlauen Hans wurden von Professor C. Stumpf, dem Direktor des Psychologischen Instituts der Berliner Universität, und seinem Assistenten Otto Pfungst untersucht. Sie fanden heraus, daß das Pferd nur dann die korrekten Antworten geben konnte, wenn der Fragesteller selbst die Antworten kannte und wenn Hans den Fragesteller sah. Daraus schlossen sie, daß Hans keine mathematischen Fähigkeiten besitze und kein Deutsch lesen könne. Vielmehr lese er fast unmerkliche Körperbewegungen des Fragestellers, und diese gäben ihm zu verstehen, wann er mit dem Huf die richtige Zahl geklopft hatte.

Seither zieht man diese Geschichte vom Schlauen Hans heran, um unerklärte Fähigkeiten von Tieren eher «subtilen Hinweisen» als irgendwelchen geheimnisvollen Kräften, die das Tier vielleicht besitzt, zuzuschreiben. Kurz, mit dieser Geschichte sucht man die Forderung zu blockieren, die Untersuchung zu verhindern, statt sie anzuregen. Aber wenn man diese

Lehre aus der Geschichte vom Schlauen Hans zieht, wird man den Untersuchungen von Stumpf und Pfungst nicht gerecht. Sie untersuchten ja eine umstrittene Behauptung, statt sie abzutun, und das war mutig von ihnen, denn ihre Schlußfolgerung richtete sich gegen die Glaubensgrundsätze von vielen ihrer Kollegen.

Die Fähigkeiten des Schlauen Hans waren nicht etwa deshalb umstritten, weil sie angeblich mit übernatürlichen Kräften verbunden waren, sondern vielmehr, weil sie angeblich bewiesen, daß Tiere denken können. Viele Wissenschaftler, vornehmlich Darwinisten, glaubten nur zu gern, daß der Schlaue Hans wirklich rechnen konnte und Deutsch verstand. Ihnen gefiel der Gedanke, daß Tiere zu rationalem Denken fähig sind, weil dies die konventionelle Überzeugung in Frage stellte, der menschliche Intellekt sei einzigartig. Sie glaubten lieber an die Vorstellung einer allmählichen Entwicklung, von graduellen Unterschieden zwischen Menschen und nichtmenschlichen Tieren, als an Unterschiede der Art. Demgegenüber waren die Traditionalisten sehr skeptisch, was den Schlauen Hans betraf, weil höhere geistige Fähigkeiten ihrer Meinung nach auf den Menschen beschränkt wären. Stumpfs und Pfungsts Befunde waren für die Traditionalisten eine Bestätigung und unbeliebt bei den «enttäuschten Darwinisten, die die Befürchtung äußerten, daß kirchliche und reaktionäre Anschauungen aus den Schlußfolgerungen für sie günstige Aussagen ableiten würden».[3]

Auch wenn Biologen manchmal vom «Schlauen-Hans-Effekt» sprechen, als wäre er ein Grund, alle unerklärten Fähigkeiten bei Tieren abzutun, stellt dieser Effekt etwas ganz Besonderes dar. Er beruht auf der Körpersprache, die für Pferde – wie für viele andere Arten – ein wichtiges Element in ihrer Kommunikation miteinander ist. Wenn ein Tier auf einen Menschen reagieren kann, während dieser Mensch nicht zu sehen ist, dann hat das nichts mit dem Schlauen-Hans-Effekt zu tun, sondern verlangt irgendeine andere Erklärung. Im Laufe der Erforschung der unerklärten Kräfte von Haustieren habe ich herausgefunden, daß die meisten Tiertrainer und Haustierhalter sich der Bedeutung der Körpersprache durchaus bewußt sind. Aber viele Phänomene, die ich hier darstelle, wie die offenkundige Fähigkeit von Tieren, zu wissen, wann ihr Frauchen oder Herrchen heimkommt, lassen sich nicht mit dem Schlauen-Hans-Effekt erklären. Ein Tier kann schließlich nicht die Körpersprache eines anderen Menschen lesen, der viele Kilometer weit weg ist.

Drei Arten von unerklärtem Wahrnehmungsvermögen

In diesem Buch stelle ich drei Hauptkategorien von unerklärtem Wahrnehmungsvermögen bei Tieren dar, nämlich Telepathie, Orientierungssinn und Vorahnungen.

1. **Die Telepathie.** Zunächst befasse ich mich mit der Fähigkeit mancher Hunde und anderer Tiere, zu wissen, wann ihre Halter heimkommen. In vielen Fällen läßt sich das Phänomen, daß Tiere die Rückkehr des Menschen erahnen, nicht mit Routine, Hinweisen von Menschen im Haus oder dadurch erklären, daß die Tiere hören, wie sich das vertraute Auto nähert. Mit der Videokamera aufgenommene Experimente zeigen, daß Hunde die Rückkehr ihrer Halter auch zu willkürlich ausgewählten Zeiten vorausahnen, ja selbst wenn diese mit dem Taxi oder anderen unvertrauten Fahrzeugen kommen. Irgendwie übertragen die Menschen ihre Absicht auf telepathische Weise.

Manche tierische Hausgenossen reagieren auch telepathisch auf eine Reihe anderer menschlicher Intentionen sowie auf stumme Rufe und Befehle. Einige wissen, wann ein bestimmter Mensch am Telefon ist. Andere wiederum reagieren, wenn ihr Frauchen oder Herrchen an einem fremden Ort leidet oder stirbt.

Ich möchte darlegen, daß telepathische Kommunikation auf Banden zwischen Menschen und Tieren beruht, die nicht bloß Metaphern, sondern tatsächliche Verbindungen sind. Sie sind miteinander durch Felder, sogenannte morphische Felder, verbunden. Diese Felder werde ich im ersten Kapitel vorstellen, und dort wird auch von der Entwicklung der Bande zwischen Menschen und Tieren die Rede sein.

2. Der Orientierungssinn. Brieftauben können über Hunderte von Kilometern unbekannten Terrains zu ihrem Schlag zurückfinden. Zugvögel wie europäische Schwalben fliegen über Tausende von Kilometern zu ihren Nahrungsgründen in Afrika und kehren im Frühjahr an ihren angestammten Ort zurück, sogar genau zu ihrem Gebäude, in dem sie zuvor genistet haben. Ihre Fähigkeit, ferne Ziele anzusteuern, ist noch immer nicht erklärt, und sie läßt sich auch nicht auf den Geruchssinn oder irgendeinen anderen der bekannten Sinne, gar auf einen Kompaßsinn zurückführen.

Auch manche Hunde, Katzen, Pferde und andere domestizierte Tiere verfügen über einen guten Orientierungssinn und finden von unbekannten, viele Kilometer entfernten Orten wieder nach Hause zurück. Diese Tiere scheinen zu dem gewünschten Ort hingezogen zu werden, als wären sie durch ein unsichtbares Gummiband verbunden. Diese Verbindungen lassen sich vielleicht mit morphischen Feldern erklären.

Machmal finden Tiere nicht zu Orten, sondern zu Menschen «heim». Manche Hundehalter, die fortgegangen sind und ihr Haustier zurückgelassen haben, werden von dem Tier an fernen Orten gefunden, an denen es nie zuvor gewesen ist.

Dieses Aufspüren läßt sich in manchen Fällen durch den Geruchssinn erklären, wenn die Entfernungen kurz sind, aber in anderen Fällen scheint es nur eine plausible Erklärung zu geben: eine unsichtbare Verbindung zwischen dem Tier und dem Menschen, dem es verbunden ist. Auch dies läßt sich mit einem gespannten Gummiband vergleichen, das für mich mit dem morphischen Feld in Zusammenhang steht, welches Tier und Halter miteinander verbindet.

3. Vorahnungen. Manche Vorahnungen lassen sich vielleicht durch physikalische Reize erklären: So können beispielsweise Tiere, die vor Erdbeben unruhig werden, auf subtile elektrische Veränderungen reagieren, oder Hunde, die ihre an Epilepsie leidenden Halter vor einem bevorstehenden Anfall warnen, können ein feines Muskelzucken oder ungewöhnliche Gerüche wahrnehmen. Aber andere Vorahnungen haben anscheinend etwas mit geheimnisvollen Vorboten zu tun, die unsere üblichen Annahmen hinsichtlich der Trennung von Vergangenheit, Gegenwart und Zukunft in Frage stellen.

Telepathie, Orientierungssinn und Vorauswissen sind Beispiele dessen, was manche Menschen außersinnliche Wahrnehmung oder kurz ESP (vom englischen *extrasensory perception*) nennen. Andere schreiben sie einem «sechsten Sinn» (oder einem «siebten Sinn» – jedenfalls einem zusätzlichen Sinn oder Sinnen) zu. Manche nennen sie «paranormal», wieder andere «übernatürlich» oder «übersinnlich». All diesen Begriffen ist gemeinsam, daß sie über die Grenzen der etablierten Wissenschaft hinausweisen.

«Außersinnliche Wahrnehmung» bedeutet wörtlich eine Wahrnehmung jenseits oder außerhalb der Sinne. Auf den ersten Blick scheint der Begriff «sechster Sinn» das Gegenteil zu bedeuten, weil er ein Wahrnehmungsvermögen innerhalb der

Sinne impliziert, wenn auch durch eine andere Art von Sinn, die von der Wissenschaft noch nicht anerkannt ist. Dieser scheinbare Widerspruch wird aufgelöst, wenn man «außersinnlich» im Sinne von «außerhalb der bekannten Sinne» versteht.

Weder aus dem Begriff «außersinnliche Wahrnehmung» noch aus dem Begriff «sechster Sinn» geht hervor, was diese Phänomene eigentlich sind oder wie sie funktionieren. Sie sagen uns nur, was sie nicht sind – sie lassen sich mit den bekannten Sinnen nicht erklären.

Alle drei Typen des Wahrnehmungsvermögens – die Telepathie, der Orientierungssinn und die Vorahnungen – sind anscheinend bei nichtmenschlichen Arten wie Hunden besser entwickelt als beim Menschen. Gleichwohl treten sie auch beim Menschen auf. Übersinnliche Kräfte oder ein «sechster Sinn» beim Menschen erscheinen natürlicher, biologischer, wenn sie im Lichte tierischen Verhaltens betrachtet werden. Vieles von dem, was gegenwärtig «paranormal» zu sein scheint, wirkt normal, wenn wir unsere Vorstellungen von Normalität erweitern.

Die Wissenschaft kann nur dann Fortschritte machen, wenn sie über ihre derzeitigen Grenzen hinausgeht. Mit diesem Buch hoffe ich zu zeigen, daß es möglich ist, unerklärte Fähigkeiten von Tieren auf eine wissenschaftliche Weise zu untersuchen, die weder invasiv noch grausam ist. Außerdem habe ich eine Vielzahl von Vorschlägen erarbeitet, wie Tierhalter, Schüler und Studenten wichtige Beiträge zu diesem neuen Forschungsgebiet leisten können.

Wir haben noch eine ganze Menge von unseren tierischen Gefährten zu lernen. Sie können uns viel lehren – über das Wesen des Tieres und über unser eigenes Wesen.

ERSTER TEIL

Bande zwischen Mensch und Tier

1

Die Domestikation von Tieren

Bande zu Tieren

Viele Menschen lieben ihre Haustiere und werden von ihnen geliebt. Sie entwickeln starke emotionale Bindungen. In diesem Kapitel untersuche ich die Entwicklung und die Beschaffenheit derartiger Bande zwischen Mensch und Tier. Aber zunächst einmal muß festgehalten werden, daß emotionale Bande zwischen Menschen und Tieren nicht die Regel, sondern die Ausnahme sind. Auf jede geliebte Katze, jeden geliebten Hund kommen Hunderte von domestizierten Tieren, die unter trostlosen Bedingungen in Massentierhaltungen und Forschungslaboratorien dahinvegetieren. In vielen Ländern der dritten Welt werden Lasttiere oft brutal behandelt – hier verhalten sich eher die Menschen wie Tiere. Und traditionelle Gesellschaften hängen normalerweise nicht gerade modernen Idealen von tierischem Wohlergehen an. So neigen beispielsweise die Eskimos dazu, ihre Huskies hart ranzunehmen.

Dann gibt es Tiere, die Opfer gedankenloser Nachlässigkeit und absichtlicher Grausamkeit sind. In der ganzen industrialisierten Welt werden von Organisationen zur Verhinderung von Grausamkeiten gegenüber Tieren immer wieder erschrekkende Beispiele aufgedeckt und publiziert, wie Tiere unter Menschen zu leiden haben: Pferde, deren Rippen sich unter ihrer ausgezehrten Haut abzeichnen; angekettete und verwahrloste Hunde; gefolterte Katzen. Und viele Tiere werden einfach ausgesetzt. Allein in den USA werden alljährlich etwa fünf Millionen unerwünschte Hunde und etwa ebenso viele Katzen von lokalen Behörden oder freiwilligen Verbänden eingeschläfert.[1]

Aber trotz all dieser Ausbeutung, Mißhandlung und Vernachlässigung hängen viele Menschen von Kindheit an an Tieren. Kleine Kinder bekommen gewöhnlich Teddybären oder andere Spieltiere und hören gern Geschichten über Tiere. Vor allem aber möchten die meisten richtige Tiere halten. Die meisten Haustiere leben in Haushalten mit Kindern.[2]

Geschichten über furchterregende Tiere zu erzählen – auch Märchen wie *Rotkäppchen* – und Beziehungen zu freundlichen Tieren einzugehen, das sind offenbar normale und fundamentale Aspekte der menschlichen Natur. In der Tat wurde und wird unsere Natur während der gesamten Evolutionsgeschichte durch Interaktionen mit Tieren gestaltet, und alle menschlichen Kulturen sind reich an Liedern, Tänzen, Ritualen, Mythen und Geschichten, die von ihnen handeln.

Die Entwicklung der Bande zwischen Mensch und Tier

Die frühesten benannten Hominidenarten, die wir von ihren fossilen Überresten her kennen, sind der *Australopithecus ramidus* und der *Australopithecus anamensis,* die vor über vier Millionen Jahren gelebt haben. Die ersten Steinwerkzeuge wurden vor etwa zweieinhalb Millionen Jahren benutzt, und erste Anzeichen für einen Verzehr von Fleisch tauchen etwa eine Mil-

Die Domestikation von Tieren

lion Jahre später auf, etwa um die Zeit, da sich der *Homo erectus* von Afrika nach Eurasien ausbreitete (Abb. 1.1).

Der Ursprung des heutigen Menschen ist in Afrika vor etwa 150 000 Jahren zu datieren. Die erste Kunst, die Höhlenmalerei, die viele Tiere darstellte, entstand vor rund 30 000 Jahren. Die Landwirtschaft setzte vor etwa 10 000 Jahren ein, und die ersten Zivilisationen und schriftlichen Aufzeichnungen sind etwa 5000 Jahre alt.[3]

Unsere Vorfahren waren Jäger und Sammler, wobei das Sammeln weitaus wichtiger war als das Jagen. Das alte Bild vom Menschen als Jäger, der selbstbewußt in die afrikanische Savanne hinausschreitet, erweist sich als Mythos. Selbst in den heute noch existierenden Jäger-Sammler-Gesellschaften stammt nur ein kleiner Anteil der Nahrung von Tieren, die von den Männern gejagt werden – das meiste wird gesammelt, hauptsächlich von Frauen. (Ausnahmen bilden die Jäger und Sammler in den pflanzenarmen arktischen Regionen.[4]) Die Hominiden und der frühe Homo sapiens beschafften sich das Fleisch, das sie aßen, eher vom Aas der Beute von erfolgreicheren Raubtieren wie Großkatzen als dadurch, daß sie selbst auf die Jagd gingen.[5] Im Gegensatz zur Ernährung durch Aas kam die Großwildjagd erst vor etwa 70 000 bis 90 000 Jahren auf.

In Jäger-Sammler-Kulturen verstehen sich die Menschen nicht als getrennt vom Reich anderer Lebewesen, sondern fühlen sich mit ihnen aufs engste verbunden.[6] Die Spezialisten für die Kommunikation mit der nichtmenschlichen Welt sind die Schamanen, und durch ihre Wächtergeister oder Energietiere verbinden sich die Schamanen mit den Kräften von Tieren. Es gibt eine geheimnisvolle Solidarität zwischen Menschen und Tieren. Die Schamanen fühlen sich von Tieren geleitet oder in Tiere verwandelt, deren Sprache sie verstehen und an deren Voraussicht und okkulten Kräften sie teilhaben.[7]

Abbilddung 1.1 Zeitlicher Ablauf der menschlichen Evolution

Die Domestikation von Hunden

Die ersten Tiere, die domestiziert wurden, waren Hunde. Ihre Ahnen, die Wölfe, jagten in Rudeln, während die Menschen auf die Jagd gingen, und schon früh wurden Hunde bei der Jagd und zur Bewachung menschlicher Siedlungen eingesetzt. Ihre Domestikation ging der Entwicklung des Ackerbaus voraus.[8]

Üblicherweise datiert man die erste Domestikation von Wölfen auf einen Zeitraum von vor 10 000 bis 20 000 Jahren. Aber neuere Untersuchungen der DNA von Hunden und Wölfen beweisen, daß die erste Umwandlung vom Wolf zum Hund viel früher stattgefunden hat, nämlich vor über 100 000 Jahren. Aus diesen neuen Belegen geht auch hervor, daß Wölfe nicht nur einmal, sondern mehrmals domestiziert wurden und daß Hunde sich weiterhin mit wilden Wölfen kreuzten.[9]

Falls sich diese Entdeckung bestätigt, heißt dies, daß unsere uralte Gemeinschaft mit Hunden vielleicht eine wichtige Rolle in der Evolution des Menschen gespielt hat. So könnten Hunde entscheidend zu Fortschritten bei den menschlichen Jagdtechniken beigetragen haben, die vor etwa 70 000 bis 90 000 Jahren aufkamen.

Der australische Tierarzt David Paxton geht so weit zu behaupten, daß nicht so sehr der Mensch den Wolf, sondern daß der Wolf den Menschen domestizierte. Wölfe haben zunächst vielleicht an der Peripherie menschlicher Siedlungen als eine Art Heimsuchung gelebt. Einige lernten, mit Menschen auf eine gegenseitig hilfreiche Weise zu leben, und verwandelten sich allmählich in Hunde. Zumindest beschützten sie menschliche Siedlungen und warnten durch Bellen vor allem, was sich diesen näherte.[10]

Die Wölfe, aus denen Hunde wurden, waren in evolutionärer Hinsicht ungeheuer erfolgreich. Überall in der bewohnten Welt sind sie anzutreffen – Abermillionen von ihnen. Die

Abbildung 1.2 Ägyptische Hunderassen; aus den Gräbern von Beni Hassan (2200–2000 v. Chr; nach Ash, 1927).

Nachkommen der Wölfe, die Wölfe blieben, sind mittlerweile nur noch spärlich verbreitet und leben oft in gefährdeten Populationen.

Die Domestikation von Hunden ging der Domestikation anderer Tiere lange voraus. Ja, die Hunde haben vielleicht bei der Domestikation anderer Arten eine wesentliche Rolle gespielt, und zwar sowohl aufgrund ihrer Fähigkeit, Tiere wie Schafe zu hüten, als auch indem sie dazu beitrugen, Herden vor Raubtieren zu schützen.

Einige Hunderassen sind sehr alt, und bereits im alten Ägypten gab es mehrere unterschiedliche Rassen: Windhunde oder Saluki, eine Mastiff-Art, eine Basenji-Art, eine Pointer-Art und eine kleine terrierähnliche Malteser-Art (Abb. 1.2).[11]

Hunde wurden im alten Ägypten verehrt. Einige wurden sogar einbalsamiert, und in jeder Stadt war ein Friedhof ausschließlich Hundebestattungen vorbehalten. Der Gott der Toten war der hunde- oder schakalköpfige Anubis.

In der heutigen Welt werden Hunde in den einzelnen Kulturen auf unterschiedlichste Weise behandelt. In der arabischen Welt werden sie im allgemeinen verabscheut, und das liegt zum Teil an großen Populationen herumstreunender oder wilder Hunde, eine Quelle gefährlicher Krankheiten wie Tollwut. Dennoch werden einzelne Jagdhunde bewundert und verhätschelt. In anderen Teilen der Welt wie in Teilen von Birma, Indonesien und Polynesien werden Hunde als Menschennahrung geschlachtet und gewöhnlich nicht sehr geschätzt.[12] Aber in den meisten Kulturen, besonders dort, wo man Hunde zum Jagen oder Hüten verwendet oder sie nicht allein wegen ihrer Nützlichkeit hält, werden sie im allgemeinen liebevoll behandelt.[13]

Die Domestikation anderer Arten

Francis Galton, der Vetter von Charles Darwin, war ein Pionier auf dem Gebiet der modernen Domestikation. Er wies darauf hin, daß nur relativ wenige Arten dafür geeignet seien. Solche Arten müßten die folgenden Bedingungen erfüllen:

Sie sollten zäh sein und auch mit wenig Fürsorge und Aufmerksamkeit überleben können. Sie sollten eine angeborene Zuneigung gegenüber dem Menschen aufweisen. Sie sollten eine gewisse Bequemlichkeit lieben. Sie sollten nützlich sein. Sie sollten sich frei vermehren. Sie sollten Herdentiere sein und sich daher leicht in Gruppen kontrollieren lassen.

Schafe, Ziegen, Rinder, Pferde, Schweine, Hühner, Enten und Gänse erfüllen diese Kriterien. Aber andere Arten wie Reh und Zebra tun dies nicht – sie sind zwar Herdentiere, bleiben aber trotz vieler Domestikationsversuche zu «wild», als daß sie leicht zu bändigen wären.[14]

Katzen wiederum sind die einzige domestizierte Spezies, die zwar nicht in Herden lebt, aber durch ihr Territorium und ihr Bequemlichkeit liebendes Wesen symbiotische Beziehungen mit Menschen eingeht, während sie sich einen Teil ihrer Unabhängigkeit als einsame Jägerin bewahrt. Sie kehrt relativ leicht zu einer freien, wilden Lebensweise zurück.[15]

Katzen wurden viel später als Hunde domestiziert, wahrscheinlich erst vor fünftausend Jahren. Die ersten Belege über Katzen stammen aus dem alten Ägypten, wo sie als heilige Tiere galten, die nicht getötet werden durften.

Unmengen von Katzen wurden mumifiziert, und zu Beginn des 20. Jahrhunderts wurden massenhaft Katzenmumien ausgegraben, zermahlen und als Dünger verkauft.[16]

Auch Pferde wurden relativ spät domestiziert, wahrscheinlich ebenfalls vor etwa fünftausend Jahren im Gebiet von Turkestan. Vielleicht wurden sie zunächst als Zugtiere verwendet. Die erste Darstellung eines Reitpferds stammt aus Ägypten (um 1500 v. Chr.).[17] Schon bald spielten Pferde eine wichtige Rolle im Krieg und bei der Jagd und wurden eher wie Gefährten als wie Sklaven behandelt.

Sosehr in frühen Zivilisationen domestizierte Tiere vom Menschen ausgebeutet wurden, gab es doch noch durchweg das Gefühl eines Verbundenseins zwischen Mensch und Tier. Viele Tierarten galten als heilig, genau wie heute noch Kühe, Elefanten und Affen in Indien als heilig gelten. Viele der Götter und Göttinnen traten in Tierform auf oder hatten tierische Helfer.

Auf den ersten Blick ist in Industriegesellschaften von diesem Solidaritätsgefühl mit dem Tierreich kaum etwas zu spüren. Lasttiere werden durch Maschinen ersetzt; Pferde, Esel,

Maultiere und Ochsen sind nicht mehr unsere alltäglichen Gefährten. Die enge Vertrautheit des Bauern mit Tieren ist von der modernen industrialisierten Landwirtschaft abgelöst worden, wo Tiere in Viehzuchtbetrieben und Großmästereien gehalten werden.

Dennoch ist die uralte Verbundenheit mit anderen Tieren in unserem Privatleben erhalten geblieben. Es gibt viele Amateurvogelbeobachter, Naturforscher und Tierfotografen. Naturfilme im Fernsehen sind Dauerrenner, genauso wie Geschichten über Tiere, besonders über Hunde wie Lassie[18] und den österreichischen Polizeihund «Kommissar Rex». Aber diese Bande werden hauptsächlich und am engsten durch das Halten von Haustieren geknüpft. Auch wenn die meisten Menschen in unseren modernen Städten Katzen nicht mehr für die Mäusejagd oder Hunde zum Hüten oder für die Jagd benötigen, werden diese Tiere noch immer millionenfach gehalten, zusammen mit einer ganzen Reihe anderer Lebewesen, die keinem nützlichen Zweck dienen: Ponys, Papageien, Wellensittiche, Kaninchen, Meerschweinchen, Wüstenspringmäuse, Goldfische, Eidechsen, Stabheuschrecken und viele andere Tierarten.

Die meisten von uns benötigen Tiere offenbar als Teil ihres Lebens – unsere menschliche Natur ist untrennbar mit der Natur der Tiere verbunden. Sind wir von ihr isoliert, fehlt uns etwas. Wir verlieren einen Teil unseres Erbes.

Das Halten von Haustieren

Auf der ganzen Welt halten Menschen Haustiere. 1865 stellte Francis Galton fest: «Es ist eine Tatsache, die allen Reisenden vertraut ist, daß Wilde häufig Jungtiere verschiedener Arten fangen, sie als Schoßtiere aufziehen und als Kuriositäten verkaufen oder verschenken.»[19]

Galton behauptete, daß hauptsächlich durch diese Art der Haustierhaltung viele Arten zum ersten Mal gezähmt worden seien, zusammen mit der Haltung von heiligen Tieren und dem Halten von Menagerien durch Häuptlinge und Könige. In einigen Fällen seien diese Tiere dann domestiziert worden, falls sie die notwendigen Bedingungen erfüllt hätten (siehe oben). Mir gefällt Galtons Erklärung, daß die Haustierhaltung der Domestikation vorausgegangen sei, und ich halte sie für sehr plausibel. Und wenn Wölfe zuerst Mitläufer des Menschen und dann Hunde wurden, dann verweist Galtons Theorie auf eine einfache Möglichkeit, wie sich dieser Prozeß beschleunigt haben könnte – nämlich indem Menschen Wolfsjunge oder Hundewelpen als Haustiere annahmen.

Im alten Ägypten und in vielen anderen Teilen der Welt gab es neben den zur Jagd, zur Bewachung und zum Hüten eingesetzten größeren Hunden auch kleinere Rassen, die offenbar als Haustiere gehalten wurden. Auch die alten Griechen und Römer hielten sie (Abb. 1.3).

Ja, kleine Hunde gab es überall in der antiken Welt, und sie sind die Ahnen vieler heutiger Schoßhunde. In Tibet und China war es üblich, Wachhunde wie Haushunde zu halten: Wachhunde waren groß und wild und lebten im Freien, während die kleinen Hunde im Innern von Häusern und Klöstern lebten.[20]

Im Gegensatz zur Tierhaltung aus Nützlichkeitserwägungen stellte das Halten von Haustieren einen gewissen Luxus dar. Heute sind viel mehr Menschen wohlhabend, und mehr Menschen halten Haustiere. Und Haustiere, die drinnen als Gefährten leben, sind ihrer Menschenfamilie oft inniger verbunden als Tiere, die draußen im Freien auf einem Hof, in einer Scheune oder in einem Zwinger leben. In Industrieländern wie Frankreich, England und den USA befindet sich in der Mehrheit der Haushalte mindestens ein tierischer Gefährte. Und da

Abbildung 1.3   Schoßhündchen im alten Griechenland (nach Keller, 1913).

die Urbanisierung und der Wohlstand in den letzten Jahrzehnten zugenommen haben, halten eher mehr als weniger Haushalte Haustiere. In England beispielsweise stieg zwischen 1965 und 1990 die Zahl der Hunde von 4,7 auf 7,4 Millionen und die der Katzen von 4,1 auf 6,9 Millionen.

Die Tierhaltungsgewohnheiten in verschiedenen Ländern spielen wahrscheinlich eine große Rolle bei der Bildung eines

«Nationalcharakters». Aber auf diesem Gebiet ist so gut wie gar nicht geforscht worden, es gibt nur nackte Statistiken. Tabelle 1 enthält die Zahlen von Haushalten mit Hunden und Katzen in einer Auswahl von Ländern. Den höchsten Prozentsatz von Haushalten mit Hunden weisen Polen und die USA auf, gefolgt von Frankreich, Belgien und Irland. Deutschland zählt zu den Ländern mit der geringsten Zahl von Hunde- und Katzenhaltern. In den meisten Ländern befinden sich in den Haushalten mehr Hunde als Katzen, aber in manchen Ländern, vor allem in der Schweiz und in Österreich, gibt es als Lieblingshaustier auffälligerweise mehr Katzen als Hunde. In den letzten Jahren weist das Muster der Haustierhaltung einige erstaunliche Veränderungen auf. In England ist die Zahl der Hunde zurückgegangen, während die Zahl der Katzen weiterhin gestiegen ist (Abb. 1.4). Seit 1992 gibt es insgesamt mehr Katzen als Hunde, aber noch immer mehr *Haushalte* mit Hunden als mit Katzen, weil viele Haushalte mit Katzen zwei oder mehr Tiere besitzen. Eine ähnliche Zunahme der Beliebtheit von Katzen im Vergleich zu Hunden ist auch in den USA festzustellen, und 1996 hat die Zahl der Katzen die der Hunde übertroffen, mit 59 gegenüber 53 Millionen Populationen. Aber genau wie in England gibt es noch immer mehr Haushalte mit Hunden als mit Katzen.[21]

Soziale Bande zwischen Tieren

Die meisten domestizierten Tiere waren ursprünglich Gesellschaftstiere – darauf wies schon Francis Galton hin. Im allgemeinen sind dies auch Tiere mit Dominanzhierarchien, so daß sie sich vom Menschen auch leichter unter Kontrolle bringen ließen. Selbst Katzen, die in ihren Jagdgewohnheiten zwar unabhängig und einsam sind, wachsen mit engen sozialen Beziehungen zwischen Müttern und ihrem Nachwuchs auf.

Die Domestikation von Tieren

	Prozentsatz von Haushalten mit:	
	Hunden	Katzen
Polen	50	33
USA	38	30
Frankreich	36	25
Belgien	36	25
Irland	36	20
Kanada	32	24
Portugal	30	14
Tschechische Republik	30	16
England	27	21
Dänemark	23	17
Niederlande	22	24
Italien	20	22
Finnland	20	18
Norwegen	17	18
Schweden	16	19
Spanien	16	8
Österreich	15	26
Japan	12	5
Deutschland	11	9
Schweiz	10	26
Griechenland	10	7

Tabelle 1   Prozentzahlen von Haushalten mit Hunden und Katzen in verschiedenen Ländern (nach Fogle, 1994).

Die ursprünglich soziale Natur domestizierter Tiere offenbart sich, wenn sie verwildern. Charles Darwin hat sich in seinem Werk *Variation of Animals and Plants Under Domestication* besonders für diese Rückkehr domestizierter Tiere zu den Gewohnheiten ihrer Ahnen interessiert.[22]

Im allgemeinen leben wilde Tiere in Gruppen, die denen ihrer wilden Vorfahren ähneln. Wildpferde beispielsweise bilden gewöhnlich Gruppen von etwa fünf Tieren – genau wie ihre wilden Verwandten.[23] Wildhunde leben in Rudeln und legen Baue an – genau wie ihre wölfischen Ahnen.[24]

Gesellschaftstiere sind mit anderen Angehörigen der Gruppe durch unsichtbare Bande verknüpft. Das gilt auch für soziale Bande beim Menschen. Unsere domestizierten Tiere sind von Natur aus sozial, genau wie wir. Die Bande zwischen Mensch und Tier sind eine Art von Kreuzung zwischen den Verbindungen, die Tiere untereinander haben, und denen, die sich zwischen Menschen bilden.

Ein Grund, warum es so schwierig ist, das Wesen dieser Bande zwischen Mensch und Tier zu verstehen, liegt darin, daß wir so wenig über die Bande zwischen Menschen und jene zwischen Tieren wissen. Wir wissen, daß es unsichtbare Verbindungen zwischen Familienangehörigen gibt, und wir wissen, daß sie die Zeit überdauern und Menschen weiterhin miteinander verbinden, selbst wenn sie auf verschiedenen Kontinenten leben. Wir wissen, daß Tiere soziale Gruppen bilden und daß die Gruppe als Ganzes irgendwie miteinander verknüpft ist, so daß sie wie ein Superorganismus funktioniert, wie ich im elften Kapitel erläutern werde. Das ist ganz eindeutig der Fall bei Gesellschaftsinsekten wie Ameisen, Termiten, Bienen und Wespen. Deutlich zu erkennen ist es bei einer Vogelschar, wenn praktisch alle Tiere simultan wenden und Kurven fliegen, ohne miteinander zu kollidieren. Und so verhält es sich auch bei einem Schwarm Fische, die in enger Formation schwimmen, aber jederzeit die Richtung ändern und rasch reagieren, wenn sich ein Raubfisch nähert.

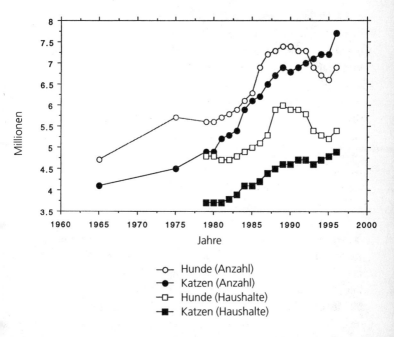

Abbildung 1.4 Veränderungen bei den Hunde- und Katzenpopulationen in England zwischen 1965 und 1997 (Quelle: UK Pet Food Manufacturers' Association).

Das Wesen sozialer Bande

Innerhalb der einzelnen Tierarten gibt es viele Arten von sozialen Banden, etwa die zwischen einer Katzenmutter und ihren Jungen, einer Biene und den anderen Bewohnern des Stocks, einem Star und seinem Schwarm, einem Wolf und seinem Rudel, und es gibt eine große Vielfalt der sozialen Bande beim Menschen. Und schließlich gibt es noch die sozialen Bande *zwischen* den Arten, etwa die zwischen Haustieren und ihren Haltern.

Gemeinsam ist diesen Banden, daß sie die Mitglieder einer Gruppe miteinander verbinden und die Art und Weise beeinflussen, wie sie miteinander in Beziehung treten. Ich behaupte nun, daß es sich hierbei nicht bloß um metaphorische, sondern um reale Verbindungen handelt. Sie verknüpfen Individuen auch weiterhin miteinander, selbst wenn sie voneinander getrennt sind, und zwar über den Bereich der sinnlichen Kommunikation hinaus. Diese Fernverbindungen könnten Kanäle für Telepathie sein.

Bande zwischen Tieren existieren innerhalb eines *sozialen Feldes*. Wie die bekannten Felder in der Physik verknüpfen soziale Felder voneinander entfernte Dinge, aber sie unterscheiden sich von den physikalischen Feldern dadurch, daß sie sich entwickeln und eine Art von Gedächtnis enthalten. In meinem Buch *Das Gedächtnis der Natur* habe ich dargelegt, daß soziale Felder einer Klasse von Feldern angehören, den sogenannten *morphischen Feldern*.[25]

Morphische Felder hängen miteinander zusammen und koordinieren die Teile eines Systems in Raum und Zeit, und sie enthalten ein Gedächtnis aus früheren ähnlichen Systemen. Menschliche soziale Gruppen wie Stämme und Familien erben durch ihre morphischen Felder eine Art von kollektivem Gedächtnis. Die Gewohnheiten, Anschauungen und Sitten der Ahnen beeinflussen das Verhalten in der Gegenwart, und zwar bewußt wie unbewußt. Wir alle schalten uns in kollektive Gedächtnisse ein, ähnlich dem «kollektiven Unbewußten», wie es der Psychologe C. G. Jung dargelegt hat.

Termitenkolonien, Fischschwärme, Vogelscharen, Herden, Rudel und andere Tiergruppen werden ebenfalls von morphischen Feldern zusammengehalten und strukturiert, und diese Felder werden alle durch ihre eigenen Formen von kollektivem Gedächtnis gestaltet.

Einzelne Tiere sind durch die sozialen Felder ihrer Gruppe

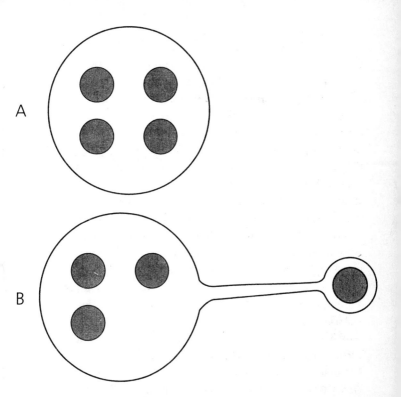

Abbildung 1.5 Diese schematische Darstellung des morphischen Feldes einer sozialen Gruppe (A) veranschaulicht, wie sich das Feld ausdehnt und noch immer ein Individuum mit anderen Mitgliedern der Gruppe verbindet, auch wenn sie weit voneinander entfernt sind (B).

miteinander verknüpft und folgen Gewohnheitsmustern von Beziehungen, die über die Generationen hinweg wiederholt werden. Instinkte sind wie kollektive Gewohnheiten der Art oder der Rasse, geformt von der Erfahrung durch viele Generationen und den Unbilden der natürlichen Auswahl ausgesetzt.

Diese Vorstellung von den Instinkten als den ererbten Auswirkungen von Gewohnheit und Erfahrung steht dem Denken von Charles Darwin nahe, wie es am deutlichsten in seinem Werk *The Variation of Animals and Plants Under Domestication* zum Ausdruck kommt und in *Die Entstehung der Arten* von zentraler Bedeutung ist.[26]

Der Prozeß, durch den dieses Gedächtnis von der Vergangenheit auf die Gegenwart übertragen wird, heißt *morphische Resonanz,* und dabei geht es um einen Einfluß von Gleichem auf Gleiches über Raum und Zeit hinweg.[27] Ausführlicher werde ich die Beschaffenheit von morphischen Feldern und von morphischer Resonanz im elften Kapitel sowie in Anhang C darstellen. Morphische Felder verknüpfen alle Mitglieder einer sozialen Gruppe miteinander, und das Feld enthält in sich alle Mitglieder der Gruppe (Abb. 1.5 A). Wenn sich ein Mitglied der Gruppe an einen fernen Ort begibt, bleibt es noch immer mit der restlichen Gruppe durch dieses soziale Feld, das elastisch ist, verbunden (Abb. 1.5 B).

Morphische Felder gestatten es, daß eine Reihe telepathischer Einflüsse von Tier zu Tier innerhalb einer sozialen Gruppe oder von Mensch zu Mensch oder vom Menschen zum tierischen Gefährten übertragen werden. Die Fähigkeit dieser Felder, sich wie unsichtbare Gummibänder zu dehnen, ermöglicht es ihnen, als Kanäle für die telepathische Kommunikation zu dienen, und zwar selbst über große Entfernungen hinweg.[28]

Aber selbst wenn man unterstellt, daß Telepathie *theoretisch* möglich ist – gibt es sie auch tatsächlich? Aufgrund der mir vorliegenden Beweise, von denen in den folgenden Kapiteln die Rede sein wird, gelange ich zu der Schlußfolgerung, daß Telepathie in der Tat ein reales Phänomen ist.

ZWEITER TEIL

Wenn Tiere wissen,
wann ihre Menschen nach Hause kommen

2

Hunde, die wissen, wann ihre Halter nach Hause kommen

Den stärksten Beweis dafür, daß es Telepathie zwischen Mensch und Tier gibt, liefert das Studium von Hunden, die wissen, wann ihre Halter nach Hause kommen. Dieses antizipatorische Verhalten ist weit verbreitet. Für viele Hundehalter ist es einfach selbstverständlich, ohne daß sie sich über die Tragweite dieses Phänomens Gedanken machen.

Wenn Peter Edwards zu seiner Farm in Wickford, Essex, zurückkommt, wird er fast immer am Tor von seinen Irischen Settern begrüßt. Yvette, seine Frau, erzählt, daß sie oft zehn bis 20 Minuten vor seiner Ankunft auf ihn warten, jedenfalls lange bevor er von der Straße in seine Zufahrt abbiegt. Für sie ist dieses Verhalten seit über 20 Jahren schon ganz selbstverständlich – sie sagt sich einfach: Peter kommt heim, die Hunde sind am Tor.

Doch nachdem Yvette im *Sunday Telegraph* von meinen Forschungen über Hunde, die wissen, wann ihre Halter heimkommen, gelesen hatte, fragte sie sich: Wieso wissen die Setter, daß Peter kommt? Er arbeitet zu unregelmäßigen Zeiten in London und teilt ihr normalerweise nicht mit, wann sie mit seiner Rückkehr rechnen kann. Und die Hunde reagieren unabhängig davon, aus welcher Richtung der Wind weht oder mit welchem Fahrzeug er heimkommt.

Die Fähigkeit der Irischen Setter der Edwards, Peters Rückkehr im voraus wahrzunehmen, ist auch für viele andere Hunde typisch. Auf meine Umfragen in Europa und Nordamerika habe ich über 500 Berichte über Hunde erhalten, die wissen, wann ihre Halter heimkommen. Einige warten an einer Tür oder an einem Fenster zehn Minuten oder länger, bevor ihr Frauchen oder Herrchen von der Arbeit, aus der Schule, vom Einkaufen oder von anderen Ausflügen heimkehrt. Andere gehen hinaus und warten auf ihre Halter an der Straße oder an einer Bushaltestelle. Manche Hunde tun dies fast jeden Tag, andere nur dann, wenn ihre Halter aus dem Urlaub oder nach sonstiger längerer Abwesenheit heimkommen, wobei sie Anzeichen von Aufgeregtheit schon Stunden oder gar Tage im voraus aufweisen. Während manche Wissenschaftler dieses Phänomen gern der Routine oder dem scharfen Geruchssinn oder Gehör des Hundes zuschreiben, stellt sich recht bald heraus, daß von Fall zu Fall eine derart simple Erklärung nicht ausreicht.

Der Kontext für dieses antizipatorische Verhalten ist die Art und Weise, wie viele Hunde ihre Halter mit großer Begeisterung willkommen heißen. Wenn sie nicht gerade sehr diszipliniert sind, versuchen sie an ihrem Herrchen oder Frauchen hochzuspringen und ihm oder ihr übers Gesicht zu lecken, genau wie kleine Hunde ihre Eltern begrüßen, wobei ihr Schwanz so heftig wackelt, daß das ganze Hinterteil an der Bewegung teilhat.

Wölfe begrüßen einander auf ähnliche Weise. Wenn die Jungen entwöhnt werden, versuchen sie zunächst, Futter von ihren heimkehrenden Eltern oder anderen Mitgliedern des Rudels zu erbetteln. Nähert sich das erwachsene Tier mit der Nahrung im Maul, scharen sie sich aufgeregt um seinen Kopf, wackeln mit dem Schwanz, bekunden Unterwerfungshaltungen und -gesten und springen hoch, um ihm die Ecken seines Mauls zu lecken.

Bei erwachsenen Wölfen entwickeln sich aus den gleichen Verhaltensweisen ritualisierte Begrüßungsformen. Die größte Aufmerksamkeit wird dem höchstrangigen Tier erwiesen.[1] Das von Hunden gegenüber ihren Haltern zur Schau gestellte Begrüßungsverhalten verweist also auf eine lange zurückliegende evolutionäre Herkunft, nämlich bis hin zu den Wölfen, von denen unsere Haushunde ja abstammen. Aber viele Hunde gehen noch weiter – sie begrüßen ihre Halter nicht nur bei der Ankunft, sondern ahnen diese bereits voraus: Anscheinend wissen sie, wann sich die Halter auf dem Heimweg befinden, selbst wenn diese noch viele Kilometer entfernt sind.

Könnte es reine Routine sein?

Wenn Menschen jeden Tag zur gleichen Zeit heimkommen, könnte dann das Verhalten des Hundes nicht schlicht reine Routine sein? Das dachte jedenfalls auch Teresa Preston aus Suffolk in Virginia, als sie feststellte, daß Jackson, der Hund der Familie, jeden Tag darauf wartete, daß ihre Kinder mit dem Schulbus nach Hause kamen. Aber dann wurde sie doch nachdenklich, als sie merkte, daß Jackson auch die Heimkehr ihres Mannes vorausahnte, der meist unerwartet von seinem Job als Kapitän eines 30 Kilometer vor Portsmouth stationierten Tonnenlegers der US Coast Guard heimkehrte:

«Er kam immer zu unregelmäßigen Zeiten nach Hause. Wenn das Schiff in den Hafen eingelaufen war, wurde Jackson aufgeregt, ging zur Tür und wollte hinaus. Die meiste Zeit ging er ans Ende des Gehsteigs und postierte sich so, daß er in die Richtung schaute, aus der, wie er ‹wußte›, das Auto kommen würde. Er machte das so gut, daß es mir einfach auffiel, und manchmal machte ich mir Jacksons Vorwarnung zunutze, um mein Haar zu kämmen und mein Make-up aufzufrischen, bevor mein Mann heimkam! Falls ich gerade das Abendessen herrichtete und überlegte, wie viele Portionen ich kochen oder wie viele Gedecke ich auflegen sollte, richtete ich mich nach seiner Vorhersage und deckte den Tisch entsprechend.»

Aber vielleicht schnappen die Hunde ja irgendwelche Hinweise von dem Menschen auf, der zu Hause wartet. In manchen Fällen ruft jemand an, um zu sagen, daß er nach Hause kommt, und wenn ein Mensch zu Hause weiß, daß er unterwegs ist, könnte sich sein oder ihr emotionaler Zustand verändern und damit dem Hund durch die Körpersprache oder auf andere Weise Hinweise geben. Aber manche Hunde zeigen ihr Verhalten sogar dann, wenn der Mensch zu Hause keine Ahnung hat, wann der Familienangehörige eintreffen wird. Ich habe zahlreiche Berichte von den Familien von Anwälten, Taxifahrern, Soldaten, Journalisten, Hebammen und anderen Leuten bekommen, die keine feste Arbeitszeit haben, und diese Familien sagen, der Hund würde ihnen zu verstehen geben, wann sich der Familienangehörige auf dem Heimweg befinde.

Nehmen wir zum Beispiel John Batabyal aus Stretford in Lancashire. Seine Frau Gloria hatte im Krankenhaus Gleitzeit und kam oft unerwartet nach Hause, und doch konnte er sie immer mit einer frisch gebrühten Kanne Tee begrüßen. Für sie war das ein Rätsel, bis sie erfuhr, daß genau zu der Zeit, da sie die Station verließ, beide Hunde aufsprangen und sich in die Fensternische setzten, womit sie ihrem Mann bedeuteten, daß es Zeit war, den Wasserkessel aufzusetzen.

In Manhattan profitierte das irische Kindermädchen der Familie West von einem ähnlichen Hunde-Frühwarnsystem, einer Blue-Terrier-Hündin namens Kerry. General Charles West war auf Governors Island im New Yorker Hafen stationiert, seine Frau arbeitete als Vice President bei Time Inc. General West schrieb mir:

> «Wir wohnten im vierten Stock eines Apartmentblocks, und jeder von uns kam zu unterschiedlichen Zeiten aus unterschiedlichen Richtungen heim. Weder das Kindermädchen noch unser kleiner Sohn wußten, wann wir heimkamen, aber zehn bis 15 Minuten vor unserer Ankunft geriet Kerry völlig aus dem Häuschen, rannte zum Fenster und sah von dort zur Straße hinaus, wobei sie freudig winselte und wild mit dem Schwanz wackelte. So wußte unser Kindermädchen immer, daß einer von uns gleich kommen würde, und sie mußte immer lachen über diese großartige Vorwarnung, das Kind sauberzumachen, bevor die Eltern eintrafen. Und das passierte nicht nur gelegentlich. So ging das Tag für Tag, Woche für Woche, jahrelang.»

Zweifellos haben sich einige Hunde daran gewöhnt, die Rückkehr ihres Halters zu routinemäßigen Zeiten zu erwarten, aber die meisten Menschen halten dies nicht für besonders bemerkenswert. In den meisten der 570 Berichte, die ich bekommen habe, läßt sich das Verhalten des Hundes – wie in diesen Fällen – nicht einfach mit Routine erklären.

Können Hunde riechen, daß sich ihre Halter nähern?

Die meisten Hunde haben einen viel besseren Geruchssinn als wir, und wahrscheinlich könnten sie ihre Halter oder die Wagen ihrer Halter in größerer Entfernung riechen, als ein Mensch dazu fähig wäre. Aber wie weit reicht dieser Geruchssinn eigentlich?

Normalerweise verwenden Hunde ihren Geruchssinn zum

Fährtenlesen, indem sie den Boden beschnüffeln und Spuren folgen. Aber um jemanden riechen zu können, der heimkommt, müßten sie die Luft beschnüffeln. Angenommen, der Wind weht in die richtige Richtung und sie befinden sich im Freien oder im Hausinnern bei offenem Fenster – über welche Entfernung könnten sie dann einen sich nähernden Menschen oder Wagen riechen?

Nach den besten Schätzungen, die ich bekommen konnte, beträgt diese Entfernung erheblich weniger als anderthalb Kilometer, selbst bei der Rasse mit der feinsten Nase, dem Bluthund. Malcolm Fish von der Polizeihundstaffel in Essex führt derzeit Versuche mit Bluthunden für das britische Innenministerium durch, um herauszufinden, ob sie für bestimmte Arten von Polizeitätigkeit besser geeignet sind als Deutsche Schäferhunde, die gegenwärtige Standardrasse. Fish erklärt, falls jemand sich in einer Hecke verstecke, könne ein Bluthund manchmal bis zu einem knappen Kilometer in Windrichtung den Geruch dieser Person aufschnappen, aber nur wenn der Wind in der richtigen Richtung wehe und die Person sich nicht bewege. Er hält es jedenfalls für höchst unwahrscheinlich, daß ein Hund, selbst ein Bluthund, jemanden riechen könnte, der von der Arbeit heimfährt.

> «Stellen Sie sich jemanden vor, der in einem Auto heimfährt und einen Rauchbehälter dabei hat – wenn die Fenster auf sind und der Rauch hinausgeblasen wird, dann wird er nach hinten geweht. Geruch pflanzt sich ja nicht vorwärts fort wie Schall. Heutzutage sind die meisten Autos auch noch abgedichtet, so daß nicht viel Geruch den Wagen verlassen würde, und auch die Türen von Häusern sind ja abgedichtet, damit es nicht zieht, und daher halte ich es für unmöglich, daß ein Hund seinen Halter riecht, wenn er einen Kilometer weit weg ist.»

Manche Hunde reagieren erst eine oder zwei Minuten, bevor ihr Besitzer eintrifft, und in einigen Fällen ließe sich das mit Hilfe des Geruchs erklären. Aber viele reagieren bereits zehn Minuten oder noch eher im voraus, wenn der betreffende Mensch noch mehrere Kilometer weit weg ist. Darüber hinaus tun sie dies unabhängig von der Windrichtung und selbst dann, wenn die Fenster geschlossen sind. Ihre Vorahnung läßt sich also vernünftigerweise nicht mit dem Geruchssinn erklären.

Können Hunde hören, daß sich ihre Halter nähern?

Die meisten Hunde haben ein besseres Gehör als wir. Sie können Geräusche hören, die für uns zu hoch sind, wie bei Hundepfeifen, die Töne von sich geben. Sie können auch Geräusche hören, die weiter weg sind. Eine grobe Schätzung besagt, daß «ein Hund Geräusche hören kann, die viermal so weit entfernt sind, wie ein Mensch hören kann».[2] Aber das kann ein ungerechtfertigt positives Vorurteil gegenüber Hunden sein. Celia Cox, eine auf Hals-, Nasen- und Ohrenchirurgie spezialisierte britische Tierärztin, hat das Gehör von Tausenden von Hunden getestet und schätzt, daß sie etwa genauso geräuschempfindlich wie Menschen sind. Sie bezweifelt, daß sie schon von sehr weitem hören können, wie sich ihre Halter nähern: «Die Leute haben mir immer wieder erzählt, daß ihre Hunde wissen, wann sie heimkommen, sogar noch bevor sie in ihre Straße eingebogen sind, aber ich halte es für höchst unwahrscheinlich, daß das einzig und allein am Gehör liegt.»

Auch Kevin Munro vom Gehör- und Gleichgewichtszentrum an der University of Southampton hat die Hörfähigkeiten von Menschen und Hunden mit Hilfe einer ausgeklügelten Technik namens *Evoked Response Audiometry* (Audiometrie hervorgerufener Reaktionen) verglichen.[3] Er ging davon aus, daß Hunde viel besser als Menschen hören würden, weil dieser Glaube so weit verbreitet ist. «Als ich die Ergebnisse sah, entdeckte ich zu meiner großen Überraschung, daß sie zwar in der Lage sind, höhere Töne zu hören, in jeder anderen Hinsicht aber ein ähnliches Gehör haben wie wir.»

Doch nehmen wir theoretisch einmal an, daß Hunde wirklich Dinge hören können, die viermal weiter weg sind, als die Hörweite der Menschen beträgt. Wenn sich ein vertrautes Auto oder ein Mensch zu Fuß Ihrem Haus nähert – in welcher Entfernung können Sie sie hören?

Ich lebe in London, und bei all den Hintergrundgeräuschen und den vielen vorbeikommenden Autos und Menschen kann ich wahrscheinlich vertraute Autos oder Personen, die sich meinem Haus nähern, nur dann hören, wenn sie weniger als 20 Meter entfernt sind, und selbst dann nur, wenn ich mich in einem der Zimmer an der Straßenseite des Hauses und bei offenen Fenstern aufhalte. Im Gegensatz dazu könnten Menschen in einsamen Gegenden auf dem Land bei wenig oder gar keinem Verkehr ein sich näherndes Fahrzeug schon in einer Entfernung von knapp einem Kilometer hören, besonders nachts. Aber ich schätze, daß die meisten Menschen in Städten und Vorstädten nicht in der Lage wären, die Geräusche von vertrauten Autos oder Menschen zu hören, die mehr als ein paar 100 Meter weit weg sind, und im allgemeinen auch nicht, wenn sie viel näher sind. Sie können ja einmal selbst Ihr Hörvermögen schätzen. Und dann sollten Sie es mit Hilfe Ihrer Familie und Freunde testen. Können Sie wirklich feststellen, ob sich ein bestimmter Wagen oder Mensch nähert, wenn er sich noch in der geschätzten Entfernung befindet?

Wenn Sie jetzt Ihre Schätzung mit vier multiplizieren, haben Sie eine ungefähre Vorstellung davon, in welcher Entfernung ein Hund nach der großzügigsten Annahme auf die Rückkehr seines Halters reagieren könnte. Ich vermute, daß diese Entfernung bei den Verhältnissen in einer Stadt oder Vorstadt weniger als eine halbe Meile betragen würde, und zwar selbst unter den günstigsten Bedingungen, wenn der Wind in der richtigen Richtung wehen würde. Weht der Wind in andere Richtungen, wäre die Reichweite viel kleiner. Und wenn sich der Hund im Haus befände und die Fenster geschlossen wären, dann wäre sie noch kleiner.

Dabei gehen wir immer noch davon aus, daß die betreffende Person zu Fuß geht oder mit einem vertrauten Auto fährt – aber was ist, wenn diese Person mit einem Taxi, dem Auto eines Freundes oder irgendeinem anderen Fahrzeug kommt, mit dem der Hund nicht vertraut ist? Doch auch wenn vertraute Geräusche fehlen, haben viele Halter entdeckt, daß der Hund die Ankunft dennoch vorausahnt.

Wenn sich beispielsweise Louise Gavit aus Morrow in Georgia auf den Heimweg macht, geht BJ, der Hund der Familie, zur Tür. Mrs. Gavits Mann hat entdeckt, daß BJ das immer wieder macht, und nachdem sie sich die Zeiten notiert hatten, stellten die Gavits fest, daß BJs Reaktionen gewöhnlich dann einsetzen, wenn Mrs. Gavit sich zunächst entscheidet heimzukehren und dann zu irgendeinem Fahrzeug geht, mit dem sie die Heimfahrt antreten will – selbst wenn sie viele Kilometer von zu Hause entfernt ist.

«Ich komme auf ganz unregelmäßige Weise heim – ich nehme meinen eigenen Wagen, den meines Mannes, fahre mit einem Lastwagen oder sonst einem Auto mit, in dem mich Fremde mitnehmen, oder ich gehe zu Fuß. Irgendwie reagiert BJ trotzdem auf mein Denken oder mein Handeln. Sogar wenn er mein Auto noch in der Garage stehen sieht, reagiert er.»

Heimkehr per Bus, Bahn oder Flugzeug

Die Ansicht, die Reaktion der Hunde könnte auch durch die Wahrnehmung ferner Autogeräusche erklärt werden, wird auch durch die Tatsache widerlegt, daß Hunde auf Halter reagieren können, die per Bus oder Bahn heimfahren. Falls sie natürlich immer mit dem gleichen Bus kommen, etwa mit einem Schulbus, könnte das Tier charakteristische Geräusche schon vor dem Eintreffen des Fahrzeugs wiedererkennen. Aber wenn Menschen zu unterschiedlichen Zeiten mit dem Bus oder mit der Bahn fahren, könnte das Tier nicht mehr am Geräusch feststellen, ob sein Halter sich in einem bestimmten Bus oder Zug befindet.

Helen Meither beispielsweise fuhr jeden Tag 25 Kilometer mit dem Bus zur Arbeit in Liverpool und ließ ihren Cairn-Terrier bei ihrer Familie zurück. Ja nachdem, wann sie mit der Arbeit fertig war, fuhr sie mit einem Bus heim, der entweder gegen 18 Uhr oder gegen 20 Uhr ankam.

> «Die Bushaltestelle befand sich etwa 400 Meter von unserem Haus entfernt hinter einem kleinen Wald. Ich wußte nie, ob ich rechtzeitig mit der Arbeit fertig würde, um den früheren Bus zu erwischen, aber der Hund wußte immer, ob ich darin saß. Wenn ich ihn erwischte, verließ der Hund zwischen 17.45 Uhr und 17.50 Uhr das Haus und lief bei jedem Wetter durch den Wald, um mich abzuholen. Kam ich später, rührte er sich nicht vor 19.45 Uhr und holte mich vom späteren Bus ab.»

In unserer Datenbank gibt es über 60 Berichte über Tiere, die auf die Ankunft ihrer Besitzer mit dem Bus reagieren, und diese Berichte zeigen, daß das Tier irgendwie weiß, wann der Mensch heimkommt, und dieses Wissen läßt sich nicht mit

Routine, Geräuschen oder Gerüchen erklären. Das gleiche gilt für über 50 Fälle, in denen der Halter mit der Bahn fährt. Hier ein Beispiel.

Carole Bartlett aus Chiselhurst in Kent läßt Sam, ihren Labrador-Greyhound, zu Hause bei ihrem Mann, wenn sie ins Theater geht oder Freunde in London besucht. Zurück nimmt sie den Zug vom Bahnhof Charing Cross, eine Fahrt, die 25 Minuten dauert, und dann geht sie noch fünf Minuten zu Fuß. Mr. Bartlett weiß nicht, mit welchem Zug sie zurückkommen wird – irgendwann zwischen 18 und 23 Uhr. «Mein Mann sagt, eine halbe Stunde vor meiner Rückkehr erhebt sich Sam von meinem Bett, wo er den Tag verbringt, wenn ich ausgehe, läuft die Treppe hinunter und wartet an der Haustür.» Mit anderen Worten: Etwa um die Zeit, da sie den Zug besteigt, beginnt der Hund, auf sie zu warten.

In manchen Fällen sagt die abwesende Person der Person zu Hause, sie werde einen bestimmten Zug nehmen, aber dann nimmt sie einen anderen. Dies geschah, als Sheila Brown aus Westbury in Wiltshire nach London zu einer Hochzeit fuhr und ihre Hündin Tina bei einer Nachbarin ließ, der sie erklärte, sie würde mit dem Zug um 22.30 Uhr zurückkommen. Tatsächlich kam sie fünf Stunden früher und war überrascht, daß eine frische Tasse Tee auf sie wartete. Tina sei plötzlich aufgesprungen, zur Tür gegangen und habe dort schwanzwedelnd gesessen. Die Nachbarin wußte, daß Tina oft Sheilas Rückkehr erwartete, und schloß zu Recht daraus, daß sie einen früheren Zug genommen haben mußte.

Vielleicht noch bemerkenswerter als Hunde, die wissen, wann ihre Halter mit dem Zug oder Bus heimkommen, sind Hunde, die im voraus wissen, wann diese mit dem Flugzeug landen. Es gibt viele solche Geschichten aus dem Zweiten Weltkrieg, als einige Piloten ihre Hunde am Flugplatz halten durften. Geschwaderkommandeur Max Aitken (der spätere Lord Beaverbrook) beispielsweise hielt seinen Neufundländer am Fliegerhorst des 68. Geschwaders. Edward Wolfe, der unter Aitken gedient hatte, erzählte mir: «Wenn die Maschinen des Geschwaders einzeln oder zu zweit von einem Einsatz zurückkehrten, erhob sich sein schwarzer Neufundländer, der bis dahin ruhig in der Messe gesessen hatte, und sauste hinaus, um seinen Herrn abzuholen. Wir wußten immer, wann Max Aitken zurückkam.»

Einen ganz ähnlichen Bericht habe ich auch über einen Hund bekommen, der auf seinen Herrn reagierte, der Pilot in einem Segelflugzeuggeschwader war – hier kehrten die Flieger ja fast lautlos zurück.

In mindestens einem Fall wurde die Möglichkeit getestet, daß der Hund auf das Geräusch eines bestimmten Flugzeugs reagierte. Der betreffende Hund war ebenfalls ein Neufundländer, der auf die Rückkehr seines Halters, eines Offiziers bei der Royal Air Force, reagierte.

> «Er sah zu, wie sein Herr mit einem Flugzeug davonflog, ließ sich nieder und wartete. Als dasselbe Flugzeug zurückkehrte, erhob sich der Hund nicht einmal. Alle Männer dachten, der Hund habe seinen Test nicht bestanden. Sie irrten sich, und der Hund hatte recht. Sein Herr war nicht im Flugzeug. Später näherte sich ein Flugzeug aus der entgegengesetzten Richtung. Aufgeregt sprang der Hund auf und wedelte mit dem Schwanz. Sein Herr war zurückgekehrt.» (J. Greany)

Nicht weniger beeindruckend sind Vorahnungen von Hunden, die Mitarbeitern von Fluggesellschaften gehören. Eine ganze Reihe dieser Menschen haben herausgefunden, daß ihre Hunde wissen, wann sie heimkommen, selbst wenn niemand sonst zu Hause eine Ahnung davon hat. Da ist zum Beispiel Elizabeth Bryan:

> «In meinem ganzen Berufsleben bin ich Flugbegleiterin gewesen, mein Stützpunkt war der Flughafen Gatwick. Zehn Jahre lang sprang mein Hund Rusty herum und bellte genau um die Zeit, wenn ich landete, und dann saß er ruhig da und sah zur Haustür hin, bis ich nach Hause kam. Das erstaunliche daran ist, daß ich überhaupt nicht regelmäßig kam und ging. Ich hätte einen Tag oder zwei Wochen weg sein können und bin auch nie zur gleichen Zeit gelandet, doch er wußte es immer ganz genau.»

Auch manche Menschen, die aus beruflichen Gründen weit weg fliegen müssen, haben Hunde, die wissen, wann sie wiederkommen. Ian Fraser Ker aus Westcott in Surrey wurde auf dieses Phänomen zum ersten Mal aufmerksam, als er seine Frau bei der Ankunft in Heathrow anrief. Sie erzählte ihm, sie dachte, er würde kommen, weil ihr Hund, ein Boxer, ganz aufgeregt gewesen sei. «Das ging so weit, daß an Tagen, an denen mein Hund Zeichen von Aufgeregtheit von sich gab, sich vor die Haustür setzte und die Nase so weit wie möglich in den Briefkastenschlitz steckte, meine Frau mir tatsächlich etwas zum Mittagessen kochte – und schon rief ich vom Flughafen aus an und sagte, ich sei wieder da.»

In derartigen Fällen kann der Hund unmöglich irgendwelche vertrauten Geräusche oder Gerüche erkannt oder auf ein regelmäßig wiederkehrendes Verhalten reagiert haben. Und wenn Menschen zu Hause nicht gewußt haben, wann sie mit der Rückkehr ihres Angehörigen zu rechnen hätten, konnte der Hund ihnen auch nicht irgendeine Erwartungshaltung angemerkt haben. Aufgrund dieser negativen Auslese ist die Telepathie anscheinend die plausibelste Erklärung.

Skeptiker werden natürlich sofort einwenden, daß man Aussagen von Haustierhaltern nicht trauen könne, weil ihnen entweder ihre Erinnerung einen Streich spielt, weil sie lügen oder betrügen oder Opfer einer Illusion oder von Wunschdenken sind. Nachdem ich mit vielen Haustierhaltern über ihre Erlebnisse gesprochen und ihre Familienangehörigen befragt habe, gibt es für mich keinen Grund, daran zu zweifeln, daß ihre Berichte über das Verhalten ihrer Hunde im allgemeinen glaubwürdig sind. Und da es bislang keine einschlägigen wissenschaftlichen Untersuchungen gibt, können wir zunächst nur von ihren Berichten ausgehen, wenn wir dieses Phänomen erforschen wollen.

Es ist zwar richtig, eine skeptische Haltung einzunehmen, weitere Fragen zu stellen und sich darüber im klaren zu sein, daß Menschen sich irren können. Aber manche Leute tun aus Prinzip alle Aussagen von Hundehaltern einfach ab. Eine derart zwanghafte Skepsis rührt von dem Dogma her, daß Telepathie unmöglich sei. Meiner Meinung nach stehen derartige Vorurteile einer aufgeschlossenen wissenschaftlichen Forschung im Wege. Sie sind nicht wissenschaftlich, sondern antiwissenschaftlich. Ich interessiere mich lieber für Doggen als für Dogmen.

Natürlich ist es notwendig, dem Studium von Fallgeschichten über das vorausahnende Verhalten von Hunden experimentelle Untersuchungen folgen zu lassen; davon wird später in diesem Kapitel die Rede sein. Aber zunächst ist es wichtig, mehr über die Naturgeschichte von Hunden in Erfahrung zu bringen, die wissen, wann ihre Menschen heimkommen. Und da die Beweislage bislang auf irgendeine Art telepathischer Verbindung hindeutet, müssen wir eingehender untersuchen, was das Phänomen der Telepathie bedeuten könnte.

Verschiedene Muster telepathischer Reaktion

Telepathie bedeutet wörtlich «Ferngefühl», abgeleitet von den griechischen Wurzeln *tele* = fern, wie in Telefon oder Telegraf, und *páthos* = Leiden, Fühlen, wie in Sympathie. Wenn Hunde also telepathisch auf ihre Halter reagieren, müssen sie irgendwie die Gedanken oder Gefühle ihrer Halter, die gerade heimkehren wollen, aufschnappen. Dies könnte auf dreierlei Weise geschehen.

1. Manche Hunde reagieren vielleicht nur dann, wenn ihre Besitzer sich dem Haus nähern und sich natürlich ihrer unmittelbar bevorstehenden Ankunft bewußt sind. Man könnte auch sagen, die Hunde spüren die nahe Anwesenheit ihrer Halter. Die Hunde könnten etwa zwei oder zehn Minuten vor der Rückkehr ihrer Besitzer reagieren, unabhängig davon, wann sie aufgebrochen sind.
2. Manche heimkehrende Menschen beschäftigen sich vielleicht während des größten Teils der Fahrt gedanklich oder gefühlsmäßig kaum mit ihrer Heimkehr, weil sie sich möglicherweise auf eine Unterhaltung oder andere Aktivitäten konzentrieren. Aber dann kommen Phasen der Fahrt, in denen sich Gefühle und Gedanken mit zunehmender Intensität auf das Zuhause richten – zum Beispiel wenn man ein Flugzeug am Flughafen verläßt, von Bord eines Schiffes geht oder aus einem Zug oder Bus steigt. Manche Hunde könnten also die in dieser Phase nach Hause vorauseilenden Gedanken und Gefühle aufschnappen.
3. Zur extremsten Manifestation von Telepathie käme es, wenn Hunde die *Absicht* ihrer Besitzer, heimzukehren, aufschnappen könnten und reagieren würden, wenn sie aufbrächen oder gar wenn sie sich anschickten aufzubrechen.

Tatsächlich sind alle drei Kategorien von Vorausahnung weit verbreitet. Manche Hunde ahnen die Rückkehr ihrer Halter nur wenige Minuten voraus. Vielleicht können die Tiere die Menschen gehört oder gerochen haben, und dann hätte das nichts mit Telepathie zu tun. Aber wenn Hunde mehr als fünf Minuten im voraus reagieren, muß man die Hypothese einer Telepathie ernst nehmen, besonders wenn die Hunde selbst dann reagieren, wenn die Fenster geschlossen sind und ihre Reaktionen nicht von der Windrichtung abhängen, die ja die Weiterleitung von Gerüchen und Geräuschen stark beeinflussen würde. Und tatsächlich gibt es noch viele Fälle, in denen Hunde regelmäßig zehn Minuten oder noch früher reagieren, bevor ein Mensch heimkommt, und zwar unabhängig von der Windrichtung. Ein Beispiel ist Peter Edwards mit seinen Irischen Settern. Andere Beispiele sind Hunde auf Flugplätzen (siehe oben), die reagierten, als sich das Flugzeug ihres Halters im Anflug befand, oder Hunde, die ihre Besitzer an Bushaltestellen abholen und sich auf den Weg machen, während der Bus unterwegs ist.

Zweitens gibt es Hunde, die reagieren, wenn Menschen aus Schiffen, Flugzeugen, Zügen und Bussen aussteigen und den letzten Teil ihrer Heimfahrt antreten. Wir haben bereits Beispiele von Hunden kennengelernt, die reagieren, wenn Crewmitglieder und Passagiere auf Linienflügen am Flughafen ankommen, und es gibt noch viele andere Beispiele von Hunden, die reagieren, wenn Menschen Schiffe, Züge oder Busse verlassen.

Schließlich gibt es auch Hunde, die auf die Absicht von Menschen, nach Hause zu fahren, zu reagieren scheinen, und zwar noch bevor sie tatsächlich losfahren. Louise Gavits Hund BJ ist ein Beispiel (s. S. 49). Sie kommt und geht nicht regelmäßig. Nachdem ihr Mann BJ zu Hause beobachtet hat, haben die Gavits herausgefunden, daß der Hund normalerweise folgendermaßen reagiert:

Hunde, die wissen, wann ihre Halter nach Hause kommen

«Wenn ich den Ort verlasse, an dem ich gewesen bin, und zu meinem Auto gehe, mit der Absicht, heimzufahren, erwacht unser Hund BJ, geht zur Tür, legt sich davor auf den Boden und richtet die Nase auf die Tür. Dort wartet er dann. Wenn ich mich der Zufahrt nähere, wird er aufmerksamer, geht auf und ab und zeigt Anzeichen von Erregung, je näher ich dem Haus komme. Wenn ich die Tür öffne, steckt er immer schon zur Begrüßung die Nase durch den Türspalt. Dieses Spüren scheint unabhängig von der Entfernung zu sein. Anscheinend reagiert er überhaupt nicht, wenn ich einen Ort verlasse und mich zu einem anderen begebe – seine Reaktion erfolgt anscheinend zu der Zeit, da mir der Gedanke kommt heimzufahren, und da ich mich anschicke, zu meinem Auto zu gehen, um nach Hause zu fahren.»

An dieser Verhaltensweise ist natürlich nichts Neues, sie ist seit vielen Jahren bekannt und festgestellt worden. In seinem bekannten Buch *Kinship With All Life* schildert J. Allen Boone, wie der Hund Strongheart seine Heimkehr vom Lunch in seinem rund 20 Kilometer entfernten Club in Los Angeles vorausahnte. Ein Freund kümmerte sich um Strongheart, während er nicht zu Hause war. «Es gab nie eine festgesetzte Zeit für meine Rückkehr, aber genau in dem Augenblick, da ich beschloß, den Club zu verlassen und heimzufahren, ließ Strongheart immer alles stehen und liegen, begab sich auf seinen liebsten Beobachtungsposten und wartete dort geduldig darauf, daß ich um die Kurve und den Berg hochfuhr.»[4]

Das gleiche Reaktionsmuster ist auch in Experimenten aufgetreten. So hat zum Beispiel Monika Sauer, die bei München lebt, auf meinen Wunsch hin einige Tests mit ihrem Hund Pluto durchgeführt, dessen Reaktionen von ihrem Partner beobachtet wurden. Pluto reagierte nicht nur, wenn sie aufbrach, um mit ihrem Wagen nach Hause zu fahren, sondern auch, wenn sie in den Autos von Freunden mitfuhr, die ihm nicht vertraut waren. Ich bat sie dann, per Taxi heimzufahren. In diesem Fall reagierte Pluto 40 Minuten vor ihrer Ankunft. Die Fahrt dauerte dreißig Minuten. Sie bestellte telefonisch ein Taxi und wartete zehn Minuten darauf, bevor sie losfuhr. Der Hund reagierte also nicht erst, als sie ins Taxi einstieg, sondern als sie es bestellte.

Wahrscheinlich würden derartige Vorausreaktionen oft gar nicht auffallen, wenn sich manche Menschen nicht die Zeit merken würden, zu der sie losgefahren sind und um die die Hunde reagieren. Zu diesen Menschen gehören auch Catherine und John O'Driscoll, deren Golden Retriever Samson besonders feinfühlig auf Johns Rückkehr reagiert. Eines Tages beispielsweise war John im Theater in Northampton, als Samson aufgeregt zur Tür raste, und zwar sehr viel länger vor Johns Rückkehr, als er zur Heimfahrt gebraucht hätte. Catherine erzählte mir: «Ich habe John dann gefragt, was er um diese Zeit gemacht habe, und er sagte, er habe auf die Uhr geschaut und gedacht, wie schön es doch wäre, wenn er heimfahren könnte.» Ein andermal war John in einer Konferenz. «Er schaute auf die Uhr und machte seine Aktentasche genau in dem Augenblick zu, als Samson aufgeregt bellend zur Tür rannte.» Es gibt noch viele derartige Beispiele. Bei den in der Datenbank gespeicherten 585 Berichten über Hunde, die wissen, wann ihre Halter heimkommen, heißt es in 97 Fällen (das sind 17 Prozent), die Hunde würden reagieren, wenn der Mensch die Heimfahrt antritt oder sich dazu anschickt.

Vielleicht wissen ja einige von den Hunden, die anscheinend erst ein paar Minuten vor der Ankunft des Menschen reagieren, tatsächlich, wann ihr Halter losfährt, äußern aber erst dann Anzeichen von Aufregung, wenn der betreffende Mensch sich nähert. Frühere, subtilere Reaktionen werden vielleicht auch nicht bemerkt.

Heimkehr aus dem Urlaub oder nach längerer Abwesenheit

Die meisten Beispiele, von denen bisher die Rede war, handeln von Hunden, die reagieren, wenn ihre Halter von der Arbeit oder nach ziemlich kurzer Abwesenheit heimkommen. Nun möchte ich mich mit Hunden befassen, die reagieren, wenn ihre Besitzer nach längerer Abwesenheit zurückkehren, etwa aus dem Urlaub. Manche Hunde ahnen die Ankunft ihrer Halter nicht voraus, wenn diese nur tagsüber weg waren, aber sie reagieren, wenn sie für längere Zeit nicht da waren, wie zum Beispiel die Hündin Jessie, die mit der Marchioness of Salisbury in Hatfield House in Hertfordshire lebt (siehe Abb. 2.1).

«Jessie ist ein ganz aufgeweckter und intelligenter kleiner Hund. Sie scheint immer zu wissen, was ich gerade tun will, fast bevor ich es selbst weiß», sagt Lady Salisbury. Wenn Lady Salisbury ins Ausland fährt, läßt sie Jessie, einen Jagdterrier, bei ihrem Chefgärtner David Beaumont. Er und seine Frau bekommen grundsätzlich mit, wann Lady Salisbury unterwegs ist, denn dann wird Jessie unruhig und wartet an der Zimmertür oder am Haustor, und zwar schon Stunden bevor sie heimkommt. Jessies Verhalten ist von Miriam Rothschild (Fellow of the Royal Society), der bedeutenden Naturforscherin, dokumentiert worden, die mir freundlicherweise ihre Beobachtungen mitgeteilt hat. Einmal beispielsweise setzten Jessies Reaktionen ein, als Lady Salisbury packte und sich anschickte, ein Haus in Irland zu verlassen; ein andermal wollte sie gerade zum Flughafen in Krakau fahren. Lady Salisbury erklärt, die Mutter der Hündin habe sogar noch sensibler als Jessie auf ihre Heimkehr reagiert – selbst wenn sie nur für einen Tag weggewesen sei. Jessie hingegen reagiere erst, wenn sie mindestens drei Tage lang nicht da sei.

Manchmal scheint das Verhalten des Hundes mit den Ge-

Abbildung 2.1 Die Marchioness of Salisbury mit ihrer Jagdterrierhündin Jessie in Hatfield House in Hertfordshire (Foto: Phil Starling).

danken und Absichten der Menschen zusammenzuhängen, und zwar lange bevor sie die Rückkehr tatsächlich antreten. Das war bei Frank Harrison der Fall, der, kurz nachdem er zur britischen Army gegangen war, eine Fieberkrankheit bekam und nach seiner Entlassung aus dem Krankenhaus ein paar

Tage Genesungsurlaub erhielt. Das teilte er allerdings seinen Eltern nicht mit.

> «Als ich heimkam, stand Sandy (unser Irish Terrier) an der Tür, und man sagte mir, er habe sich nur von der Stelle gerührt, wenn er Futter bekam oder wenn man mit ihm Gassi ging. Das fing etwa um die Zeit an, als ich erfuhr, ich würde Genesungsurlaub bekommen. Sein Verhalten hat meinen Eltern natürlich Sorgen bereitet. Als ich unerwartet heimkam, sagte meine Mum: ‹Er wußte, daß du kommst. Das erklärt alles.› Dieses Warten an der Tür wiederholte sich immer wieder während meines zweieinhalbjährigen Wehrdienstes. Etwa 48 Stunden bevor ich kam begab sich Sandy zur Tür. Meine Eltern wußten, daß ich kommen würde, weil Sandy es wußte.»

Ich habe über 20 andere Berichte über Hunde bekommen, die die Ankunft junger Männer vorausahnen, welche auf Urlaub vom Militär oder von der Handelsmarine heimkommen, und in vielen Fällen wußten die Familien nicht im voraus darüber Bescheid. Zuweilen reagierten die Hunde einen oder zwei Tage vor der Ankunft der jungen Männer, wie Sandy dies tat, manchmal erst ein paar Stunden davor.

Sofern das vorausahnende Verhalten von Hunden auf Telepathie beruht, lassen solche Reaktionen auf die bevorstehende Heimkehr ihrer Halter von einem anderen Kontinent darauf schließen, daß eine telepathische Kommunikation über große Entfernungen hinweg stattfinden kann. Anscheinend nimmt sie mit der Entfernung nicht ab, wie das bei elektrischen, magnetischen und durch Schwerkraft verursachten Phänomenen der Fall ist. In manchen Fällen fällt die Vorausahnung des Hundes genau mit einer bestimmten Phase der Vorbereitung oder des Aufbruchs zusammen. Tony Harvey kehrte von einem dreiwöchigen Schießurlaub in Dartmoor zu seiner 250 Meilen entfernten Farm in Suffolk heim, wo er Badger, einen Border-Terrier, bei seiner Frau zurückgelassen hatte. Als er ankam, erzählte seine Frau ihm, daß Badger um 6.40 Uhr aus seinem Körbchen aufs Fensterbrett hochgesprungen sei. «Das war genau die Zeit, um die ich meine Heimfahrt in Dartmoor angetreten hatte. Das war nicht etwa die Zeit, als wir mit dem Einladen begonnen hatten, sondern genau die Zeit, als der Laster losfuhr.» Badger war «den ganzen Tag aufgeregt, stand am Fenster und schaute in den Hof hinaus», bis sein Herrchen schließlich um 21.30 Uhr ankam.

Wie in dem Fall, wenn Menschen von der Arbeit heimkommen, reagieren manche Hunde eher, wenn der Mensch sich dem Haus nähert, als bei Antritt der Rückfahrt. Wenn Larry Collyer beispielsweise nach mehrtägiger Abwesenheit unterwegs zu seinem Haus in Glastonbury, Somerset, ist, weiß seine Frau Daphne stets, wann er etwa eintreffen wird, weil ihr Chow-Chow zwischen einer halben und einer ganzen Stunde vorher zur Tür geht und dort wartet. Das tut er auch, wenn Mr. Collyer einen oder zwei Tage früher als erwartet zurückkehrt.

Die beste Gelegenheit, das Verhalten von Hunden vor der Rückkehr ihrer Halter aus dem Urlaub oder von anderen Reisen zu beobachten, haben Menschen, die in Tierheimen arbeiten. Meine Kollegen und ich haben die Leiter von Tierheimen in England und in den USA befragt und folgendes erfahren: Die meisten haben bemerkt, daß manche Hunde zu wissen scheinen, wann sie wieder nach Hause geholt werden. Hier einige typische Kommentare: «Manche werden wachsamer, wenn der Tag kommt, an dem sie nach Hause zurückkehren.» «Ein paar Stunden zuvor nehmen sie eine gewisse Erwartungshaltung ein.» «Manche Hunde verhalten sich an dem Tag, an dem sie heimkehren werden, wirklich anders.» Die Leiterin eines Tierheims in Ostengland allerdings bestritt entschieden, daß etwas Derartiges in ihrem Heim vorkomme: «Die Hunde fühlen sich hier so wohl, daß sie ihre Halter schon bald völlig vergessen und sich nicht für ihre Rückkehr interessieren.» Das war allerdings eine vereinzelte Meinung. Vielleicht verhalten sich manche Hunde in Tierheimen nur deshalb anders, weil ihnen die Mitarbeiter des Heims mehr Aufmerksamkeit widmen, wenn sie in Kürze abgeholt werden. Aber manchmal kehren die Halter unerwartet früh zurück, und einige Hunde scheinen das zu wissen. Das folgende Beispiel schilderte Sam Hyers aus Rockford in Michigan:

«Ein relativ ruhiger Hund (der die meiste Zeit herumlag) stand drei Stunden lang an der Tür. Ich hab ihn mehrmals rausgebracht, aber er mußte sich gar nicht erleichtern, und zwei Stunden später fuhr sein Besitzer vor – zwei Tage früher als geplant. Ich hatte keine Ahnung, daß er früher käme.»

Die Bande zwischen Hund und Mensch

Die meisten Menschen, deren Hunde ihre Ankunft vorausahnen, sind der Meinung, daß sie eine «enge Bindung» oder eine «starke emotionale Verbindung» zu ihrem Hund haben oder «sehr an ihm hängen». In 78 Prozent der Fälle, die wir auf unserer Datenbank gespeichert haben, reagieren Hunde nur auf eine Person, in 17 Prozent auf zwei Menschen und nur in 5 Prozent auf drei oder mehr. Wenn Hunde auf mehr als eine Person reagieren, handelt es sich dabei normalerweise um Familienmitglieder. Fast die einzigen anderen Menschen, deren Ankunft die Hunde vorausahnen, sind Freunde, die sie besonders mögen, oder Menschen, die mit ihnen Gassi gehen oder ihnen Leckerbissen mitbringen. Eine Ausnahme bilden Fälle, in denen der Hund eine starke Abneigung gegenüber einer bestimmten Person empfindet. John Ashton beispielsweise hatte einen Freund, der keine Hunde mochte und der ihn früher etwa einmal pro Woche in seinem Haus in Lancashire besuchte. Anfangs legte sein Schäferhund Rolf, normalerweise ein gutmütiger Hund, kein ungewöhnliches Verhalten an den Tag.

«Nach ein paar Wochen besuchte mein Freund Clive mich eines Abends, und etwa zehn Minuten bevor er kam, wartete Rolf knurrend an der Garage und mußte zurückgehalten werden, als Clive eintraf. Ich kann nur vermuten, daß Clive ihn bei einem vorangegangenen Besuch geschlagen oder getreten hatte. Nach diesem Abend mußte ich immer zur Garage gehen, um Clive abzuholen und Rolf dabei festhalten. Er wußte immer zehn oder 15 Minuten vorher, wann Clive kam.»

In einem sehr interessanten Fall reagierte das Tier, eine Springer-Spaniel-Hündin, ganz unterschiedlich, je nachdem, in welcher Absicht der Besucher kam. Dieser Besucher war Christopher Day, ein Tierarzt in Oxfordshire, und die Hündin gehörte seiner Schwiegermutter. Dr. Day:

«Die Hündin wußte immer, ob ich privat oder als Tierarzt erschien. Sie sprang an mir hoch und stimmte ein freudiges Geheul an, wenn ich einen Privatbesuch abstattete, aber wenn ich als Tierarzt kam, versteckte sie sich hinter dem Boiler. Ich konnte nicht rausbekommen, woran sie merkte, daß ich als Tierarzt kam – aber sie entschied sich sowieso schon dafür, sich zu verstecken, bevor ich das Haus betrat. Und jedesmal hatte sie recht. Ich kam eigentlich ziemlich oft zu Besuch, schaute kurz vorbei oder tat alle möglichen Dinge, als Tierarzt erschien ich allerdings ganz selten. Und ich machte meine Arztbesuche nicht bloß deshalb, weil die Hündin krank war – manchmal konnten das irgendwelche Routineangelegenheiten sein. Aber die Hündin wußte immer, wann ich im Dienst war und wann nicht.»

Somit hängt die Fähigkeit von Hunden, zu wissen, wann Menschen kommen, von emotionalen Banden ab, die gewöhnlich positiv, aber manchmal auch negativ sind, und sie kann von der Absicht beeinflußt werden, in der die Menschen kommen. Aber im großen ganzen beruht sie auf liebevollen Beziehungen zu ihren unmittelbaren menschlichen Gefährten sowie zu Familienmitgliedern und guten Freunden, die zu Besuch kommen. Es ist natürlich bekannt, daß Hunde starke Bindungen zu Menschen eingehen können. James Serpell, der an der Universität Cambridge Pionierarbeit für das Studium von Mensch-Hund-Beziehungen leistete, hat dies folgendermaßen ausgedrückt: «Der Durchschnittshund verhält sich so, als sei er buchstäblich mit seinem Halter durch ein unsichtbares Band ‹verbunden›. Wenn er die Möglichkeit dazu hat, wird er ihm überallhin folgen, sich neben ihn setzen oder legen und klare Anzeichen von Kummer zu erkennen geben, wenn der Halter ausgeht und ihn zurückläßt oder ihn unerwartet aus dem Zimmer aussperrt.»[5]

Ich meine, daß das Beweismaterial, das in diesem und den folgenden Kapiteln untersucht wird, die Vermutung nahelegt, daß das unsichtbare Band, das Hund und Halter miteinander verbindet, elastisch ist – es kann sich dehnen und zusammenziehen (siehe erstes Kapitel, Abb. 4B). Es verbindet Hund und Halter, wenn sie nahe beieinander sind. Und es verknüpft sie selbst dann, wenn sie Hunderte von Meilen voneinander entfernt sind. Über diese elastische Verbindung vollzieht sich die telepathische Kommunikation.

Telepathie oder Vorauswissen?

Viele Haustierhalter, deren Tiere wissen, wann ein Familienangehöriger heimkommt, führen dies entweder auf Telepathie, auf einen «sechsten Sinn» oder auf ESP, die außersinnliche Wahrnehmung, zurück.

Der Begriff Telepathie besagt, daß das Tier auf die Gedanken, Gefühle, Emotionen oder Intentionen eines fernen Menschen reagiert. Aber Begriffe wie «sechster Sinn» und ESP sind allgemeiner, und da sie auch die Telepathie einschließen, werden sie oft in Verbindung mit einer Fülle anderer unerklärter Phänomene gebraucht, etwa der Fähigkeit, eine Gefahr vorauszuahnen, und der Fähigkeit, den Weg nach Hause zu finden. Und einige Phänomene, die dem «sechsten Sinn» oder der ESP zugeschrieben werden, betreffen anscheinend die Präkognition, also das Vorauswissen über künftige Ereignisse. Könnte es somit sein, daß Hunde aufgrund einer Präkognition der tatsächlichen Ankunft wissen, wann ihre Halter heimkommen, und daß sie nicht deren Gedanken oder Absichten aufschnappen?

In manchen Fällen ist dies vielleicht so. Aber mit Telepathie läßt sich für mich eher erklären, wann Hunde auf die Zeit reagieren, zu der ihre Halter aufbrechen oder zu der sie schlicht beabsichtigen aufzubrechen, bevor sie dies wirklich tun. Damit lassen sich offenbar auch eher die Reaktionen von Tieren erklären, wenn ihre Menschen an einer entscheidenden Phase ihrer Heimfahrt angelangt sind, etwa wenn sie aus einem Flugzeug, einem Schiff, einem Zug oder einem Bus aussteigen. Eine Möglichkeit, Telepathie oder Präkognition auseinanderzuhalten, besteht darin, daß man untersucht, was geschieht, wenn Menschen ihr Verhalten ändern. Was passiert, wenn sie den Heimweg antreten und ihre Reise unterbrochen wird? Wenn das Tier präkognitiv reagiert, also die Ankunft vorhersieht, dann dürfte es eigentlich nicht reagieren, wenn die Reise abgebrochen wird. Wenn es telepathisch reagiert, sollte es auf die Absicht heimzukommen reagieren, selbst wenn der betreffende Mensch nicht ankommt.

Was geschieht, wenn Menschen ihr Vorhaben ändern?

Eines der ersten Beispiele dafür, wie ein Hund reagiert, wenn jemand seine Meinung ändert, wurde mir von Radboud Spruit von der Universität Utrecht mitgeteilt. Er wohnte ganz in der Nähe seiner Eltern – mit dem Auto brauchte er etwa sechs Minuten – und pflegte sie mehrmals pro Woche zu unregelmäßigen Zeiten zu besuchen. Seine Mutter stellte fest, daß der Hund etwa zehn Minuten im voraus an der Gartentür auf ihn wartete, das heißt, er begann mit dem Warten ein paar Minuten, bevor Spruit tatsächlich aufbrach.

«Eines Tages rief meine Mutter mich an und fragte mich, ob ich vorgehabt hätte, sie am Tag zuvor zu besuchen, denn der Hund habe auf mich gewartet. Ich hatte sie tatsächlich besuchen wollen, es mir unterwegs aber anders überlegt. Und das war zur gleichen Zeit, da unser Hund auf mich wartete. Meine Mutter erzählte mir, daß der Hund nach 15 Minuten ganz verwirrt gewesen sei, als ich nicht ankam. Er sei ins Haus gelaufen und nach einigen Minuten wieder zur Gartentür gerannt. Nach etwa einer halben Stunde habe es den Anschein gehabt, als ob der Hund nicht mehr daran dächte.»

In manchen Fällen können die Menschen, die sich beim Hund aufhalten, genau sagen, wann der Halter des Hundes aufgebrochen ist und wann er es sich anders überlegt hat. Als Michael Joyce beispielsweise auf den Hund seiner Schwägerin aufpaßte, während sie und seine Frau im 14 Meilen entfernten Colchester in Essex einkauften, bemerkte er, daß sich das Tier um 16.45 Uhr erhob, zum Fenster ging und sich dort niederließ.

«Nur ein paar Minuten später nahm er seine vorherige Position wieder ein und legte sich auf den Teppich. Etwa um 17.15 Uhr, also eine halbe Stunde später, wurde er erneut aufgeregt und ängstlich und hielt sich in der Nähe des Fensters auf, wo er ihre Ankunft abwartete. Als meine Frau und meine Schwägerin schließlich kamen, sagte ich zu ihnen: ‹Ihr habt gegen 16.45 Uhr vorgehabt, Colchester zu verlassen, es euch dann anders überlegt und um 17.15 Uhr beschlossen loszufahren!›, und genauso war es passiert.»

Die Berichte über diese und andere unterbrochene Heimfahrten sprechen dafür, daß Hunde auf ihre Halter eher telepathisch reagieren, als daß sie deren Ankunft vorhersehen.

Wie häufig kommt es vor, daß Hunde wissen, wann ihre Halter nach Hause kommen?

Im allgemeinen haben auf meine Bitten um Informationen Menschen reagiert, deren Tiere sich besonders eindrucksvoll verhalten. Menschen, deren Tiere *nicht* reagieren, schreiben mir dies natürlich nicht. Daher enthält meine Datenbank keinen repräsentativen Überblick über alle Hunde und gibt an sich keinen Aufschluß darüber, wie häufig diese Verhaltensweise vorkommt. Informelle Umfragen bei Freunden, Kollegen und Teilnehmern meiner Vorlesungen und Seminare haben ergeben, daß ein bis zwei Drittel aller Hundebesitzer erklärten, sie hätten dieses vorausahnende Verhalten bei ihren Hunden bemerkt. Meine Leser können jedoch ohne weiteres ihre eigenen Umfragen vornehmen und sehen, ob sie zu ähnlichen Ergebnissen gelangen. Derart informelle Umfragen liefern zwar einen groben Hinweis, müssen sich aber eine Reihe von Einwänden gefallen lassen, vor allem den, daß die befragten Menschen befangen sind. Um solche möglichen Quellen von Befangenheit auszuschalten, muß man einen zufällig ermittelten Bevölkerungsquerschnitt mit Hilfe von Standardumfragetechniken befragen. Meine Kollegen und ich haben inzwischen vier solche Umfragen abgeschlossen, die in ganz verschiedenen geographischen und soziokulturellen Milieus durchgeführt wurden: im Norden von London; in Ramsbottom, einer Kleinstadt bei Manchester in Nordwestengland; in Santa Cruz, einer See- und Universitätsstadt in Kalifornien; und in den Vororten von Los Angeles im San Fernando Valley.

Eine zufällige Auswahl von Haushalten wurde telefonisch befragt. Der Anteil von Haushalten mit Hunden betrug in Santa Cruz und bei Los Angeles 35 Prozent, lag also dicht am nationalen Durchschnitt der USA. In Ramsbottom lag er mit 31 Prozent leicht über dem nationalen Durchschnitt von England. In London betrug er nur 16 Prozent, was durchaus der Tendenz entspricht, daß es in Großstädten, wo mehr Menschen in Wohnungen leben, die geringste Anzahl von Hundehaltern gibt. Die erste Frage, die den Haustierhaltern gestellt wurde, lautete: «Haben Sie oder jemand anders in Ihrem Haushalt jemals bemerkt, daß Ihr Tier aufgeregt war, bevor ein Familienangehöriger heimkam?» Wer darauf mit «Ja» antwortete, wurde sodann gefragt: «Wie lange bevor Sie/die anderen heimkommen ist das Haustier aufgeregt?» (Dann wurden weitere Fragen zu den Haustieren gestellt – mehr darüber im siebten und achten Kapitel. Leser, die sich für die Details dieser Umfragen interessieren, können weitere Informationen dazu aus unseren in wissenschaftlichen Zeitschriften veröffentlichten Beiträgen[6] erfahren, die auch auf meiner Website abzurufen sind.[7])

Ungeachtet der großen Unterschiede zwischen den Orten, an denen die Umfragen durchgeführt wurden, und der Tatsache, daß sie von verschiedenen Menschen vorgenommen wurden, weisen die Ergebnisse eine bemerkenswerte Übereinstimmung auf (Abb. 3.1). Etwa die Hälfte der Hunde verhielt sich demnach vorausahnend, bevor ihre Menschen heimkehrten – der Gesamtdurchschnitt betrug 51 Prozent. Den höchsten Prozentsatz gab es in Los Angeles (61 Prozent), den niedrigsten in Santa Cruz (45 Prozent). Bei diesen Zahlen wurden vielleicht die positiven Reaktionen unterschätzt, weil Menschen, die allein leben, normalerweise nicht wissen, ob ihr Haustier ihre Rückkehr erwartet.

Die meisten Hunde, die die Rückkehr ihrer Besitzer erwarteten, taten dies weniger als zehn Minuten vor ihrer Ankunft, aber zwischen 16 und 25 Prozent sollen dies über zehn Minuten im voraus getan haben.[8] Derartige Reaktionen sind wohl kaum auf Geräusche und Gerüche zurückzuführen, wie ich bereits erklärt habe, auch wenn sich manche vielleicht mit Routine erklären lassen.

Bis jetzt sind solche formellen Zufallsumfragen zwar noch nicht in anderen Ländern durchgeführt worden, aber meine eigenen informellen Umfragen in Belgien, Brasilien, Dänemark, Deutschland, Frankreich, Holland, Irland, Kanada, Norwegen, Portugal und in der Schweiz haben zu ähnlichen Ergebnissen geführt wie vergleichbare Umfragen in England und Amerika.

Warum reagieren so viele Hunde nicht?

Selbst wenn, wie meine Forschungen ergeben, etwa die Hälfte der Hunde an einem bestimmten Ort die Heimkehr ihrer Besitzer erwartet, tut die andere Hälfte dies nicht. Warum nicht? Für mich gibt es dafür fünf mögliche Erklärungen:

1. Wenn Menschen allein leben, kann niemand die Reaktionen des Hundes beobachten, so daß sie unbemerkt bleiben.
2. Manche Hunde haben vielleicht in der Vergangenheit reagiert, aber ihre Besitzer haben dies nicht bemerkt oder sie nicht in irgendeiner Weise bestärkt. In Haushalten, wo Menschen dieses Verhalten tatsächlich bemerken, kann sich der Hund bestärkt fühlen, wenn ihm schlicht Aufmerksamkeit gewidmet wird. Aber in vielen Haushalten gibt es für den Hund keinen Anreiz zu zeigen, was er weiß. Wenn mehr Halter sich diesem Verhalten ihrer Tiere widmen würden, könnte der Prozentsatz der Hunde, bei denen man es feststellt, größer werden.
3. Das Band zwischen dem Hund und seinem Halter ist vielleicht nicht stark genug, um dieses Verhalten hervorzurufen. Der Hund interessiert sich dann wohl nicht hinreichend für die Rückkehr dieses Menschen.
4. Manche Hunde können weniger empfindlich als andere sein. In jeder anderen Hinsicht kann die Empfindlichkeit erheblich schwanken – beim Geruch, beim Gehör und bei der Sehstärke –, selbst unter Hunden, die eng miteinander verwandt sind. Warum also nicht auch in diesem Bereich?
5. Manche Rassen können relativ unempfindlich sein.

Diese Möglichkeiten sind alle miteinander vereinbar und können ineinander greifen.

Gegenwärtig wissen wir zuwenig, um die ersten vier Möglichkeiten testen zu können. Die fünfte aber läßt sich gleich erforschen. In unserer Datenbank und aufgrund der formellen Umfragen gibt es bereits genügend Informationen, anhand deren wir untersuchen können, ob manche Rassen empfindlicher sind als andere.

Sind manche Rassen empfindlicher als andere?

Ich habe Berichte über das vorausahnende Verhalten von 44 einzelnen Hunderassen sowie von vielen Kreuzungen und Mischungen mit unbekannter Abstammung erhalten.

Hunderassen werden üblicherweise in mehrere umfassende Kategorien eingeteilt, und die Fachleute verwenden unterschiedliche Systeme, die mehr oder weniger willkürlich sind. Ich greife hier auf die Klassifikation des British Kennel Club (des britischen Hundezüchterverbands) zurück, wo man von den im folgenden dargestellten Kategorien ausgeht. Die ersten drei Gruppen werden traditionell für die Jagd verwendet und daher oft Jagdhunde genannt:

Gun Dogs. Zu dieser Gruppe gehören Neufundländer, Retriever, Spaniels und Setter.
Hounds. Die beiden Untergruppen sind die Sight Hounds, wie die Greyhounds (Windhunde) und Lurcher (Spürhunde), und die Scent Hounds, wie die Schweißhunde und Fuchshunde.
Terrier.
Working Group. Diese Gruppe besteht überwiegend aus Hunden, die ursprünglich bei der Arbeit mit Viehherden eingesetzt wurden, wie Collies, Deutsche Schäferhunde und andere Schäferhunde, sowie Zughunden wie Huskies.
Utility Group. Eine gemischte Gruppe, der Pudel, Dalmatiner und Bulldoggen angehören.

Toy Group. Meist kleine Hunde, die traditionellerweise im Haus als tierische Gefährten leben – Pekinesen, King Charles Spaniels und Chihuahuas.

Die in der Datenbank erfaßten 415 Berichte über vorausahnendes Verhalten, bei denen die Hunderasse angegeben ist, sind nach diesen Kategorien folgendermaßen aufgeschlüsselt:

Gun Dogs	74
Hounds	49
Terrier	46
Working Dogs	135
Utility Group	52
Toy Group	22
Mischlinge	37

Die einzelnen Rassen, die in diesen Berichten am häufigsten vorkommen, sind Neufundländer (20 Beispiele), Deutsche Schäferhunde (14), Collies (12) und Pudel (12). Das bedeutet aber nicht, daß sie ungewöhnlich empfindlich wären – das kann schlicht auf die Tatsache verweisen, daß diese zu den beliebtesten Rassen gehören. Auch der Umstand, daß die meisten Berichte Working Dogs und Gun Dogs betreffen, beruht vielleicht einfach darauf, daß mehr Menschen Hunde dieser Kategorien halten.

Auch wenn sich also aus den in der Datenbank gespeicherten Berichten keine detaillierten Schlußfolgerungen über die Empfindlichkeit verschiedener Hundearten ziehen lassen, ist es doch eindeutig, daß vorausahnendes Verhalten weit verbreitet und nicht auf eine bestimmte Gruppe beschränkt ist. Die in England und in den USA durchgeführten formellen Umfragen ergeben ein verläßlicheres Bild, weil sie auf Zufallsbeispielen basieren. Die Tabelle auf der folgenden Seite zeigt die kombi-

Hundeart	Gesamtzahl der befragten Hundehalter	Zahl der vorausgeahnten Ankünfte	vorausgeahnte Ankünfte in Prozent
Gun dogs	58	30	52 %
Neufundländer	21	8	38 %
Spaniels	21	12	57 %
Hounds	12	6	50 %
Terrier	41	23	56 %
Working Dogs	55	24	56 %
Deutsche Schäferhunde	16	6	38 %
Collies	13	8	62 %
Utilitiy Group	17	11	65 %
Toy Group	20	13	65 %
Mischlinge	82	39	48 %

nierten Ergebnisse aus allen vier Umfragen. Neben den Gesamtzahlen für jede Kategorie werden Zahlen für einzelne Rassen angegeben, und zwar in Fällen, in denen es über zehn Hunde einer bestimmten Art gab.

Zwischen den einzelnen Gruppen gibt es keine statistisch signifikanten Unterschiede, und bei den festzustellenden Unterschieden könnte es sich schlicht um zufällige Schwankungen aufgrund der relativ kleinen Größe des Rasters handeln. Daher läßt sich aus diesen Unterschieden zwar nicht viel schließen, aber ich vermute, daß sich die relativ hohen Prozentzahlen in den Gruppen der Toy Dogs und der Utility Dogs auch bei anderen Umfragen erzielen ließen. Viele Rassen in diesen Gruppen werden seit unzähligen Generationen als Gefährten des Menschen gezüchtet. Sie sind daher vielleicht im allgemeinen empfänglicher für die Absichten ihrer Besitzer, und zwar sowohl aufgrund ihrer Züchtung wie auch, weil sie eher im Haus gehalten werden. Sie stehen ihren Haltern vielleicht buchstäblich näher als große Hunde, von denen ein größerer Prozentsatz draußen in Zwingern gehalten wird oder sich nur in den Teilen des Hauses aufhält, in denen man sie duldet. Die Zahlen bestätigen, daß viele Hundearten die Ankunft ihrer Besitzer zu erwarten scheinen. Diese Fähigkeit ist indes nicht auf irgendeine besondere Rasse oder Gruppe beschränkt. Sie ist auch nicht für ein Geschlecht spezifisch, auch wenn Männchen im allgemeinen dieses Verhalten eher an den Tag legen als Weibchen. Von den 465 in der Datenbank gespeicherten Berichten, in denen das Geschlecht des Hundes erwähnt ist, handeln mehr als die Hälfte von männlichen Tieren. Die in englischen Haushalten durchgeführten Zufallsumfragen ergaben, daß vorausahnendes Verhalten bei 48 Prozent der Männchen gegenüber 44 Prozent der Weibchen beobachtet wurde.

Aufzeichnungen über das Verhalten von Hunden

Die Berichte von Hundebesitzern über das Verhalten ihrer Tiere sind eine unschätzbar wertvolle Ausgangsbasis für weitere Untersuchungen. Ja, eigentlich sind sie die einzig mögliche Ausgangsbasis, da es keine Forschungen über dieses Thema gibt und sie somit die einzige Informationsquelle bilden.

Im nächsten Schritt muß man Aufzeichnungen über das Verhalten der Hunde erstellen. Aus derartigen Niederschriften läßt sich eine Menge in Erfahrung bringen, und dazu braucht man nichts weiter als ein Notizbuch und einen Stift. Für umfangreichere Forschungen muß man die Reaktionen der Hunde auf Videobändern mit Zeitcode festhalten. Im folgenden wollen wir uns mit derartigen Untersuchungen befassen.

Auf meinen Wunsch hin haben über 20 Hundehalter über das Verhalten ihrer Hunde vor der Rückkehr eines Familienangehörigen Buch geführt, und einige haben Experimente durchgeführt, indem sie zu ungewöhnlichen Zeiten heimkamen und in einem unbekannten Fahrzeug wie einem Taxi fuhren.

Diese Aufzeichnungen sind höchst aufschlußreich und enthüllen Details über das Verhalten der Tiere, die andernfalls vergessen worden wären. Sie bestätigen, daß manche Hunde tatsächlich die Ankunft von Menschen ziemlich zuverlässig voraussahen, wenn auch nicht unbedingt bei jeder Gelegenheit. Den Lesern, deren Tiere Ankünfte offenbar antizipieren, würde ich nahelegen, Buch darüber zu führen. Dabei sollten sie folgendes festhalten:

1. das Datum und die genauen Uhrzeiten, zu denen das Tier – wenn überhaupt – vorausahnende Reaktionen zeigt,
2. die Zeit, in der die betreffende Person zurückkehrt, sowie die Zeit, zu der sie die Heimkehr angetreten hat,
3. wohin sie gefahren ist und wie lange sie weggewesen ist,
4. wie sie nach Hause gekommen ist,
5. ob sie zu einer gewohnten oder erwarteten Zeit eingetroffen ist,
6. alle anderen Kommentare und Beobachtungen.

Diese Aufzeichnungen werden am besten in einem eigenen Notizbuch geführt. Wichtig ist, daß die Mißerfolge des Tiers ebenso festgehalten werden wie die Erfolge – wenn also der Hund keine Anzeichen von Erwartung erkennen läßt, bevor die betreffende Person heimkommt, sollte dies ebenfalls notiert werden. Das gilt auch für «blinden Alarm».

In fast allen Notizbüchern – bis auf eines –, die ich bekommen habe, reagierten die Hunde regelmäßig zehn oder mehr Minuten vor der Ankunft des Menschen; einige reagierten Stunden im voraus, wenn ihr Mensch sich zu einer langen Heimreise anschickte. Diese Reaktionen lassen sich nicht damit erklären, daß die zurückkehrende Person gehört oder gerochen wurde. Die meisten lassen sich auch nicht einer bestimmten Routine zuschreiben. In einer der Aufzeichnungen allerdings spürte der Hund normalerweise die Ankunft seines Frauchens erst drei oder vier Minuten im voraus, und daher ist es durchaus möglich, daß er bei diesen Gelegenheiten gehört haben könnte, wie sich ihr Wagen näherte.

In mehreren Fällen scheint es so, als hätten Hunde falschen Alarm gegeben, doch dann stellte sich heraus, daß ihr Mensch zwar in der Tat den Heimweg antreten wollte, sich es aber anders überlegte oder unterwegs aufgehalten wurde.

Zuweilen reagierten die Hunde, wenn sie bekümmert, krank oder verschreckt waren, nicht im voraus auf die Rückkehr ihres Halters. Manchmal reagierten sie nicht, ohne daß ein Grund ersichtlich war. Aber in der überwiegenden Mehrheit antizipierten die Hunde die Ankunft ihrer Menschen um zehn oder mehr Minuten.

Die umfangreichsten Aufzeichnungen befassen sich mit einem männlichen Terriermischling names Jaytee, der in Nordwestengland bei seiner Halterin Pamela Smart lebt (Abb. 2.2).

Jaytees Vorahnungen

Über mehrere Jahre hinweg beobachteten Angehörige von Pamela Smarts Familie, wie Jaytee ihre Ankunft bis zu einer halben Stunde oder früher erwartete. Er schien zu wissen, wann Pam unterwegs war, selbst wenn niemand sonst dies wußte und sogar wenn sie zu unregelmäßigen Zeiten heimkehrte.

Pam übernahm Jaytee 1989 vom Hundeheim in Manchester, als er noch ein ganz junger Hund war, und bald waren die beiden eng miteinander verbunden. Sie wohnt in Ramsbottom, einem Vorort von Manchester, in einer Erdgeschoßwohnung neben ihren Eltern, William und Muriel Smart, die beide pensioniert

Abbildung 2.2 Pam Smart mit Jaytee (Foto: Gary Taylor).

sind. Wenn sie ausgeht, läßt sie Jaytee normalerweise bei ihren Eltern. 1991, als Pam als Sekretärin in Manchester arbeitete, bemerkten ihre Eltern, daß Jaytee fast an jedem Werktag gegen 16.30 Uhr zur Terrassentür ging, also um die Zeit, da sie die Heimfahrt antrat. Diese Fahrt dauerte gewöhnlich zwischen 45 und 60 Minuten, und Jaytee wartete dann die meiste Zeit, während Pamela unterwegs war, an der Terrassentür. Da sie eine geregelte Arbeitszeit hatte, nahm die Familie an, daß Jaytees Verhalten mit einer Art von Zeitempfinden zusammenhing.

Pam verlor 1993 ihren Arbeitsplatz und war arbeitslos. Jetzt war sie oft stundenlang von zu Hause weg, ohne an ein regelmäßiges Tätigkeitsschema gebunden zu sein. Normalerweise wußten ihre Eltern nicht, wann sie wiederkommen würde, aber Jaytee ahnte noch immer ihre Rückkehr voraus. Seine Reaktionen schienen um die Zeit einzusetzen, als sie die Heimfahrt antrat.

Im April 1994 las Pam im *Sunday Telegraph* einen Artikel über meine Forschungen zu diesem Phänomen[9] und meldete sich, um daran mitzuarbeiten. Die erste Phase bei dieser Untersuchung bestand darin, daß Pam und ihre Eltern Tagebuch führten. Zwischen Mai 1994 und Februar 1995 ließ sie Jaytee 100mal bei ihren Eltern, wenn sie ausging, und diese notierten Jaytees Verhalten. Pam selbst hielt fest, wo sie gewesen war, wie weit sie gefahren war, welches Verkehrsmittel sie benutzt hatte und wann sie den Heimweg angetreten hatte. In 85 von diesen 100 Fällen reagierte Jaytee, indem er sich vor die Terrassentür setzte, bevor Pam heimkam, normalerweise zehn oder mehrere Minuten im voraus.

Als diese Daten statistisch ausgewertet wurden, zeigte sich, daß Jaytees Reaktionen in einer ganz signifikanten[10] Beziehung zu der Zeit standen, zu der Pam aufbrach, als ob er wüßte, wann sie den Heimweg antrat.[11] Anscheinend spielte es keine Rolle, wie weit entfernt sie war.[12]

Allerdings reagierte Jaytee in 15 von 100 Fällen nicht. War etwas ungewöhnlich an diesen Fällen? Bei einigen war Mrs. Smart nicht zu Hause, oder sie schlief. Jaytee war eng mit Mrs. Smart verbunden, hatte aber Angst vor Mr. Smart. Wenn Jaytee mit Mr. Smart allein war, versteckte er sich im Schlafzimmer und konnte nicht beobachtet werden. In einigen Fällen gab es größere Ablenkungen, etwa eine läufige Hündin in einer Nachbarwohnung. In anderen Fällen war er krank. Aber in drei Fällen gab es keine offenkundigen Ablenkungen oder Gründe, warum er nicht reagierte. Somit reagierte Jaytee nicht immer auf Pams Rückkehr, und er ließ sich ablenken, zum Beispiel durch die läufige Hündin.

Jaytees vorausahnende Reaktionen setzten gewöhnlich dann

ein, wenn Pam über sechs Kilometer entfernt war – in einigen Fällen war sie sogar über 60 Kilometer entfernt. Bei derartigen Entfernungen hätte er unmöglich ihren Wagen hören können, besonders wenn sich das Auto in Windrichtung sowie im dichten Verkehr im Großraum Manchester und auf der Autobahn M66 befand, die nahe an Ramsbottom vorbeiführt. Darüber hinaus hatten Mr. und Mrs. Smart bereits festgestellt, daß Jaytee auch dann Pams Rückkehr erwartete, wenn sie in unbekannten Fahrzeugen ankam.

Doch um sicher zu sein, daß Jaytee nicht auf das Geräusch von Pams Wagen oder anderer vertrauter Fahrzeuge reagierte, untersuchten wir, ob er sich auch dann noch auffällig zeigte, wenn sie nicht mit den üblichen Verkehrsmitteln kam – also per Fahrrad, per Zug oder mit dem Taxi. Und das tat er.[13]

Normalerweise sagte Pam ihren Eltern nicht im voraus, wann sie heimkommen würde, und sie teilte ihnen dies auch nicht telefonisch mit. Ja, oft wußte sie selbst nicht einmal, wann sie wiederkommen würde, wenn sie am Abend ausging, Freunde und Verwandte besuchte oder beim Einkaufen war. Aber möglicherweise hatten ihre Eltern in manchen Fällen vermutet, wann sie kommen könnte, und ihre Erwartung Jaytee dann bewußt oder unbewußt vermittelt. Einige seiner Reaktionen könnten daher auf die Erwartung ihrer Eltern statt auf irgendeinen geheimnisvollen Einfluß von Pam selbst zurückgeführt werden. Um diese Möglichkeiten zu testen, führten wir Experimente durch, bei denen Pam zu zufällig ausgewählten Zeiten losfuhr, nachdem sie ihr Zuhause verlassen hatte. Niemand sonst wußte über diese Zeiten Bescheid. Bei diesen Experimenten begann Jaytee zu warten, wenn sie aufbrach, oder vielmehr eine oder zwei Minuten bevor sie sich zu ihrem Wagen begab, auch wenn niemand zu Hause wußte, wann sie kommen würde.[14] Daher ließen sich seine Reaktionen nicht mit den Erwartungen ihrer Eltern erklären.

In dieser Phase war es natürlich wichtig, Jaytees Verhalten mit der Videokamera zu filmen, damit es sich genau und objektiv festhalten ließ. Und gerade zu diesem Zeitpunkt trat die Wissenschaftsabteilung des Österreichischen Fernsehens (ORF) an mich heran, die ein Experiment mit einem Hund filmen wollte. Pam und ihre Eltern waren freundlicherweise bereit, an diesem gefilmten Experiment mit Jaytee teilzunehmen.

Dr. Heinz Leger und Barbara von Melle vom ORF und ich dachten uns ein Experiment mit zwei Kameras aus: Die eine filmte Jaytee ständig in der Wohnung vom Pams Eltern, die andere folgte Pam, wenn sie ausging.

Dieses Experiment fand dann im November 1994 statt. Weder Pam noch ihre Eltern wußten, um welche zufällig ausgewählte Zeit sie aufgefordert würde heimzufahren.

Etwa drei Stunden 50 Minuten nachdem sie aufgebrochen war, wurde ihr gesagt, es sei Zeit heimzukehren. Sie begab sich sodann zu einem Taxistand, traf dort fünf Minuten später ein und kam weitere zehn Minuten später zu Hause an. Wie üblich wurde sie von Jaytee freudig begrüßt.

Mit Hilfe der Videoaufnahmen läßt sich Jaytees Verhalten so detailliert beobachten, wie es zuvor nicht möglich war. Praktisch die ganze Zeit, in der Pam ausgegangen war, lag er ziemlich ruhig zu Mrs. Smarts Füßen. In der vom ORF für die Sendung bearbeiteten Fassung werden beide Aufnahmen exakt synchron auf dem geteilten Bildschirm gezeigt – Pam ist also auf der einen, Jaytee auf der anderen Seite des Bildschirms zu beobachten. Zunächst liegt Jaytee wie üblich zu Mrs. Smarts Füßen. Dann erfährt Pam, daß sie nach Hause fahren solle, und fast im selben Augenblick bekundet Jaytee Anzeichen von Wachsamkeit – er spitzt die Ohren. Elf Sekunden nachdem Pam gesagt wurde, sie solle heimfahren, begibt sie sich über irgendeine Grünfläche zu einem Taxistand, während Jaytee sich erhebt, zur Terrassentür geht und sich dort erwartungsvoll hinsetzt. Während Pams Heimfahrt bleibt er die ganze Zeit an der Terrassentür.[15]

Es gibt anscheinend keine Möglichkeit, wie Jaytee mit Hilfe der normalen Sinne hätte wissen können, in welchem Augenblick Pam die Heimfahrt antrat. Es konnte auch nicht an einer Routine liegen, da die Zeit zufällig ausgewählt wurde, und zwar zu einer Tageszeit, zu der Pam normalerweise nicht nach Hause kommt.

Dieses Experiment zeigt, wie wichtig Pams Intentionen sind. Jaytee begann zu warten, als sie zum erstenmal erfuhr, daß sie heimfahren würde – also bevor sie ins Taxi einstieg und die Heimfahrt antrat. Jaytee schien darauf telepathisch zu reagieren.

Mit der Videokamera gefilmte Experimente mit Jaytee

Im April 1995 bekam ich von der New Yorker Lifebridge Foundation ein Stipendium, das mich bei meinen Forschungen über unerklärte Kräfte von Tieren unterstützte. Damals erhielt ich gerade Hunderte von Briefen, da ich in meinem Buch *Sieben Experimente, die die Welt verändern könnten* Haustierhalter um Informationen gebeten hatte. Ich las und beantwortete sie alle persönlich, konnte es aber nicht allein schaffen, sie in eine Datenbank aufzunehmen. Ich brauchte eine Forschungsassistentin, die über die nötigen Sekretariats- und Computerkenntnisse verfügte, um die Datenbank einzurichten, die sich für Tiere interessierte und in der Lage war, Experimente selbständig durchzuführen. Pam Smart war für diese Stellenbeschreibung die ideale Kandidatin.

Nachdem Pam sich also ein Jahr lang als freiwillige Helferin mit ihrem Hund an meinen Forschungen beteiligt hatte, wurde

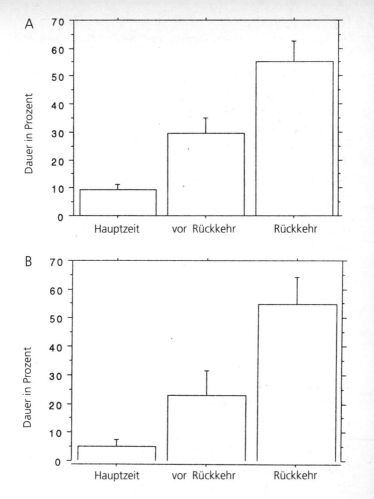

Abbildung 2.3 Jaytees Reaktionen auf Pams Heimfahrten. Die Balkendiagramme zeigen, wieviel Zeit Jaytee prozentual während des Hauptteils von Pams Abwesenheit («Hauptzeit»), während der zehn Minuten, bevor sie den Heimweg antrat («vor Rückkehr») und während der ersten zehn Minuten ihrer Heimfahrt («Rückkehr») an der Terrassentür verbrachte. (Der Standardfehler bei jedem Wert wird durch den Strich über dem Balken angezeigt.)

A: Durchschnittswerte aus 30 Experimenten, bei denen Pam zu Zeiten heimkehrte, die sie selbst gewählt hatte.

B: Durchschnittswerte aus 12 Experimenten, bei denen Pam zu zufällig ausgewählten Zeiten heimkehrte, die ihr auf ihrem Pager mitgeteilt wurden.

sie meine Forschungsassistentin. Die Experimente mit Jaytee gingen weiter, aber nunmehr wurde Jaytees Verhalten in der ganzen Zeit, da Pam nicht zu Hause war, regelmäßig mit der Videokamera aufgenommen.

Das Verfahren war so einfach wie möglich, damit Jaytee routinemäßig und automatisch beobachtet werden konnte. Die Videokamera wurde auf einem Stativ installiert und lief ständig im Longplay-Modus mit einem Longplay-Film, der den Zeitcode festhielt. Sie war auf den Bereich ausgerichtet, an dem Jaytee gewöhnlich wartete – die Terrassentür in der Wohnung von Pams Eltern. Diese Experimente konnten nur deshalb durchgeführt werden, weil ihre Eltern freundlicherweise damit einverstanden waren, daß ihr Wohnzimmer ständig stundenlang überwacht wurde, manchmal mehrmals die Woche. Sie und ihre zahlreichen Familienangehörigen, die sie oft besuchten, gewöhnten sich einfach daran und führten ihr Leben ganz normal weiter. Jaytees Verhalten wurde auch in Pams Wohnung mit der Videokamera aufgenommen, während er allein war, ebenso im Haus ihrer Schwester Cathie. Die Videoaufnahmen wurden von einer dritten Person sozusagen «blind» ge-

Abbildung 2.4   Die zeitlichen Verläufe von Jaytees Erscheinen an der Terrassentür während Pams langen, mittellangen und kurzen Abwesenheiten. Die horizontale Achse zeigt die Reihe der 10-minütigen Phasen (p1, p2 usw.) vom Zeitpunkt an, da sie ausging, bis zu ihrer Heimfahrt. Die letzte Phase im Diagramm stellt die ersten 10 Minuten von Pams Rückfahrt («ret») dar, deren Zeitpunkt durch einen schwarzen Punkt angezeigt wird (•). Die vertikale Achse zeigt die durchschnittliche Anzahl von Sekunden, die Jaytee in der 10-minütigen Phase an der Terrassentür verbrachte. Die Diagramme stellen die Durchschnittswerte von 11 langen, 7 mittellangen und 6 kurzen Experimenten dar. (Eine geringe Anzahl von «störenden» Experimenten wurde ausgeklammert, damit sich das normale Muster deutlicher erkennen ließ; aber diese störenden Experimente wiesen ihrerseits das gleiche allgemeine Muster auf, wie aus Abb. B.1B in Anhang B hervorgeht.)

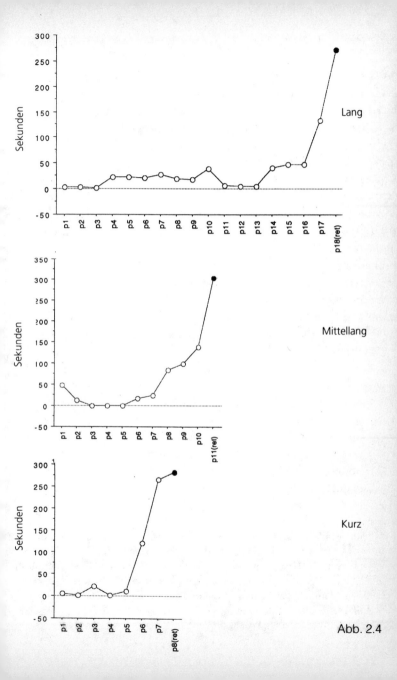

Abb. 2.4

macht – das heißt, die Person hatte keine Ahnung, worum es bei diesem Experiment ging. Auf den meisten Bändern ist Jaytee den größten Teil der Zeit nicht zu sehen. Aber jedesmal, wenn er an der Terrassentür auftaucht, wird die exakte Zeit festgehalten, ebenso die Länge der Zeit, in der er sich dort aufhält. Es werden auch Anmerkungen über sein Verhalten aufgezeichnet. Wenn er beipielsweise zur Terrassentür geht, bellt er manchmal offenbar wegen vorbeigehender Katzen oder beobachtet andere Vorgänge draußen. Dann wieder schläft er in der Sonne. Manchmal sieht es so aus, als würde er einfach nur warten.

Mittlerweile haben wir über 120 Videoaufnahmen von Jaytees Verhalten gemacht und analysiert – von der Zeit, da Pam die Wohnung verließ, bis zu ihrer Rückkehr.

Zwischen Mai 1995 und Juli 1996 machten wir eine Serie von 30 Videoaufnahmen von Jaytee in der Wohnung von Pams Eltern, während Pam ausging. Pams Eltern erfuhren nicht, wann sie wiederkommen würde, und normalerweise wußte sie es selbst nicht genau. Wir wollten beobachten, wie Jaytee sich unter mehr oder weniger «natürlichen» Bedingungen verhielt. Sieben dieser 30 Videoaufnahmen wurden tagsüber gemacht, und zwar zu verschiedenen Zeiten morgens und nachmittags. 23 wurden abends gemacht, als Pam zu den unterschiedlichsten Zeiten zwischen 19.30 Uhr und 23 Uhr heimkam.

Abbildung 2.5   Ergebnisse der drei Experimente, die Richard Wiseman und Matthew Smith mit Jaytee 1995 in der Wohnung von Pams Eltern durchgeführt haben. Die Diagramme zeigen die Zeit, die Jaytee an der Terrassentür in aufeinanderfolgenden 10-minütigen Phasen verbrachte. Wie in Abb. 2.4 stellt der letzte Punkt (•) in jedem Diagramm die ersten 10 Minuten von Pams Heimfahrt dar. (Die Diagramme wurden anhand der Daten in Wiseman, Smith und Milton, 1998, erstellt.)

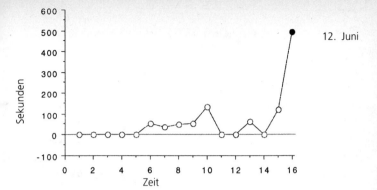

12. Juni

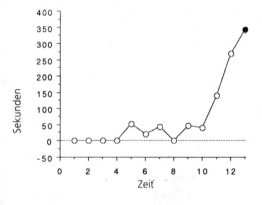

13. Juni

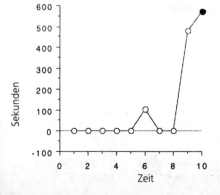

4. Dezember

Abb. 2.5

Die Gesamtergebnisse zeigt Abb. 2.3A. Das allgemeine Muster ist klar. Im Durchschnitt wartete Jaytee an der Terrassentür viel länger, wenn Pam auf dem Heimweg war, und sein Warten begann, während sie sich anschickte loszufahren. Während der Hauptzeit ihrer Abwesenheit hielt er sich viel weniger an der Terrassentür auf. Diese Unterschiede waren statistisch gesehen signifikant[17] – sie zeigen, daß Jaytee auf Pams Intentionen reagierte. (Eine ausführliche Analyse dieser Ergebnisse enthält Anhang B.)

Ein detailliertes Bild von Jaytees Reaktionsmuster vermitteln die Diagramme von Abb. 2.4. Ganz gleich, wie lange Pam abwesend war, wartete Jaytee doch viel länger an der Terrassentür, wenn sie sich auf dem Heimweg befand, als zu irgendeiner anderen Zeit. Normalerweise begann er kurz bevor sie den Heimweg angetreten hatte, dort zu warten, das heißt, während sie daran dachte heimzufahren und sich anschickte, dies zu tun.

Bereits in einer frühen Phase unserer Forschungen fanden wir heraus, daß Jaytee Pams Rückkehr sogar dann vorausspürte, wenn sie zu zufällig ausgewählten Zeiten aufbrach, aber das war eine so wichtige Entdeckung, daß wir eine weitere Serie von zwölf mit der Videokamera festgehaltenen Experimenten durchführten, bei denen Pam zu zufälligen Zeiten heimkehrte. Ich wählte durch Würfeln eine beliebige Zeit aus, und wenn diese Zeit kam, signalisierte ich ihr dies über einen Pager.[18] Dann brach sie so rasch wie möglich auf. Wie üblich wurde der Bereich an der Terrassentür während ihrer Abwesenheit die ganze Zeit mit der Videokamera gefilmt. Die in Abb. 2.3B zusammengefaßten Ergebnisse weisen das gleiche allgemeine Muster auf wie Pams normale Rückfahrten (Abb. 2.3A) und bestätigen, daß Jaytees Reaktionen nichts mit Routine oder Erwartungen zu tun hatten, die ihm von ihren Eltern vermittelt wurden. Jaytee hielt sich viel häufiger an der Terrassentür auf, wenn Pam sich auf dem Heimweg befand, als während der Hauptzeit ihrer Abwesenheit (55 Prozent der Zeit gegenüber 5 Prozent). Dieser Effekt war statistisch gesehen höchst signifikant.[19]

Im Anschluß an das im Auftrag des ORF durchgeführte erfolgreiche Experiment mit Jaytee gab es im Fernsehen und in den Zeitungen eine Reihe von Berichten über diese Forschungen. Journalisten suchten nach einem Skeptiker, der diese Ergebnisse kommentieren sollte, und mehrere entschieden sich für Dr. Richard Wiseman, der regelmäßig im britischen Fernsehen auftritt, um parapsychologische Phänomene zu entlarven.[20] Er ist Psychologe an der University of Hertfordshire und beratender Herausgeber des *Sceptical Inquirer,* des Organs der CSICOP (Committee for the Scientific Investigation of Claims of the Paranormal). Von den üblichen Stammtischskeptikern unterscheidet sich Richard Wiseman dadurch, daß er tatsächlich selbst Experimente durchführt, statt bloß die Experimente anderer Leute zu kritisieren. Als er daher Kritik an meinen Forschungen mit Jaytee übte, lud ich ihn ein, selbst einige Tests zu machen, und Pam und ihre Familie erklärten sich freundlicherweise bereit, ihm dabei behilflich zu sein.

Bei seinen Experimenten machte Richard Wiseman selbst Videoaufnahmen von Jaytee, während sein Assistent Matthew Smith Pam mit der Videokamera begleitete, wenn sie ausging. Sie fuhren entweder mit Smiths Wagen oder mit dem Taxi und begaben sich zu Pubs oder an andere Orte, die zehn bis 20 Kilometer weit entfernt waren. Smith wählte dann eine zufällige Zahl, um zu entscheiden, wann sie den Heimweg antreten würden, oder er rief eine dritte Person an, die für ihn eine Zufallszahl gewählt hatte. Somit wußte er zwar selbst im voraus, wann sie den Heimweg antreten würden, aber er unterrichtete Pam erst davon, wenn es soweit war. Die Videoaufnahmen von Jaytees Verhalten wurden «blind» analysiert, das heißt von jemandem, der nicht wußte, wann Pam die Heimfahrt angetreten hatte. Auch Pam und ich haben sie analysiert. Wir alle kommen zu den gleichen Ergebnissen, wann Jaytee sich zur Terrassentür begab und wie lange er sich dort aufhielt.[21] Die Ergebnisse zeigt Abb. 2.5. Das Muster ähnelte dem in meinen eigenen Experimenten sehr und bestätigte, daß Jaytee Pams Ankunft selbst dann erwartete, wenn sie zu einer zufällig ausgewählten Zeit in einem unbekannten Fahrzeug heimkehrte.[22]

Bislang sind keine anderen Tiere so intensiv wie Jaytee untersucht worden, aber inzwischen sind bereits mehrere Serien von Experimenten mit anderen Hunden mit der Videokamera gefilmt worden. Die Ergebnisse bestätigen die Schlußfolgerungen, zu denen wir bei Jaytee gelangt sind. Die Hunde wissen anscheinend wirklich, wann ihr Mensch heimkommt, selbst wenn dies zu zufällig ausgewählten Zeiten in unbekannten Fahrzeugen geschieht.

3

Katzen

Viele Katzen führen ein Doppelleben: Draußen sind sie die einsamen Jäger – im Haus sind sie mehr oder weniger schmusige Gefährten. Gegenüber ihren menschlichen Haltern verhalten sie sich eher wie junge Kätzchen gegenüber der Mutter, die sie ernährt und beschützt.

Im allgemeinen sind Katzen offenbar unabhängiger und weniger gesellig als Hunde. Normalerweise hat eine Katze nicht das Bedürfnis, ihrem Besitzer die ganze Zeit nahe zu sein.

Während die meisten Hunde auf den Menschen fixiert sind, sind Katzen eher auf das Zuhause fixiert.

Seit mindestens 5000 Jahren leben Katzen in engem Verband mit Menschen. Wahrscheinlich wurden sie erstmals in Nordafrika domestiziert, und ihr wilder Ahne war die afrikanische Wildkatze, die Unterart *libyca* von *Felis silvestris,* der Nubischen Falbkatze. Die alten Ägypter verehrten sie und hielten sie in ihren Häusern. Sie galt als Verkörperung der Katzengottheit Bastet, einer Verwandten der schrecklichen Löwengöttin Sechmet, die im Krieg alles erschlug und verschlang.

Rudyard Kipling hat in seiner berühmten Geschichte *The Cat that Walked by Himself* («Die Katze, die allein spazierenging») die Eigenschaften von Katzen treffend dargestellt. Doch obwohl Katzen einsame Jäger sind, leben sie, sich selbst überlassen, gewöhnlich nicht allein, zumindest nicht die Weibchen. Neuere Forschungen über Gruppen von Bauern- und Wildkatzen haben ergeben, daß Weibchen überraschend gesellig sind. Sie neigen dazu, in kleinen Gruppen zu leben, in denen sich oft Mütter und Töchter aus früheren Würfen zusammenfinden. Innerhalb dieser Gruppen können Würfe verschiedener Weibchen im selben Nest aufgezogen werden, wobei Mütter sich um Kätzchen kümmern und sie säugen, die nicht ihre eigenen Jungen sind.[1] Aber Männchen führen in der Tat ein recht einsames Leben und durchstreifen größere Territorien.[2] Es gibt alle möglichen «Grade der Beziehung» zwischen Katzen und ihren Besitzern, und dies erklärt sicher auch, warum das Halten von Katzen in vielen Industrieländern immer beliebter wird. Im allgemeinen sind diese Beziehungen ziemlich symmetrisch. Je mehr Aufmerksamkeit der Besitzer den Wünschen seiner Katze widmet, desto mehr Aufmerksamkeit widmet die Katze ihrem Besitzer. Und da den meisten Katzen so viel an ihrer Unabhängigkeit liegt, «ist das Akzeptieren des unabhängigen Wesens einer Katze eines der Geheimnisse einer harmonischen Mensch-Katze-Beziehung».[3] Aber Katzen können sich ohne weiteres einer geringen Interaktion anpassen, wenn ihre Besitzer wenig Zeit für sie haben oder an der Bildung engerer Bande nicht interessiert sind.

Wenn Katzen wissen, wann Menschen nach Hause kommen

Viele Katzen wissen anscheinend, wann ihre Besitzer heimkommen. Auf meine Aufrufe hin habe ich 359 Berichte über dieses Verhalten von Katzenbesitzern bekommen. Und in unserer Zufallsumfrage bei fast 1200 Haushalten in England und

Amerika gab es 91 Haushalte mit Katzen, die zu wissen schienen, wann ihr Besitzer heimkam. Mit anderen Worten: In etwa 8 Prozent aller Haushalte gibt es solche Katzen. Etwa drei Viertel der Geschichten, die ich von Katzenbesitzern bekommen habe, beziehen sich auf die Rückkehr von der Arbeit, vom Einkaufen, von der Schule oder von anderen kurzen Abwesenheiten. Hier einige typische Beobachtungen:

«Sie sitzt fast immer am Fenster, wenn ich heimkomme.»
«Er taucht ganz plötzlich auf.»
«Ganz gleich, zu welcher Zeit wir heimkommen – unsere beiden Katzen scheinen immer auf uns zu warten.»
«Er wartet immer hinter der Tür auf uns.»
«Sie ist fast immer da – ich frage mich, woher sie das weiß.»

Allein lebende Menschen wissen normalerweise nicht, wie lange ihre Katze auf sie gewartet hat oder ob sie vielleicht sogar den ganzen Tag gewartet hat. Selbst wenn Menschen zu Hause sind, wird das vorausahnende Verhalten von Katzen im allgemeinen weniger bemerkt, wenn die Katzen draußen frei herumstreifen dürfen. Bei schönem Wetter warten manche draußen vor dem Haus und lassen sich daher nicht so leicht beobachten.

In 70 Prozent der mir bekannten Fälle wartet die Katze nur auf einen Menschen; in 20 Prozent wartet sie auf einen von zwei Menschen, und in 10 Prozent wartet sie auf drei oder mehr. Wie dies bei Hunden und anderen Tieren der Fall ist, stehen die Katzen, die auf Menschen warten, diesen besonders nahe, und gewöhnlich sind dies die nächsten Familienangehörigen oder gute Freunde. Hier das Beispiel einer Katze, die in Washington, D. C., lebte und auf zwei Menschen reagierte:

«Mein Freund hat mir zu Weihnachten ein Kätzchen namens Sami geschenkt. Fast jeden Abend schaute er nach der Arbeit bei mir vorbei. Ich wußte immer schon vorher, wenn er kam, weil Sami sich etwa zehn Minuten vor seiner Ankunft an die Tür setzte. Ich konnte der Katze nicht irgendwelche Signale geben, weil ich nie wußte, um welche Zeit er vorbeikommen würde. Er war im Immobilienhandel tätig und hatte eine unregelmäßige Arbeitszeit. Ich bezweifle, daß Sami seinen Wagen gehört haben könnte, da ich mitten in einer sehr lauten Stadt in einem Hochhaus wohne. Wenn meine Mutter zu Besuch da ist, sagt sie, Sami ahne meine Ankunft auf die gleiche Weise voraus – und ich fahre mit der U-Bahn.» (Jeanne Rudolph)

In den meisten Fällen, in denen Menschen das Warteverhalten von Katzen aufmerksam beobachten, haben sie herausgefunden, daß die Tiere weniger als zehn Minuten vor der Ankunft des anderen Menschen zu warten beginnen. Dennoch handelt es sich in praktisch allen Geschichten um ein Verhalten, das sich nicht mit Routine, vertrauten Geräuschen oder anderen einfachen Ursachen erklären läßt. Als beispielsweise der halbwüchsige Sohn von Dr. Carlos Sarasola bei ihm in seiner Wohnung in Buenos Aires lebte, kam er oft spätabends heim, nachdem sein Vater mit ihrem Kater Lennon zu Bett gegangen war. Dr. Sarasola bemerkte, daß Lennon plötzlich vom Bett sprang, zur Wohnungstür lief und dort etwa zehn bis 15 Minuten wartete, bis sein Sohn kam, der ein Taxi genommen hatte. Fasziniert von diesem Verhalten, achtete Dr. Sarasola sorgfältig auf die Zeit, zu der der Kater reagierte, um herauszufinden, ob das Tier auf das Geräusch beim Zuschlagen der Autotür reagierte. Das war nicht der Fall, denn der Kater reagierte lange vor der Ankunft des Taxis. «Eines Nachts hörte ich, wie mehrere Taxis vor unserem Gebäude anhielten. Bei drei Taxis blieb Lennon ruhig auf dem Bett liegen. Einige Zeit später sprang er hinunter und ging zur Tür. Fünf Minuten danach hörte ich das

Taxi vorfahren, mit dem mein Sohn kam.» Manche Katzen gehen ihren Besitzern auf dem Heimweg von der Arbeit oder von der Schule gezielt entgegen, und ein paar warten sogar an Bushaltestellen oder Bahnhöfen auf sie.

Wie die Reaktionen von Hunden, so sind in manchen Haushalten auch die Reaktionen von Katzen ein Signal, das Essen zuzubereiten oder Tee aufzubrühen:

> «Die Katze meines Vaters ging zur Haustür hinunter, setzte sich auf einen steinernen Torpfosten und wartete auf ihn – etwa zehn Minuten bevor er heimkam. Als Journalist hatte er unregelmäßige Arbeitszeiten. Meine Mutter sagte, sie habe immer gewußt, wann sie die Kartoffeln aufsetzen sollte, nämlich wenn die Katze aufschaute, zu lauschen schien und dann lostrabte. Allerdings kann es nicht das ferne Geräusch des Wagens gewesen sein, weil das auch, als er kein Auto hatte und mit dem Bus oder zu Fuß heimkam, so weiterging.» (Joyce Collin-Smith)

Einen ungewöhnlichen Fall, in dem die Vorwarnung einer Katze eine unerlaubte Party schnell beendete, schildert Bryan Roche:

> «Als ich Psychologie studierte, habe ich in den Ferien einmal auf der Insel Nantucket gejobbt. In der Fremdenpension, in der ich wohnte und arbeitete, lebte eine Perserkatze namens Minu. Ihre Besitzerin (meine Arbeitgeberin) behauptete immer, sie habe eine übersinnliche Beziehung zu dieser Katze, und wenn sie nach Hause fahre, würde die Katze bis zu 20 Minuten vor ihrer Ankunft ‹knurren›. Diese Fabel schmückte sie oft mit amüsanten Erinnerungen an die übersinnlichen Streiche ihrer Katze aus, und stets witzelte ich mit den Pensionsgästen über ihre unwahrscheinlichen Ge-

schichten. Eines Abends allerdings gab ich in der Pension eine kleine Party, von der meine abwesende Arbeitgeberin nichts wissen durfte. Als die Party gerade so richtig in Schwung gekommen war, bemerkte ich, daß die Katze sich ziemlich merkwürdig benahm. Sie machte einen Buckel, wie Katzen dies tun, knurrte aber auch ziemlich laut, als wäre sie ein Hund. Da ich nicht dabei erwischt werden wollte, wie ich im Haus meiner Arbeitgeberin eine Party veranstaltete, beschloß ich, auf die Warnung der Katze zu hören und die Party zu beenden. Die Gäste amüsierten sich mehr über meinen Aberglauben als über die Katze, die einen Hund imitierte. Tatsächlich kam die Besitzerin der Katze etwa sechs oder sieben Minuten später nach Hause. Die übersinnliche Katze hatte mich davor bewahrt, meinen Job zu verlieren.

Dennoch war ich noch nicht davon überzeugt, daß ich es hier mit übersinnlichen Vorgängen zu tun hatte, und so beobachtete ich die Katze sehr aufmerksam. Rasch stellte sich heraus, daß Minu die Ankunft ihrer Besitzerin ‹spüren› konnte, selbst wenn diese in einem anderen Auto oder zu einer ungewöhnlichen Zeit kam. Ihre Vorhersagen erwiesen sich sogar als verläßlich, wenn ihre Besitzerin vom Festland mit dem Schiff zur Insel zurückkehrte! Ich war von der Zuverlässigkeit der Vorhersagen der Katze so sehr überzeugt, daß ich mehrere andere Partys gab, zu denen die Katze herzlich eingeladen war. Jedesmal warnte sie mich mit 100prozentiger Sicherheit vor der Rückkehr meiner Arbeitgeberin.»

Während viele Katzen regelmäßig auf die Rückkehr ihrer Besitzer reagieren, tun andere dies nur unter bestimmten Bedingungen, am häufigsten wenn die Rückkehr des Besitzers damit verbunden ist, daß sie von ihm Futter bekommen. Und manche Menschen haben festgestellt, daß ihre Katzen am stärksten reagieren, wenn sie trächtig sind, aber das Interesse an der Rückkehr ihres Besitzers verlieren, wenn sie sich um ihre Jungen kümmern müssen.

Unter den 274 Berichten auf unserer Datenbank über vorausahnendes Verhalten, in denen das Geschlecht der Katze genannt wird, handeln etwas mehr Berichte von Männchen als von Weibchen.[4] Bei unseren Zufallsumfragen in englischen Haushalten ergab sich, daß etwas mehr Weibchen als Männchen reagiert haben – nämlich 26 gegenüber 24 Prozent. Diese Unterschiede sind statistisch gesehen nicht signifikant, und daher können wir folgern, daß Männchen und Weibchen sich in dieser Hinsicht im Durchschnitt gleich verhalten.

Wie man die Tiere beobachtet

Katzen, die herumstreifen dürfen, ändern ihr Verhalten normalerweise mit dem Wetter. An sonnigen Tagen können sie draußen an einem warmen Ort neben der Tür oder dem Tor warten; an regnerischen Tagen halten sie drinnen von einer Fensterbank Ausschau und an kalten Tagen von irgendwo, wo es warm ist.

Diese Unbeständigkeit ist der Grund dafür, daß Experimente mit Katzen bisher nicht mit der Videokamera aufgenommen wurden, denn wenn die Kamera aufgestellt ist und läuft, dann ist sie auf eine bestimmte Stelle ausgerichtet, und die Katze wartet vielleicht an einer anderen Stelle, wo sie von der Kamera nicht erfaßt wird. Hunde dagegen begeben sich im allgemeinen immer an dieselbe Stelle, um zu warten, gewöhnlich in der Nähe der Tür oder des Tors, und lassen sich daher leichter filmen. Um effektiv mit Katzen arbeiten zu können, benötigt man entweder ein ausgeklügeltes Überwachungssystem, oder die Experimente müßten sich auf Katzen beschränken, die an einem vorhersehbaren Ort warten.

Das Verhalten von Katzen, die sich frei bewegen, ist natürlicher und vielfältiger. Am einfachsten und direktesten läßt es sich studieren, wenn Familien mit Katzen Tagebuch über das Verhalten der Tiere führen.

Das bislang ausführlichste Tagebuch stammt von Judith Preston-Jones aus Tonbridge in Kent und ihrem Mann. Ihre beiden Siamkatzen Flora und Maia reagierten normalerweise auf ihre Rückkehr nach kurzer Abwesenheit, also wenn sie etwa beim Einkaufen oder beim Schwimmen war, indem sie vor der Garage oder auf der Türschwelle warteten. Nach längerer Abwesenheit oder am Abend erwarteten sie ihre Rückkehr etwa zehn Minuten im voraus, wobei sie an allen möglichen Stellen warteten.

In dem Tagebuch, das die Preston-Jones über einen Zeitraum von zwei Monaten führten, gibt es 27 Einträge, die Heimfahrten zu unterschiedlichen Zeiten am Nachmittag und am Abend betreffen. 15mal gingen sie zusammen aus, und daher konnte niemand die Katzen beobachten, aber bis auf ein Mal warteten die Katzen immer an den üblichen Plätzen auf ihre Rückkehr. Bei diesem einen Mal war es sehr kalt, und die Katzen hockten auf dem Boiler. Achtmal beobachtete Mr. Preston-Jones, wie die Katzen zehn bis 15 Minuten vor der Rückkehr seiner Frau Zeichen von Aufregung und Erwartung zeigten. Die Plätze, an denen sie warteten, wechselten je nach den Umständen. Wenn es regnete, hielten sie sich im Haus auf, und zwar entweder neben der Tür oder am Küchenfenster; und wenn es schön war, warteten sie im Freien – im Garten, auf der Türschwelle oder vor der Garage. Viermal waren die Katzen bereits bei ihm draußen im Garten und ließen keine besonderen Zeichen der Erwartung erkennen. Und bei einer Heimkehr ließen sich die Katzen nirgendwo blicken, bis man sie schließlich im ersten Stock fand, wo sie sich versteckten, weil ein Handwerker im Haus war, der die Waschmaschine reparierte.

Die interessanteste Beobachtung machten sie eines Abends, als Mrs. Preston-Jones um 21.40 Uhr heimkam, nach einer Versammlung in einer etwa fünf Kilometer entfernten Dorfkirche. Ihr Mann begrüßte sie mit den Worten: «Tja, diesmal haben sich die Katzen geirrt! Sie wurden um neun unruhig, und daher dachte ich, du würdest schon vor einer halben Stunde heimkommen.» Tatsächlich hatte sie die Kirche schon verlassen und war in ihr Auto eingestiegen, als sie sich an etwas erinnerte, worüber sie mit einer Freundin reden wollte, und darum war sie wieder in die Kirche zurückgegangen und dort bis 21.30 Uhr geblieben. Die Katzen hatten reagiert, als sie das erste Mal aufgebrochen und ins Auto gestiegen war.

Abneigungen

Genau wie einige Hunde (s. S. 61) erwarten auch manche Katzen die Ankunft von Menschen, gegen die sie eine starke Abneigung hegen. Mosette Broderick, die in Manhattan lebt, zog sich die Abneigung einer Katze zu, weil sie ihrem ehemaligen Professor half. Dieser hatte ihr erzählt, daß seine Katze Kitty ihn tagelang haßte, nachdem er sie zum Tierarzt gebracht hatte. Mosette erbot sich, Kitty an seiner Stelle zum Tierarzt zu bringen, und daraufhin begann Kitty nunmehr sie zu hassen.

«Im Laufe der Jahre entwickelte Kitty eine derartige Abneigung mir gegenüber, daß mein Professor stets wußte, wann ich mich seinem Block näherte. Wenn ich von der Lexington Avenue in die 62nd Street einbog und noch etwa 50 Meter entfernt war, mitten im lärmenden Verkehr, rannte Kitty schon los und versteckte sich unter der Treppe, was sie nur tat, wenn sie mich erwartete. Das Merkwürdige daran ist, daß ich mich immer außer Hör-, Sicht- und Riechweite befand. In einer so verkehrsreichen Stadt wie New York hätte sie mich bei dem ganzen Lärm nicht hören können. Sie konnte mich mit Sicherheit nicht gesehen haben. Und im Winter in New York, wenn die Türen geschlossen und die Heizungen im Haus aufgedreht sind, hätte auch der Geruch keine Rolle spielen können. Ich kam auch nicht immer am gleichen Tag oder um die gleiche Zeit, so daß sie sich auch danach nicht hätte richten können.»

Anfangs verhielt sich Kitty nur dann auf diese Weise, wenn Mosette kam, um sie zum Tierarzt zu bringen, aber im Laufe der Zeit versteckte sie sich sogar vor den harmlosesten Besuchen.

Ein Vergleich zwischen Katzen und Hunden

Katzen ahnen weniger als Hunde die Ankunft ihrer Besitzer. So habe ich 359 Katzengeschichten, aber 582 Hundegeschichten zugesandt bekommen. Natürlich stellen diese Zahlen nur einen groben Anhaltspunkt dar, doch ein ähnliches Bild ergibt sich aus den Zufallsbefragungen in englischen und amerikanischen Haushalten. Von den insgesamt fast 1200 befragten Haushalten gaben 91 Haushalte mit Katzen gegenüber 177 Haushalten mit Hunden an, die Tiere wüßten, wann jemand nach Hause zurückkäme. Die Gesamtzahl der Hunde und Katzen in diesen Umfragen war praktisch dieselbe. Insgesamt wurde erklärt, daß 55 Prozent der Hunde dieses vorausahnende Verhalten an den Tag legten – gegenüber 30 Prozent der Katzen. Dieser Unterschied zwischen Hunden und Katzen ergab sich an allen vier Orten, an denen wir unsere Umfragen

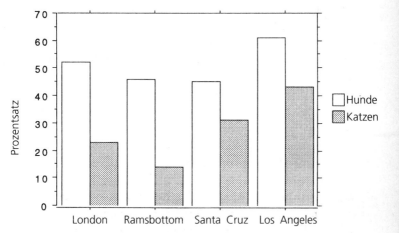

Abbildung 3.1 Prozentzahlen von Katzen- und Hundebesitzern, die sagten, ihre Tiere würden ihre Rückkehr erwarten. Die Umfragen wurden mit einem Zufallssample von Haushalten in London, in Ramsbottom (bei Bury in Nordwestengland) sowie in Santa Cruz und in Los Angeles in Kalifornien durchgeführt.

veranstalteten: in London und im Großraum von Manchester in England sowie in Los Angeles und in Santa Cruz in Kalifornien (Abb. 3.1).

Die Zahlen für das antizipatorische Verhalten von Katzen waren in Kalifornien höher als in England – warum, weiß ich nicht. Vielleicht gehen die kalifornischen Katzenbesitzer eine engere Beziehung zu ihren Tieren ein als die englischen. Aber sogar in Kalifornien übertrafen die Hunde eindeutig die Katzen.

Sind Katzen daher weniger empfänglich als Hunde? Nicht unbedingt. Vielleicht interessieren sie sich einfach bloß weniger dafür, wann ihr Besitzer kommt und geht. Und einige haben vielleicht keine starke Beziehung zu dem heimkehrenden

Menschen. Dennoch interessieren sich tatsächlich viele Katzen für die Ankunft ihrer Besitzer und scheinen ihre Rückkehr zu erwarten.

Auch die jeweiligen Erwartungsmuster weisen bei Hunden und Katzen charakteristische Unterschiede auf. Bei Hunden reagiert ein beträchtlicher Prozentsatz (17 Prozent), wenn der Halter sich anschickt heimzukommen oder dies vorhat (s. S. 43 ff.). Bei Katzen beträgt dieser Anteil nur etwa 1 Prozent. Bei Hunden zeigt ein beachtlicher Prozentsatz auch eine Reaktion, wenn die betreffende Person eine wichtige Phase in ihrer Reise erreicht, etwa wenn sie aus einem Zug oder einem Flugzeug aussteigt (s. S. 50 ff.). Das tun auch manche Katzen, aber auch hier ist der Anteil sehr niedrig, er liegt um die 2 Prozent. Fast alle Katzen reagieren auf die Rückkehr ihrer Besitzer von der Arbeit oder von einem Einkaufsbummel, wenn ihre Menschen sich tatsächlich auf dem Weg nach Hause befinden. Dafür gibt es zwei mögliche Gründe:

1. Katzen sind vielleicht weniger empfänglich als Hunde oder können die Rückkehr ihrer Besitzer erst spüren, wenn sie dem Zuhause ziemlich nahe sind. Vielleicht sind sie nicht in der Lage, die Intentionen ihrer viele Kilometer weit entfernten Besitzer auf die gleiche Weise zu erahnen, wie dies anscheinend Hunde können.
2. Katzen können vielleicht wissen, wann ihre Besitzer aufbrechen, sind aber nicht motiviert, sehr lange im voraus zu reagieren. Falls sie dem zurückkehrenden Menschen schlicht entgegengehen und ihn begrüßen wollen, müssen sie nicht schon mit dem Warten beginnen, wenn die betreffende Person noch weit weg ist. Und während eine der traditionellen Funktionen von Hunden ja darin besteht, vor herannahenden Menschen zu warnen, wird von Katzen normalerweise nicht erwartet, daß sie auch diese Rolle spielen.

Die Art und Weise, wie Katzen sich verhalten, wenn ihre Besitzer nach relativ kurzer Abwesenheit zurückkehren, läßt sich anscheinend mit beiden Erklärungen vereinbaren. Aber die Tatsache, daß manche Katzen so eindrucksvoll auf die Rückkehr von Menschen nach langer Abwesenheit reagieren, legt doch den Schluß nahe, daß sie genauso empfindlich sein können wie Hunde.

Heimkehr aus dem Urlaub oder nach langer Abwesenheit

Manche Katzen lassen Zeichen der Erwartung schon Stunden bevor ihre Menschen nach langer Abwesenheit zurückkehren, erkennen. Wenn sie bei Freunden oder Nachbarn untergebracht sind, geschieht es sehr häufig, daß sie sich zu ihrem eigenen Zuhause begeben. Ein Beispiel:

> «Unsere Katze kann es spüren, wenn die Familie heimkommt. Während wir weg waren, war das Tier bei unseren Nachbarn. In dem Augenblick, als wir in Griechenland, in der Türkei oder in Italien die Rückreise antraten (natürlich auch, wenn wir nicht so weit weg waren), wollte die Katze unbedingt die Nacht über in unserem Haus bleiben.» (Dr. Walter Natsch, Herrliberg, Schweiz)

Manchmal ist dieses Verhalten unerwartet und löst bei dem Menschen, der sich um die Katze kümmert, Unruhe und Besorgnis aus:

> «Wir fuhren in den Urlaub und ließen unseren Kater bei meiner Tante, etwas über drei Kilometer von unserer Wohnung im Zentrum von Brighton entfernt. Als wir zwei Wo-

chen später wiederkamen, saß der Kater auf dem Torpfosten und wartete auf uns, und wir waren meiner Tante dankbar dafür, daß sie uns die Mühe erspart hatte, ihn abholen zu müssen. Als wir sie anriefen, um uns bei ihr zu bedanken, war sie ganz außer sich – der Kater hatte sich schon am Morgen verdrückt, und sie hatte ihn seither verzweifelt gesucht.» (John Eyles)

Eine andere Möglichkeit, wie Katzen diese Erwartung zeigen, besteht darin, daß sie auftauchen, um ein Mitglied der Familie wiederzusehen, das zu Besuch kommt. Dies erlebte Elisabeth Bienz, als sie ihr Zuhause in der Schweiz verließ, um nach Paris zu ziehen, wobei sie ihren geliebten Kater Moudi zurückließ:

«Ein paar Tage später verschwand er aus dem Haus meiner Eltern und wurde nicht mehr gesehen. Alle zwei, drei Monate kam ich zu Besuch nach Hause, und da tauchte der Kater wieder auf – wohlgenährt und versorgt. Meine Eltern haben nie erfahren, wo er sich in der Zwischenzeit befand. Ein paar Tage nachdem ich wieder abgefahren war, verschwand er erneut. Die größte Überraschung erlebten wir, als ich eines Tages unangemeldet erschien. Einige Stunden vor meiner Ankunft tauchte der Kater auf. Meine Mutter war verwirrt und dachte, er habe sich geirrt. Aber dann kam auch ich plötzlich.»

In meiner Datenbank befinden sich über 50 Beispiele für vorausahnendes Verhalten von Katzen vor der Rückkehr ihrer Menschen aus dem Urlaub oder nach langer Abwesenheit. In den meisten Fällen scheinen die Katzen wie in den erwähnten Beispielen lange im voraus von der bevorstehenden Rückkehr gewußt zu haben. Und in einigen Fällen war es nicht möglich, daß sie diese Erwartung von den Menschen übernommen hatten, die sich um sie kümmerten.

Derartige Fälle widerlegen das Argument, Katzen besäßen nur ein Kurzzeitwissen um eine bevorstehende Rückkehr. Ihre Aufregung und ihre Motivation werden wahrscheinlich nach langen Abwesenheiten oder Urlauben erheblich verstärkt, zumal wenn sie aus ihrer vertrauten Umgebung entfernt worden sind. Sie ahnen also nicht nur die Rückkehr ihres geliebten Menschen voraus, sondern auch die Rückkehr in ihr eigenes Territorium.

Auch wenn Katzen eine Rückkehr auf eine typisch katzenartige Weise antizipieren, ist es anscheinend eindeutig, daß sich ihre Vorahnung nicht einfach mit Routine und sinnlichen Hinweisen erklären läßt. Wie bei den Hunden scheint sie telepathischer Natur zu sein und auf engen Banden zwischen Katze und Mensch zu basieren. Ich behaupte, daß diese Bande etwas mit Verbindungen durch morphische Felder zu tun haben und daß diese Felder gedehnt und nicht unterbrochen sind, wenn ein Mensch weggeht und die Katze zurückläßt. Diese Bande sind die Kanäle, durch die sich die telepathische Kommunikation vollziehen kann, auch über Hunderte von Kilometern. Katzen und Hunde sind nicht die einzigen als Haustiere gehaltenen Arten, die die Rückkehr ihrer Menschen vorausahnen. Wie wir im folgenden Kapitel sehen werden, ist diese Fähigkeit auch bei anderen Tieren anzutreffen, sogar bei Menschen. Wie bei Katzen und Hunden scheint sie auf der Bildung enger Bande zu beruhen, die als Kanäle für die Telepathie fungieren können.

4

Papageien, Pferde und Menschen

Bei Hunden und Katzen hängt die Fähigkeit, die Ankunft ihrer Besitzer vorauszuahnen, von starken sozialen Banden zwischen Mensch und Tier ab. Daher würden wir nicht erwarten, diese telepathische Fähigkeit bei Arten anzutreffen, die von Haus aus Einzelgänger sind wie die meisten Reptilien, oder die keine starken Verbindungen mit Menschen eingehen wie Stabheuschrecken. Aber selbst bei Arten, die sowohl gesellig sind als auch starke Verbindungen mit Menschen eingehen, kann es durchaus sein, daß einige von Natur aus gegenüber menschlichen Gefühlen und Absichten unempfindlich sind. Nun gibt es zwar viel weniger Informationen über andere Tiere als Hunde und Katzen, doch wir wissen immerhin, daß Tiere von mindestens 17 anderen Arten ebenfalls die Rückkehr von Menschen vorausahnen. Auch manche Menschen tun dies, insbesondere in traditionellen Gesellschaften.

Solche Erwartungen treten nicht nur bei Säugetieren, sondern auch bei Vögeln auf, und von den mir zugegangenen 33 Geschichten über Vögel, die eine Rückkehr vorausahnen, handeln 20 von Papageien.

Papageien

Papageien haben im Vergleich zu Hunden den Vorteil, daß sie sprechen können, und einige von ihnen verkünden die Ankunft ihrer Besitzer weit im voraus – so wie Suzie, ein grüner Amazonaspapagei, der von 1927 bis 1987 bei der Familie Lycett in Warwick lebte. Der Vater, Geldeinnehmer bei einer Teilzahlungsfirma, unternahm seine Sammelrunden in Coventry auf einem Fahrrad mit Hilfsmotor.

> «Da er keine regelmäßige Arbeitszeit hatte, konnte er zu den unterschiedlichsten Zeiten nach Hause kommen. Mein Vater hieß mit Vornamen Cyril, und den konnte der Papagei nicht gut aussprechen. Am Abend saß der Vogel ruhig auf seiner Stange, bis er plötzlich ganz aufgeregt wurde und ‹Werri› schrie, und dann wußten wir, daß wir den Teekessel aufsetzen konnten, weil mein Vater in einer halben Stunde heimkommen würde.» (John Lycett)

Pepper, ein jugendlicher Amazonaspapagei, lebt in Pennsylvania. Er gehört Dr. Karen Milstein und ihrem Mann Philip, an dem der Vogel sehr hängt. «Unser Vogel fängt häufig an, ‹Hallo› und den Namen meines Mannes zu rufen, kurz bevor dieser heimkommt, selbst wenn die Zeit von einem Tag zum andern erheblich schwanken kann», erzählte mir Dr. Milstein 1992. 1994, als Pepper sieben war, bemerkte sie, daß er oft auf die Absicht ihres Mannes heimzukommen reagierte. Im Oktober 1994 führte Dr. Milstein ein Tagebuch – hier zum Beispiel der Eintrag für den 17. Oktober:

«17.40 Uhr.   Pepper ist ruhig.
18.14 Uhr.   Pepper fängt an, ‹Hallo› zu rufen.
18.16 Uhr.   Philip rief an und sagte, er würde jetzt los-

> fahren. Die Absicht, dies zu tun, habe er vor zwei Minuten gehabt.
> Pepper rief weiterhin ‹Hallo, Philip›, bis Phil kurz nach 18.30 Uhr heimkam.»

Papageien können sehr starke Bindungen zu bestimmten Menschen eingehen und heftige Anzeichen von Eifersucht äußern, besonders gegenüber Menschen vom anderen Geschlecht. Oscar, ein Blaustirnamazonaspapagei, der David und Celia Watson in Sussex gehört, fühlt sich stark zu David hingezogen:

> «Wenn er meinen Mann sieht, darf ich mich ihm manchmal überhaupt nicht nähern, denn dann will er mich angreifen. Dann darf ich nicht mal seinen Käfig anfassen oder ihm sein Futter geben. Er ist ziemlich eifersüchtig. Und wenn mein Mann das Zimmer verläßt, wirft er sich gegen die Käfigwand.»

Natürlich ist Oscar ganz aufgeregt, wenn David heimkommt. Diese Aufregung setzt zehn bis 20 Minuten im voraus ein:

> «Wir dachten, er hätte vielleicht deshalb reagiert, weil David zu einer gewohnten Zeit heimkam, aber so funktioniert das nicht», berichtet Celia. «Bei dem Job, den mein Mann jetzt hat, kommt er nämlich nie zur gleichen Zeit heim, und Oscar erwartet ihn dennoch. Er rennt in seinem Käfig hin und her und fängt an, mit den Flügeln zu schlagen, und gibt kleine Geräusche von sich.»

Die meisten Geschichten über Papageien, die die Rückkehr ihrer Besitzer erwarten, betreffen die Rückkehr von der Arbeit, vom Einkaufen oder von anderen Tagesausflügen. Aber einige Vögel reagieren auch auf die Rückkehr des Menschen nach längerer Abwesenheit. Als Peter Soldini aus der Schweiz beispielsweise Urlaub in Frankreich machte, ließ er seinen Papagei bei seiner Mutter und sagte ihr, er habe vor, in vier Wochen zurückzukommen. Ohne seine Mutter zu benachrichtigen, beschloß er, bereits nach drei Wochen zurückzukommen, und ließ sich für die Rückreise drei Tage Zeit. «Als ich das Haus meiner Mutter betrat, sagte sie gleich zu mir: ‹Du wirst es nicht glauben, wie sich dieser Vogel in den letzten drei Tagen benommen hat. Den ganzen Tag hat er gesprochen und gesungen. Er ist ja so aufgeregt.›»

Andere Arten der Familie der Papageien

Auch andere Papageienarten sind anscheinend imstande, die Rückkehr ihrer Besitzer vorauszuahnen. So habe ich drei Berichte über Wellensittiche, drei über Mönchssittiche und zwei über Nymphensittiche bekommen, die fünf bis zehn Minuten im voraus unmißverständliche Anzeichen von Aufregung zu erkennen geben.

Kathy Dougan lebt in Santa Cruz in Kalifornien und besitzt sechs Nymphensittiche. Freunde von ihr, die in ihrer Wohnung waren, wenn sie ausgegangen war, bemerkten, daß die Vögel aktiver wurden und laut zwitscherten, bevor sie wieder heimkam.

Freundlicherweise gestattete sie meinem Kollegen David Brown, zehn Experimente durchzuführen, bei denen die Vögel während ihrer Abwesenheit mit der Videokamera aufgenommen wurden. Sie kehrte zu zufällig ausgewählten Zeiten zurück, wenn sie ein Signal über ihren Piepser empfing.

Eine Auswertung dieser Videobänder zeigt, daß die Vögel in manchen Fällen laut zwitscherten, wenn sie nicht unterwegs nach Hause war, zum Beispiel wenn das Telefon läutete oder jemand an die Tür klopfte. Aber in sieben dieser zehn

Experimente zwitscherten die Vögel tatsächlich stärker, als sie den Heimweg angetreten hatte, für den sie zu Fuß über 20 Minuten benötigte. Während der gesamten Experimentreihe zwitscherten sie im Durchschnitt laut während 15 Prozent der Zeit, in der sie ausgegangen war, und während 49 Prozent der Zeit, in der sie nach Hause unterwegs war. Diese Ergebnisse waren statistisch gesehen signifikant.[1] In experimenteller Hinsicht liefern Vögel, die die Rückkehr ihres Besitzers namentlich ankündigen, wie manche Papageien dies tun, wohl eher unzweideutige Ergebnisse als das weniger spezifische aufgeregte Zwitschern, das Nymphensittiche oder Wellensittiche an den Tag legen, aber bislang haben wir noch keine Gelegenheit gehabt, mit der Videokamera aufgezeichnete Experimente mit einem Papagei durchzuführen, der seinen Besitzer ankündigt.

Nach den Berichten zu urteilen, die ich bekommen habe, sind Mitglieder der Familie der Papageien fast die einzigen Käfigvögel, die die Ankunft ihres Besitzers vorausahnen – ein Eindruck, der durch die Zufallsumfragen in britischen und amerikanischen Haushalten bestätigt wird. In 38 der befragten Haushalte gab es Vögel, und vier davon antizipierten anscheinend die Rückkehr ihrer Besitzer: ein Papagei, ein Mönchssittich, ein Kakadu und ein Nymphensittich. Finken, Kanarienvögel oder andere Arten taten dies offenbar nicht. Allerdings gibt es eine Ausnahme in dieser Regel: ein sprechender Hirtenstar namens Sambo, der der Familie Rolfe aus Sutton St. Nicholas in Herefordshire gehört (Abb. 4.1).

Sambo war dem älteren Sohn Robert sehr zugetan und pflegte den Rolfes anzukündigen, wann dieser aus dem Internat heimkam. «Zwei oder drei Tage bevor er nach Hause kommen sollte, fing Sambo immer an, von ‹Robbie› zu plappern», berichtet Suzanne Rolfe. Die Familie nahm an, das läge daran, daß sie seinen Namen häufiger als sonst erwähnt hatten, aber als er mit der Schule fertig war und zu arbeiten begann, ging er

Papageien, Pferde und Menschen 123

Abbildung 4.1 Suzanne Rolfe mit dem Hirtenstar Sambo (auf dem Foto vor dem Käfig) und Sambos Nachfolger Jacko, in Sutton St. Nicholas in Herefordshire (Foto: Phil Starling).

nach Ostafrika. «Manchmal teilte er uns mit, wann er auf Urlaub zu uns käme, aber öfter kam er ganz überraschend. Wir wußten jedoch immer, daß er kam, weil Sambo ein paar Tage vor seiner Ankunft wieder anfing, ‹Robbie› zu rufen.»

Hühner, Gänse und ein Kauz

Die anderen Geschichten über ein vorausahnendes Verhalten von Vögeln, die ich bekommen habe, handeln von einem zahmen Waldkauz sowie von Hühnern und Gänsen.

Der Waldkauz

Bei der Familie Köpfler lebte 25 Jahre lang ein zahmer Waldkauz namens Joggeli in ihrer Züricher Wohnung:

> «Wenn etwas passierte, worüber er sich freute, gab er einen typischen Laut von sich, ein hohes Grrr-grrr-grrr, wie eine Klingel. Gleichzeitig schloß er die Augen. Wenn unsere Söhne aus der Schule oder von der Universität heimkamen, hörten wir immer Joggelis freudigen Laut – obwohl er sie noch gar nicht sehen oder hören konnte. Mein Bruder, der woanders wohnt und uns selten besucht, nahm Joggeli nicht ernst und lachte über den Vogel. Eines Tages gab Joggeli zornige, aggressive Laute von sich und flog gegen eine Fensterscheibe. Ich dachte: ‹Was hat er bloß? Das macht er doch nur, wenn Ralph kommt.› Und tatsächlich kam mein Bruder überraschend zu Besuch.» (Heidi Köpfler)

Hühner

Aus allen Berichten über das vorausahnende Verhalten von Hühnern geht hervor, daß sie auf die Person reagieren, die sie füttert. Ein Beispiel: Als Roberto Hohrein in Deutschland zur Schule ging, hielt seine Familie zehn Hühner. Seine Aufgabe war es, sie zu füttern, wenn er von der Schule heimkam. Seine Mutter entdeckte, daß sie zehn bis 15 Minuten vor seiner Ankunft auf ihn zu warten schienen, wobei sie in der Ecke des Hühnerhofs standen, aus der sie ihn herankommen sahen.

> «Zur Überraschung meiner Mutter standen sie nicht jeden

Tag zur gleichen Zeit dort, sondern zu unterschiedlichen Zeiten, entsprechend meinem Stundenplan. Manchmal kam ich nicht mit öffentlichen Verkehrsmitteln, sondern wurde von einem Auto mitgenommen. Aber ganz gleich, wann ich kam – jedesmal standen die Hühner da und warteten auf mich, weil sie hungrig waren. Nur wenn ich ungewöhnlich früh kam, schenkten sie mir keine Aufmerksamkeit. Da waren sie noch nicht hungrig.»

Gänse

Während die Reaktionen von Hühnern offenbar weniger durch eine persönliche Zuneigung als durch das Verlangen, gefüttert zu werden, motiviert sind, gibt es eine Geschichte über Gänse, derzufolge diese besondere Verbundenheit mit einem Menschen ihr Hauptmotiv war. Herr K. Theiler, der bei Thun in der Schweiz lebt, besaß drei Hausgänse, zu denen er eine besonders innige Beziehung hatte. «Sogar meine Stimmung, wenn ich glücklich oder traurig war, spiegelte sich in ihrem Verhalten wider.» Sie verrieten seiner Frau auch, wann er aus dem Büro nach Hause kam. «Die Gänse warteten ungeduldig an der Gartentür. Normalerweise war ich um 12.15 Uhr zu Hause, aber wenn etwas dazwischengekommen war, sah sie, daß ich später kommen würde, weil die Gänse ruhig waren.»

Man weiß, daß alle möglichen Arten von Vögeln eine starke Zuneigung zu Menschen entwickeln können, besonders wenn sie von ihnen von klein auf aufgezogen wurden[2], und es kann durchaus sein, daß auch andere Arten außer den mir bereits bekannten zu diesem vorausahnenden Verhalten fähig sind. Die wilden Vorfahren der meisten domestizierten Vögel wie Gänse, Hühner und die Mitglieder der Familie der Papageien lebten in Schwärmen. Vielleicht geht ihre Fähigkeit, die Ankunft eines menschlichen Gefährten zu antizipieren, auf die Fähigkeit zurück, zu wissen, wann sich vermißte Angehörige des Schwarms nähern. Oder sie hängt vielleicht eher damit zusammen, daß Vogeljunge wissen, wann ihre Eltern mit Nahrung zum Nest zurückkehren. Aber über diese Art von vorausahnendem Verhalten bei wildlebenden Vögeln ist anscheinend nichts bekannt.

Falls weitere Untersuchungen von Hausvögeln bestätigen, daß Mitglieder einiger Arten tatsächlich die Ankunft ihrer Besitzer durch eine Art von Telepathie antizipieren können, dann würde es sich lohnen, wildlebende Vögel zu beobachten. Antizipieren sie etwa die Rückkehr anderer Vögel, mit denen sie eng verbunden sind? Ahnen Vogeljunge im Nest voraus, daß ihre Eltern sich mit Nahrung nähern?

Es müßte auch möglich sein, Experimente mit domestizierten Vögeln wie Gänsen durchzuführen, um festzustellen, ob sie die Rückkehr eines Vogels vorausahnen, der aus ihrer Seh- und Hörweite entfernt wurde und dann zurückgebracht wird oder allein zurückkehren darf. Auch mit Brieftauben müßten solche Experimente möglich sein. Lassen Vögel, die im Schlag zurückgelassen wurden, tatsächlich irgendwelche Anzeichen von Erwartung erkennen, bevor ihre Partner und andere Gefährten von einem Wettfliegen zurückkehren?

Reptilien und Fische

Ich habe noch nie gehört, daß irgendeine Schildkröte, Eidechse, Sumpfschildkröte, Schlange oder ein anderes als Haustier gehaltenes Reptil die Ankunft des Besitzers voraussieht. Weder erhielt ich Berichte über dieses Verhalten aufgrund meiner allgemeinen Aufrufe, mir Informationen über paranormale Haustiere zukommen zu lassen, noch sind irgendwelche Beispiele bei Zufallsbefragungen von britischen und amerikanischen Haushalten bekannt geworden. Auch nach Aufrufen in

Fachpublikationen wie *Reptilian International* wurde kein einziger Fall gemeldet. Vielleicht existieren ja solche Reptilien, aber dann sind sie offenbar ganz selten.

Das ist sicher ein bedeutsamer, wenn auch negativer Befund. Er besagt uns, daß Reptilien außerstande sind aufzuschnappen, wann ihre Besitzer nach Hause unterwegs sind, oder daß sie sich kaum oder gar nicht für ihr Kommen und Gehen interessieren. Ich vermute, daß ihr Mangel an sozialer Verbundenheit vielleicht von entscheidender Bedeutung ist. In freier Wildbahn sind die meisten Reptilien Einzelgänger, die nur zur Paarung mit anderen zusammenkommen. Ja, bei den meisten Arten überlassen die Weibchen die Eier nach dem Legen ihrem Schicksal, und die Jungen müssen sich selbst durchbringen. Denken Sie beispielsweise an die kleinen Seeschildkröten, die an Stränden ausschlüpfen, welche Tausende von Kilometern von den Nahrungsgründen ihrer Vorfahren entfernt sind, die sie dann allein und ohne Führung durch ausgewachsene Tiere ausfindig machen müssen. Das Brutpflegeverhalten von Krokodilen stellt eine bemerkenswerte Ausnahme dar. Weibliche Nilkrokodile beispielsweise bewachen das Nest, in das sie ihre Eier gelegt haben, und sie passen auch auf ihre junge Brut auf und führen sie zum Wasser. Aber die Jungen gehen bald ihre eigenen Wege und halten sich von älteren Angehörigen fern, deren kannibalische Neigungen sie mit gutem Grund fürchten müssen.[3] Selbst hier also gibt es nicht viel Spielraum für eine Verbundenheit. Und wenn schon wilde Reptilien keine starken Bande untereinander kennen, werden gefangene Reptilien kaum die Fähigkeit erben, enge Bande mit ihren menschlichen Haltern einzugehen.

Diese negativen Schlußfolgerungen über Reptilien werden von einem meiner erfahrensten Korrespondenten bestätigt: Jeremy Wood-Anderson, einem Naturforscher und Reptiliensammler, der in Pakistan lebt, wo er seit über 30 Jahren alle möglichen Reptilien hält. Sosehr er davon überzeugt ist, daß es so etwas wie «Übersinnlichkeit» in unterschiedlichem Maße bei Säugetieren und Vögeln gibt, glaubt er nicht, daß dieses Phänomen in irgendeiner erkennbaren Form bei Reptilien vorkommt. Seiner Meinung nach können sie die Gedanken ihres Besitzers nicht telepathisch aufschnappen: «Über Reaktionen auf bestimmte vertraute Gewohnheiten hinaus gibt es absolut keine Verbindung zwischen den geistigen Prozessen von Reptilien und Menschen.»

Zu ähnlich negativen Schlußfolgerungen bin ich im Hinblick auf Amphibien gelangt. Relativ wenige Menschen halten Laubfrösche, Kaulquappen und andere Amphibien, und es gibt keine Berichte, aus denen hervorgeht, daß sie übersinnliche Beziehungen zu Menschen aufrechterhalten oder auf sie telepathisch reagieren. Das gleiche gilt für in Terrarien gehaltene Insekten wie Stabheuschrecken.

Viele Fischarten sind geselliger als Reptilien oder Amphibien. Sie schwimmen in Schulen oder Schwärmen. Und einige Arten wie etwa die bei Haltern tropischer Fische so beliebten Buntbarsche bauen Nester und schützen die Eier und die kleinen Fische. Aber selbst bei Arten, bei denen es eine gewisse elterliche Fürsorge gibt, besteht kaum eine Möglichkeit, daß Menschen die Stelle von Fischeltern einnehmen und enge Beziehungen zu den Jungen eingehen. Das Halten von Fischen ist viel stärker verbreitet als das Halten von Reptilien, Amphibien und Insekten. Allein in Großbritannien gibt es etwa 19 Millionen Goldfische und zehn Millionen tropische Fische.[4] Etwa 10 Prozent aller Haushalte haben Fische. Es gibt also eine Fülle von Gelegenheiten, bei denen Menschen feststellen könnten, ob ihre Fische aufgeregt werden, bevor ein bestimmter Familienangehöriger heimkommt. Aber ich habe weder von einem einzigen Fall gehört, noch etwas Derartiges bei unseren eigenen Goldfischen beobachtet, noch irgendeinen Beleg für eine andere Art von telepathischer Verbindung zwischen Mensch und Fisch entdeckt.

Meerschweinchen, Frettchen und andere Kleinsäugetiere

Die am weitesten verbreiteten Haustierarten sind Hunde und Katzen, aber es werden auch alle möglichen anderen Säugetierarten ziemlich häufig gehalten – Kaninchen, Meerschweinchen, Ratten, Mäuse, Wüstenspringmäuse, Hamster und Frettchen. Es liegen mir überhaupt keine Berichte über paranormales Verhalten von Wüstenspringmäusen, Hamstern, Ratten oder Mäusen vor. Ich habe nur einen nicht sonderlich überzeugenden Bericht über ein Hauskaninchen sowie vier Berichte über Meerschweinchen erhalten, aber keines dieser Tiere soll länger als zwei oder drei Minuten im voraus reagiert haben, und es läßt sich nicht ausschließen, daß hier einfach vertraute Geräusche der Auslöser waren.

Unter all den Kleinsäugetieren, von denen ich gehört habe, gibt es nur eines, das in telepathischer Hinsicht vielversprechend zu sein scheint, nämlich ein Frettchen im Londoner East End. Dieses Tier ist mit seinem Besitzer innig verbunden, während dessen Frau und das Frettchen einander verabscheuen. Mrs. Joan Brown hat festgestellt, daß das Frettchen auf ihren Mann an der Haustür wartet, bevor er heimkommt:

«Wenn das Frettchen in der Diele ist, hört es entweder vor mir das Auto, oder es weiß irgendwie, daß mein Mann unterwegs ist, denn gut zehn Minuten bevor er kommt, rennt es zur Tür. Manchmal kommt er später heim, aber es weiß dennoch Bescheid. Wenn er mit Kollegen noch einen trinken geht, kann es sein, daß er eine Stunde später kommt, aber das Tier wartet dann auch eine Stunde später als üblich auf ihn.»

Affen

John Bate aus Blackheath im Süden von London hielt ein Totenkopfäffchen, das seine Rückkehr erwartete:

«Als ich zwischen Coventry und Blackheath pendelte, gab der Affe meiner Frau Bescheid, wann ich mich nördlich vom Blackwall Tunnel [unter der Themse] befand, indem er auf eine ganz bestimmte Art und Weise gluckste. Als sich meine Frau an einem Freitagnachmittag gerade mit einer Freundin unterhielt, verkündete sie ihr, ich würde in einer Viertelstunde zu Hause sein. ‹Woher weißt du das denn?› wollte ihr Freundin wissen. ‹Der Affe hat's mir gerade gesagt›, erwiderte meine Frau. Eine Viertelstunde später hörten sie, wie ich die Tür aufschloß. So scharf und fein das Gehör eines Tieres auch sein mag, bezweifle ich doch, daß es ein Auto von einem anderen Auto im starken Londoner Verkehr unterscheiden könnte, noch dazu, wenn es sieben oder acht Kilometer weit weg ist und sich entweder auf der anderen Seite oder gar unter der Themse befindet.»

Ich teile diese Schlußfolgerungen. Ich habe noch von mehreren anderen Affen gehört, die die Heimkehr eines Menschen vorausahnen, aber sie werden heutzutage so selten als Haustiere gehalten, daß es kaum Möglichkeiten für weitere Forschungen mit ihnen gibt, so faszinierend das auch wäre.

Pferde

Pferde gehören zusammen mit Hunden und Katzen zu den nichtmenschlichen Arten, mit denen Menschen die stärksten Beziehungen eingehen. Viele Reiter fühlen sich ihrem Pferd eng verbunden, und manche sind überzeugt, daß es da so etwas wie eine übersinnliche Verbindung gebe. Ich werde im achten Kapitel auf allgemeine Belege für eine Telepathie zwischen Mensch und Pferd eingehen. Hier dagegen befasse ich mich speziell mit der Fähigkeit der Tiere zu wissen, wann ihre Besitzer heimkommen.

Viele Menschen haben festgestellt, daß ihr Pferd anscheinend weiß, wann sie sich seinem Stall nähern. Es kann aufmerksamer werden, Anzeichen von Aufregung zu erkennen geben oder wiehern. Die meisten aber wissen nicht, wie lange im voraus das Pferd reagiert, in welchem Maße seine Reaktionen etwas mit Gewohnheit zu tun haben oder ob die Reaktion auf das scharfe Gehör zurückzuführen ist. Da Pferde auch nicht im Haus leben, werden sie darüber hinaus normalerweise auch weniger gründlich beobachtet als Hunde, Katzen und andere Haustiere.

Die beste Gelegenheit, vorausahnendes Verhalten bei Pferden zu bemerken, haben Menschen, die in Ställen arbeiten oder die sich um die Pferde kümmern, deren Halter verreist sind.

Wenn Adele McCormick und ihre Familie sich nicht auf ihrer Ranch bei Calistoga in Kalifornien aufhielten, überließen sie ihre 13 Pferde gewöhnlich der Obhut von Menschen, die wußten, wann sie wiederkommen würden. Ihre Pferde schienen tatsächlich die Rückkehr ihrer Halter zu erwarten, aber es war auch durchaus denkbar, daß sie diese Erwartung von den Menschen aufschnappten, die sich um sie kümmerten. Doch einmal wurden die Tiere von einem Fremden versorgt, der keine Ahnung hatte, wann die Familie zurückkehren würde.

«Als wir nach Hause kamen, sagte der Mann gleich bei der Begrüßung: ‹Ich wußte, daß Sie auf dem Heimweg waren, weil die Pferde anfingen, sich merkwürdig zu benehmen.› Er erzählte weiter, bei der Fütterung hätten die Tiere ‹nicht das Futter angeschaut, wie sie das normalerweise tun, sondern alle 13 Pferde haben auf die Straße rausgeschaut, sie liefen hin und her und haben gewiehert.› Das habe um 16.30 Uhr angefangen. Wir trafen auf der Ranch zwischen 17.15 und 17.30 Uhr ein.»

Manchmal legen Pferde schon Stunden im voraus eine Erwartungshaltung an den Tag, besonders wenn ihr Mensch lange Zeit weggewesen ist. Elliott Abhau erlebte das immer wieder, weil sie wegen ihres Berufs die beiden geliebten Pferde bei ihren besten Freunden auf einer Farm in Maryland lassen mußte. Im Verlauf von zehn Jahren kam sie alle paar Wochen in unregelmäßigen Abständen zu Besuch. Normalerweise sagte sie ihren Freunden nicht, wann sie kommen würde, aber diese erzählten ihr jedesmal, sie hätten es doch gewußt, und zwar wegen der Art und Weise, wie sich die Pferde verhielten: «Am Tag davor gehen sie aufeinander los (was sonst nie geschieht), und am Tag deiner Ankunft stehen sie zusammen am Zaun und schauen die Auffahrt hinunter.» Dies hätten sie Stunden vor Elliotts Ankunft getan, wobei die Autofahrt zur Farm zwischen vier und sechs Stunden dauerte.

Herminia Denot wuchs auf einer Ranch in Argentinien auf und lernte reiten, fast bevor sie gehen konnte. Sie war ihrem Pferd Pampero sehr zugetan, mußte es aber zurücklassen, als sie aufs Gymnasium in Buenos Aires ging, von wo sie nur in den Ferien zur Ranch der Familie zurückkehrte. Der Gaucho, der sich um ihr Pferd kümmerte, bemerkte, daß Pampero um die Zeit ihrer bevorstehenden Rückkehr «verrückt spielte. Wiehernd galoppierte er auf der Koppel herum.» Am Tag vor ihrer

Ankunft sei er dann am Gatter stehengeblieben und habe nach Norden in Richtung Bahnhof geschaut. Aber einmal holten ihre Eltern Herminia mit dem Auto nach Hause, und diesmal überraschte Pampero den Gaucho, indem er nach Südosten und nicht nach Norden schaute, wo die Züge fuhren. Im Südosten nämlich lag die Straße, auf der sie mit dem Auto nach Hause kam. Schließlich noch ein Beispiel aus England: Fiona Fowler bekam ihr New-Forest-Pony Joey, als sie zwölf war, und sie ritt es auch selbst zu. Als sie auf die Krankenpflegeschule in London ging, mußte sie Joey in der Nähe von Winchester bei ihrer Mutter zurücklassen. Etwa zweimal im Monat fuhr sie an ihren freien Tagen nach Hause. Ihre Mutter stellte fest, daß Joey anscheinend immer wußte, wann sich Fiona auf dem Heimweg befand, denn dann begab er sich von einer tiefer gelegenen Koppel, wo er sich die meiste Zeit gemeinsam mit anderen Pferden aufhielt, zum Gatter und wartete. Das machte er jahrelang, wann immer sie wiederkam.

> «Einmal wurde ich nicht zu Hause erwartet, und zu ihrer Überraschung entdeckte meine Mutter, daß Joey wie üblich am Gatter wartete. Zehn Minuten später rief ich vom Bahnhof aus an und bat darum, abgeholt zu werden.»

Geschichten wie diese zeigen, daß manche Pferde offenbar auf eine anscheinend telepathische Weise wissen, wann ihre Besitzer kommen. Um diese Vorgänge näher zu erforschen, müßte man mit solch einem Pferd Experimente durchführen und sein Verhalten mit der Videokamera aufzeichnen, während der Besitzer zu zufällig ausgewählten Zeiten den Heimweg antritt.

Schafe

Normalerweise werden Schafe nicht als Haustiere gehalten, aber wenn Lämmer von Menschen aufgezogen werden, können sie eine enge Bindung mit ihnen eingehen.

Margaret Railton Edwards und ihr Mann Richard wurden unversehens Besitzer eines Lamms, als befreundete Schafzüchter ein krankes Tier, das noch mit der Flasche gefüttert werden mußte, in ihr Haus in Cheshire brachten. Sie pflegten das Lamm wieder gesund, und dann lebte es noch etwa vier Monate im Haus:

«Shambles war fast ans Haus gewöhnt und lag immer auf meinen Knien, wenn ich spätnachmittags vor dem Fernseher saß. Mein Mann Richard kam zwischen 17 und 19 Uhr heim. Etwa zehn Minuten vor seiner Ankunft setzte Shambles sich vor die Haustür und wartete auf ihn. Selbst wenn Richard mit dem Auto eines Freundes kam, wartete das Tier an der Tür. Gelegentlich kam Richard zum Mittagessen heim, und dann geschah das gleiche.»

Ich habe noch von zwei anderen Leuten gehört, die Hausschafe hielten und ähnliche Erfahrungen gemacht hatten. Das Lamm Augustus war von der Familie Ferrier auf Whidbey Island, Washington, aufgenommen worden und fühlte sich besonders stark zu dem damals vierzehnjährigen Sohn Grant hingezogen, der es fütterte, ausführte und mit ihm Ball spielte. Grants Vater Malcolm erzählte mir, Grant sei wegen verschiedener anderer Tätigkeiten erst nachmittags zu unregelmäßigen Zeiten aus der Schule heimgekommen. Aber die Familie habe immer gewußt, wann er unterwegs gewesen sei:

«Augustus spitzte die Ohren, machte mäh, lief in seiner

Hürde herum und äußerte alle möglichen Anzeichen von Vorfreude. Und fünf Minuten später tauchten Grant und seine Freunde auf.»

Hätte Augustus dies auf normale Weise wissen können? Malcolm Ferrier glaubt dies nicht:

«Wir haben uns oft über sein Benehmen unterhalten und waren absolut überzeugt, daß Augustus nicht auf normale physische Weise hätte wissen können, daß Grant auf dem Heimweg war. Er konnte ihn weder sehen (zuviel Vegetation) noch hören (wegen des Verkehrslärms in der Vorstadt), wenn er mit seiner Begrüßungsroutine begann. Uns allen war ganz klar, auf eine amateurhafte und nichtexperimentelle Weise, daß sich hier irgendeine merkwürdige Kommunikation abspielte – auch die Nachbarn haben das immer wieder gemeint. Und Grant hat oft, aber vergeblich versucht, sich unbemerkt an das Tier heranzuschleichen.»

Ich kenne bislang zwar nur wenige Geschichten über Schafe, aber sie stimmen doch alle mit dem von Hunden, Katzen, Pferden, Papageien und anderen Tierarten an den Tag gelegten Verhaltensmuster überein. Die Fähigkeit, die Rückkehr eines Menschen zu antizipieren, kommt anscheinend bei einer ganzen Reihe von Säugetier- und Vogelarten vor. In jedem Fall hängt sie offenbar von der Bildung enger Bande zwischen Mensch und Tier ab.

Diejenigen Tierarten, welche diese Erwartungshaltung nicht bekunden, also Fische, Reptilien und Kleinsäugetiere wie Hamster und Mäuse, sind entweder von Haus aus unempfindlich für telepathische Einflüsse oder außerstande, solche Verbindungen zu Menschen einzugehen, die stark genug sind, um als Kanäle für eine telepathische Kommunikation zu fungieren.

Vermutlich hat sich diese Fähigkeit nicht einfach erst bei der Haustierhaltung entwickelt, sondern kommt bereits zwischen wildlebenden Tieren vor. Ich werde mich im neunten Kapitel mit dieser Telepathie von Tier zu Tier befassen. Wenn die Erwartung der Heimkehr bei nichtmenschlichen Lebewesen so weit verbreitet ist, könnten wir annehmen, daß vielleicht auch manche Menschen über die Fähigkeit verfügen, zu wissen, wann andere Menschen zu ihnen unterwegs sind.

Menschen

Von Menschen, die in Afrika gelebt haben oder dort hergekommen sind, hört man viele Geschichten über die Art und Weise, wie Afrikaner die Ankunft anderer Menschen vorausahnen können, ohne daß sie über irgendwelche bekannten Kommunikationsmittel verfügen. So hat beispielsweise Laurens van der Post herausgefunden, daß Buschmänner in der Kalahariwüste in Südafrika wußten, wann Angehörige ihrer Gruppe 80 Kilometer von ihrem Lager entfernt eine Elenantilope getötet hatten und wann sie zurückkehren würden. Die Jäger waren mit van der Post unterwegs, und als sie mit ihrer Beute in Landrovern zum Lager zurückfuhren, fragte er sie, wie denn ihre Leute reagieren würden, wenn sie von ihrem Jagderfolg erführen. Einer der Buschmänner erwiderte: «Sie wissen schon davon.» Und tatsächlich – als sie sich dem Lager näherten, vernahmen sie bereits das Lied, das bei derartigen Anlässen immer gesungen wurde. Als die Antilope getötet wurde, waren sie sofort «auf Draht», wie der Buschmann es formulierte. Van der Post meinte, sie hatten «offenbar den Eindruck, daß der Telegraf des weißen Mannes ebenfalls per Telepathie funktionierte».[5]

Von ähnlichen Erlebnissen können auch viele andere Menschen berichten, die Afrika gut kennen. Ein junger Europäer namens Sinel, der bei einem Stamm im südlichen Sudan gelebt hatte, bemerkte, daß «Telepathie hier ständig auftritt». Die Stammesleute hätten immer gewußt, wo er sich befunden und was er gerade getan habe, selbst wenn er weit weg gewesen sei. Als er sich einmal verirrt hatte, kamen Männer zu ihm, um ihn zurückzubringen, als ob sie seine Notlage gespürt hätten. Ein andermal, als er eine gefundene Pfeilspitze eingesteckt und mitgebracht hatte, traten zwei Stammesangehörige an ihn heran und fragten, ob sie sie untersuchen dürften.[6] Ähnliche Geschichten habe ich in Indien gehört. Wahrscheinlich sind solche Fähigkeiten in traditionellen Gesellschaften besser entwickelt als in den modernen Industriestaaten.

Sogar in einigen Teilen von Europa scheinen solche Vorgänge weithin anerkannt zu sein. Zum «zweiten Gesicht» der keltischen Bewohner der schottischen Highlands gehören auch «Visionen von ‹Ankünften› von Personen, die in dem Augenblick noch fern sind, aber später tatsächlich eintreffen».[7] In Norwegen gibt es sogar einen eigenen Begriff für das Phänomen: *vardøger,* was soviel bedeutet wie «warnende Seele» oder «Laut, der jemanden ankündigt, bevor er selbst eintrifft». In diesem Fall hört jemand zu Hause eine Person, die zum Haus geht oder fährt, hereinkommt und ihren Mantel aufhängt. Doch niemand ist da. Etwa zehn bis 30 Minuten später werden erneut ähnliche Laute vernommen, aber diesmal kommt die Person tatsächlich. «Die Leute sind dies gewöhnt. Hausfrauen stellen den Wasserkessel auf, wenn sie den ‹vardøger› vernehmen, denn sie wissen, daß ihr Mann gleich kommen wird.» Zum Glück ist dieses Phänomen von Professor Georg Hygen aus Oslo in Dutzenden von neueren Fällen erforscht worden. Er gelangt zu der Schlußfolgerung, daß es eher auf Telepathie als auf Präkognition beruhe. Mit anderen Worten: Der *vardøger* ist weniger ein Vorausecho dessen, was in der Zukunft passieren wird, sondern hängt vielmehr mit den Absichten einer Person zusammen. So sind zum Beispiel die tatsächlichen Geräusche nicht immer mit denen identisch, die im voraus gehört werden. Da vernimmt man vielleicht, wie ein Mensch zum Schlafzimmer hochgeht, während er bei seiner tatsächlichen Ankunft in die Küche geht.[8] Darüber hinaus kann das *vardøger*-Phänomen auch auftreten, wenn ein Mensch gar nicht kommt, weil er es sich anders überlegt hat.

Ein Beispiel handelt von einem Mann, der sich mit seiner Frau in einem Laden verabredet hatte. Doch dann beschloß er, sie im Büro abzuholen, schaffte es aber zeitlich nicht mehr und ging zum Laden, um auf sie zu warten, wie er es ursprünglich vorgehabt hatte. Sie kam nicht, und nachdem er eine Stunde lang gewartet hatte, ging er heim. Als sie selbst nach Hause kam, beklagte sie sich darüber, daß er nicht zu ihrem Büro gekommen war. Sie hatte seinen *vardøger* gehört, und aufgrund früherer Erfahrungen verließ sie sich so sehr darauf, daß sie eine Stunde lang im Büro wartete, bevor sie aufgab. In der englischen Sprache gibt es kein entsprechendes Wort für *vardøger*. Dennoch erklären manche Menschen, daß sie Ankünfte vorausahnen, auch wenn niemand die für Norwegen typischen Geräuscheffekte erwähnt. Diese Berichte handeln meist von Eltern und Kindern, der Rest bezieht sich auf Ehepaare.

In manchen Fällen schien ein Kind die Ankunft der Eltern vorauszuahnen. Hier das Beispiel eines Babys:

«Bevor mein Sohn acht Monate alt war, wußte ich immer, wann sein Vater auf dem Heimweg war. Etwa sieben oder acht Minuten vor seiner Ankunft wurde mein Baby hellwach und war dann ganz erwartungsvoll. Da wir damals auf einem Fliegerhorst lebten, glaube ich nicht, daß mein Kind etwas hörte, und eine Zeitlang fuhr mein Mann Fahrrad. Er kam immer zu irgendeiner Tages- oder Nachtzeit unerwartet heim, da er als Pilot oft Sondereinsätze fliegen mußte.» (Belinda Price)

Andere Eltern haben mir erzählt, wenn sie abends ausgehen und ihr Baby bei einem Babysitter zurücklassen, würde es ziemlich oft kurz vor ihrer Rückkehr aufwachen. Und wenn Kinder alt genug sind, um sprechen zu können, kündigen manche tatsächlich die Ankunft eines Elternteils an. Dies geschah, als Sheila Michaels sich um einen dreijährigen Jungen in New York kümmerte, während seine Mutter im Krankenhaus war:

> «Ich hatte nicht damit gerechnet, daß seine Mutter bereits einen Tag früher entlassen würde. Ich las ihm gerade eine seiner Lieblingsgeschichten vor, als der Junge aus dem Bett kletterte, zur Tür ging und ruhig ‹Mommy, Mommy› sagte, aber irgendwie hat mich das furchtbar aufgeregt. Ich versuchte ihn dazu zu bewegen, zurückzukommen und sich von mir vorlesen zu lassen, aber er ließ sich nicht beirren und sagte immer wieder ‹Mommy, Mommy›. Ich erklärte ihm, sie würde am nächsten Tag zurückkommen und sein Vater käme in ein paar Stunden. Er rührte sich nicht von der Stelle. Und dann kam seine Mutter.»

Mir sind keine Fälle bekannt, in denen Väter die Rückkehr ihrer Kinder vorausahnen, aber mehrere Fälle von Müttern. Hier ein dramatisches Beispiel aus dem Zweiten Weltkrieg:

> «Im Krieg war mein Bruder Jack in der Royal Navy, und wenn er im Dienst war, durfte er nicht nach Hause schreiben. Eines Abends, als Jack schon über zwei Jahre weg war, stand meine Mutter plötzlich auf und sagte: ‹Ich muß Jacks Bett machen – er wird heute abend da sein.› Wir lachten sie

aus. ‹Wie kommst du denn bloß darauf?› fragten wir sie. ‹Ich weiß einfach, daß er kommen wird›, sagte sie und ging nach oben, um das Bett zu richten. Im Laufe des Abends traf Jack wirklich ein!» (Mrs. C. W. Lawrence)

Die meisten Vorahnungen sind eher trivialer Natur. Bonnie Hardy, eine Mutter von halbwüchsigen Jungen in Victoria in British Columbia, entdeckte, daß dieses Phänomen sie um den Schlaf brachte. Wenn die älteren Jungen am Wochenende sehr spät heimkamen und sich bemühten, so leise wie möglich zu sein, war sie dennoch beunruhigt. «Nichts funktionierte, und dann merkte ich, daß nicht nur ihre Bewegungen im Haus meinen Schlaf störten, sondern die Tatsache, daß ich bereits wach wurde, wenn sie in ihr Auto stiegen, um heimzufahren.» Sie erwachte also zuerst und hörte sie dann vorfahren.

In ähnlicher Weise stellen manche Frauen fest, daß sie aufwachen, bevor ihr Mann heimkommt. Auch Cindy Armitage Dannaker, die in Pennsylvania lebt, passiert dies:

«Es ist schon oft vorgekommen, daß ich mir nun einfach sage: ‹Er kommt›, und warte. Gewöhnlich höre ich nach fünf Minuten oder so, wie der Jeep meines Mannes in unsere Straße einbiegt. Ich meine, daß er irgendwie an mich denkt und ich dies im Schlaf aufschnappe. Ich weiß nur, daß ich plötzlich ohne ersichtlichen Grund hellwach bin und das Gefühl habe, daß er kommt.»

Manchmal stellt sich diese Erwartung lange im voraus ein, besonders dann, wenn Menschen über längere Zeit hinweg getrennt sind. Und manchmal tun Menschen aufgrund dieses Gefühls genau das Richtige, zum Beispiel wenn sie auf einen bestimmten Zug oder Flug warten.[9] Hier ein besonders verblüffender Bericht:

«Ich war 14 Jahre lang bei der UNO beschäftigt, und in dieser Zeit war ich viel unterwegs. Aber nur einmal kehrte ich früher nach Genf zurück, weil ich krank war, nämlich in den siebziger Jahren, als ich in Abidjan war. Ich teilte meiner Frau nicht mit, daß ich heimkäme, da ich nicht wollte, daß sie sich unnötig aufregte, und außerdem machte sie gerade mit unseren vier Söhnen in Österreich Urlaub. Doch als ich in Genf eintraf, erwartete sie mich bereits am Flughafen. Sie sagte, sie habe das überwältigende Gefühl gehabt, sie müsse genau auf diesen Flug warten, also hatte sie gepackt und war mit unseren Söhnen zurückgekommen.» (O. S. Knowles)[10]

Wenn man derartige Fälle von Antizipation durch Menschen isoliert betrachtet, scheinen sie nichts weiter zu sein als besondere Ausnahmefälle. Aber im Zusammenhang mit dem vorausahnenden Verhalten einer ganzen Reihe von Tierarten entsprechen sie einem umfassenderen Muster. Die Antizipation von Ankünften ist offenbar ein wichtiger Aspekt in der Naturgeschichte der Telepathie. Der Umstand, daß diese Vorausahnungen bei Babys vorkommen können sowie dann, wenn Menschen schlafen, zeigt doch, daß sie nicht von den höheren geistigen Fähigkeiten abhängen. Sie funktionieren auf einer eher fundamentalen Ebene und sind in unserem uralten biologischen und evolutionären Erbe verwurzelt.

DRITTER TEIL

Empathie bei Tieren

5

Wenn Tiere trösten und heilen

Empathie

Das Wort Empathie bedeutet soviel wie «mitfühlendes Verständnis oder Leiden».[1] Die griechische Wurzel *pathos* – Erleiden oder Leidenschaft – hat es mit den Wörtern Sympathie und Telepathie gemeinsam. Ich will damit allerdings nicht sagen, daß Empathie und Telepathie notwendigerweise miteinander verbunden wären. Menschen nehmen zweifellos die Gefühle anderer Menschen durch Körpersprache und andere sinnliche Informationen wahr, und im folgenden werde ich nachweisen, daß auch Tiere auf die gleiche Weise für Menschen empfänglich sind. In diesem Zusammenhang ist nicht so sehr die Art und Weise interessant, wie diese Gefühle übertragen werden, als vielmehr der Umstand, daß das Tier auf sie so mitfühlend reagiert.

Gegenseitige Hilfe ist ein wesentlicher Aspekt im sozialen Leben vieler Tierarten. Selbst Wissenschaftler, die der Meinung sind, jedes tierische Verhalten sei durch «egoistische Gene»[2] geprägt, akzeptieren die Bedeutung von altruistischem Verhalten in Ameisenkolonien, in der elterlichen Fürsorge bei Vögeln und Säugetieren sowie in sozialen Gruppen jeder Art.[3] Wenn beispielsweise ein Mitglied einer Herde oder einer Schar ein Alarmsignal von sich gibt und damit andere Mitglieder einer Gruppe vor einer Gefahr warnt, kann es sich selbst gefährden, indem es die Aufmerksamkeit eines Raubtieres auf sich zieht.[4]

Die Theorie der egoistischen Gene akzeptiert zwar, daß es so etwas wie Altruismus im sozialen Gefüge von Tiergruppen gibt, erklärt dies aber damit, daß die egoistischen Gene auf Überleben und Reproduktion der Art ausgerichtet seien. Ein einzelnes Tier könne sein Leben für das bedeutendere Wohl der Gene opfern, die es mit seinem Nachwuchs und seinen nahen genetischen Verwandten gemeinsam habe.

Der Altruismus zwischen Haustieren und Menschen läßt sich nicht so leicht durch egoistische Gene erklären. Ein Mensch, der einem kranken Haustier hilft, sich um es kümmert und den Tierarzt bezahlt, verhält sich altruistisch, aber nicht aufgrund von egoistischen Genen, die Haustier und Mensch miteinander gemeinsam haben. Haustiere und Menschen haben nämlich ganz unterschiedliche Gene – sie gehören verschiedenen Arten an. Und genauso wie Menschen Haustieren helfen, helfen auch Haustiere Menschen, nicht zuletzt durch ihre emotionale Verbundenheit.[5]

Menschen gehen die engsten Verbindungen mit Arten ein, die ihnen gegenüber die größte Empathie an den Tag legen – vor allem mit Hunden, Katzen und Pferden.

Das Halten von Tieren ist gesund

Wir haben unsere Katze Remedy genannt, weil meine Frau Jill bald dahinterkam, daß sie genau das war: Ihre warme, schnurrende Erscheinung war wirklich ein Heilmittel. Sie schien es zu spüren, wenn sie gebraucht wurde, und saß oder lag auf Jill oder auf mir und ließ ihre heilende Magie wirken.

Meine Datenbank enthält über 200 Geschichten von Tieren, die trösten und heilen. Die meisten handeln von Katzen und Hunden, die Menschen, welche krank oder traurig sind, nicht von der Seite weichen, als wollten sie sie trösten. Im Grunde ist das nicht nur ein «Als ob» – sie trösten Menschen tatsächlich und tragen dazu bei, sie zu heilen. Eine Reihe wissenschaftlicher Forschungsprojekte hat ihre wohltuende Wirkung sogar meßbar gemacht.

In einer amerikanischen Studie wurden ältere Menschen, die Katzen aufnahmen, mit einer ähnlichen Gruppe älterer Menschen verglichen, die keine Katzen aufnahmen. Regelmäßige Nachfragen und Tests ergaben, daß sich nach einem Jahr beide Gruppen auffallend unterschieden. Anhand psychologischer Standardtests wurde festgestellt, daß sich die Katzenbesitzer besser, die Menschen ohne Katzen dagegen schlechter fühlten. Und während sich die Gruppen anfangs nicht signifikant unterschieden, fühlten sich die Menschen mit Katzen nach einem Jahr weniger einsam, weniger ängstlich und weniger deprimiert. Die Katzen wirkten sich insofern auch günstiger aus, als sie bei den Menschen mit erhöhtem Blutdruck diesen senkten und die Notwendigkeit einer medikamentösen Behandlung verringerten.[6]

Natürlich erwiesen sich die Katzen nicht einfach deshalb als segensreich, weil sie im Haus waren, sondern weil sich eine Verbundenheit zwischen Mensch und Katze entwickelt hatte. Katzen als Hausgenossen sorgten für Spaß, Gesellschaft und Zuneigung und trugen dazu bei, Menschen von ihren Sorgen und Leiden abzulenken. Je stärker die Verbundenheit, desto größer waren offenbar die positiven Wirkungen.[7]

Auch Beziehungen zu Hunden können den Blutdruck senken und anderen psychologischen Nutzen haben.[8] Davon können auch die Hunde selbst profitieren, da ihre Pulsfrequenz zurückgeht, wenn sie als Haustiere gehalten werden.[9]

Nach einer Studie von Erika Friedmann und ihren Mitarbeitern an der University of Pennsylvania wiesen Haustierhalter, die wegen Herzerkrankungen, darunter Herzinfarkten, im Krankenhaus behandelt worden waren, ein Jahr später eine höhere Überlebensrate auf als eine Kontrollgruppe von Menschen, die keine Haustiere hielten.[10] Die Anwesenheit eines Haustiers verhieß sogar eine noch höhere Lebenserwartung als die Gegenwart eines Lebensgefährten oder als eine umfassende Unterstützung durch die Familie.

Haustiere können auch Hinterbliebenen helfen. Mehrere Studien über Menschen, die kurz zuvor ihren Lebensgefährten verloren hatten, haben ergeben, daß Haustierhalter weniger deprimiert und weniger anfällig für Gefühle der Verzweiflung und Isoliertheit waren. Sie wiesen auch ein besseres Allgemeinbefinden auf und benötigten weniger Medikamente.[11] Aber nicht nur kranken, älteren, leidtragenden und verletzlichen Menschen kommt die Haustierhaltung zugute. Sie wirkt sich ganz allgemein positiv auf Erwachsene und Kinder aus.[12] Besonders Hunde tragen zum Beispiel dazu bei, daß Menschen Freunde finden. Und die Forschungen von James Serpell an der Universität Cambridge haben gezeigt, daß die meisten Menschen, die sich in neuerer Zeit einen Hund angeschafft hatten, ein größeres Sicherheits- und Selbstwertgefühl entwickelten. Auch ihr allgemeines Wohlbefinden besserte sich, nicht zuletzt wegen der verstärkten körperlichen Bewegung beim Spazieren mit dem Hund. Sie litten auch weniger unter kleinen Beschwerden wie Kopfschmerzen, Erkältungen oder Grippe.[13]

Haustiere können Kindern helfen, ein besseres Gefühl von Gegenseitigkeit zu entwickeln oder sich mehr für andere zu engagieren. Die Tiere bieten ihnen nicht nur Anerkennung, Gesellschaft und Spaß, sondern können auch dazu beitragen, daß sie ihre sozialen Fähigkeiten und Verantwortungsgefühl entwickeln, wenn sie sich um die Haustiere kümmern und auf deren Bedürfnisse reagieren.[14] Und Familien, die sich Haustiere anschaffen, neigen nachgewiesenermaßen dazu, weniger zu streiten, mehr Nähe füreinander zu empfinden und mehr miteinander zu spielen.[15] Die meisten Untersuchungen bestätigen zwar die Aussage, daß Haustiere einem guttun, doch ist das nicht immer der Fall.[16] Haustiere sind keine Zauberwesen, sondern so gut, böse oder gleichgültig wie Menschen. Und manche Menschen schaffen sich genau deshalb ein Haustier an, weil sie von ihm profitieren wollen, und ein derartiger Erwartungsdruck kann dazu führen, daß das Tier kurzerhand abgeschafft oder getötet wird, weil es sich problematisch verhält oder weil es ihm nicht gelingt, dafür zu sorgen, daß sich der Besitzer wohler fühlt. Außer den Hunden, die einfach als Haustiere gehalten werden, gibt es viele Hunde, die Menschen auf ganz praktische Weise helfen, wie Schäferhunde und andere Arbeitshunde sowie die Diensthunde, die eine ganz wichtige Rolle im Leben vieler Menschen spielen. Am bekanntesten sind Führhunde für Blinde, aber es gibt auch Führhunde für taube Menschen, Hunde, die behinderten Menschen helfen, und Hunde, die Epileptiker vor bevorstehenden Anfällen warnen.

Es gibt auch viele Programme – allein in den USA sind es über 2000 –, die Tiere für Besuche von Menschen in Krankenhäusern, Pflege- und Altenheimen vermitteln. Diese Tiere gehören normalerweise ehrenamtlichen Helfern und werden in England oft PAT-Tiere genannt (von PAT = «pet as therapy» – «Haustier als Therapie»). Sie sind eine große Hilfe für Kinder, besonders für die chronisch kranken, von denen viele ihre Tierbesucher sehnsüchtig erwarten.[17] Aber sie sind auch bei älteren Leuten und bei Menschen in Pflegeheimen sehr beliebt, wo sie auf die Patienten wie auf das Personal eine entspannende Wirkung ausüben, die Stimmung aufhellen, Zuneigung und körperlichen Kontakt bieten und soziale Kontakte erleichtern.[18]

In manchen Gefängnissen ist es gestattet, daß Tiere Gefangene besuchen oder von ihnen gehalten werden, was dazu geführt hat, daß die Bereitschaft zu Gewalt, Selbstmord und Drogenkonsum zurückgegangen ist und sich die Beziehungen zwischen den Gefangenen und dem Wachpersonal verbessert haben.[19]

Wieso können Tiere den Menschen so guttun? Man versucht diesen günstigen Einfluß mit Begriffen wie «Empathie», «Anerkennung», «Gemeinschaft», «emotionale Sicherheit» und «Zuneigung» zu kategorisieren. Das sind die gleichen Begriffe, die oft für die heilende Wirkung anderer Menschen verwendet werden. Das Geheimnis dieser Heilkraft, ob sie nun von Menschen oder von Tieren ausgeht, beruht anscheinend immer auf einem Phänomen: uneingeschränkte Liebe. Uneingeschränkte Liebe wird in vielen Fällen offenbar eher Hunden und Katzen als Menschen entgegengebracht. Das liebevolle Verhalten von Haustieren ist Ursache wie Wirkung der Bande, die sie mit Menschen eingehen. Es wird vor allem dann zum Ausdruck gebracht, wenn ihre Besitzer seiner bedürfen.

Trostreiche Katzen

Fast in allen Berichten über das tröstende und heilende Verhalten von tierischen Gefährten ist davon die Rede, daß die Tiere auf die Bedürfnisse von Menschen reagieren. Sie verhalten sich eben nicht einfach bloß allgemein liebevoll, wie das folgende Beispiel zeigt:

> «Meine Kitty weiß anscheinend immer, wann ich Trost brauche. Als ich eines Nachts nach einem sehr anstrengenden Tag zu Bett ging und mir die Probleme dieser Welt schwer aufs Gemüt drückten, sprang Kitty zu mir hoch, kroch auf meine Brust, miaute und legte mir die Pfote sanft

aufs Gesicht, als wollte sie sagen: ‹Schon gut, Mom, ich liebe dich.› Dann schmiegte sie sich unter mein Kinn. Das war die allerbeste Medizin für mich.» (Jahala Johnson, Antioch, Tennessee)

Diese Empfänglichkeit von Katzen ist besonders erstaunlich bei Tieren, die normalerweise großen Wert auf ihre Unabhängigkeit legen.

«Fünfzehn Jahre lang war Bärli, ein flachsfarbener Kater, mein guter Kamerad, die Freude meines Lebens. Er war ein prächtiger Kater, der seine Freiheit über alles liebte. Doch wenn ich mich nicht wohl fühlte oder traurig war, wich er mir nie von der Seite, sondern legte sich auf meinen Schoß, schnurrte und drückte sich fest an mich. Wenn es mir wieder gutging, war er wie üblich weg, besonders nachts.» (Gertrude Bositschnick, Leoben in Österreich)

Gibt es im Haushalt mehr als eine Katze, wechseln sie sich zuweilen ab. Karen Richards aus Stourbridge in den englischen West Midlands hat fünf Katzen zu Hause. Als es ihr monatelang sehr schlecht ging und sie nicht arbeiten konnte, blieb immer eine Katze bei ihr, während die anderen frei herumstreiften. «Die Katzen teilten sich sozusagen ihren Spaziergang ein, so daß ich nie ganz allein war.»

Mehrere Menschen berichten, daß ihre Katzen sie trösteten, als sie den Tod eines geliebten Menschen betrauerten. Ein Beispiel:

«Beide Katzen blieben bei mir, als wollten sie mich mit meinem Kummer nicht allein lassen, und dies dauerte genauso lange, wie ich trauerte. Danach waren die Katzen wieder eher zurückhaltend.» (Murielle Cahen, Paris)

Viele Menschen erklären, daß ihre Katzen sich ungewöhnlich rücksichtsvoll benehmen, wenn sie krank sind. In all diesen Geschichten über ein rücksichtsvolles und tröstendes Verhalten von Katzen ist davon die Rede, daß es sich einstellt, wenn es gebraucht wird, und so lange wie nötig anhält. Aber wenn der Mensch wieder fröhlich ist, sich beruhigt hat oder wenn es ihm bessergeht, kehrt die Katze gewöhnlich zu ihrem eher unabhängigen Verhalten zurück.

Treu ergebene Hunde

Wie viele Katzen spüren offenbar auch viele Hunde, wann ihre Menschen Trost brauchen. Jeannette Hamilton aus Redwood City in Kalifornien hat herausgefunden, daß ihr Pudel Marcus äußerst sensibel auf ihre Gefühle reagiert.

> «Wenn ich stumm vor mich hinweine, kommt er zu mir und leckt mir die Tränen ab. Er ist ganz auf mich eingestellt, ob er nun zu meinen Füßen liegt oder sich in einem anderen Zimmer befindet, ob er schläft oder wach ist.»

In den über 120 Berichten über ein derartiges Verhalten von Hunden stehen immer wieder Bemerkungen wie diese: «Mein Hund spürt genau, wenn ich mich nicht wohl fühle oder traurig bin.» – «Wenn ich traurig bin, weicht sie mir nicht von der Seite und legt mir den Kopf auf die Knie.» Eine der schlichtesten und doch so beredten Aussagen stammt von Sue Norris aus St. Helens in Lancashire: «Ich bin autistisch und habe eine Hündin namens Nickita, sie weiß, wie ich bin. Sie tröstet mich, bevor ich ihr sage, was los ist. Manchmal habe ich schlimme Tage. Sie ist bei mir, wo ich bin.»

Viele Hunde wissen anscheinend auch, wann ihr Mensch

krank ist, und benehmen sich sehr rücksichtsvoll, bleiben bei ihm und spenden wahren Trost. Rosemarie van der Heyde aus Achern hat einen Dackel, der sie gewöhnlich begeistert begrüßt, wenn sie heimkommt.

> «Aber einmal hatte ich mich an der Ferse verletzt, und als ich nach Hause kam, reagierte er ganz anders. Er stand einfach da, ohne sich zu rühren, und schaute mich an. Langsam kam er zu mir und streckte mir die Pfote entgegen. Ich legte mich aufs Sofa, und im Unterschied zu sonst sprang er nicht zu mir hoch. Er legte sich still neben mich, als wollte er mich trösten.»

Manchmal scheinen Hunde auch zu wissen, welcher Körperteil des Menschen weh tut, und spenden ihm Trost, wo er gebraucht wird. John Northwood aus Poole in Dorset, ein pensionierter Polizeibeamter, ist der Meinung, daß Hunde nicht aufs Bett gehören. Oft geht er mit Ben, dem Collie seiner Tochter, spazieren, aber als er einmal zu Besuch kam, hatte er Rückenschmerzen und mußte sich hinlegen.

> «Als ich den Kopf aufs Kissen fallen ließ, ging die Schlafzimmertür auf, und Ben kam herein. Er sprang aufs Bett und drückte sich an meinen Rücken. Es ging mir so schlecht, daß ich kein Wort herausbrachte, aber es war ein gutes Gefühl, wie er so an meinem Rücken lag. Er muß gespürt haben, daß es mir nicht gutging und daß ich Wärme brauchte.»

Manche Menschen, die unter Migräneanfällen leiden, haben Hunde, die in solchen Phasen zu ihnen kommen und sich zu ihnen legen. Frau R. Huber aus Horgen in der Schweiz entdeckte, daß ihr Hund Nero auch wußte, auf welcher Seite des Kopfes sie die Migräne hatte. «Wenn es die rechte Seite war, leckte er mir aufgeregt und energisch das rechte Auge und die rechte Schläfe mit einem leichten Winseln. Befand sich der Schmerz links, tat er das gleiche auf der anderen Seite. Es war wie eine Massage.»

Tiere, die einen Selbstmord verhindern

Wie wir gesehen haben, können Hunde und Katzen sehr feinfühlig auf die Stimmungen und Gefühle ihrer Menschen reagieren. In manchen Fällen spenden sie nicht nur Trost – sie können buchstäblich Menschenleben retten.

Als ihr ihre Eheprobleme über den Kopf wuchsen, beschloß eine Frau in Nordengland, sich das Leben zu nehmen. Sie ließ ihren Hund und ihre Katzen «friedlich vor dem Kamin schlafen» und ging in die Küche, um sich ein Glas Wasser und eine Flasche Paracetamoltabletten zu holen. Plötzlich sprang William, ihr geliebter English Springer Spaniel, auf, rannte auf sie zu und tat etwas, was er in den ganzen 15 Jahren seines Lebens noch nie getan hatte:

> «Er knurrte! Seine Lefzen waren ganz zurückgezogen, so daß er fast nicht wiederzuerkennen war», berichtete sie. «Entsetzt schraubte ich die Flasche wieder zu. Ich hatte wirklich Angst vor dem Hund, ging ins Zimmer zurück und setzte mich aufs Sofa. William lief mir hinterher, sprang auf mich und begann mir wie wild übers Gesicht zu lecken, wobei sein ganzer Körper wackelte.»

In einigen Fällen haben Hunde einen Selbstmord verhindert, indem sie andere Menschen alarmierten. Eine deutsche Hündin namens Rexina wurde eines Tages von ihrem Besitzer im Haus eingeschlossen, während er in den Garten zum Schuppen ging. Die Hündin wartete an der Tür, aber nach einer Weile heulte sie und lief zu den anderen Familienmitgliedern.

«Sie war ganz aufgeregt, und dann bemerkten wir, daß unser Vater schon eine Zeitlang weg war. Wir ließen sie hinaus und suchten nach ihm. Als wir ihn fanden, sagte er: ‹Gott sei Dank, daß ihr gekommen seid!› Später gab er zu, daß er sich umbringen wollte. Rexina hatte das gespürt, und wenn sie nicht gewesen wäre, wären wir zu spät gekommen.» (Dagmar Schneider)

Auch Katzen haben Menschen daran gehindert, sich umzubringen, so zum Beispiel eine Schweizer Katze namens Pamponette:

«Ich fühlte mich wirklich mies und wollte mich umbringen. Meine Katze muß den Zustand, in dem ich mich befand, gespürt haben. An jenem Tag wich sie mir nicht einen Augenblick von der Seite. Sie, die normalerweise nie miaut, maunzte den ganzen Tag, und jedesmal wenn ich mich hinsetzte, rieb sie ihren Kopf an meinem. Nachmittags schlief Pamponette normalerweise gemeinsam mit meinen vier anderen Katzen, aber diesmal wich sie mir nicht von der Seite, und in der Nacht schlief sie neben meinem Kopfkissen, wo sie sich gewöhnlich nicht aufhält.» (P. Broccard)

Ihr Verhalten ähnelte ganz dem von Katzen, die ihre Besitzer trösten, wenn sie krank oder traurig sind, aber hier ging es natürlich um mehr.

Tiere als Therapeuten

Die alten Griechen glaubten, daß Hunde Krankheiten heilen könnten, und hielten sie in ihren Heiltempeln als Co-Therapeuten. Asklepios, der oberste Gott der Heilkunst, übertrug seine Heilkraft durch heilige Hunde.[20] Sie haben zwar in der modernen Medizin nicht mehr eine so anerkannte Funktion, doch in den von ehrenamtlichen Helfern betreuten PAT-Programmen spielen sie heute wieder eine Rolle als Heiler.[21]

Der Einfluß von Tieren, die als Besuch zu kranken oder alten Menschen gebracht werden, ist oft artgemäß: Sie wirken tröstend und erheiternd und bringen die Menschen «auf andere Gedanken». Aber manchmal legen die Tiere eine bemerkenswerte Feinfühligkeit für die Bedürfnisse und den Zustand bestimmter Menschen an den Tag. Chad, ein Golden Retriever, beispielsweise besucht fast jeden Tag mit seiner Halterin Ruth Beale ein Pflegeheim in Birmingham:

> «Er weiß anscheinend, welche Patienten wirklich arm dran sind, verglichen mit anderen, für die er den Clown spielt. Dann sitzt er einfach so da, den Kopf auf ihrem Schoß oder auf dem Bett, oder er steht still neben ihnen. Da war eine bestimmte Dame, der er sehr nahestand, ja und dann wurden wir eines Abends um zehn Uhr angerufen und hörten, daß sie sterben würde – und daß sie Chad bei sich haben wolle. Und er stand bei ihr, drei Stunden lang, und hatte den Kopf auf das Bett gelegt, während sie starb.»

Für seine Arbeit im Pflegeheim wurde Chad 1997 mit dem PAT-Preis «Hund des Jahres» ausgezeichnet.

Deena Metzger hielt einen Wolfshund namens Timber, als sie Psychotherapeutin auf dem Land bei Santa Monica in Kalifornien war. Auch er besaß eine bemerkenswerte Feinfühligkeit.

> «Ich beobachtete, daß er erkannte, was meinen Patienten fehlte, und daß er zu ihnen ging und ihnen den Kopf auf den Schoß legte, wenn ihre Qualen so groß waren, daß menschlicher Trost nicht ausgereicht hätte. Seine Intuition war unfehlbar.»[22]

Auch andere Psychologen und Therapeuten haben entdeckt, daß Tiere die Nöte der Patienten sehr einfühlsam wahrnehmen und sogar als Co-Therapeuten agieren. Selbst Sigmund Freud hatte in seiner Chow-Chow-Hündin eine Assistentin, die nicht nur bloße Zierde, sondern ein Teil des Verfahrens war, der «Haustierheilung», wie er dies nannte. Sie «saß während der Analysestunde still am Fuße der Couch». Aber gegen Ende der Sitzung half sie Freud mehr als der Patientin, indem sie sich «unweigerlich zu rühren» begann und damit anzeigte, daß die Zeit um sei.[23]

Pferde haben eine beachtliche therapeutische Wirkung auf Menschen mit geistigen oder körperlichen Problemen, wie etwa Patienten mit Down-Syndrom. So gibt es in England und anderen Ländern seit vielen Jahren Reitprogramme für Behinderte, die auf diese Weise ein neues Selbstvertrauen und Freiheitsgefühl erlangen können. Und das hat nicht nur psychischen Nutzen, sondern kann auch das Gleichgewichtsgefühl und die Koordination verbessern.[24]

In Calistoga in Kalifornien arbeiten Adele und Deborah McCormick, ein Mutter-Tochter-Team, als Therapeutinnen mit Menschen mit schweren Geisteskrankheiten, kriminellem Verhalten und Drogenabhängigkeit. Ihre psychotherapeutische Arbeit hat eine neue Dimension angenommen, seit sie die Pferde auf ihrer Ranch in den Heilungsprozeß einbeziehen.[25]

> «Die Größe, die Kraft und physische Präsenz des Pferdes machen Menschen bewußter, bringen sie buchstäblich zur

Besinnung . . . Die Pferdetherapie ist für jeden, der sich niedergeschlagen, verängstigt oder verloren fühlt – für all jene also, die nach einer alternativen Heilmethode bei körperlicher Krankheit suchen oder die nicht mehr wissen, wie sie mit dem Druck des vor ihnen liegenden Tages fertig werden sollen.»

Viele Menschen reiten, weil es ihnen ganz einfach Spaß macht, und genießen viele dieser Vorzüge, ohne in ihrem Pferd einen Therapeuten zu sehen.

Tiere als Psychologen

Menschen sprechen häufig mit ihren Tieren, und manche vertrauen sich ihnen regelmäßig an. Das kann oft eine große Hilfe sein – das Tier fungiert gleichsam als Psychologe. Eine Frau aus Chicago schrieb mir über ihren Berner Sennenhund:

«Als ich einmal traurig war, kam er zu mir und stupste mich an, als ob er sagen wollte: ‹Denk daran, ich bin auch noch da!› Als er sich hinlegte und ich ihm von meinen Problemen erzählte, schaute er mich mit seinen großen Augen verständnisvoll an und legte mir plötzlich die Pfote auf die Hand. Seitdem macht er das regelmäßig.»

Dr. Mary Stewart von der Tierärztlichen Fakultät der Universität Glasgow ist eine führende Forscherin auf dem Gebiet von Mensch-Tier-Interaktionen und ebenso eine erfahrene Psychologin. Aufgrund ihrer Vertrautheit mit beiden Gebieten vergleicht sie Haustiere, besonders Hunde, mit Psychologen.

Nach allgemeiner Ansicht bestünden die wichtigsten Eigenschaften eines guten Psychologen darin, daß er «aufrichtig, ehrlich, einfühlsam, vorurteilslos ist, zuhören kann, selbst nicht zuviel redet und absolute Vertraulichkeit gewährleistet», sagt Mary Stewart. Sie weist darauf hin, daß dies genau die Eigenschaften seien, die Besitzer von Hunden und anderen tierischen Gefährten so sehr an ihren Tieren schätzten. Diese Haustiere böten ihren Haltern gewissermaßen stillschweigend eine Art von Beratungsservice, ohne daß sich beide dessen bewußt seien. Daß manche Hunde und andere Tiere das Selbstwertgefühl und das Wohlbefinden des Besitzers zu steigern vermögen, liegt nach Ansicht von Dr. Stewart unter anderem daran, daß sie die «Kernvoraussetzungen der Kongruenz, der Empathie und der uneingeschränkt positiven Betrachtungsweise mitbringen, die unabdingbaren Voraussetzungen jedes psychologischen Beraters, der es unternimmt, ein ‹wachstumsförderliches Klima› zu schaffen, in dem die Patienten in Kontakt mit ihren eigenen inneren Entwicklungsressourcen treten können».[26]

Natürlich gibt es wichtige Unterschiede. Allein schon die Tatsache, daß Tiere so sehr in der Gegenwart leben und nicht sprechen können, bedeutet doch, daß sie nicht dazu beizutragen vermögen, die Vergangenheit zu erkunden. Auch persönliche Beziehungen und selbstzerstörerische, ständig wiederkehrende Muster können sie nicht betrachten und einordnen. Hier sind gute menschliche Therapeuten natürlich nicht zu ersetzen.

Aber Tiere haben nicht nur ihre nicht von der Hand zu weisenden Grenzen, sondern auch Vorzüge. Wie andere Primaten empfinden auch Menschen körperlichen Kontakt als tröstlich. Besonders wenn sie noch klein sind, müssen sie berührt und liebevoll gehalten werden, damit sie sich sicher fühlen. Tiere können uns trösten, indem sie uns berühren, und wir können sie streicheln oder mit ihnen schmusen. Ein Psychologe hingegen muß vorsichtig sein, wenn er diese Art von Beruhigung gewährt, um sich nicht dem Vorwurf des Mißbrauchs auszusetzen.[27]

Der vielleicht größte Vorzug von Tieren ist ihre Liebesfähigkeit. Patienten mit geringem Selbstwertgefühl fällt es schwer anzunehmen, daß irgend jemand sich etwas aus ihnen macht, und daher können sie kaum glauben, daß Psychologen sie wirklich und nicht nur scheinbar akzeptieren. Manche fürchten, daß, wenn alles über sie enthüllt wäre, die Anerkennung zurückgenommen würde. Dagegen können sie sich ohne weiteres vorstellen, daß ihre Tiere sie uneingeschränkt lieben. «Hunde lügen nie, wenn sie lieben», das hat Jeffrey Masson so anschaulich in seinem Buch mit dem gleichnamigen Titel gezeigt.[28]

Hunde, die über den Tod hinaus treu sind

Die Ergebenheit und Treue mancher Hunde hört auch mit dem Tod ihres Menschen nicht auf, ja, manchmal ist sie so erstaunlich, daß die Tiere nicht nur zu Ruhm und einem Platz in der populären Mythologie gelangt sind, sondern daß ihnen auch Denkmäler errichtet werden. An den einsamen Wassern des Derwent Dam in Derbyshire ist ein solches Denkmal mit Hilfe von Spenden errichtet und mit folgender Inschrift versehen worden:

Zum Gedenken an die
treue Ergebenheit von
TIP
der Schäferhündin,
die fünfzehn Wochen lang,
vom 12. Dezember 1953
bis zum 27. März 1954,
auf dem Howden Moor

*am Leichnam ihres Herrn
Mr. Joseph Tagg
verharrte.*

Tips Herr war ein pensionierter Wildhüter, der im Alter von 81 Jahren auf dem Hochmoor tot aufgefunden wurde, fünfzehn Wochen nachdem er mit Tip von seinem Haus in Bamford zu einer Wanderung durch die Berge aufgebrochen war. Suchtrupps gelang es nicht, sie ausfindig zu machen, der Schnee hatte die Berge bedeckt, und so war man davon ausgegangen, daß Hund und Herr schon lange tot wären. Dreieinhalb Monate später stießen zwei Schäfer auf den Leichnam von Joseph Tagg, neben dem Tip hockte, zwar in einem erbarmungswürdigen Zustand, aber immer noch am Leben. Sie wurde rasch zur Nationalheldin und verbrachte ihr letztes Lebensjahr bestens versorgt im Haus der Nichte ihres Herrn, die die Hündin vor Scharen von Bewunderern schützen mußte. Eine riesige Menschenmenge versammelte sich zur Enthüllung ihres Denkmals, und noch heute suchen Pilger ihre Grabstätte auf.[29]

Zu ähnlicher Berühmtheit gelangte der Terrier eines jungen Mannes namens Charles Gough, der 1805 in einem abgelegenen Gebiet des Lake District starb. Seine sterblichen Überreste wurden Monate später von einem Schäfer gefunden, der sich wegen des ausgemergelten Hundes, der noch immer den Leichnam bewachte, der Stelle genähert hatte. Sir Edwin Landseer hat ihm in einem Gemälde zur Unsterblichkeit verholfen, und Scharen von Dichtern und Malern haben ihm Tribut gezollt.[30]

Der bedeutendste unter ihnen, William Wordsworth, gedachte des Hundes in seinem Gedicht *Fidelity* («Treue»), das mit den folgenden Versen endet:

Ja, fest steht, daß seit jenem Tag,
Da dieser arme Wandrer starb,

> Der Hund am Orte ausgeharrt,
> Dort, neben seinem Herrn:
> Was ihn genährt so lange Zeit,
> Weiß ER, der diese Liebe gab
> Und diese Stärke des Gefühls,
> Die kein Mensch je fassen mag!

Zahllose andere Hunde werden zwar nie so berühmt, erweisen ihren Menschen jedoch auch nach deren Tod noch ihre treue Ergebenheit. Sie sind oft tief bekümmert und machen durch, was man nur als eine Zeit der Trauer bezeichnen kann. Manche verlieren jeden Lebenswillen, wie beispielsweise dieser Hund: «Unmittelbar nach dem Tod [seines Herrn] verweigerte er die Annahme jeder Nahrung und starb selbst etwa zwei Wochen später.» Manche allein gebliebene Hunde begehen anscheinend sogar Selbstmord, indem sie aus Fenstern springen oder sich unter Lastwagen werfen.

Einige Tiere machen irgendwie das Grab ihres Halters ausfindig und bleiben dort, wie Greyfriars Bobby, der berühmte treue Hund aus Edinburgh. Andere statten ihm regelmäßige Besuche ab, kommen aber noch heim, falls sie ein Zuhause haben:

> «Mein Mann hatte 1988 einen schweren Schlaganfall und starb nach zwei Wochen im Krankenhaus. Nach seiner Beerdigung auf einem Friedhof in der Nähe unseres Hauses verschwand Joe, der Hund, immer wieder für einige Stunden, bis wir dahinterkamen, daß er am Grab meines Mannes saß. Woher wußte er, wann mein Mann gestorben und wo er beerdigt war?» (Molly Parfett, Wadebridge, Cornwall)

Derartige Geschichten von treuer Ergebenheit veranschaulichen, wie stark die Bande zwischen Hunden und ihren Haltern sein können, und bestätigen ihren uralten Ruf, treu zu sein.

6

Unglück und Tod an fernen Orten

Falls es unsichtbare Bande zwischen Tieren und ihren Besitzern gibt, die es ihnen ermöglichen, auf die gegenseitigen Bedürfnisse zu reagieren, und manche Haustiere auch dazu befähigen, auf telepathische Weise zu wissen, wann ihre Besitzer nach Hause kommen, dann wäre es doch überraschend, wenn sich der Kummer oder der Tod des Besitzers nicht auf diese Bande auswirken würde.

Die Folgen von Tod und Verzweiflung sind keine Themen, die sich für eine experimentelle Untersuchung eignen. Man kann natürlich niemanden bitten, um der Wissenschaft willen einen Unfall zu haben oder zu einer willkürlich ausgewählten Zeit zu sterben, damit sich die Reaktionen des Haustiers beobachten lassen. Zwangsläufig also stammen die entsprechenden Belege ausschließlich von spontanen Fällen. In unserer Datenbank befinden sich derzeit 108 Berichte über Hunde, die anscheinend reagierten, als ihre menschlichen Gefährten an einem fernen Ort einen Unfall hatten oder starben, 51 entsprechende Berichte über Katzen und zehn von Menschen, die wußten, wann ihr Haustier an einem fernen Ort leiden mußte oder starb. Was können uns diese Fälle mitteilen?

Hunde und Unfälle an fernen Orten

Manchmal weisen Hunde unmißverständliche Anzeichen von Kummer auf, für die sich kein unmittelbarer Grund finden läßt. Später stellt sich dann heraus, daß ihr Halter sich genau zu jener Zeit in Gefahr befand oder einen Unfall hatte:

«Eines Tages benahm sich unsere Hündin wie verrückt, sie sprang an der Tür hoch und wollte hinaus. Wir schlossen sie ein. Aber sie hörte nicht auf zu heulen und zu kratzen, sie war wie von Sinnen. Plötzlich kam mein Mann heim. Er war verletzt, weil es in der Kneipe eine Rauferei gegeben hatte. Der Hund hatte es gewußt. Wir haben keine Ahnung, wieso.» (Hilde Albrecht, Limbach)

In einem derartigen Fall ist es kaum vorstellbar, daß der Hund dies gewußt haben konnte, weil er etwas gesehen, gerochen oder gehört hatte. Dennoch könnten Skeptiker einwenden, die Kneipe müsse so nahe gewesen sein, daß die normalen Sinne irgendeinen Hinweis aufgeschnappt hätten. Aber oft ereignen sich Unfälle weit von zu Hause weg, über die Reichweite aller bekannten Sinne hinaus.

An einem Sommerabend im Jahre 1991 verließ ein junger britischer Soldat sein Elternhaus in Liverpool, um mit der Bahn zu seiner Kaserne in Südengland zurückzufahren. Im Laufe dieses Abends begann Tara, die Hündin der Familie, zu winseln und heftig zu zittern. Die Eltern glaubten, sie müsse krank sein, gaben ihr ein Beruhigungsmittel und versuchten sie zu trösten. Aber über eine Stunde lang wollte sie sich nicht beruhigen. Sie blieb hellwach und unruhig, bis das Telefon läutete:

«Der Anruf kam aus einem Krankenhaus in Birmingham, wo man uns sagte, David sei in der Gegend von Tamworth

[130 Kilometer von Liverpool] aus dem Zug gefallen. Er sei zwar erheblich, aber nicht schwer verletzt, und er durfte mit uns reden. Während des Anrufs war Tara freudig erregt, dann legte sie sich hin und schlief ein. Später erfuhren wir, daß sie genau in dem Augenblick begonnen hatte, sich aufzuregen, als David aus dem Zug gefallen war, und daß sie sich wieder beruhigt hatte, nachdem man ihn im Krankenhaus untersucht hatte und es ihm besserging.» (Margaret Sweeney)

In der Datenbank haben wir elf Fälle von Hunden, die auf ähnliche Weise auf ferne Notfälle reagierten, indem sie Anzeichen von Kummer oder Unruhe zeigten. Neben den beiden oben erwähnten Beispielen handelte es sich um fünf Auto- oder Motorradunfälle, ein gekentertes Kajak, ein Feuer, einen Herzinfarkt und um eine Geburt in einem 25 Kilometer entfernten Entbindungsheim.

Während ich gerade an diesem Kapitel schrieb, erlebte ich merkwürdigerweise die Reaktionen eines Hundes, die mit einem fernen Unfall zeitlich zusammenfielen. Während der Schulferien im Februar 1998 kümmerten wir uns um einen goldfarbenen Labrador namens Ruggles, der unseren Freunden und Nachbarn, den Beyers, gehörte. Der Sohn Timothy war mit der Schule zum Skifahren in die italienischen Alpen gefahren, seine Eltern machten Urlaub in Spanien. Ruggles lebte sich gut ein und hielt sich die meiste Zeit in unserem Familienzimmer auf. Aber als er eines Morgens um 11.30 Uhr von einem Spaziergang zurückkehrte, wollte er den Hausflur nicht mehr verlassen. Alle Überredungskünste versagten. Er blieb an der Haustür, bis er um 15 Uhr zu einem weiteren Spaziergang ausgeführt wurde. Sein Verhalten war so auffällig und ungewöhnlich, daß ich dachte, Timothys Eltern müßten sich entschlossen haben, früher heimzufahren. Ich rechnete jeden

Augenblick damit, daß sie anriefen, um mir mitzuteilen, sie seien gerade angekommen.

An diesem Nachmittag gab es tatsächlich einen Anruf, aber nicht von Timothys Eltern. Er kam aus Italien – Timothy war am Mittag von einem Sessellift heruntergefallen und hatte sich das Bein gebrochen; er war mit dem Hubschrauber ins Krankenhaus gebracht worden. Der Unfall hatte sich um elf Uhr britischer Zeit ereignet. (Merkwürdigerweise humpelte Ruggles, als er von seinem Nachmittagsspaziergang zurückkehrte. Er war in einer Pfütze auf Glassplitter getreten und hatte eine blutende Pfote und eine zerschnittene Sehne. Über Nacht mußte er in einer Tierklinik bleiben. Also befanden er und Timothy sich zur gleichen Zeit mit einem bandagierten Bein im Krankenhaus.)

Natürlich läßt sich unmöglich mit Sicherheit sagen, ob die Reaktionen des Hundes zwischen 11.30 und 15 Uhr wirklich mit dem Unfall des Jungen zusammenhängen. Ruggles wirkte nicht besonders bekümmert, als er an der Haustür wartete. Er machte eher den Eindruck, als wisse er, daß etwas Wichtiges geschehe, und als habe er das Gefühl, marschbereit sein zu müssen. Aber seine Reaktion war so eindeutig und das zeitliche Zusammentreffen so bemerkenswert, daß ich meine, es könnte durchaus einen kausalen Zusammenhang gegeben haben.

In den meisten Fällen, wie auch hier, nutzen die Reaktionen des Hundes dem verletzten Menschen nichts. Die Tiere, von denen uns berichtet wurde, waren im übrigen viel zu weit weg. Aber in manchen Fällen haben Hunde dazu beigetragen, das Leben ihres Halters zu retten, oder haben es zumindest versucht.

So war beispielsweise ein Hundehalter mitten auf dem Rhein aus einem Kajak gefallen und kämpfte ums Überleben:

«In meinem geschwächten Zustand sah ich, wie meine Freunde mit meiner Hündin in meine Richtung liefen. Sie zog sie hinter sich her und bellte laut. Später erzählten sie mir, der Hund habe plötzlich an der Leine gezogen und zum Fluß hinunter gewollt – genau in dem Augenblick, da ich den Kampf gegen das Wasser schon fast aufgegeben hatte.»

In einem anderen Fall in Nordirland rettete Chrissie, eine Deutsche Schäferhündin, ihrem Besitzer Walter Berry das Leben – dieser war beim Reparieren eines Autos von Benzin benetzt worden und hatte sich dann unglücklicherweise mit einem Schweißbrenner selbst in Brand gesetzt. Der Hund war 200 Meter weit entfernt bei Walters Frau Joan, als das passierte, und vom Unfallort durch zwei Doppelgaragen und einen Hof getrennt. «Chrissie fing an zu toben und gab Laute von sich, die ich noch nie bei ihr gehört hatte», erzählt Joan. Sie merkte, daß etwas nicht stimmte, und ließ Chrissie von der Leine. Die Hündin lief schnurstracks zu Walter. Joan folgte ihr und kam zum Glück rechtzeitig an, um das Feuer zu löschen. Chrissie hatte Walter das Leben gerettet.

Weil die Hunde in diesen beiden Fällen nahe genug waren, um helfen zu können, läßt sich kaum die Möglichkeit ausschließen, daß sie durch Geräusche oder andere Sinneswahrnehmungen alarmiert wurden. Anders liegt der Fall bei einem Hund names Lupé aus San Francisco, der das Leben seines Frauchens rettete, als sie über 60 Kilometer weit weg war:

«Als Lupé etwa zwei Jahre alt war, hatte ich an dem Tag, als sich das Tier bei Freunden in San José aufhielt, eine Überdosis Medikamente genommen. Später wurde mir berichtet, Lupé sei plötzlich ans Ende des Grundstücks gelaufen und habe angefangen, ‹unheimlich› zu heulen, und sich nicht beruhigen lassen. Nach einiger Zeit meinten meine Freunde: ‹Irgendwas stimmt da nicht mit Leone›, und dann sind sie

nach San Francisco gerast und haben mich gefunden.»
(Leone Katafiasz)

In vielen Fällen, in denen Hunde aus keinem ersichtlichen Grund heulen oder andere Anzeichen von Kummer aufweisen, stellt sich später heraus, daß ihre Halter nicht bloß in Gefahr waren, sondern tatsächlich starben, und der Hund hatte keine Möglichkeit, sie zu retten.

Hunde, die heulen, wenn ihre Halter sterben

In 36 von 40 Berichten (also 90 Prozent), die ich bekommen habe und die sich mit der Reaktion von Hunden auf den Tod einer abwesenden Person befassen, an der sie hingen, ist von akustischen Reaktionen die Rede. In 21 Fällen heulten die Hunde, in fünf jaulten oder winselten sie, in vier bellten sie auf ungewöhnliche Weise, in dreien «weinten» sie, und in drei Fällen knurrten sie. In den vier Fällen, in denen keine Laute erwähnt wurden, hieß es, die Tiere seien «aufgeregt», «unglücklich», «bekümmert» gewesen oder hätten «gezittert».

Die eindrucksvollsten Fälle sind die, in denen das Tier deutliche Anzeichen von Kummer zu unerwarteten Zeiten aufweist, besonders wenn Mensch und Tier weit voneinander entfernt sind. Im folgenden Beispiel aus dem Falkland-Krieg lagen sogar rund 10 000 Kilometer zwischen ihnen:

«Mein Sohn stand unserem West-Highland-Terrier sehr nahe. 1978 ging er zur Royal Navy, und da er die meiste Zeit bis 1982 an Land stationiert war, kam er am Wochenende regelmäßig nach Hause. Er fuhr mit dem Zug. Irgendwann kamen wir dahinter, daß der Hund etwa zwanzig bis dreißig Minuten, bevor mein Sohn zur Tür hereinkam, aufgeregt wurde, und sobald er anfing, immer wieder zur Haustür zu laufen, begann ich das Abendbrot herzurichten, und wenn er dann kam (immer hungrig), war sein Essen fertig. Damals haben wir immer darüber gelacht. Im April 1982 wurde sein Schiff, die HMS Coventry, zu den Falklandinseln geschickt. Am 25. Mai sprang mir der Hund am frühen Abend zitternd und winselnd auf den Schoß. Als mein Mann heimkam, sagte ich: ‹Ich weiß nicht, was mit ihr los ist – so ist sie nun schon seit über einer halben Stunde. Sie will nicht mehr von meinem Schoß runter.› In den Neun-Uhr-Nachrichten hörten wir, ein Schiff vom ‹Typ 42› sei versenkt worden, und da wußten wir, daß es die HMS Coventry war, obwohl der Name erst am nächsten Tag bekanntgegeben wurde. Unser Sohn befand sich unter den Vermißten. Unser kleiner Hund verzehrte sich vor Kummer und starb nach ein paar Monaten.» (Iris Hall, Cowley bei Oxford)

Natürlich versteht man den Kummer oder das Geheul des Hundes erst im nachhinein:

«Mein Bruder Michael war im Krieg Copilot in einem Wellington-Bomber. 1940 flog er bei vielen Angriffen auf Deutschland mit. Damals hatten wir einen Hund namens Milo, der halb Spaniel, halb Collie war und besonders an Michael hing. Eines Nachts im Juni war Michael auf dem Rückflug von einem Luftangriff, als er sich über Funk beim Stützpunkt meldete und sagte, er sei gerade vor der Küste von Belgien und wäre gleich wieder da. Milo, der in einem Stall hinterm Haus schlief, heulte in dieser Nacht so laut, daß meine Mutter aufstehen und ihn ins Haus holen mußte. Michael kehrte nie zurück. Er wurde als vermißt gemeldet und war vermutlich am 10. Juni 1940 umgekommen.» (Stephen Hyde, Acton bei London)

«Mein Mann und ich machten im April 1968 Urlaub im County Cork in Irland, und am Ostersamstag starb mein Mann ganz plötzlich. Unser sieben Jahre alter Pudel war bei Freunden in St. Albans untergebracht. Kurz nach Mitternacht heulte der Pudel auf und raste nach oben zu meiner Freundin, die gerade im Bad war. Und genau um diese Zeit war mein Mann gestorben.» (Mrs. G. Moore, St. Albans in Hertfordshire)

Wenn das Band zwischen Mensch und Tier tatsächlich eine reale Verbindung ist, die beide unsichtbar über Tausende von Kilometern hinweg miteinander verknüpft, dann ist es eigentlich nur natürlich, daß das Zerreißen dieses Bandes durch den Tod eines der beiden oder durch eine ernste Gefahr sich auf den anderen auswirkt. Man kann dies einfach mit einem gespannten Gummiband vergleichen, das zwei Menschen miteinander verbindet – wenn einer daran zieht oder es losläßt, merkt es der andere. Selbst wenn beide nicht wissen, was mit dem anderen geschehen ist, wissen sie doch, das *irgend etwas* geschieht.

Es ist wohl ganz unwahrscheinlich, daß Hunde nur mit Menschen durch derartige Bande verknüpft sind. Sie sind gesellige Tiere und können miteinander starke Verbindungen eingehen. Reagieren Hunde also, wenn andere Hunde, mit denen sie verbunden sind, an fernen Orten sterben? Zuweilen tun sie es tatsächlich. Hier eines von sieben Beispielen aus unserer Datenbank, in denen der andere Hund unerwartet und weit entfernt starb:

«Ich habe eine zwei Jahre alte Beance-Schäferhündin namens Yssa, die im Alter von 3 Monaten mit mir nach Frankreich kam – von der Insel La Réunion im Indischen Ozean, 10 000 Kilometer weit weg. Dort ließ ich ihre Mutter Zoubida zurück, die damals zehn Jahre alt war. Am 13. Februar schlief Yssa im Zimmer meines Sohnes. Gegen 3 Uhr morgens kratzte sie an meiner Tür und winselte und jaulte aufgeregt. Sie wollte aber nicht nach draußen gehen. Um 9 Uhr rief mein Schwager aus La Réunion an. Unser Hausmeister hatte Zoubida tot aufgefunden. Sie war vergiftet worden.» (Dr. Max Rallon, Châteauneuf-le-Rouge, Frankreich)

Da mir so viele voneinander unabhängige Berichte dieser Art vorliegen, bin ich überzeugt, daß es sich hier um ein reales Phänomen handelt, auch wenn es sich nicht experimentell beweisen läßt. Aber wir müssen noch weiter in dieser Richtung forschen, und zwar indem wir noch mehr solcher gut belegten Geschichten sammeln, die am überzeugendsten sind, wenn das Verhalten der Hunde von mehreren Zeugen bestätigt wird.

Warum heulen Hunde, wenn ihr Mensch stirbt?

Nicht alle Arten aus der Familie der Hunde heulen. Füchse beispielsweise tun das nicht, sondern nur Angehörige höherer sozialer Arten, wie Haushunde, Dingos, Kojoten und Wölfe.[1] Aus der Literatur über das Verhalten von Wölfen geht hervor, daß sie vor allem aus zwei Gründen heulen: erstens, damit sich das Rudel versammelt, besonders vor einer Jagd. Zweitens heulen Einzeltiere, entweder um Kontakt zu anderen Angehörigen des Rudels zu suchen, oder um andere Wölfe während der Zeit der Fortpflanzung anzuziehen.[2]

Manche Wölfe und Hunde heulen den Mond oder den Himmel an – warum, weiß niemand. Und manche heulen als Reaktion auf Gesang oder Geigenspiel, als ob sie versuchen würden mitzusingen. Aber auch Haushunde heulen wie einsame Wölfe, und zwar meist dann, wenn sie allein sind, wenn ihnen die Gesellschaft von Menschen oder anderen Hunden fehlt, besonders wenn sie eingesperrt sind. Desmond Morris meint, dieses «Einsamkeitsheulen» besage soviel wie: «Komm zu mir.»[3] Was hat es also mit dem Geheul der Tiere auf sich, wenn ein nahestehender Gefährte stirbt?

Einige von den Hunden, die heulten, als ihre Halter starben, waren draußen ausgesperrt, und ihr Geheul bewirkte, daß sie ins Haus gebracht wurden – so zum Beispiel bei Milo. In diesem begrenzten Sinne funktionierte ihr Heulen und brachte ihnen Gesellschaft und Trost. Aber in vielen Fällen heulten die Hunde auch, wenn sie nicht ausgesperrt waren, und die Versuche von Menschen, sie zu trösten, hatten zumindest anfangs keinen Erfolg. Vielleicht ist diese Art von Heulen eine Möglichkeit, Kummer zum Ausdruck zu bringen. Und vielleicht geht dieses Verhalten auf einen Urinstinkt zurück, denn mehrere Beobachter von Wölfen haben festgestellt, daß «Wölfe besonders kläglich heulen, wenn ein geliebter Gefährte gestorben ist».[4]

Die Tiere, die *nicht* heulten, waren dennoch eindeutig sehr beunruhigt oder aufgeregt. Sie hatten offensichtlich das Gefühl, daß etwas nicht stimmte. Vielleicht wußten sie nicht, was – vielleicht waren sie einfach nur besorgt oder ängstlich. Wenn menschliche Gefährten in der Nähe waren, suchten sie gewöhnlich bei diesen Trost.

Die Reaktionen von Katzen auf ferne Unfälle und Todesfälle

Zwar reagieren offenbar weniger Katzen als Hunde auf Unfälle und Notfälle, doch die Situationen, in denen sie dies tun, sind, wie die folgenden Beispiele zeigen, vergleichbar:

> «Im Mai 1994 saß ich draußen auf der Veranda, und unsere dreijährige Perserkatze Klärchen lag neben mir und schnurrte behaglich. Meine elfjährige Tochter fuhr mit ihrer Freundin Fahrrad. Alles schien wunderbar und harmonisch zu sein, als Klärchen plötzlich aufsprang, einen Schrei ausstieß, den wir noch nie von ihr gehört hatten, und blitzschnell ins Wohnzimmer rannte, wo sie sich vor das Regal setzte, in dem das Telefon stand. Gleich darauf läutete das Telefon, und ich erfuhr, daß meine Tochter einen schweren Unfall mit dem Fahrrad gehabt habe und ins Krankenhaus gebracht worden sei.» (Andrea Metzger, Bempflingen)

Auf ferne Todesfälle reagieren Katzen ganz ähnlich wie auf Notfälle. Meist geben sie ungewöhnliche Laute von sich, wie Heulen, klagendes Miauen oder Winseln, und weisen andere Anzeichen von Kummer auf.

> «Meine Mutter hatte eine Katze, die ihr in ihren letzten Jahren, als sie an den Rollstuhl gefesselt war, ein naher und sehr lieber Gefährte war. Ich wohnte im Haus meiner Mutter und kümmerte mich um die Katze, als sie schwer krank im Krankenhaus lag. Eines Sonntagmorgens begann die Katze um 8.15 Uhr plötzlich auf eine anscheinend ganz kummervolle Weise zu heulen. Ich hatte meine Mutter und ihre Katze etwa in den letzten zehn Jahren häufig besucht und nie bemerkt, daß die Katze so geheult hatte. Als ich eine Stunde später im Krankenhaus eintraf, um meine Mutter zu besuchen, teilte man mir mit, daß sie um 8.15 Uhr gestorben sei.» (Rowland Bowker, Keswick, Cumbria)

Die meisten Katzen reagierten offenbar mit Lauten auf den Tod eines fernen Menschen, aber manche reagierten auch stumm. Eine Katze versteckte sich in der Nacht, in der das Familienoberhaupt im Krankenhaus starb: «Niemand konnte ihn finden, dabei ging er nie hinaus. Er kam erst wieder aus seinem Versteck hervor, als wir vom Begräbnis zurückkamen.» (Mme. Charlin, Lyon, Frankreich). Andere Katzen suchten einen anderen Schlafplatz auf.

Die Wirkung, die der Tod des vertrauten Menschen hat, läßt anscheinend auch mit zunehmender Entfernung nicht nach. In manchen Fällen, die wir aufgezeichnet haben, befand sich der Sterbende Tausende von Kilometern weit weg, aber seine Katze schien es dennoch zu spüren. So hing beispielsweise der Kater einer Schweizer Familie sehr an ihrem Sohn Frank, der fortging, um als Schiffskoch zu arbeiten. In unregelmäßigen Abständen kam er nach Hause, und dann wartete der Kater immer vor seiner Ankunft an der Tür. Aber eines Tages, als er sich wieder vor die Tür hockte, miaute er todtraurig. «Wir konnten ihn nicht von der Tür wegbringen. Schließlich ließen wir ihn in Franks Zimmer, wo er alles beroch, aber weiterhin wehklagte. Zwei Tage nach dem merkwürdigen Verhalten der Katze erfuhren wir, daß unser Sohn genau zu dieser Zeit unterwegs in Thailand gestorben war.» (Karl Pulfer, Koppigen, Schweiz). Die Distanz betrug 11 000 Kilometer.

Menschen, die auf ferne Todesfälle von Tieren reagieren

Wenn man sich, wie ich dargelegt habe, das Band zwischen Tier und Mensch wie ein Gummiband vorzustellen hat, dann müßten sich eigentlich Einflüsse in beiden Richtungen ausbreiten, also vom Menschen zum Tier wie vom Tier zum Menschen. Bislang haben wir uns mit Einflüssen befaßt, die sich von einem Menschen auf ein Tier auswirken. Wie steht es nun mit Einflüssen in der anderen Richtung? Reagieren manche Menschen tatsächlich auf ihre Tiere, wenn sie in einiger Entfernung einen Unfall hatten oder starben?

Nach der Anzahl von Berichten in der Datenbank zu urteilen, reagieren Menschen im allgemeinen weniger empfänglich auf ihre Tiere als die Tiere auf ihre Menschen. Wir haben 54 Berichte von Tieren, die auf den Tod von weit entfernten Menschen reagieren, und nur sieben von der umgekehrten Art. Sie stammen alle von Frauen. Fünf betrafen Hunde und zwei Katzen. Fünfmal reagierten die Frauen im Wachzustand, zweimal im Traum.

Bei den Wacherlebnissen traten charakteristischerweise Gefühle von Sorge und Kummer auf, bei einigen kam es auch zu körperlichen Symptomen. Am 20. Mai 1997 beispielsweise verließ Dianne Arcangel gerade ein Hotel, um zum Flughafen zu fahren, von wo sie nach Texas heimfliegen wollte. Kurz nach Antritt der Taxifahrt, um 16.05 Uhr Texas-Zeit, begann sie aufgeregt zu werden, ohne einen Grund dafür zu finden.

«Im Laufe der Fahrt wurde mir übel, und ich fing an zu schwitzen. Nach etwa einer Viertelstunde hatte ich das Gefühl, an meinem Magen und an meinen Eingeweiden würde so heftig gezerrt, daß ich mir den Bauch hielt und mich vorbeugte. Als wir am Flughafen eintrafen, fühlte ich mich körperlich krank und war zutiefst betrübt. Da ich Angst hatte, daß zu Hause etwas Schlimmes passiert sei, rief ich meine Tochter an. ‹Wir hatten gerade ein fürchterliches Unwetter, mit Blitz und Donner, aber jetzt ist es vorbei›, sagte sie, fügte aber hinzu, alles sei in Ordnung. Doch während des gesamten Heimflugs mußte ich weinen. Als ich um 22 Uhr in Houston landete, trat mir mein Mann im Flughafen mit Tränen in den Augen entgegen. Er erklärte, unser Haus sei um 16.08 Uhr (alle Uhren seien um diese Zeit bei uns stehengeblieben) vom Blitz getroffen worden. Kitty, eine meiner acht Katzen, habe so schreckliche Angst vor dem Unwetter gehabt, daß sie ins Freie lief. Als mein Mann nach Hause kam, erblickte er zwei große Hunde im Hinterhof, die über ihrem leblosen Körper standen. Als er sie wegzog, sah er, daß beide mit ihrem Blut und ihren Haaren bedeckt waren. An der Stelle, wo ihr Körper so übel zugerichtet war, hatte auch ich fürchterliche Schmerzen verspürt, und zwar zur gleichen Zeit, da sie so leiden mußte.» (Dianne Arcangel, Pasadena, Texas)

Auch andere Frauen haben sich körperlich elend gefühlt, aber nicht so spezifisch. Bei Mary Wall aus Wiltshire trat dies auf, als sie über 3000 Kilometer von ihren Shih-Tzu-Hunden entfernt war, nämlich im Urlaub mit ihrem Mann auf Zypern:

«An einem Freitag um 16 Uhr zypriotischer Zeit überkam mich ein so intensives Gefühl, daß ich schließlich meinem Mann davon erzählte. Irgend etwas Schlimmes war mit den Hunden passiert. Dieses Gefühl war so stark, daß es mir physische Schmerzen bereitete. Als wir ein paar Tage später am Flughafen Heathrow ankamen, erfuhr ich, daß der Rüde am vergangenen Samstag gestorben sei. Ich hätte nie gedacht, daß ein Hund oder sonst ein Tier mit einem Menschen ‹in Verbindung treten› könnte, obwohl ich zwei- oder dreimal erlebt habe, daß ich ‹wußte›, was passiert ist, aber das betraf nur nahe Verwandte.»

Manchmal stellte sich das Gefühl ein, daß irgend etwas nicht in Ordnung sei, aber das hing nicht speziell mit dem Hund zusammen. So hatte beispielsweise eine Schweizerin eines Morgens in ihrem Büro in Basel ein merkwürdiges Gefühl. Sie sprach mit ihren Kolleginnen darüber, konnte es sich aber nicht erklären. «Nach etwa einer Stunde ging mir der Gedanke durch den Kopf: ‹Du mußt zu Hause anrufen.› Ich erfuhr, daß unser Schäferhund vor einer Stunde von einem Auto angefahren worden und gestorben war.» (Lotti Rieder-Kunz)

In anderen Fällen wußten die Frauen ganz klar, daß der Hund gestorben war. Nancy Millian aus New Haven in Connecticut war in Urlaub gefahren und hatte ihren Hund Blaze zu Hause gelassen. «Etwa nach fünf Tagen wurde ich unglaublich aufgeregt und vernahm die Worte ‹Blaze ist gestorben› in meinem Kopf. Ich erzählte meinem Freund davon, der meinte, daß ich mir wahrscheinlich ganz unnötig Sorgen machte. Ich rief zu Hause an, und da versicherte man mir, alles sei in Ordnung.» Als sie zwei Tage später heimkam, erfuhr sie, daß der Hund tatsächlich an dem Tag gestorben war, als sie so erregt gewesen war. Die Freundin, die ihn betreut hatte, hatte sie nicht unnötig aufregen wollen, da sie ohnehin nichts mehr hätte tun können, wenn sie früher zurückgekommen wäre.

Zum Schluß ein Beispiel einer ausdrücklichen Mitteilung, die ein junges Mädchen im Traum empfangen hatte:

«Im Sommer 1992 war ich den ganzen Juli über von zu Hause weg. Eines Nachts hatte ich einen Alptraum – ich träumte, daß meine Katze von einem Auto in unserer Straße überfahren worden sei (wir wohnten damals in Belgien, und ich befand mich in Holland). Am nächsten Morgen fiel mir der Traum wieder ein, und da ich damals Tagebuch führte, schrieb ich ihn auf. Als ich heimkam, sagte man mir, meine Katze sei überfahren worden. Ich sah in meinem Tagebuch nach – es war in derselben Nacht passiert, als ich meinen Traum gehabt hatte.» (Laura Broese)

In all diesen Fällen waren die Menschen und ihre Tiere weit voneinander entfernt, und damit hätte ein Informationstransfer über normale Sinneskanäle nicht stattfinden können. Die einzig plausible Erklärung scheint für mich die Telepathie oder etwas Ähnliches zu sein. Genauso wie Tiere telepathisch reagieren können, wenn ihre Besitzer leiden oder sterben, können auch Menschen auf ähnliche Weise vom Leiden oder Tod ihrer Tiere beeinflußt werden.

Menschen, die wissen, wenn andere Menschen sterben

Bei den in diesem Kapitel geschilderten Phänomenen geht es um Menschen und um nichtmenschliche Lebewesen. Zu ähnlichen Reaktionen auf ferne Unfälle und Todesfälle kann es aber auch zwischen Menschen kommen. Ja, bei einigen der eindrucksvollsten Fälle von menschlicher Telepathie sind weit entfernte Menschen, die in Gefahr sind oder sterben, Gegenstand der Reaktion. Die Pioniere der Parapsychologie, die mit ihren Forschungen vor über einem Jahrhundert begannen, haben eindrucksvolle Sammlungen derartiger Fälle angelegt, die durch sorgfältige Untersuchungen bestätigt und von Zeugen beglaubigt wurden.[5] In etwas mehr als der Hälfte dieser Fälle träumten die Menschen von der Person, die starb oder litt. In der Mehrzahl der Fälle, von Menschen im Wachzustand erlebt, bestand ein Eindruck oder eine Intuition, keine visuelle Vorstellung. In etwa 20 Prozent aller Fälle gab es bildliche Vorstellungen oder Halluzinationen.[6] In den Fällen in unserer Datenbank, in denen Menschen um das Leid oder den Tod ferner Haustiere zu wissen schienen, kam es bei einem zu einer visuellen Vorstellung – dem Traum von der Katze, die überfahren wurde. Bei den anderen handelte es sich um Gefühle, Eindrücke oder Intuitionen. Somit werden die gleichen Erfahrungen bei Haustieren wie bei Menschen gemacht, auch wenn das

Verhältnis von Träumen und Wachen oder von visueller und nichtvisueller Kommunikation unterschiedlich sein kann. Die meisten Fälle von Telepathie von Mensch zu Mensch beruhen auf einer engen Beziehung, und das gilt auch für die in diesem Kapitel geschilderten Fälle von Mensch zu Haustier und von Haustier zu Mensch.

VIERTER TEIL

Absichten, Rufe und Telepathie

7

Absichten aufschnappen

Menschen und Tiere, so die These dieses Buches, können enge Bindungen eingehen. Die Bande zwischen Hunden und Menschen haben sich im Laufe von Zehntausenden von Jahren gebildet, die zwischen Katzen und Menschen sowie Pferden und Menschen seit mindestens 5000 Jahren. Es handelt sich dabei um soziale Bande zwischen den Arten, und sie haben sich durch natürliche Auslese über viele Generationen hinweg entwickelt. Die sozialen Bande zwischen Menschen und Haustieren sind eine Sonderform der Bande, die es zwischen Tieren der gleichen Art gibt, zum Beispiel zwischen einem Zaunkönigspärchen und seinen Nestlingen, zwischen einzelnen Exemplaren in einem Fischschwarm oder zwischen Wölfen in einem jagenden Rudel. Aber auch zwischen Angehörigen eines australischen Aborigine-Stammes kann man diese Bande feststellen. Sie wirken innerhalb der morphischen Felder der sozialen Gruppen. Durch diese Felder können Angehörige der Gruppe miteinander in Verbindung bleiben und telepathisch kommunizieren, selbst wenn sie weit voneinander entfernt sind.

Wir haben bereits gesehen, daß diese Art der Kommunikation über eine Entfernung hinweg es Haustieren vieler Arten ermöglicht zu wissen, wann ihre Besitzer heimkommen. In manchen Fällen erspüren die Tiere die Absicht ihres Menschen heimzukommen, noch bevor dieser sich auf den Weg gemacht hat. Manche Menschen besitzen eine ähnliche Fähigkeit, sie ist aber in traditionellen ländlichen Gesellschaften besser als in modernen Gesellschaften entwickelt und tritt in unserer urbanen Zivilisation eher bei kleinen Kindern als bei Erwachsenen auf. Wie bei nichtmenschlichen Lebewesen kommt es bei Menschen nur dann zu diesem telepathischen Erahnen, wenn enge emotionale Bande zur heimkehrenden Person bestehen. Diese engen Bande zwischen Menschen oder – wie in diesem Zusammenhang – zwischen Tieren und Menschen beinhalten auch eine emotionale Resonanz. Das bedeutet, daß Tiere ihre Menschen trösten und heilen können. Selbst wenn sie weit voneinander entfernt sind, wissen manche der derart miteinander verbundenen Partner, wenn der andere leidet oder stirbt. Auch hier ist eine Art von Telepathie im Spiel, die in beiden Richtungen funktioniert – von Menschen zu Tieren und von Tieren zu Menschen.

Damit stellt sich die Frage, auf welche Weise sich die Absichten, Rufe und Befehle von Menschen auf ihre tierischen Gefährten auswirken und wie umgekehrt Tiere Menschen beeinflussen können. In manchen Fällen werden diese Absichten, Rufe und Bedürfnisse anscheinend auf telepathische Weise mitgeteilt. Diese Fähigkeit zur Telepathie gibt es innerhalb von Tiergesellschaften in freier Wildbahn, und das zeigt, daß die Telepathie evolutionsgeschichtlich weit zurückreicht. Die Telepathie ist etwas Natürliches und nicht etwas Übernatürliches – sie ist ein wichtiger Aspekt der Kommunikation zwischen Lebewesen. In diesem allgemeineren biologischen Zusammenhang muß auch die Telepathie beim Menschen gesehen werden.

Zunächst einmal betrachten wir die Art und Weise, wie Tiere die Absichten ihrer Besitzer und Menschen die Absichten ihrer Haustiere mitbekommen.

Tiere, die «Gedanken lesen»

Viele Menschen haben festgestellt, daß ihre Tiere anscheinend «ihre Gedanken lesen». Das Wahrnehmungsvermögen von Haustieren kann durchaus einer Kombination von Einflüssen unterworfen sein, etwa der Beobachtung der Körpersprache, dem Vernehmen bestimmter Wörter und dem Einprägen der Gewohnheiten der Besitzer. Darüber hinaus sind die Tiere vielleicht in der Lage, Absichten durch eine Art von Resonanz oder Telepathie direkt zu erfassen. Wie wir im zweiten und dritten Teil dieses Buches gesehen haben, schnappen manche Tiere die Intentionen und Gefühle von Menschen auf, wenn diese viele Kilometer weit weg sind, und darum wäre es nicht weiter überraschend, wenn sie dies auch aus nächster Nähe tun könnten.

Für viele im Umgang mit Tieren erfahrene Menschen ist die Telepathie etwas Selbstverständliches, und unzählige anekdotische Erlebnisse verweisen auf die Realität telepathischer Einflüsse. Andererseits glauben entschiedene Skeptiker, daß irgendwelche geheimnisvollen Verbindungen, von denen die Wissenschaft derzeit nichts weiß, unmöglich oder allzu unwahrscheinlich sind, als daß sie es verdienten, ernst genommen zu werden.

Somit müssen wir das aus den Erlebnissen von Menschen mit ihren Haustieren resultierende Beweismaterial genauer unter die Lupe nehmen und dann Experimente durchführen, um zu klären, was da eigentlich vor sich geht.

Katzen, die vor dem Besuch beim Tierarzt verschwinden

Manche Katzen gehen überhaupt nicht gern zum Tierarzt. Dutzende von Katzenbesitzern haben mir erzählt, daß ihre Katzen einfach verschwinden, wenn sie zum vereinbarten Termin hingebracht werden sollen. Erfahrene Besitzer solcher Katzen versuchen zu vermeiden, daß die Katze ahnt, was ansteht – oft vergebens:

«Unser Kater weiß immer schon Stunden im voraus, wann ich ihn zum Tierarzt bringen werde, lange bevor ich seinen Korb vom Dachboden hole. Ich versuche, mich so natürlich wie möglich zu geben, damit er es nicht bemerkt, aber er kann mich jederzeit durchschauen und miaut dann ganz kläglich, damit er hinausgelassen wird.» (Andrea Künzli, Starrkirch, Schweiz)

Das ist nicht nur für die Besitzer, sondern auch für die Tierärzte lästig. Manche Ärzte empfehlen, die Katze vor dem Termin im Haus einzusperren, besonders wenn Injektionen oder Operationen anstehen. Aber manche Katzen entwischen dennoch. Wie verbreitet ist diese Verhaltensweise? Wir haben bei den in den Gelben Seiten des Telefonbuchs von Nord-London genannten Tierkliniken eine Umfrage durchgeführt. Dabei haben wir die Tierärzte selbst, ihre Assistenten oder Sprechstundenhilfen befragt und uns erkundigt, ob sie festgestellt hätten, daß manche Katzenbesitzer Termine absagen mußten, weil die Katze verschwunden war. In 64 von 65 Kliniken waren derartige Terminabsagen ziemlich häufig der Fall. Die eine Klinik hatte Terminvereinbarungen für Katzen abgeschafft: Die Leute mußten einfach mit ihrer Katze kommen, und damit war das Problem der nicht eingehaltenen Termine gelöst.

Man war sich zwar allgemein darin einig, daß manche Katzen tatsächlich die Absichten ihrer Besitzer aufschnappen, doch die Meinungen, wie sie dies denn anstellen, gingen erheblich auseinander:

«Es liegt nicht immer nur am Katzenkorb. Unsere Klienten wissen, sobald sie den Katzenkorb holen, haben sie nicht die geringste Chance, die Katze zu fangen. Aber die Tiere wissen das normalerweise schon, bevor die Körbe herausgeholt werden. Die Leute berichten, sie würden gegen 17.30 Uhr heimkommen und die Katze würde immer auf der Türschwelle sitzen, aber an dem Tag, an dem sie bei uns einen Termin haben, sei sie nicht da. Ich glaube, daß die Katzen bestimmt die Gedanken der Besitzer gelesen haben, weil die ja nicht den ganzen Tag da sind, so daß die Tiere nicht sehen können, daß die Besitzer aufgeregt sind oder sich anders verhalten. Dann sagen die Leute: ‹Ich weiß gar nicht, warum sie nicht zurückkommt, um zu fressen. Es ist ganz merkwürdig.›» (Sprechstundenhilfe, East Barnet)

«Manchmal sagen die Leute, wenn sie den Korb geholt hätten, dann hätte sich die Katze in den Büschen im Garten versteckt, oder die Katzen kommen morgens nicht mehr zurück, und zwar bevor sie den Korb gesehen haben. Eigentlich sollten sie zum Frühstück reinkommen, aber sie bleiben in einem Baum sitzen. Oder bei Nachmittagsterminen verschwindet die Katze, wenn die Leute bei der Arbeit sind, und versteckt sich.» (Tierarztschwester, Wembley)

«Manchmal sehen die Katzen den Katzenkorb, aber manchmal verschwinden sie ohne ersichtlichen Grund. Das passiert ziemlich oft. Tiere haben wirklich zusätzliche Sinne, über die wir nicht genau Bescheid wissen. Ich würde nicht so weit gehen zu sagen, das sei telepathisch, aber sie können sich doch sehr genau auf unterschiedliche Situationen einstimmen. Sie bekommen das Verhalten und die Gefühle von Menschen mit, aber ich würde doch nicht so weit gehen zu sagen, auch ihre Gedanken.» (Tierarzt, Eastcote)

Normalerweise läßt sich kaum oder gar nicht sagen, auf welche Weise Tiere die Absichten ihrer Besitzer aufschnappen, wenn sie bei ihnen sind. Aber wenn ein Mensch nun in Abwesenheit der Katze beschließt, sie zum Tierarzt zu bringen? Was geschieht beispielsweise, wenn eine Frau den Tierarzt von ihrem Arbeitsplatz aus anruft, um einen Termin gleich für den Nachmittag zu vereinbaren – wird die Katze dann verschwunden sein, wenn die Frau heimfährt, um sie mitzunehmen? Und würde das auch dann noch passieren, wenn der Termin beim Tierarzt von einem Dritten zufällig ausgewählt wurde und die Katzenbesitzerin erst dann unterrichtet wird, wenn sie am Arbeitsplatz eintrifft? Auf diese Weise ließe sich die Möglichkeit einer telepathischen Komponente in der Fähigkeit mancher Katzen, die gedanklichen Absichten ihrer Besitzer zu lesen, experimentell testen.

Andere Aversionen bei Katzen

Katzen versuchen nicht nur, sich vor Besuchen beim Tierarzt zu drücken. Manche laufen auch davon, wenn ihnen eine Medizin verabreicht werden soll, wenn sie gegen Flöhe eingesprüht oder anderen Prozeduren unterzogen werden sollen, die sie nicht mögen.

«Mein Kater Ciggy weiß, wo sein Futter aufbewahrt wird, und oft setzt er sich dann ganz in der Nähe hin und wartet begierig auf seine nächste Mahlzeit. Wenn ich jedoch an denselben Schrank gehe, um das Spray zur Behandlung seines Fells rauszuholen, verschwindet er mit einem Satz durch seine Katzentür in den Garten, damit er nicht besprüht wird – und zwar noch bevor ich überhaupt nach dem Spray greife. Ich sage ihm nie, wann ich ihn besprühen werde, ja ich habe mich sogar bemüht, an etwas anderes zu denken, während ich das Spray hole, aber immer scheint er meine Absicht zu spüren.» (Sheila Howard, Wandsworth, London)

Katzen spüren auch oft, wenn sie ausgesetzt oder eingeschläfert werden sollen. Pauline Westcott aus Roehampton in Surrey hat viele Jahre lang Katzen gerettet, indem sie sie nach Anrufen der Finder auflas oder sie bei Leuten abholte, die sie nicht mehr haben wollten. In vielen Fällen holte sie Katzen, die eingeschläfert werden mußten.

«Immer wieder haben wir festgestellt, daß, wenn wir einen Termin vereinbarten, um die Tiere abzuholen, sie in vielen Fällen überhaupt nicht zu finden waren, selbst wenn sich der Besitzer noch so sehr bemühte. Wir erfuhren dann, daß die Katze wenige Minuten nach dem Anruf oder sogar kurz davor verschwunden sei. Nur wenn ein Raum mit Brettern vernagelt und praktisch jeder Ausweg, jede Ritze, ein Lüftungsschacht oder sonst was, verrammelt wurde, konnten wir sicher sein, das Tier zu finden. Dabei wurde soviel Zeit und Benzin verschwendet, daß unser System immer wieder geändert werden mußte. Es war unvermeidlich, daß manche Besuche sinnlos waren, weil die Katze nie gefangen wurde.»

Das Wissen der Katzen um eine drohende Gefahr war in diesem Fall natürlich überlebenswichtig, und wenn wilde Tiere vergleichbare Fähigkeiten besitzen, wären sie vermutlich bei der natürlichen Auslese im Vorteil. Aber über ein derartiges intuitives Wissen bei wilden Tieren wissen wir sogar noch weniger als bei Haustieren.

Im Vergleich zu Katzen versuchen Hunde nur selten zu verschwinden oder sich zu verstecken, bevor sie zum Tierarzt gebracht werden. Manche allerdings wissen anscheinend Bescheid, wenn sie zur Klinik unterwegs sind. Maxine Finn, Sprechstundenhilfe bei einem Tierarzt in Nord-London, hat ihre Reaktionen folgendermaßen beschrieben:

> «Eine Menge Klienten haben Hunde, die wissen, wann sie zum Tierarzt sollen. Unterwegs fängt der Hund an zu zittern und zu winseln, als wüßte er, wohin die Fahrt geht. Etwa einmal die Woche erfahren wir so etwas von einem Klienten. Manche Klienten kommen erst nach ein paar Jahren wieder, und dennoch fängt der Hund unterwegs an zu zittern. Entweder können sich die Tiere anscheinend noch an die Route erinnern, oder sie schnappen irgendwie auf, wo sie hinfahren sollen.»

Wie Katzen erahnen auch manche Hunde, daß sie gleich irgendwelchen Prozeduren unterzogen werden sollen, die sie nicht mögen, etwa daß sie gewaschen werden oder daß ihnen die Krallen geschnitten werden oder das Fell gestutzt wird.

> «An dem Tag, an dem unser Pudelweibchen Snowy zum Friseur sollte (etwa alle sechs Wochen), konnten wir uns noch so bemühen, daß sie nichts merkte – jedesmal kroch sie unter das Klavier oder unter ein Bett, um sich zu verstecken. Ich weiß bis heute nicht, woher sie das wußte, es sei denn, sie konnte unsere Gedanken lesen.» (Sylvia Scott, Goostrey, Cheshire)

Am häufigsten reagieren Hunde auf die Absichten ihrer Halter aus Freude, zum Beispiel wenn ein Spaziergang bevorsteht.

Hunde, die Spaziergänge vorausahnen

Die meisten Hunde sind ganz aufgeregt bei der Aussicht auf einen Spaziergang und reagieren mit eifriger Erwartung, wenn sie sehen, daß sich ihre Halter anschicken, mit ihnen Gassi zu gehen, oder wenn sie Wörter wie «gehen» hören. Manche werden routinemäßig jeden Tag zur gleichen Zeit hinausgebracht, und um diese Zeit werden sie auch aufgeregt. Wenn sie zum Beispiel normalerweise nach einer bestimmten Fernsehsendung ausgeführt werden, geben sie Anzeichen von Erwartung von sich, sobald sie die Abspannmusik hören oder sehen, wie der Fernseher abgeschaltet wird. In dieser Hinsicht gleichen ihre Reaktionen den «bedingten Reflexen», die der russische Physiologe Pawlow untersucht hat: Er fand heraus, daß Hunde, die wiederholt einen Happen Fleisch bekamen, nachdem sie ein Klingeln gehört hatten, schließlich das Klingeln mit dem Füttern verbanden und schon speichelten, wenn es nur klingelte und noch ehe sie das Fleisch überhaupt zu sehen bekommen hatten.

Aber viele Hundehalter bringen ihre Hunde nicht zu einer festgelegten Zeit hinaus, und manche haben entdeckt, daß ihr Hund bereits aufgeregt ist, bevor sie irgendwelche offenkundigen Zeichen zum Aufbruch gegeben haben, indem sie etwa den Mantel angezogen oder die Leine geholt haben. Hier ein Beispiel:

> «Wegen der Arbeit und aufgrund familiärer Verpflichtungen gehe ich mit meinem Hund Digby zu unterschiedlichen Tageszeiten spazieren, aber immer scheint er es zu wissen,

wenn ich daran denke, mit ihm auszugehen. Dann kann es vorkommen, daß er ganz ruhig daliegt, während ich irgendwas im Haus mache und denke: ‹Ich mach das eben noch fertig, und dann geh ich mit Digby aus.› Und dann springt er auf und folgt mir mit diesem erwartungsvollen Gesichtsausdruck, während er mit dem Schwanz wedelt. Ich weiß nicht, ob es an meiner Körpersprache liegt oder ob er meine Gedanken liest, aber es kann bis zu einer halben Stunde dauern, bevor wir tatsächlich ausgehen, und immer weiß er, daß mir dieser Gedanke gerade durch den Kopf geht. Er läßt mich nicht mehr aus den Augen und weicht mir auch nicht von der Seite. Das hat mich schon oft erstaunt (und geärgert – ständig falle ich über ihn!). Und immer wieder muß ich denken: ‹Woher weiß er das bloß?›» (Mrs. R. Kellard, Abington, Northamptonshire)

Viele Leute sind verblüfft darüber, daß ihre Hunde ihre Gedanken zu lesen scheinen, selbst wenn sie ihre Absicht nicht durch irgendwelche Anzeichen kundtun. Wir haben in unserer Datenbank über 50 derartige Berichte. Wie Mrs. Kellard sind sich viele Informanten durchaus darüber im klaren, daß sie sich durch Körpersprache verraten könnten, aber einige Halter sind zu der Schlußfolgerung gelangt, daß dies nicht immer die einzige Erklärung sein kann, weil ihre Hunde auch dann noch reagieren, wenn sie schlafen oder außer Sicht sind:

«Ich kann einfach nicht verstehen, wie mein Hund Ginny, eine Promenadenmischung, die ich seit sieben Jahren habe, wissen kann, wann ich mit ihm (und den anderen beiden Hunden) Gassi gehe. Ich brauche nur daran zu denken, und schon springt er fröhlich herum. Ich sollte hier wohl erwähnen, daß sich meine Tiere auf unserem Grundstück frei bewegen können, wann immer sie mögen. Ich hab dieses

Experiment schon mehrmals mit ihm durchgeführt. Um jede Möglichkeit des Augenkontakts und der Information durch die anderen Sinne auszuschließen, hab ich den Hund draußen im Garten gelassen und die Fenster und Türen geschlossen, wenn ich daran dachte, mit ihm Gassi zu gehen. Und dennoch passiert jedesmal das gleiche: Er ist vor lauter Freude und Erwartung ganz aus dem Häuschen. Wenn ich mich jedoch anziehe, um zur Arbeit zu gehen, rührt er sich überhaupt nicht. Meine anderen Hunde sind anders als er.» (Liliane Hoschet, Cessange, Luxemburg)

«Ich könnte irgendwas oder gar nichts tun, einfach dasitzen und nähen oder backen, und sobald mir der Gedanke ‹Geh doch spazieren, nimm die Hunde mit, es ist so schön draußen› durch den Kopf geht, kommen die Dackel bei Fuß und wackeln mit den Schwänzen. Sie können das nicht von meinem Gesichtsausdruck ablesen oder aufgrund meiner Bewegungen wissen, da dies auch schon passiert ist, wenn sie im Garten waren oder fest schliefen. Ich hab diese Theorie gezielt getestet, und dabei konnten sie mich überhaupt nicht sehen. Sobald der Gedanke in meinem Kopf war, wußten meine Hunde Bescheid, ganz gleich, was sie gerade taten.» (Mary Rothwell, Arnold bei Nottingham)

Wenn Hunde auf diese Weise reagieren, lassen sich mit ihnen einfache Experimente durchführen, bei denen die Hunde sich an einem Ort aufhalten, wo sie ihren Halter weder hören noch sehen, noch riechen können. Die Tiere werden ununterbrochen mit der Videokamera gefilmt. Dann beginnt der Halter zu zufällig ausgewählten Zeiten daran zu denken, mit ihnen spazierenzugehen, und dies nach einer Verzögerung von etwa fünf Minuten auch zu tun. Ist auf der Videoaufnahme erkennbar, daß die Hunde Anzeichen von Aufregung zeigen, bevor der Spaziergang angetreten wird und nachdem ihr Halter im stillen die Absicht formuliert hat, mit ihnen Gassi zu gehen? Einige weitere Experimente dieser Art sind bereits auf meine Bitte hin von Jan Fennell aus Winterton in Lincolnshire durchgeführt worden. Jan ist Tierverhaltensforscherin und weiß viel über die Art und Weise, wie Tiere Gewohnheitsmuster oder Hinweise im Verhalten ihrer Besitzer aufschnappen können. Sie hat sechs Hunde und bereits beobachtet, daß die Tiere zu wissen schienen, daß sie sie zu ungewohnten Zeiten auszuführen beabsichtigte, obwohl sie zu vermeiden versuchte, ihnen irgendwelche Hinweise zu geben. Für das Experiment wurden die Hunde in einem Nebengebäude eingeschlossen, wo sie ununterbrochen mit einer Videokamera gefilmt wurden, die auf ein Stativ montiert und auf die Tür gerichtet war. Während die Kamera lief, dachte Jan zu willkürlich ausgewählten Zeiten daran, mit den Hunden auszugehen. Die Experimente wurden an fünf verschiedenen Tagen durchgeführt: einmal am Morgen, zweimal am Nachmittag und zweimal am Abend.

Die Videoaufnahmen zeigen, wie die Hunde die meiste Zeit herumlagen oder miteinander spielten. Hin und wieder reagierten einige von ihnen für kurze Zeit mit gespitzten Ohren auf Geräusche von draußen, etwa von vorbeifahrenden Motorrädern. Aber nachdem Jan im stillen beschlossen hatte, sie auszuführen, bewegten sich die Hunde in vier von den fünf Videoaufnahmen näher auf die Tür zu und saßen oder standen in einem Halbkreis davor, wobei einige mit dem Schwanz wakkelten. In diesem Zustand der offenkundigen Erwartung verharrten sie drei bis fünf Minuten lang, bis Jan kam und die Tür öffnete, um sie für den Spaziergang herauszulassen. Auf der fünften Aufnahme bekundeten die Tiere keine derartige Vorahnung und reagierten erst 13 Sekunden, bevor sie das Nebengebäude betrat, wahrscheinlich weil sie sie herankommen hörten.

Außerdem schloß Jan die Hunde in einem Kontrollexperiment ein und suchte das Nebengebäude zu einer zufällig gewählten Zeit auf, aber ohne die Absicht, die Tiere zu einem Spaziergang mitzunehmen. Als sie zum Nebengebäude ging, begab sich nur einer der Hunde zur Tür, bevor sie sie öffnete, und zwar erst zwölf Sekunden im voraus. Als sie die Tür öffnete, erhoben sich die Hunde und liefen herum, blieben aber ziemlich ruhig und benahmen sich nicht so aufgeregt wie vor einem Spaziergang.

Diese ersten Experimente legen den Schluß nahe, daß die Hunde die Absicht ihrer Besitzerin, sie bei den meisten, aber nicht bei allen Gelegenheiten auszuführen, tatsächlich zu antizipieren vermochten, ohne daß sie sie sehen konnten.

Hunde, die wissen, wann sie mit dem Auto mitgenommen werden

Manche Hunde wissen im voraus, wann sie mit ihrem Halter in einem Auto wegfahren werden. Dieses Phänomen ähnelt dem Vorausahnen von Spaziergängen. Zwar lassen sich die Reaktionen der Hunde oft vielleicht auf Gewohnheiten oder normale sinnliche Hinweise zurückführen, aber das ist nicht immer der Fall. Hier ein Beispiel aus Australien:

«Meine Frau und ich verlassen unser Haus zu unregelmäßigen Zeiten, um zum Einkaufen zu fahren und so weiter. Im allgemeinen nehmen wir den Hund in unserem Auto mit. Bei der Abfahrt sitzt der Hund immer vor der Heckklappe, um in den Laderaum unseres Kombis zu springen. Wenn ich mit der Absicht aus dem Haus komme, wegzufahren, rennt der Hund wie der Blitz zur Heckklappe. Aber wenn ich mit den Autoschlüsseln in der Hand aus dem Haus komme, um nur etwas zu holen, was ich im Auto gelassen habe, reagiert der Hund nicht. Als wir heute am Frühstückstisch saßen, sagte meine Frau, sie würde in etwa fünf Minuten gern zum Einkaufen fahren. Als ich aus dem Küchenfenster schaute, sah ich, wie der Hund bereits vor der Heckklappe saß und erwartungsvoll zur Haustür blickte. Zu diesem Zeitpunkt hatte ich das Haus noch gar nicht verlassen und noch keinen Kontakt mit dem Hund gehabt. Unseres Wissens gab es überhaupt kein physisches Element, das dem Hund hätte bedeuten können, daß wir wegfahren wollten.» (Dieter Eigner, Powelltown, Victoria, Australien)

Auf unserer Datenbank sind über 30 derartige Beispiele gespeichert, aber wir müssen hier nicht näher auf sie eingehen, weil die vorausahnende Reaktion von Hunden vor Spaziergängen generell die gleiche ist. Ähnliches gilt auch für Experimente, bei denen man normale sinnliche Hinweise ausschließen will. Die Entscheidung, mit dem Wagen zu fahren, sollte zu einer zufällig gewählten Zeit getroffen werden, wobei der Halter vom Hund so getrennt sein muß, daß dieser nicht irgendwelche Informationen durch Sehen, Hören oder Riechen empfangen kann. Die Reaktion des Hundes sollte mit einer ununterbrochen laufenden Videokamera aufgenommen werden, die auf die Stelle gerichtet ist, an der der Hund normalerweise wartet (bei diesem Beispiel an der Heckklappe des Autos).

Haustiere, die wissen, wann ihre Halter sie verlassen wollen

Im Leben von Haustieren spielt es eine große Rolle, wenn ihre Besitzer weggehen, besonders wenn sie in Urlaub fahren oder sich auf längere Reisen begeben. Anscheinend wird die Absicht der Besitzer, sie zu verlassen, von vielen Hunden und Katzen aufgeschnappt. Zweifellos geschieht das oft deshalb, weil die Tiere offenkundige Vorbereitungen wie das Packen von Koffern mitbekommen. Aber wir haben in unserer Datenbank über 100 Berichte von Haustierhaltern, die glauben, daß die Tiere sogar Bescheid wissen, bevor sie überhaupt irgendwelche verräterischen Anzeichen bemerkt haben können. Ein Beispiel:

> «Wenn jemand in Urlaub fuhr, trottete unser Neufundländer drei oder vier Tage lang mit bekümmertem Ausdruck herum, und zwar bevor der oder die Betreffende tatsächlich abfuhr, ja bevor überhaupt das Packen begann. Sobald die Person weg war, wurde er wieder ganz normal.» (Mary Burdett, Blackrock, Irland)

Eine der Fragen bei den vier Umfragen, die meine Kollegen und ich in England und in den USA durchgeführt haben (s. S. 81), lautete: «Sind Sie der Ansicht, daß Ihr Haustier weiß, wann Sie ausgehen, bevor Sie auf irgendeine körperliche Weise zu erkennen geben, daß Sie dies vorhaben?» Diese Frage bezieht sich außerdem auf mehrere Phänomene: auf eine Reise gehen, ausgehen und die Tiere zurücklassen sowie ausgehen und die Tiere mitnehmen. Im Durchschnitt beantworteten 67 Prozent der Hundehalter und 37 Prozent der Katzenbesitzer diese Frage mit Ja (Abb. 7.1). Das war die höchste Übereinstimmungsrate unter allen Fragen, die wir zum Wahrnehmungsvermögen von Haustieren stellten. Aber obwohl dies eine der am weitesten verbreiteten Möglichkeiten ist, wie Tiere auf die Absichten von Menschen reagieren, ist das Testverfahren doch besonders schwierig, weil man die betreffende Person Stunden oder gar Tage vor der Abfahrtszeit vom Haustier fernhalten muß.

Tiere, die wissen, wann sie gefüttert werden

Viele Tiere wissen offenbar, wann sie gefüttert werden sollen, und tun ihre Erwartung oft durch Aufregung kund. Die Vorahnung wird hier häufig auf Gewohnheit beruhen oder weil die Tiere den Menschen, der das Futter bereitet, sehen, riechen oder hören, oder weil sie auf irgendein anderes Signal reagieren, das von diesem Menschen ausgeht.

Überraschungen kann man jedoch erleben, wenn es nicht um die regelmäßigen Mahlzeiten geht, sondern um Mitbringsel oder Leckereien.

> «Je älter mein Deutscher Schäferhund Maxi wird, desto telepathischer wird er anscheinend. Ich brauche nur Worte wie ‹Wurst› oder ‹Schokolade› oder ‹Keks› zu denken, und schon ist er zur Stelle. Er kann draußen im Garten sein, wenn die Haustür geschlossen ist, und trotzdem ‹weiß› er es. Da kann ich dutzendmal den Kühlschrank aufmachen – keine Reaktion. Aber sobald ich Wurst oder Schokolade rausehole, ist er schon an der Tür und ‹klopft an›, um reingelassen zu werden.» (Frank Bramley, Telford, Shropshire)

Katzen verhalten sich ganz ähnlich. Hier eines von vielen Beispielen:

> «Tiger, eine getigerte Katze, strich mir immer um die Beine herum und schnappte Fleischbröckchen auf, die auf den Fußboden fielen – was eigentlich ganz normal war –, aber sie schien es immer schon zu *wissen*, wenn ich nur daran dachte, den Fleischwolf rauszuholen (keine Reaktion, wenn ich nur Obst oder Gemüse zerkleinern wollte), und schon war sie zu meinen Füßen, auch wenn sie gerade noch zusammengekugelt geschlafen hatte oder draußen im Garten war – noch be-

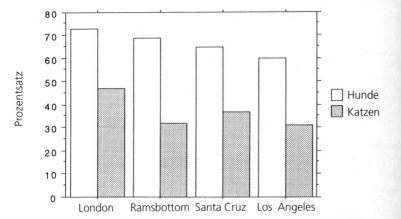

Abbildung 7.1 Prozentsätze von Hunde- und Katzenbesitzern, die sagten, ihre Tiere wüßten, wann sie ausgehen würden, bevor sie ihre Absicht auf irgendeine körperliche Weise zu erkennen geben. Die Umfragen wurden bei einem Zufallssample von Haushalten in London und Ramsbottom in England sowie in Santa Cruz und Los Angeles in Kalifornien durchgeführt.

vor ich die Schublade aufzog, in der sich der Fleischwolf befindet. Das tat sie auch, bevor ich das Fleisch aus dem Kühlschrank holte (sonst hätte ich angenommen, daß sie es gerochen hatte). Sie schien einfach meine Gedanken zu lesen, denn sie reagierte nie, wenn ich dieselbe Schublade öffnete, um andere Küchengeräte rauszuholen.» (Joan Hayward, Dorchester)

Wie können die Tiere dies wissen? In manchen Fällen kann dies etwas mit dem Gehör und dem Geruchssinn der Tiere zu tun haben, die viel weiter als beim Menschen reichen – oder sie reagieren selbst über größere Entfernungen hinweg telepathisch auf menschliche Absichten.

Nach den vorangegangenen Schilderungen der Reaktionen

von Tieren auf die Absichten ihrer Besitzer ist dies die bekannte Alternative. Auch hier läßt sich die Frage nur beantworten, wenn man das Tier vom Besitzer trennt, so daß Gehör und Geruchssinn ausgeschlossen werden können.

Pferde

Viele Pferdehalter und Stallbesitzer meinen, daß ihre Tiere im voraus zu wissen scheinen, daß sie gleich gefüttert werden, aber es ist schwierig, die direkten Auswirkungen einer Absicht von der Gewohnheit zu trennen oder davon, daß die Tiere hören oder sehen, wie das Futter vorbereitet und gebracht wird. Doch manche Menschen, die Pferde halten, leben viele Kilometer vom Stall oder von der Koppel entfernt, zu weit weg also, als daß die Pferde sie sehen, riechen oder hören könnten, und selbst unter diesen Umständen erwarten einige Pferde dennoch ihre Ankunft, als ob sie wüßten, daß sie unterwegs sind, sogar wenn sie zu ungewohnten Zeiten kommen.

Olwen Way, die in Brinkley bei Newmarket lebt, hatte früher einmal ein Gestüt und Rennställe und kann auf jahrelange Erfahrungen mit Pferden zurückblicken. Heute hält sie sich noch ein Pony namens Freddy beim Haus ihres Sohnes im nächsten Dorf, Burrough Green, das etwa vier Kilometer von ihrem Haus entfernt ist. Weil Freddy an Rehe leidet (einer Entzündung der Huflederhaut, die sich durch den Verzehr von jungem Gras noch verschlimmert), muß er auf einer Hungerweide gehalten werden, und jeden Tag fährt Olwen nach Burrough Green, um ihn zu füttern. Ihre Schwiegertochter und ihre Enkelkinder haben schon oft bemerkt, daß Freddy zum Zaun in seiner Koppel ging und auf Olwen zu warten schien, bevor sie tatsächlich eintraf, und das, obwohl sie zu unregelmäßigen Zeiten kommt.

Über ein halbes Jahr hinweg haben Olwen und ihre Familie ein Tagebuch über Freddys Warteverhalten geschrieben, das er an den Tagen zeigte, an denen jemand da war, um es zu beobachten. Normalerweise reagierte Freddy zwei bis drei Minuten bevor Olwen in ihrem Auto ankam, aber manchmal tat er dies acht bis zehn Minuten im voraus, wenn sie von zu Hause losfuhr. Einmal kam sie aus einem weiter entfernten Dorf, von dem sie etwa zwanzig Minuten mit dem Auto brauchte, und Freddy reagierte zwanzig Minuten bevor sie eintraf. Wir haben Freddys Verhalten auch mit der Videokamera bei Experimenten aufgenommen, bei denen Olwen erst nach einem Telefonanruf zu willkürlich ausgewählten Zeiten aufbrach und mit dem Taxi fuhr. Doch auch da reagierte Freddy im voraus, womit die Möglichkeit ausgeschaltet war, daß er auf Gewohnheiten oder auf die Geräusche von Olwens Auto reagierte.

Zwergschimpansen

Wir haben verschiedene Zoos in Europa nach dem vorausahnenden Verhalten von Affen zu Fütterungszeiten befragt. In den meisten Fällen werden die Tiere zu regelmäßigen Zeiten gefüttert, so daß man die Auswirkungen der Absichten der Halter nur schwer von denen einer gewohnten Routine unterscheiden kann. Außerdem werden sie wie die meisten Zootiere im allgemeinen gut gefüttert, so daß sie nur selten wirklich hungrig sind.

Meine liebste Affengeschichte verdanke ich Betty Walsh, der Chefin der Schimpansenabteilung im Twycross Zoo in Warwickshire. Dabei geht es um Bonobos (Zwergschimpansen):

«Ein Bonoboweibchen hatte einen langen Bambusstock, mit dem es nach den Besuchern stocherte, so daß wir ihn ihm wegnehmen wollten. Ich hatte gerade eine Tüte mit vier Kuchenstücken dabei, die wir zum Tee essen wollten, und dachte, ich würde der Äffin ein Stück Kuchen geben, wenn sie mir den Stock gab. Aber sie sah, daß ich vier Stücke dabei hatte – und da zerbrach sie den Bambusstock in vier Teile, eins für jedes Stück Kuchen. Das war mehr als nur schlau – sie kam im Bruchteil einer Sekunde darauf.»

Hier lassen sich Telepathie, subtile Hinweise und reine Intelligenz unmöglich auseinanderhalten. Irgendwie hatte das Äffchen die Absicht der Wärterin aufgeschnappt, es mit einem Stück Kuchen zu belohnen, wenn es ihr den Stock gab, und als es die vier Stücke sah, ersann es blitzschnell eine Möglichkeit, alle Stücke zu bekommen.

Trotz der Schwierigkeit, ein telepathisches Vorausahnen von reiner Routine zu trennen, reagieren manche Affen auf eine Weise, die vermuten läßt, daß sie die Absicht ihres Wärters, sie zu füttern, tatsächlich aufschnappen. Jacqueline Ruys beispielsweise, Chefwärterin im Apenheul Zoo im holländischen Apeldoorn, kümmert sich um drei Bonobos. Am frühen Nachmittag richtet sie ihnen immer ihr Futter her und bewahrt es in einem Gebäude auf, das 100 Meter vom Käfig der Bonobos entfernt ist, dazwischen stehen noch Bäume und ein weiteres Gebäude. Die Tiere werden normalerweise zwischen 15 und 17 Uhr gefüttert, aber nicht zu einer festgelegten Zeit:

«Wenn ich unser Gebäude mit dem Futterkorb in der Hand verlasse, können sie mich nicht sehen, aber die Männchen fangen sofort an zu schreien – und zwar sobald ich den Fuß aus der Tür setze. Doch wenn ich hinausgehe, um einen Korb mit Abfällen in die Tonne draußen zu leeren, also ohne ihr Futter, schreien sie nicht. Ich gehe etwa fünfzigmal am Tag in das Gebäude, in dem wir ihr Futter zubereiten, hinein und wieder hinaus. Ich habe keine Ahnung, woher sie das wissen, aber jedenfalls wissen sie Bescheid, wenn ich mit dem Futter statt mit was anderem komme.»

In derartigen Situationen sollte es möglich sein, Experimente durchzuführen, bei denen die Tiere mit der Videokamera gefilmt und die Fütterungszeiten zufällig ausgewählt werden. Da das Futter für alle Tiere von so grundlegender Bedeutung ist, ließen sich derartige Experimente mit allen möglichen Arten machen – auf diese Weise könnte man herausfinden, welche Arten in der Lage sind, Verbindungen mit ihren menschlichen Wärtern einzugehen und telepathisch auf ihre Absichten zu reagieren. Hier wie auch anderswo bietet sich uns ein großartiges Potential für eine empirische Forschung.

8

Telepathische Rufe und Befehle

Wie wir gesehen haben, reagieren Tiere auf die Absichten von Menschen – viele Tiere schnappen anscheinend die Absichten ihrer Besitzer auf, ob diese es nun wollen oder nicht. Wenn Menschen Tiere rufen oder ihnen Befehle erteilen, versuchen sie bewußt das Verhalten ihrer Tiere zu beeinflussen. Jemand, der eine Katze ruft, will, daß sie ihm folgt. Ein Schäfer möchte, daß sein Hund die Schafe so hütet, wie er es vorhat. Eine Reiterin will, daß ihr Pferd über eine Hecke springt. Durch Rufe und Befehle wollen Menschen ihre Tiere aktiv dazu bringen, etwas zu tun. Zuweilen werden diese Rufe und Befehle offenbar auf telepathische Weise übermittelt, und sie können in beiden Richtungen wirken: von Menschen auf Tiere und von Tieren auf Menschen.

Telepathie tritt anscheinend auch im Zusammenhang mit Telefonanrufen auf. Manche Katzen und Hunde scheinen es zu wissen, wenn ihr Besitzer anruft oder gerade anrufen will. Und viele Menschen haben die offenbar telepathische Intuition, daß eine bestimmte Person gleich anrufen wird, bevor das Telefon tatsächlich läutet.

Wie weit verbreitet sind telepathische Erlebnisse mit Tieren?

Wer mit Hunden und Pferden arbeitet, hält die Existenz telepathischer Einflüsse für selbstverständlich. «Kein vernünftiger Mensch bestreitet sie», meint Barbara Woodhouse, die bekannte englische Hundetrainerin:

> «Sie sollten sich stets vor Augen halten, daß der Hund Ihre Gedanken durch einen scharfen telepathischen Sinn aufschnappt und daß es sinnlos ist, das eine zu denken und etwas anderes dann zu sagen – einen Hund können Sie nicht zum Narren halten. Wenn Sie mit Ihrem Hund sprechen wollen, müssen Sie das mit Ihrem Verstand und Ihrer Willenskraft ebenso wie mit Ihrer Stimme tun. Ich übermittle meine Wünsche durch meine Stimme, meinen Verstand und durch die Liebe, die ich für Tiere empfinde. (...) Der Verstand eines Hundes greift so schnell Ihre Gedanken auf, daß sie zur gleichen Zeit, während Sie sie denken, in den Verstand des Hundes gelangen. In dieser Hinsicht habe ich große Schwierigkeiten, wenn ich den Haltern in meinen Kursen Befehle beibringen will, denn der Hund gehorcht meinen Gedanken, bevor mein Mund die Zeit gehabt hat, dem Halter den Befehl zu übermitteln.»[1]

Als ich Haustierhalter, Hundeführer, blinde Menschen mit Führhunden und Reiter nach ihrer Kommunikation mit ihren Tieren zu befragen anfing, entdeckte ich bald, daß viele Menschen die Ansichten von Barbara Woodhouse teilen. Dieser Eindruck wurde dann durch die formellen Umfragen bestätigt.

Bei diesen Umfragen in englischen und amerikanischen Haushalten stellten wir den Tierhaltern die folgende Frage: «Sind Sie der Ansicht, daß Ihr Haustier auf Ihre Gedanken oder Ihre stummen Befehle reagiert?» Im Durchschnitt antworteten 48 Prozent der Hundehalter und 33 Prozent der Katzenbesitzer mit Ja.[2]

Dann stellten wir eine weitere Frage: «Sind Sie der Ansicht, daß Ihr Haustier mit Ihnen zuweilen in telepathischer Verbindung steht?» Hier fiel das Ergebnis ganz ähnlich wie bei der ersten Frage aus: Im Durchschnitt glaubten 45 Prozent der Hundehalter und 32 Prozent der Katzenbesitzer, daß die Reaktionen ihrer Tiere nicht einfach auf dem Aufschnappen sinnlicher Hinweise, sondern auf einem telepathischen Einfluß beruhten.[3]

Wir fragten die Leute auch nach ihren früheren Erfahrungen mit anderen Haustieren: «Sind Sie der Ansicht, daß irgendwelche Haustiere, die Sie früher hatten, telepathisch reagierten?» 45 Prozent der Haustierhalter und 35 Prozent, die gerade kein Haustier hatten, antworteten mit Ja.[4]

Aus diesen Umfragen geht hervor, daß mindestens ein Drittel der erwachsenen Bevölkerung glaubt, telepathische Verbindungen zu Tieren gehabt zu haben oder noch immer zu haben. Das wären in England über 15 Millionen und in den USA über 65 Millionen Menschen!

Welcherlei Erfahrungen veranlassen so viele Menschen zu glauben, daß ihre Tiere telepathisch auf sie reagieren können? Wir haben bereits gesehen, wie Tiere anscheinend auf die Absichten (siehe zweites, drittes, viertes und siebtes Kapitel) und das Leid (sechstes Kapitel) von Menschen reagieren. Wenden wir uns nun den verschiedenen Arten von Rufen und Befehlen zu.

Katzen herbeirufen

Unter all den scheinbar telepathischen Phänomenen, wie sie von Katzenbesitzern geschildert werden, ist die Fähigkeit, eine Katze in Gedanken herbeizurufen, mit am weitesten verbreitet. Nancy Arnold aus Kalamazoo in Michigan beispielsweise hat fünf Katzen, und wenn sie draußen sind, hat sie oft folgendes bemerkt:

> «Ich brauche nur an eine bestimmte Katze zu denken, und innerhalb einer Minute oder so taucht die Katze an der Tür auf. Für mich ist ihre telepathische Kraft einfach selbstverständlich.»

Als Rona Hart noch in Jerusalem lebte, ließ sie ihre Katze Tiger immer draußen in den Feldern und Gärten nahe ihrer Wohnung herumstreifen, wenn sie zur Arbeit ging. Wenn sie heimkam, lief Tiger ihr oft entgegen, aber sonst ging sie abends nach draußen, um sie hereinzurufen.

> «Irgendwann stellte ich fest, daß, wenn ich nur daran dachte, Tiger hereinzurufen, sie schon auftauchte, ohne daß ich rausgehen mußte. Ich entdeckte, daß das ‹Denken› sogar etwas wirkungsvoller war als das richtige Rufen.»

Hier ein anderes Beispiel – es stammt von Pauline Bamsay aus Port Talbot in Wales, die überzeugt ist, daß ihr Kater telepathische Kräfte besitzt.

> «Wenn er nicht in der Nähe ist, brauche ich nur zu denken: ‹Los, komm heim, Leo›, falls ich meine, daß er schon lange weg ist, und nach wenigen Minuten, manchmal in weniger als einer Minute – je nachdem, wie weit er weg ist – taucht

er auch schon auf. Er treibt sich in den Gärten unserer Nachbarn und auch in einer alten, stets offenen Kleingartenanlage gleich hinter unserem Garten herum. Das ist sein Jagdrevier. Wenn ich im Garten bin und denke: ‹Wo bist du denn, Leo?›, antwortet er mir mit einem Miauen, wenn er sich dem Garten nähert. Wenn ich im Haus bin, springt er mit einem lauten Miauen durch die Katzenklappe in der Hintertür herein und kommt sogar nach oben, um mich zu suchen. Während ich diesen Brief schreibe, kann ich ihn auf unserem Garagendach sehen, wo er sich zusammengerollt zum Schlafen hingelegt hat. Ich denke: ‹Da bist du ja, Leo.› Fast im selben Augenblick wacht er auf, erhebt sich und starrt mich direkt durchs Fenster an, das etwa fünf Meter von der Garage entfernt ist. Nach einem Augenblick wendet er sich ab und begibt sich übers Garagendach zur Kleingartenanlage hinüber!»

Manche Menschen haben die Erfahrung gemacht, daß solche telepathischen Rufe auch in der umgekehrten Richtung funktionieren: Ihre Katzen scheinen sie zu rufen. Davon später mehr.

Hunde beeinflussen

Beim Abrichten von Hunden – entweder zu Arbeitshunden, für Geschicklichkeits- und Gehorsamkeitswettbewerbe oder schlicht zu Haustieren – befinden sich die Halter im allgemeinen in der Nähe des Hundes, und daher lassen sich die Wirkungen eines direkten mentalen Einflusses nur schwer von den normalen Sinnen und von der Dressur trennen. Die meisten Trainer und Hundeführer konzentrieren sich einfach auf das Erbringen der Leistung, ohne allzusehr über die Mittel der

Kommunikation zwischen Mensch und Hund nachzudenken. Manche Arbeitshunde wissen immer noch, was sie tun sollen, wenn sie sich in einer gewissen Entfernung befinden. Aber selbst dann läßt sich kaum genau sagen, was da vorgeht.

Raymond McPherson aus Brampton in Cumbria ist ein erfolgreicher Teilnehmer an Wettbewerben für Hütehunde und der Gewinner der International Supreme Championship. Er ist überzeugt, daß seine Border Collies überaus intelligent sind. Aber hat ihre Fähigkeit, seine Absichten vorauszuahnen, eher etwas mit ihrer Intelligenz und ihrer Arbeitsroutine oder mit Telepathie zu tun?

> «Wenn man einen Hund mit einem Gehirn und einem natürlichen Instinkt fürs Schafehüten hat, kann er unglaublich viel ganz allein machen, ohne irgendwelche Befehle. Wenn man an einem Hütehundewettbewerb teilnimmt, sieht man nur wenig von dem, was solche Tiere wirklich können. Erst wenn man im Alltag mit den Schafen über die Hügel zieht, entdeckt man, wie intelligent sie eigentlich sind. Sie arbeiten außer Sichtweite, manche gehen fünf Kilometer weit weg, und ein Hund kann mit drei oder vier Schafen genausogut fertig werden wie mit 500 oder manchmal sogar noch mehr. Man kann zu ihnen eine unglaubliche Beziehung aufbauen, und dann wissen sie schon im voraus, was man von ihnen verlangt, bevor man sie überhaupt dazu aufgefordert hat. Am besten kann man mit Freundlichkeit eine gute Beziehung zu einem Hund aufbauen.»

Wie üblich läßt sich der Einfluß sinnlicher Hinweise vom direkten mentalen Einfluß am besten in Situationen unterscheiden, wo weder die Routine noch die normale sinnliche Kommunikation eine plausible Erklärung liefern können. Wie Katzen reagieren auch manche Hunde auf stumme Rufe und kommen zu ihren Haltern, wenn sie auf diese Weise herbeigerufen werden. Am spektakulärsten sind solche Rufe, wenn die Hunde sich draußen befinden, weit weg von ihren Haltern.

Eric LeBourdais hat seine Golden-Retriever-Hündin darauf abgerichtet, auf eine Hundepfeife zu reagieren, so daß sie ziemlich weit herumstreifen kann. Eines Tages, als sie etwa ein Jahr alt war, fiel ihm plötzlich ein, daß er etwas zu Hause erledigen mußte. Die Hündin war etwa fünfhundert Meter weit von ihm entfernt. Er wollte gerade die Pfeife aus der Tasche ziehen, aber in dem Augenblick, da ihm der Gedanke kam, hob sie auch schon den Kopf, als ob er bereits gepfiffen hätte, und lief direkt zu ihm hin. Er war überrascht, glaubte jedoch an einen Zufall.

> «Im Laufe der Jahre ist dies allerdings mehrere Dutzend Mal passiert – so oft jedenfalls, daß ich absolut überzeugt bin, daß das überhaupt nichts mit Zufall zu tun hatte. Ich habe nie irgendwas getan – nichts ‹Normales›, womit man das hätte erklären können. Manchmal war sie überhaupt nicht zu sehen, wenn mir der Gedanke kam heimzugehen. Jedesmal lief sie direkt zu mir, genau so, als wäre sie herbeigerufen worden.»

Im Falle von Arbeitshunden und Hunden, die auf Rufe reagieren, handelt es sich gewöhnlich um einen Befehl, mit dem der Hund bereits vertraut ist. Die Telepathie betrifft das Timing. Aber die verblüffendsten Beispiele von stummen Befehlen sind die, bei denen der Mensch das Tier dazu bringt, eine ungewohnte Aufgabe auszuführen – in diesen Fällen ist der Einfluß prägnanter und spezifischer. Hier das Beispiel eines Schoßhundes, der auf die stummen Befehle seiner Halterin – Jane Penney, die in Cornwall lebt – reagiert:

«Eines Tages, als mein Hund fest schlief, dachte ich ganz bewußt: ‹Wach auf und bring mir deinen großen blauen Ball, und dann gehen wir in den Garten und spielen.› Maggers erwachte, ging zu seiner Spielzeugschale und wühlte darin nach dem großen blauen Ball (den er gar nicht so sehr mochte!), brachte ihn mir und ging zur Hintertür (nein, er mußte nicht Pipi machen!). Gegen Ende seines Lebens verstreute er überall im Haus seine Spielsachen, und ich stolperte über sie (ich bin ein bißchen wacklig auf den Beinen – meine Arthritis). Ich sagte kein Wort (der arme Hund schlief), dachte aber, es wäre doch nett, wenn er seine Spielsachen wegräumen könnte. Als ich runterkam, lag er neben seiner Spielzeugschale mitten auf dem Boden im Wohnzimmer, und *alle* Spielsachen befanden sich in der Schale!»

Eine derartige telepathische Kommunikation war von dem bedeutenden russischen Neurophysiologen Wladimir Bechterew (1857–1927) experimentell untersucht worden.[5] Diese Untersuchung ist zwar schon vor vielen Jahrzehnten durchgeführt worden, doch meines Wissens handelt es sich dabei um das einzige Experiment zu diesem Thema, über das in der wissenschaftlichen Literatur berichtet wurde.

Die Experimente von Wladimir Bechterew

Bechterew, ein erstaunlich neugieriger und aufgeschlossener Forscher, war fasziniert von einer Hundenummer, die er in einem Zirkus in St. Petersburg erlebt hatte: Der Hund, ein Foxterrier namens Pikki, schien auf die mentalen Befehle seines Trainers W. Durow zu reagieren. Durow erklärte Bechterew, seine Methode bestehe darin, die Aufgabe, die der Hund ausführen sollte, zu visualisieren – also zum Beispiel ein Buch von einem Tisch zu holen und dann den Kopf des Hundes zwischen seinen Händen zu halten und ihm in die Augen zu sehen. «Ich präge in sein Gehirn ein, was ich mir zuvor in mein eigenes eingeprägt habe. Ich stelle ihm mental den Teil des Fußbodens vor, der zum Tisch führt, dann die Beine des Tisches, dann das Tischtuch und schließlich das Buch. Dann gebe ich ihm den Befehl oder vielmehr den mentalen Anstoß: ‹Geh!› Er reißt sich wie ein Automat los, nähert sich dem Tisch und packt das Buch mit den Zähnen. Damit ist die Aufgabe ausgeführt.»

Bechterew und mehrere seiner Kollegen entdeckten, daß auch sie Pikki auf diese Weise Befehle erteilen konnten, sogar in Abwesenheit von Durow. Sie führten eine Reihe von Versuchen durch, um herauszufinden, ob sie dem Hund unmerkliche Hinweise mit den Augen, dem Kopf oder anderen Körperbewegungen gaben. Bechterew testete zudem seinen eigenen Hund und entdeckte, daß auch er auf mentale Befehle reagieren konnte. Er zog folgende Schlußfolgerungen daraus:

1. Das Verhalten von Tieren, insbesondere das von Hunden, die aufs Gehorchen abgerichtet sind, kann direkt durch gedankliche Suggestion beeinflußt werden.
2. Dieser Einfluß kann ohne jeden direkten Kontakt zwischen dem Sender und dem empfangenden Hund ausgeübt werden, etwa wenn sie durch einen Holz- oder Metallschirm voneinander getrennt sind oder Augenbinden tragen.
3. Daraus folgt, daß der Hund direkt beeinflußt werden kann, und zwar ohne irgendwelche sichtbaren Zeichen, durch die er geleitet werden könnte.[6]

Bechterew hielt diese Untersuchungen für vorläufig und wies darauf hin, wie wünschenswert es doch wäre, weitere Experimente mit Hunden durchzuführen. «Es wäre wichtig, nicht nur die Bedingungen zu untersuchen, die die Übertragung des mentalen Einflusses vom Übermittler zum Empfänger regeln, sondern auch die Umstände, die bei der Hemmung wie der Ausführung derartiger Suggestionen von Belang sind. Dies wäre notwendigerweise von theoretischem ebenso wie von praktischem Interesse.» Leider ist die Pioniertätigkeit von Bechterew nicht fortgeführt worden, und so sind diese Worte heute noch ebenso gültig wie damals vor 75 Jahren, als er sie schrieb.[7]

Führhunde

Blinde Menschen arbeiten mit ihren Führhunden besonders eng zusammen. Es schien mir daher interessant herauszufinden, ob es blinde Menschen gab, die bemerkt hatten, daß ihr Hund ihre Absichten aufzuschnappen schien, ohne daß sie ihm entweder verbal oder durch Körperbewegungen Befehle erteilten. Mit Hilfe der British Guide Dogs for the Blind Association, des britischen Blindenhundeverbands, befragten Jane Turney und ich über 20 Führhundhalter nach ihren Erfahrungen. Wertvolle Informationen enthielten auch die Briefe, die wir auf unsere Anzeige im *Forward,* einer englischen Zeitschrift für Führhundehalter, die in Blindenschrift erscheint, bekamen.

Manche Menschen mit Führhunden hatten nicht bemerkt, daß ihre Tiere Absichten aufschnappten, aber die meisten eben doch. Mehrere Halter von Führhunden wiesen darauf hin, daß es davon abhänge, wie eng ihre Beziehung zu dem Hund sei, und daß manche Hunde stärker reagierten als andere. Und schließlich schnappen selbst reaktionsfreudige Hunde vielleicht nicht jedesmal die Absichten ihrer Halter auf:

«Paxton, ein schwarzer Neufundländer, ist mein zweiter Hund. Ich brauchte zwei Jahre, um mich an ihn zu gewöhnen. Inzwischen habe ich schon viele Male das Gefühl gehabt, daß er Signale aufschnappen kann, die ich nicht bewußt abgebe, also wenn ich nicht mit ihm spreche. Wenn ich zum Beispiel denke: ‹Wir müssen gleich gehen›, geht er sofort los, obwohl ich doch überhaupt nichts gesagt habe. Er schnappt sehr viele Dinge auf, die ich denke und fühle. Manchmal habe ich ihn getestet – da habe ich dann bewußt versucht, an bestimmte Richtungen zu denken, mich aber bemüht, so gerade wie möglich zu gehen, und er hat sich dennoch daran gehalten. Das macht er allerdings nicht immer. Manchmal ist er stärker auf mich eingestimmt als sonst. Es kommt vor, daß er abgelenkt ist oder daß ich nicht klar genug denke oder ihm keine präzisen Richtungen angebe.» (Sarah Craig, Bridgend)

Am verblüffendsten ist es, wenn der Hund auf Gedanken des Besitzers reagiert, die dieser eigentlich gar nicht sofort in die Tat umsetzen will. Mike Mitchinson beispielsweise ging von seinem Haus in Bath zu einem bestimmten Laden, der etwa 20 Minuten weit weg ist. Der Weg führte an der Praxis seines Zahnarztes vorbei.

«Ich weiß noch genau, wie ich beim Losgehen dachte: ‹Ich darf meinen Zahnarzttermin um zehn Uhr am Donnerstag nicht vergessen› (es war Montag). Ich ging arglos vor mich hin und nahm kaum Notiz davon, wo ich mich befand. Und nun stellen Sie sich meine Überraschung vor, als ich merkte, wie ich nach links schwenkte und einen Kiesweg betrat! Ja, ich war bei meinem Zahnarzt.»

Auch John Collen aus Southend-on-Sea ging eines Morgens an irgendwelchen Läden vorbei und dachte gerade daran, daß er am Nachmittag beim Obst- und Gemüsehändler vorbeischauen würde, um sich ein paar Äpfel zu besorgen, als ihn der Hund in den Laden führte.

> «Ich erklärte dem Inhaber, ich hätte nur daran gedacht hereinzukommen, weil ich keine Lust hatte, die Äpfel herumzuschleppen, und daß ich später am Nachmittag wiederkäme, aber allein die Tatsache, daß ich daran beiläufig dachte, genügte Pedro, das aufzuschnappen.»

Könnte es sein, daß die Führhunde irgendwie auf Veränderungen in der Art und Weise reagieren, wie die Halter gehen oder das Geschirr halten? An diese Möglichkeit hatten mehrere unserer Informanten gedacht, so auch Pedros Halter:

> «Ich bin völlig blind, kann also den Hund nicht sehen, und ich wüßte nicht, in welche Richtung ich gehe. Unter diesen Umständen könnte ich auch keinen Hinweis auf die Richtung geben oder ob wir stehenbleiben oder weitergehen sollen – ich geh einfach drauflos und denke vor mich hin, und daher fing ich an zu glauben, daß er irgendwas anderes aufschnappt als optische Hinweise oder andere körperliche Andeutungen.»

Zu ähnlichen Schlußfolgerungen ist auch Peter Neely aus Kumnock in Schottland gelangt:

> «Wenn ich mit Sam, dem schwarzen Neufundländer, arbeite, den ich inzwischen schon seit zwei Jahren als Führhund habe, würde ich definitiv sagen, daß es da eine telepathische Verbindung gibt, weil er anscheinend weiß, welchen Weg ich gehen will. Er antizipiert es offenbar, wenn ich es mir unterwegs anders überlege. Ich glaube, wenn man ein Führhundhalter und ein Führhundliebhaber ist, dann

gibt es eine Verbindung, eine Art von unsichtbarer Nabelschnur zwischen einem und dem Hund, denn das, was man fühlt und was er fühlt, pflanzt sich durchs Geschirr fort. Manche Menschen könnten vielleicht sagen, das Unterbewußte würde einen veranlassen, eine andere Spannung auf den Griff auszuüben, die der Hund aufschnappt, aber ehrlich gesagt, ich glaube nicht, daß ich das tue.»

Natürlich sind das nur Meinungen, es sind aber doch die persönlichen Erlebnisse von Menschen mit jahrelanger Erfahrung im Umgang mit Führhunden, und die sind in jedem Fall wertvoller als die Meinungen von Menschen ohne derartige Erfahrungen. Doch aufgrund des physischen Kontakts durch das Geschirr sind telepathische Einflüsse nur schwer von subtilen sinnlichen Hinweisen zu trennen, und ich hatte bislang noch keine Idee für ein einfaches Experiment mit Führhunden, durch das sich die Möglichkeit unbewußter Bewegungen des Besitzers eindeutig ausschließen lassen würde.

Pferde

Viele Reiter haben eine enge körperliche, emotionale und mentale Beziehung zu ihrem Pferd. Sie sind der Meinung, daß das Pferd auf ihre Gedanken zu reagieren scheint. Zum Beispiel:

«Wenn ich mit meinem Pferd im Schrittempo reite und denke: ‹Sobald ich bei diesem Baum angelangt bin, lasse ich es traben›, fängt es tatsächlich zu traben an, als ob es meine Gedanken gelesen hätte, obwohl ich ihm in diesem Augenblick kein (bewußtes!) Körpersignal gegeben habe. Mein Mann und meine Tochter haben genau die gleichen Erfahrungen mit ihren Pferden gemacht.» (Andrea Künzli, Starrkirch, Schweiz)

Für erfahrene Reiter sind derartige Reaktionen oft selbstverständlich. Das folgende Beispiel zeigt, wie eine weniger erfahrene Reiterin dahintergekommen ist:

«Kazan zu reiten wurde ein bißchen nervenaufreibend, da ich nie wußte, wann er scheuen würde. Schließlich versuchte ich telepathisch mit ihm zu kommunizieren. Zum erstenmal habe ich das probiert, als ich mit ihm eine weißgestrichene Holzbrücke überqueren wollte. Bei den ersten paar Versuchen wollte er nicht einmal einen Huf daraufsetzen, also stellte ich mir beim nächsten Ausritt klar und deutlich vor, wie er mit mir auf dem Rücken ruhig über die Brücke ging. Es funktionierte! Wir näherten uns der Brücke, betraten und überquerten sie, ohne daß er einen Augenblick lang zögerte oder einen Fehltritt tat. Hurra! Ich war vom Erfolg meines Experiments so beeindruckt, daß ich mich von da an bei meinem täglichen Umgang mit dem Pferd der Telepathie bediente. Wenn ich möchte, daß Kazan in einen Pferdeanhänger einsteigt, stelle ich mir bildlich vor, wie dies geschieht, und schon geht er hinein.» (Lisa Chambers, Chico, Kalifornien)

Bei Pferden lassen sich genauso wie bei Führhunden mentale Einflüsse nur schwer von unbewußten Körpersignalen wie zum Beispiel leichten Veränderungen in der Muskelspannung unterscheiden. «Wenn man ein sehr gut geschultes Pferd reitet oder ein Pferd, das einen wirklich sehr gut kennt, ist man versucht zu glauben, das Pferd empfange telepathische Botschaften. Doch vielleicht sind es einfach bloß unmerkliche Bewegungen des Reiters, die vom Pferd interpretiert werden und nach denen es sich richtet.»[8] Es bleibt eine offene Frage, wie sich derartige Eindrücke, die uns von erfahrenen Reitern vermittelt werden, erklären lassen.

Einer der wenigen Menschen, die Experimente im Hinblick auf die mentale Kommunikation mit Pferden durchgeführt haben, war Harry Blake, ein britischer Pferdetrainer, der für seine Methode des «Zähmens» von Pferden berühmt war. Er stellte, im Gegensatz zum konventionellen «Zureiten», eine Empathie mit dem Pferd her und vermochte Pferde oft bemerkenswert rasch und effizient zu dressieren. (Seine Methode hatte etwas mit dem «Pferdeflüstern» und anderen Verfahren des amerikanischen Pferdetrainers Monty Roberts gemein.[9]) Seine Forschungsarbeit hat er in dem Buch *Talking with Horses: A Study of Communication Between Man and Horse* zusammengefaßt.[10]

In einer Reihe von Experimenten mit einem Hengst namens Cork Beg brachte Blake diesem zuerst bei, zu einem von zwei etwa zehn Meter auseinander stehenden Futtereimern zu gehen, wobei er ihn «bloß mit Hilfe von Telepathie» genau zu dem einen führte, der sein Frühstück enthielt, und nicht zu dem andern, der leer war. «Schon nach ein paar Tagen ging er direkt zu dem Eimer, zu dem ich ihn hinsteuerte, und das zog ich etwa zwei Wochen lang durch.» Bei den folgenden Tests bot er dem Pferd zwei Eimer an, die gleichviel Futter enthielten. An den ersten vier Morgen dirigierte er es abwechselnd zum linken beziehungsweise zum rechten Eimer, dann vier Morgen lang zum linken Gefäß.

«Am neunten Morgen kam das schwierigste Experiment. Vier Morgen hintereinander hatte er sein Frühstück aus dem Gefäß links geholt, und am neunten Morgen wollte ich, daß er zum rechten Behälter wechselte. Zu meiner großen Erleichterung begab er sich schnurstracks zu ihm hin. Nachdem er das erfolgreich absolviert hatte, mußte er sein Futter am zehnten Morgen erneut aus dem rechten, am elften aus dem linken und am zwölften Morgen wieder aus dem rechten Eimer holen. Jeden Morgen ging er direkt zum richtigen Behälter.»[11]

Da das Pferd Harry Blake sehen konnte, lassen sich subtile sichtbare Hinweise, so wie sie der Schlaue Hans aufgeschnappt hat (siehe S. 17), unmöglich ausschließen. Aber Harry Blake führte andere Experimente zur Telepathie von Pferd zu Pferd durch, wobei die Tiere in getrennten Gebäuden ohne Sichtkontakt zueinander gehalten wurden, und diese Experimente schließen offenbar derartige Hinweise von Blake selbst oder von dem anderen Pferd aus. Diese Experimente werden im neunten Kapitel eingehend erörtert.

Kommunikation in beiden Richtungen

Falls unsichtbare Bande zwischen Tieren und Menschen existieren, wäre es überraschend, wenn sie nur in einer Richtung eine Kommunikation zuließen. Ich habe über 1500 Berichte über anscheinend telepathische oder übersinnliche Einflüsse von Besitzern auf ihre Haustiere bekommen sowie 73 Fallgeschichten, in denen der Einfluß in der anderen Richtung zu wirken scheint. Offenbar sind Menschen viel weniger empfänglich für diese Einflüsse als ihre Tiere, oder sie achten kaum darauf. Dennoch sind 73 Fälle eine ganze Menge, und vermutlich haben viele Menschen, die mir nicht geschrieben haben, ähnliche Erlebnisse gehabt. Zehn von diesen 73 Geschichten handeln von Todesfällen oder Unfällen an fernen Orten. Davon war bereits im sechsten Kapitel die Rede. In den meisten anderen Fällen geht es um stumme Hilferufe. Sie stammen überwiegend von Katzen.

Katzen, die Menschen rufen

Katzen verfügen anscheinend über eine besondere Begabung, das, was sie haben wollen, von ihren Besitzern durch subtile Mittel zu bekommen. Manche Menschen sind überzeugt, daß Katzen sie telepathisch beeinflussen können. Am häufigsten geschieht dies, wenn die Katze draußen ist und hereingelassen werden will.

«Mein Mann David hat bald entdeckt, daß er wußte, wann Suzie draußen im Garten war und hereinkommen wollte. Zum erstenmal ist das an einem Sonntagmorgen passiert, als wir im Bett waren und Zeitung lasen. Plötzlich sagte David: ‹Suzie will reinkommen›, stieg aus dem Bett und zog die Schlafzimmervorhänge auf – und da saß Suzie auf dem Torpfosten und starrte konzentriert auf das Schlafzimmerfenster. Danach fand ich es ganz normal, daß David zur Haustür oder zur Hintertür ging, um Suzie reinzulassen, obwohl ich sie nie schreien oder an der Tür kratzen hörte. David sagte einfach, sie ‹rufe› ihn.» (Sonya Porter, Woking, Surrey)

Manche Katzenbesitzer wissen nicht nur, wenn eine Katze hereinkommen will, sondern auch, welche von mehreren Katzen sie stumm ruft. Laura Meursing, die auf einem großen Grundstück in Belgien lebte, besaß sechs Katzen: «Die Katzen waren oft draußen, aber ich hab es jedesmal gespürt, wenn eine der Katzen hereinwollte und auch, welche es war.» Und ein französischer Kater namens Minet ruft seine Besitzerin telepathisch, selbst wenn sie schläft.

«Ich weiß plötzlich, daß er hinter der Tür ist, weil sich sein Bild – die Haltung, in der ich ihn vorfinden werde – mir einprägt, ja, mich, wenn's sein muß, sogar aufweckt. Da ertönt kein Ruf, kein Miauen oder ein anderes Zeichen. Alles spielt sich in völliger Stille ab.» (Mme G. Woutisseth, Vanves, Frankreich)

Einige Hundebesitzer haben ganz ähnliche Erlebnisse gehabt, wie zum Beispiel Lydia Arndt aus Riverside in Kalifornien:

«Nehmen wir einmal an, eine meiner dänischen Doggen ist draußen, wenn sie dann reinwill, ‹zwingt› sie mich mit ihrem Willen, zur Haustür zu kommen. Selbst wenn ich am anderen Ende meines Hauses bin, denkt sie so intensiv daran, daß ich alles stehen- und liegenlassen und sie hereinlassen muß. Das machen wir mehrmals am Tag.»

Rufe von verschwundenen Katzen

Katzen, die draußen frei herumstreunen, verschwinden immer wieder einmal, und zwar oft, weil sie von Nachbarn unabsichtlich in Schuppen oder Garagen eingesperrt werden. Manche Katzenbesitzer haben entdeckt, daß sie irgendwie wissen, wo die verschwundene Katze ist. Solomon, ein Siamkater aus Whittlesey in Cambridgeshire, war zum Beispiel sehr neugierig und wurde wiederholt eingeschlossen. Wenn er abends nicht heimkam, mußte seine Besitzerin, Celia Johns, hinausgehen und ihn suchen. «Ich wußte zwar nie genau, wo er war, aber ich habe entdeckt, daß ich stets die richtige Richtung einschlug, um ihn zu finden, wenn ich draußen vor der Hintertür stand und angestrengt überlegte.»

Manche Geschichten über die Rettung abhanden gekommener Katzen sind ziemlich dramatisch – anscheinend gelingt es der Katze irgendwie, den Besitzer zu rufen. Aber oft geschieht dies erst nach einer frustrierend mühsamen Suche, bei der man alle Möglichkeiten durchprobiert. Hier ein Beispiel:

> «Im Juni verschwand Solitaire, die jüngere von unseren beiden Katzen. Vergeblich suchten wir nach ihr. Nach drei Tagen hatte ich plötzlich das Gefühl, ich müßte sofort losgehen; ich eilte die Straße hinauf und bog in den Fir Close ein. Beim zweiten Haus rechts läutete ich. Ein Herr machte auf, ich entschuldigte mich für die Störung und erklärte ihm, meine Katze sei verschwunden. Er versicherte mir, er habe sie nicht gesehen. Ich fragte ihn, ob er was dagegen habe, wenn ich mich hinten in seinem Garten einmal umsähe – mir wäre dann einfach wohler. Er brachte mich nach hinten, und dann rief ich ‹Solitaire, Solitaire›, und sofort begann eine Katze laut zu miauen. Ich folgte den Lauten bis zu einem großen Haufen Gartenabfälle. Oben befand sich ein Loch, und als ich hineinschaute, erblickte ich das Gesicht meiner Katze, die etwa einen Meter unter mir zu mir emporsah. Sie hing fest, und ihr Hals war irgendwie verrenkt ... Glücklich trug ich sie heim.» (Martha Lees, Fleetwood, Lancashire)

In manchen Fällen begeben sich die Besitzer nicht zu Fuß auf die Suche, sondern fahren mit dem Auto, wenn sie wissen, wohin sie sich wenden müssen. Im folgenden Beispiel stellte sich dieses Wissen genau wie im vorigen Fall nicht sofort ein, sondern erst, nachdem die naheliegenden Möglichkeiten erschöpft waren. Die Katze Whisky war aus einem Katzenpflegeheim in einem Dorf in Yorkshire verschwunden, während ihre Familie im Urlaub war. Als die Besitzer zwei Wochen später wiederkamen, erfuhren sie, daß das Tier fast während der ganzen Zeit ihrer Abwesenheit verschwunden gewesen war. Ihr Frauchen suchte das ganze Dorf nach ihr ab und schaute in jedem Haus und im Pub vorbei. Mehrere Leute hatten zwar eine herumstreunende Katze gesehen, aber niemand wußte, wo sie war.

> «Inzwischen war es dunkel geworden, und da dachte ich, ich müßte heimfahren und es am nächsten Morgen noch mal probieren. Nachdem ich etwa eineinhalb Kilometer gefahren war, hatte ich das unmißverständliche Gefühl, ich müsse umkehren und zum Dorf zurückfahren. Das tat ich denn auch und fuhr eine Sackgasse hinunter, die nur zu einem Wasserspeicher führt. Nach ein paar hundert Metern hielt ich an, stieg aus und rief: ‹Whisky.› Sofort ertönte ein Miauen, und dann sprang sie über die Mauer, hinter der ein Feld lag.» (Catherine Forrester)

Wie gelingt es den Katzen, ihre Besitzer zu sich hinzuziehen? Dieses Phänomen hängt offenbar mit der Fähigkeit von Tieren zusammen, ihre Besitzer zu finden. Mehr darüber im dreizehnten Kapitel.

Hunde in Not

Die meisten mir zugeschickten Geschichten über Hunde, die ihre Besitzer aus der Ferne beeinflussen, handeln von Tieren, die sich in großer Not befanden. Hier ein Beispiel:

> «Eines Tages, als ich im Büro war, begann ein fürchterliches Unwetter. Während ich arbeitete, wurde ich immer nervöser, bis ich richtig aufgeregt war. Ich konnte es nicht mehr aushalten. Irgendwas stimmte nicht. An dieser Stelle möchte ich einflechten, daß ich sonst meinen Arbeitsplatz nie früher verlasse. Ich fragte meinen Chef, ob ich am Nachmittag freinehmen könnte, ich würde mich nicht ganz gut fühlen. Auf

der Heimfahrt wußte ich, daß Eric, mein Deutscher Schäferhund, in Schwierigkeiten steckte, ich wußte, daß er blutete. Als ich heimkam, lief ich sofort zum hinteren Patio. Das Fenster war zerbrochen. Eric hatte in seiner Angst vor dem Unwetter die Scheibe mit der Pfote zertrümmert und sich dabei die vorderen Ballen zerschnitten. Er blutete ziemlich stark. Ich hatte das Gefühl gehabt, daß er mich brauchte und nach mir auf die einzige Weise rief, die ihm möglich war, nämlich telepathisch – er wußte, ich würde zu ihm kommen.» (Dolores Katz, Deming, New Mexico)

Zuweilen stellt sich das Gefühl einer Notlage ein, ohne daß der Hund als Ursache ausgemacht wird. Als Jill Andrews sich beispielsweise eines Tages an ihrem Arbeitsplatz in Exeter befand, hatte sie ein «seltsames körperliches Gefühl», das sie sich nicht erklären konnte – sie wußte einfach, daß irgendwas nicht stimmte. Sie verspürte den unwiderstehlichen Drang heimzugehen – gut zwei Kilometer Wegs –, weil sie Angst hatte, ihre ältliche Mutter könnte krank sein. Als sie zu Hause ankam, empfing ihre Mutter sie mit den Worten: «Woher hast du das gewußt?» Ihr zehn Jahre alter Boxer hatte einen Schlaganfall gehabt und war gelähmt. «Ich bin ganz sicher, daß er irgendwie zu mir Kontakt aufnahm. Er befand sich in einem ganz erbärmlichen Zustand und mußte kurz darauf leider eingeschläfert werden.»

In manchen Fällen geht das Notsignal, das Menschen aufschnappen, von einem Haustier aus, das tatsächlich stirbt (Kapitel sechs).

Pferde, Kühe und andere Tiere in Not

Nicht nur Hunde und Katzen senden Notsignale aus, die man als Mensch wahrnehmen kann. Eine Schweizerin, die Schafe hielt, hat mir beispielsweise berichtet, daß sie eines Nachts mit dem Gefühl erwachte, sie müsse zur Scheune gehen. Als sie dort eintraf, hatte eines ihrer Schafe gerade ein Junges zur Welt gebracht. Sie war überzeugt, daß das Schaf sie «gerufen» hatte, weil sie normalerweise nie auf diese Weise aufwachte oder mitten in der Nacht zur Scheune ging.

Ein ähnliches Erlebnis hatte der Pferdetrainer Harry Blake mit einer Kuh. Normalerweise, sagte er, würde er wie ein Stein schlafen, aber in einer bestimmten Nacht erwachte er mit dem unabweisbaren Gefühl, daß irgendwas nicht stimmen würde, und so ging er hinaus zu seinen Tieren. Die Kuh kalbte, aber es war eine Steißgeburt, und das Tier hatte Probleme. Als er später darüber nachdachte, sei er dahintergekommen, daß er von dem Gefühl, daß irgendwas nicht in Ordnung sei, wach geworden und unbewußt dorthin gezogen worden sei, wo die Kuh war. Ähnliche Erlebnisse hatte er auch mit Pferden. Einmal wurde er von einem Pferd, das ihm sehr viel bedeutete, um drei Uhr morgens geweckt. «Ich wußte einfach, daß da was nicht in Ordnung war, und als ich hinausging, um nach ihm zu sehen, entdeckte ich, daß es gerade eine schwere Kolik hatte.»[12]

Auch andere Menschen haben Erlebnisse mit Pferden gehabt, wobei sie nicht nur mitbekamen, daß die Tiere in Not waren, sondern zudem irgendwie genauere Informationen erhielten. Charles Craig beispielsweise erwachte eines Nachts mit einem unruhigen und besorgten Gefühl, zog sich an und ging nach unten. Er holte seine Drahtschere und eine Taschenlampe, zog sich die Stiefel an und begab sich in stockfinsterer Nacht genau zu der etwa einen Kilometer von seinem Haus entfernten Stelle, an der sich seine Lieblingsstute in einem

Sumpfloch in einem Stacheldraht verfangen hatte. Er berichtete, als er nach unten gegangen sei, habe er «genau gewußt, wo die Stute war und was passiert war», weil er es «vor seinem geistigen Auge» hatte sehen können.[13]

Manchmal reagieren Menschen auf Tiere in Not, die sie nicht einmal kennen. Lucy Crips beispielsweise war gebeten worden, die Katze ihrer Nachbarin zu füttern, als diese im Urlaub war. Am ersten Tag war sie unruhig, als sie das Haus der Nachbarin verließ. Am zweiten Tag wurde ihre Unruhe stärker, und als sie ums Haus herumging, entdeckte sie einen Käfig mit zwei verzweifelten Kaninchen, die seit mehreren Tagen kein Futter oder Wasser mehr bekommen hatten. «Ich habe keine Ahnung, wie es diesen Tieren gelang, ihre Notsignale auszusenden», meinte Mrs. Crips.

Menschen, die mit Tieren kommunizieren

Über diese Kommunikationen zwischen Haustieren und ihren Besitzern hinaus gibt es eine lange Tradition der Kommunikation mit Tieren durch Schamanen in Stammesgesellschaften. Eine der Kräfte, die Yogis in Indien erlangten, soll das Verstehen der «Schreie aller Lebewesen» gewesen sein.[14] Einige der freundlichsten christlichen Heiligen wie Franz von Assisi und der heilige Cuthbert sollen mit Tieren kommuniziert und ihre Sprache verstanden haben. Und wie immer gibt es Tierhalter und -trainer, die auf außergewöhnliche Weise auf ihre Tiere «eingestimmt» sind und zu wissen scheinen, was sie gerade fühlen. Und Geschichten wie die von Dr. Doolittle sprechen unsere Phantasie zutiefst an.

Es gibt auch Menschen, die ihren Lebensunterhalt als «Tierkommunikatoren» verdienen – sie behaupten, sie könnten telepathisch erfassen, was die Haustiere anderer Menschen denken und fühlen. Einige dieser Kommunikatoren bieten ihre Dienste und ihren Rat gegen ein Honorar an, entweder persönlich oder übers Telefon.

Angesichts der schamanischen Kommunikation mit Tieren, der telepathischen Erlebnisse von Haustierhaltern mit ihren Tieren und des bemerkenswerten Einfühlungsvermögens mancher Menschen gegenüber Tieren räume ich gerne ein, daß manche Tierkommunikatoren vielleicht durchaus über außergewöhnliche Fähigkeiten verfügen, selbst wenn diese normalerweise nicht wissenschaftlichen Tests standhalten. Allerdings können viele dieser sogenannten Tierkommunikationen, besonders wenn sie um des Profits willen vorgenommen werden, eher eine Projektion der Gedanken des Kommunikators als echte Fälle von Telepathie sein.

Tierkommunikatoren sind sich über dieses Problem durchaus im klaren. Penelope Smith aus Point Reyes in Kalifornien, die Hunderte von Menschen in ihren Seminaren in «inter-species telepathic communication», also in telepathischer Kommunikation zwischen den Arten ausbildet, hat erlebt, wie Menschen «ihre Kommunikationsfähigkeiten mit ihren eigenen Problemen oder emotionalen Schwächen verwechseln». Sie hat einen ethischen Kodex für telepathische Kommunikationen zwischen den Arten aufgestellt, der die folgende Passage enthält: «Wir sind uns darüber im klaren, daß die telepathische Kommunikation durch unsere unerfüllten Emotionen, unsere kritischen Urteile oder unsere fehlende Liebe uns selbst und anderen gegenüber getrübt oder überlagert werden kann.»[15]

Professionelle Tierkommunikatoren sind oft bereit, Informationen über die Gefühle von Tieren und sogar über deren früheres Leben von sich zu geben, und sie können durchaus eine wertvolle Rolle bei der Beratung der Tierhalter spielen. Aber andererseits weigern sie sich oft auch, Informationen zu liefern, die sich sofort verifizieren lassen. In seinem Buch *Com-*

municating with Animals schildert der erfahrene Reporter Arthur Myers[16], wie er viele Kommunikatoren interviewte, um zu erfahren, ob sie beim Auffinden verschwundener Tiere mit Hilfe der Telepathie Erfolg gehabt hätten. Die meisten erklärten, sie würden derartige Aufträge nur ungern übernehmen. Doch Myers stieß tatsächlich auf einige Fälle, in denen es Kommunikatoren gelungen war, abhanden gekommene Tiere aufzuspüren, indem diese beschrieben, wo sie waren, und Hinweise gaben, dank deren sie gefunden wurden.

Die interessantesten Fälle dieser offenkundig von Tieren ausgehenden Kommunikationen sind für mich die, die sich empirisch überprüfen lassen. Ich gebe Myers recht, daß man dabei am besten mit dem Auffinden verlorengegangener Tiere beginnt.

Telepathisches Vorausahnen von Telefonanrufen

Vor der Erfindung der modernen Telekommunikation hätten sich die Menschen über größere Entfernungen hinweg nur mittels Telepathie erreichen können. Im vierten Kapitel habe ich eine Geschichte von Laurens van der Post zitiert – sie handelte von Buschmännern der Kalahariwüste, die wußten, was Angehörige ihrer Gruppe viele Kilometer weit weg taten und wann sie wiederkämen. Die Buschmänner nahmen an, daß der Telegraph des weißen Mannes auch etwas mit einer Art von Telepathie zu tun hätte.

Selbst bei der traditionellen, über große Entfernungen hinweg erfolgenden Kommunikation durch Trommeln wurde die Nachricht selbst möglicherweise nicht einfach durch die Laute übermittelt. Richard St. Barbe Baker meint in seinem Buch *African Drums*, das Trommeln habe vielleicht in erster Linie dazu gedient, die Aufmerksamkeit von Sender und Empfänger füreinander einzustimmen: «Kann es nicht sein, daß die Trommeln die Atmosphäre für die Übertragung von Gedankennachrichten und Vorstellungen schaffen, die Zeit und Raum überwinden? Je intensiver ich mich mit dem Problem der Übertragung beschäftige, desto mehr bin ich überzeugt vom untrennbaren Zusammenhang zwischen der Übertragung eines visuellen Bildes durch telepathische Mittel und der Sprache der Trommel.»[17]

Telepathische Fähigkeiten werden in der heutigen Gesellschaft nicht gefördert. Von Rationalisten werden sie als Aberglaube angesehen, von der Schulwissenschaft und vom Erziehungs- und Bildungssystem ignoriert. Und moderne Technologien ermöglichen gewöhnlich eine viel leichtere und effektivere Kommunikation über größere Entfernungen. Durch das Fernsehen kann jeder Bilder von weit entfernten Orten sehen, und Telefone gestatten eine weltweite unmittelbare Kommunikation. Paradoxerweise aber sind Telefone ein ausgezeichnetes Medium für die Untersuchung der Telepathie, und zwar genau deshalb, weil sie die gleiche Funktion einer Kommunikation über größere Entfernungen hinweg erfüllen. Um jemanden anzurufen, ist die Absicht erforderlich, diese Person anzurufen. Genau im Akt des Anrufens wird die Aufmerksamkeit auf die in der Ferne befindliche Person konzentriert. Wir haben bereits gesehen, daß Haustiere auf die Rufe und Absichten ihrer weit entfernten Besitzer reagieren können. Wissen manche Haustiere, wann ihre Besitzer anrufen, sogar noch bevor der Hörer abgehoben wird?

Auf Telefonanrufe reagierende Katzen

Ich habe 17 Berichte über Katzen bekommen, die reagieren, wenn eine bestimmte Person anruft, und zwar noch bevor der Hörer abgehoben wird. In allen Fällen ist der Anrufer jemand, dem die Katze sehr verbunden ist, normalerweise der Mann, die Frau, der Sohn oder die Tochter der Person, die die Reaktionen des Tiers bemerkt. In Veronica Rowes Fall war dies ihre Tochter Marian, deren Kater Carlo sich von keinem anderen Familienangehörigen liebkosen ließ.

> «Sieben Jahre nachdem sie Carlo angeschafft hatte, ging meine Tochter auf ein Lehrerbildungsinstitut und rief uns ziemlich selten an. Doch wenn das Telefon läutete und Marian dran war und nicht unser Sohn, der auf dem Polytechnikum in Kingston war, sauste Carlo schon die Treppe hinauf (das Telefon befand sich auf dem Treppenabsatz), bevor ich den Hörer abheben konnte! Dieser Kater konnte einfach nicht wissen, daß meine Tochter anrief – wir mußten immer lachen, wenn er die Treppe raufsauste, denn sicher war Marian am anderen Ende der Leitung. Das tat er nämlich sonst nie, zumal er eigentlich gar nicht nach oben durfte.»

Godzilla lebt bei David White (Abb. 8.1), einem PR-Berater, der sein Büro in seinem Haus in Watlington bei Oxford hat. Wenn er mehrmals im Jahr auf Geschäftsreisen war, paßten seine Eltern auf das Haus auf, kümmerten sich um die Katze und nahmen die vielen Anrufe entgegen. Er rief von Nordafrika, aus dem Nahen Osten und aus Europa an, um sich zu erkundigen, ob alles in Ordnung sei und wer eine Nachricht für ihn hinterlassen habe. «Immer wenn ich anrief, lief meine Katze los und setzte sich neben das Telefon, wenn es läutete, während sie die anderen Anrufe ignorierte, die meine Eltern für mich entgegennahmen. Und ich rief immer zu irgendwelchen beliebigen Zeiten an.» Godzilla verhielt sich stets so, bevor der Hörer abgehoben wurde, er konnte also nicht auf Davids Stimme reagiert haben.

Die meisten Katzen reagierten auf Anrufe von bestimmten Menschen, wenn das Telefon zu läuten begann, aber fünf taten dies sogar schon davor. Helena Zaugg aus Brügg in der Schweiz beispielsweise schildert, wie die Katze ihrer Familie auf ihren Vater reagierte, zu dem sie sich sehr hingezogen fühlte:

> «Als mein Vater pensioniert war, arbeitete er gelegentlich für einen Bekannten in Aargau. Manchmal rief er uns abends von dort aus an. Eine Minute bevor dies geschah, wurde die Katze unruhig und setzte sich neben das Telefon. Hin und wieder nahm mein Vater den Zug nach Biel und fuhr dann von dort mit einem Moped nach Hause. Eine halbe Stunde bevor er eintraf, setzte sich die Katze draußen vor die Haustür. Wenn er in Biel früher als gewöhnlich ankam und uns dann vom Bahnhof aus anrief, setzte sich die Katze neben das Telefon, kurz bevor der Anruf erfolgte. Danach ging sie zur Haustür. Das passierte alles ganz unregelmäßig, aber die Katze schien genau zu wissen, wo er war und was als nächstes geschehen würde.»

Auch eine Siamkatze, die Vicki Rodenberg gehörte, «hob den Kopf, wenn eine bestimmte Person anrief – aber schon Augenblicke bevor das Telefon läutete! Sie lief wirklich zum Telefon und miaute, und immer war diese Person dran.» (Ich habe auch Berichte über Katzen bekommen, die zum Telefon gehen, unmittelbar *nachdem* der Hörer abgehoben wurde, wenn eine bestimmte Person anruft, aber in solchen Fällen läßt sich unmöglich feststellen, ob die Katze schlicht auf den Klang der

Abbildung 8.1 David White und seine auf seine Anrufe reagierende Katze Godzilla in Watlington, Oxfordshire (Foto: Phil Starling).

Stimme der betreffenden Person oder auf die Reaktionen des Menschen reagierte, der den Anruf entgegennahm. Ich habe daher alle diese Fälle nicht in die Untersuchung einbezogen.)

Hunde und Telefone

Viele Hunde bellen oder reagieren auf irgendeine andere Weise, wenn das Telefon läutet, ganz gleich, wer gerade anruft. Wir haben in unserer Datenbank aber acht Fälle, in denen Hunde reagieren, wenn eine bestimmte Person anruft, und zwar bevor der Hörer abgehoben wird. Wie bei den Katzen waren die Menschen, auf die die Hunde reagierten, ihre Besitzer oder andere Familienangehörige, denen die Hunde besonders nahestanden. Margaret Howards Hündin Poppet beispielsweise mochte ihre Mutter sehr und wußte, wann sie anrief oder zu Besuch kam:

«Zuerst bemerkte ich an Poppet Anzeichen von Unruhe und Aufregung, sie hatte die Ohren gespitzt, wedelte mit dem Schwanz, wanderte zwischen Haustür und Hintertür hin und her und gab eine bestimmte Art von Bellen von sich, die ich immer ein ‹Juchzen› nannte – und wenige Minuten später kam tatsächlich meine Mutter. Ihre Besuche erfolgten nie zu bestimmten Zeiten oder regelmäßig, aber Poppets Reaktion war immer die gleiche – morgens, mittags oder abends. Allmählich stellte ich fest, daß ich sagen konnte, ob meine Mutter durch die Haustür oder durch die Hintertür kommen würde, da sich Poppet immer vor die richtige Tür postierte. Das gleiche habe ich bemerkt, wenn das Telefon läutete – normalerweise schaute Poppet zwar hin, kümmerte sich jedoch nicht weiter darum, aber ich wußte immer, wann meine Mutter dran war, da Poppet ganz aufgeregt wirkte, neben dem Telefon stand und ihr besonderes ‹Juchzen› von sich gab.»

Wie bei den Katzen läßt diese Reaktion von Hunden anscheinend auch nicht mit zunehmender Entfernung nach. Marie McCurrach aus Ipswich besaß einen Neufundländer, der in die Familie kam, als ihr Sohn zehn war. Vier Jahre später ging dieser Sohn auf eine Marineschule in North Wales und diente anschließend bei der Handelsmarine, wobei er hauptsächlich auf der Südafrikaroute unterwegs war.

> «Jedesmal, wenn er zu Hause anrief, lief der Hund zum Telefon, bevor irgendwer abheben konnte. Der Hund kümmerte sich nie um andere Anrufe, nur um die unseres Sohnes, und dann mußten wir den Hörer ans Ohr des Hundes halten, so daß unser Sohn mit ihm sprechen konnte, worauf der Hund reagierte. Unser Sohn hat uns nie eine Zeit genannt, zu der er anrufen würde, auch keinen bestimmten Wochentag – woher wußte der Hund also, daß unser Sohn dran war, bevor jemand den Hörer abgehoben hatte?»

Drei Hunde sollen reagiert haben, bevor das Telefon tatsächlich läutete. Ein Hund namens Jack gehörte einer Familie, die bei Gloucester lebte; der Vater war im Verteidigungsministerium beschäftigt. An manchen Abenden konnte er nicht heimkommen, weil er noch etwas Dringendes zu erledigen hatte oder weil es spät geworden war, und dann rief er immer an, um Bescheid zu sagen.

> «Etwa zehn Minuten bevor dieser Anruf erfolgte, saß der Hund neben dem Telefon, bis es läutete. An den Abenden, an denen mein Vater nicht anrufen mußte, rührte sich der Hund überhaupt nicht und blieb in seinem Korb. Außerdem kümmerte er sich nicht um irgendwelche anderen Anrufe zu allen sonstigen Zeiten.» (Mr. S. Waller)

Hunde und Katzen sind nicht die einzigen Haustierarten, die im voraus zu wissen scheinen, wer gerade anruft. Das ist wohl auch bei manchen Papageien der Fall, ebenso bei einem Kapuzineräffchen namens Sunday. Sein Besitzer Richard Savage ließ den Affen bei einem Freund in British Columbia in Kanada, während er zu Filmaufnahmen unterwegs war. «Mehrere Minuten bevor Richard mich anrief, sprang Sunday hoch und begann zu schnattern. Nach seinem Anruf beruhigte sie sich wieder und ignorierte tagelang das Telefon – bis kurz bevor Richard wieder anrief.»[18]

Menschen, die wissen, wann eine bestimmte Person anruft

Als ich einmal über diese Forschungen in einem Seminar berichtete, wurde ich von jemandem gefragt: «Wenn Katzen und Hunde die Fähigkeit besitzen zu wissen, wann bestimmte Menschen anrufen, warum dann nicht auch Menschen?» Eine gute Frage. Dann erinnerte ich mich daran, daß ich selbst erlebt hatte, wie ich ohne einen naheliegenden Grund an bestimmte Menschen dachte und sie dann kurz darauf anriefen. Ich fragte die Seminarteilnehmer, ob sonst noch jemand dieses Phänomen bemerkt hätte, und zu meiner Überraschung hatten dies fast alle schon einmal erlebt.

Anschließend haben mir viele Menschen davon berichtet oder mir darüber geschrieben. Lucinda Butler beispielsweise, die in London lebt, weiß oft, wann eine bestimmte Person anruft, insbesondere ihr Freund:

«Wir sind seit fünf Jahren beisammen, und ich weiß immer Bescheid, und er auch. Wenn er abhebt und weiß, daß ich es bin, dann sagt er irgendwas Albernes, worüber ich mich amüsiere. Aber manchmal hat er sich auch schon geirrt. Es kommt auch vor, daß ich an jemanden denke und mir sage: ‹O je, weil ich jetzt an sie gedacht habe, wird sie anrufen›, und gleich darauf tut sie es.»

Mittlerweile habe ich informelle Umfragen bei mehreren tausend Menschen in Seminaren, bei Vorträgen und Konferenzen in Europa und Amerika durchgeführt – ich habe einfach alle Leute gebeten, die Hand zu heben, die meinen, schon einmal telepathische Erlebnisse bei Telefonanrufen gehabt zu haben. Normalerweise sind dies 80 bis 90 Prozent der Anwesenden. Meine Kollegen und ich haben auch formelle Umfragen mit Hilfe von Zufallssamples veranstaltet, nämlich in zwei ganz verschiedenen Gegenden von England: in Bury, einer Industriestadt bei Manchester, und in London. Beide Umfragen bestätigen, daß eine Mehrheit von Menschen sagt, sie hätten dieses Phänomen selbst erlebt.[19]

Die meisten unerklärten Kräfte, von denen in diesem Buch die Rede ist, sind bei Tieren besser entwickelt als bei Menschen. Normalerweise reagieren Hunde anscheinend am empfindlichsten, gefolgt von Katzen, Pferden und Papageien, während Menschen weit hinterherhinken. Aber hier haben wir es zur Abwechslung einmal mit einer Fähigkeit zu tun, die bei Menschen besser entwickelt zu sein scheint als bei Tieren. Doch selbst wenn die meisten Menschen auf scheinbar unheimliche Weise intuitiv gewußt haben, wer da gerade anruft, ist da denn wirklich eine geheimnisvolle übersinnliche Kraft am Werk, oder läßt sich dies alles als eine Illusion erklären?

Forschungen zur Telepathie in bezug auf das Telefon

Die übliche skeptische Ansicht gegenüber diesen Phänomenen lautet, daß das selektive Gedächtnis den Menschen einen Streich spielt: Man erinnert sich nur an die Gelegenheiten, bei denen man richtig geraten hat, und die Hunderte oder Tausende von Malen, bei denen man sich irrte, vergißt man. Die richtigen Ahnungen sind also bloß reiner Zufall, heißt es.

Skeptiker können diese Behauptung freilich nicht mit experimentell ermittelten Daten belegen – sie geben nur eine Hypothese zum besten, die noch niemand überprüft hat, nicht einmal die Parapsychologen. Zur Zeit weiß niemand, wie viele Vorahnungen im Hinblick auf anrufende Personen richtig und wie viele falsch sind. Die Frage ist also völlig offen – vielleicht haben die Skeptiker ja recht, vielleicht auch nicht. Das läßt sich nur durch empirische Forschungen herausfinden.

Zur Durchführung dieser Pionierforschungsarbeit eignen sich am besten Menschen, die häufig telepathische oder scheinbar telepathische Erlebnisse bei Telefonanrufen gehabt haben. Zunächst einmal sollten Sie darüber ein Tagebuch führen. In Anhang A mache ich Ihnen einen einfachen, praktischen Vorschlag, wie Sie das am besten anstellen. Wenn Sie mit Ihrer Vorahnung, wann bestimmte Leute anrufen, oft recht haben, sollten Sie als nächstes einfache Experimente durchführen, indem Sie sie auffordern, zu unerwarteten, zufällig ausgewählten Zeiten anzurufen.

Dies ist ein jungfräuliches Forschungsgebiet, das beachtliche Möglichkeiten bietet. Das Telefon hat zwar für die meisten praktischen Zwecke die Telepathie abgelöst, aber es kann uns dabei behilflich sein, sie wiederzuentdecken.

9

Telepathie unter Tieren

Falls Telepathie zwischen Tieren und Menschen auftritt sowie von Mensch zu Mensch, wie steht es dann mit der Telepathie unter Tieren?

Wildtiere, die in sozialen Gruppen leben, sind oft stark aneinander gebunden und praktisch unfähig, eine isolierte Existenz zu führen. Komplexe soziale Organisationsformen gibt es sogar bei den niedrigsten Tierarten wie Korallen und Schwämmen. Was wir als Koralle oder Schwamm ansehen, ist in Wirklichkeit eine Kolonie aus Millionen winziger Organismen, die zusammen eine Art Superorganismus mit einer typischen Form bilden.

In diesem Kapitel lege ich dar, wie Insektengesellschaften, Schwärme, Scharen, Herden und andere soziale Gruppen organisiert sind. Die Aktivitäten der einzelnen Tiere innerhalb einer Gruppe werden durch das Feld der Gruppe koordiniert. Wir haben bereits gesehen, wie dieses soziale Feld, ein sogenanntes morphisches Feld, Menschen und Tiere miteinander verbindet und eine Möglichkeit zur Telepathie zwischen Haustieren und ihren Menschen bietet. Die gleiche Art Bindung tritt unter Tieren in freier Wildbahn auf, und in dieser Bindung liegen die Wurzeln der Telepathie von Tier zu Tier.

Betrachten wir zunächst einige der komplexesten Formen sozialer Organisation im Tierreich, die von Lebewesen geleistet werden, deren Gehirn doch kleiner ist als ein Stecknadelkopf.

Soziale Insekten als Superorganismen

Gesellschaften von Termiten, Ameisen, Wespen und Bienen können Millionen von individuellen Insekten enthalten. Sie bauen große und kunstvolle Nester, weisen eine komplexe Arbeitsteilung auf und pflanzen sich fort. Man hat sie schon oft mit Organismen oder Superorganismen verglichen.

Die ganzheitliche Vorstellung, daß Insektengesellschaften Organismen sind, wurde bis zum 20. Jahrhundert praktisch von allen Menschen für genauso selbstverständlich gehalten wie die Vorstellung, daß menschliche Gesellschaften Organismen sind. Diese organische Denkweise im Hinblick auf unsere eigenen Gesellschaften läßt sich bis in unsere Sprache hinein verfolgen – wir sprechen vom «Staatsoberhaupt», vom «Arm des Gesetzes» und vom «Staatswesen». Doch als in den fünfziger Jahren mechanistische Einstellungen derart traditionelle Vorstellungen verdrängten, kam das Konzept des Superorganismus in der Schulbiologie aus der Mode. Der Geist des Reduktionismus gewann die Oberhand. Edward O. Wilson, der Begründer der Soziobiologie, schrieb 1971, die Vorstellung vom Superorganismus sei «ein Trugbild, das sich aufgelöst hat».[1]

Und doch hat sich diese Vorstellung als unverzichtbar erwiesen und ist mittlerweile wieder «in». So konnte selbst Edward O. Wilson zusammen mit seinem Kollegen Bert Höllbolder 1994 erklären:

«Stellen Sie sich die großen Kolonien der afrikanischen Treiberameisen vor, die von allen Insektenstaaten einem Organismus am nächsten kommen. Betrachtet man die räuberischen Kolonnen der Treiberameisenkolonie verschwommen aus der Ferne, so erscheinen sie einem wie ein einziges Lebewesen, das sich wie die Pseudopodien einer riesigen Amöbe hundert Meter über dem Boden ausbreitet... Dieser Schwarm hat keine Anführerin... Die Vorhut, die sich mit 20 Meter pro Stunde vorwärtsbewegt, breitet sich flächendeckend auf dem Boden und der gesamten niedrigen Vegetation aus, wobei alle Insekten und sogar Schlangen und andere größere Tiere gesammelt und getötet werden, die nicht in der Lage sind wegzukriechen... Nach einigen Stunden fließt der Ameisenstrom in umgekehrter Richtung zurück in die Nestlöcher. Wenn man von einer Treiberameisenkolonie oder von anderen sozialen Insekten von mehr als nur einer dichten Ansammlung von Individuen spricht, bezeichnet man sie als einen Superorganismus.»[2]

Nun verweist Wilson also darauf, daß wir nach diesem Konzept die ganze Gesellschaft als Organismus betrachten müssen. Er vergleicht die Königin mit dem Herzen dieses Wesens im genetischen wie im physiologischen Sinn, die Arbeiter mit dem Mund, dem Bauch, den Augen. Aufgrund dieser ganzheitlichen Sehweise gibt es für Wilson eine Analogie zwischen der Art und Weise, wie sich Organismen aus befruchteten Eiern entwickeln, und der Art und Weise, wie von den Individuen in ihnen Gesellschaften errichtet werden.

Soziale Insekten sind wie alle anderen Gesellschaftstiere in ihren sozialen Gruppen durch morphische Felder miteinander verbunden, die die Gewohnheitsmuster und «Programme» der sozialen Organisation beinhalten. Im Falle der sozialen Insekten, die Nester und andere Gebilde bauen, koordinieren diese Felder ihre architektonische Aktivität. Sie enthalten gewissermaßen einen unsichtbaren Entwurf für das Nest. Das morphische Feld der Kolonie liegt nicht bloß im Innern der individuellen Insekten – diese befinden sich zudem innerhalb des morphischen Feldes der Gruppe. Das Feld ist ein ausgedehntes Muster in der Raum-Zeit, genauso wie das Gravitationsfeld des Sonnensystems nicht bloß in der Sonne und in den Planeten enthalten ist, sondern sie alle enthält und ihre Bewegungen koordiniert.

Man weiß inzwischen eine ganze Menge über die Kommunikation bei sozialen Insekten, die sich über gemeinsame Nahrung, Duftfährten, Berührung und optische Signale vollzieht – wie dem Schwänzeltanz der Honigbienen, mit dem sie einander die Richtung und Entfernung von Nahrung mitteilen. Aber all diese Formen von sinnlicher Kommunikation funktionieren nur aufgrund ihrer Verbindungen durch das morphische Feld der Gruppe. Dank diesem Feld, behaupte ich, sind die Insekten in der Lage, die Duftfährten, Tanzmuster und so weiter zu interpretieren und entsprechend zu reagieren.

Die sinnliche Kommunikation an sich würde keineswegs genügen, um zu erklären, wie es beispielsweise Termiten gelingt, so erstaunliche Gebilde wie bis zu drei Meter hohe Nester zu bauen, die voller Galerien und Kammern und sogar mit Ventilationsschächten ausgestattet sind. Diesen Insektenstädten liegt ein Gesamtplan zugrunde, der über das Vermögen irgendeines einzelnen Insekts weit hinausgeht.

Karl von Frisch, der den Schwänzeltanz der Bienen entdeckte, hat ein ausgezeichnetes Buch über Tierarchitektur geschrieben[3], in dem er die komplexen Bauten von Termiten schildert. Die Insekten sind blind und können einander zwar nicht sehen, aber sie markieren Fährten mit Duftstoffen, so daß andere Termiten ihnen folgen können, und geben Klopfsignale von sich, indem sie mit dem Kopf auf eine harte Oberfläche schlagen. Allerdings räumt von Frisch ein: «Aber beide Arten der Kommunikation sind inhaltsarm. Die Geruchsspur kann zu einem Ziel führen, sie sagt aber nicht, was dort geschehen soll. Die Klopfzeichen sind Alarmsignale, durch welche die Arbeiter von den Soldaten oder von Arbeitskameraden zu schleuniger Flucht ins Innere ihres Bauwerks veranlaßt werden. Das Trommeln bewirkt Erschütterungen der Unterlagen, die durch sehr empfindliche Sinnesorgane in den Beinen von anderen Tieren wahrgenommen werden. Sie bedeuten nur ‹Alarm›.» Abschließend meint Frisch: «Und doch beweisen die vollendeten Bauwerke, daß die Tätigkeit der Baumeister nach einem übergeordneten Bauplan geregelt ist und sich nach den Bedürfnissen der Gemeinschaft richtet. Wie das bei den blinden Arbeitern in der enormen Weite eines Millionenvolkes möglich ist, ahnen wir nicht.»[4]

Glücklicherweise ist von dem südafrikanischen Naturforscher Eugene Marais bereits ein ganz wichtiges Experiment durchgeführt worden, das ein wenig Licht in dieses Dunkel wirft. Zunächst beobachtete er, wie Arbeiter einer bestimmten Termitenart Breschen flickten, die er in ihre Hügel schlug. Die Arbeiter begannen beiderseits der Bresche mit der Reparatur des Schadens, indem jeder ein mit seinem klebrigen Speichel bedecktes Erdkrümelchen herbeitrug und es in der Lücke befestigte. Die Arbeiter hüben und drüben kamen nicht miteinander in Berührung, und da sie blind waren, konnten sie einander auch nicht sehen. Dennoch paßten die auf beiden Seiten angebrachten Bauteile richtig zusammen. Die Reparaturarbeiten wurden anscheinend von irgendeinem übergeordneten Organisationsmuster koordiniert, das Marais der «Gruppenseele» zuschrieb. Ich würde hier von einem morphischen Feld sprechen.

Dann wollte er wissen, was passierte, wenn die Termiten, die die Lücke reparierten, voneinander durch ein Hindernis getrennt wurden. Er halbierte den Termitenhügel durch eine Stahlplatte. Nun konnten die Bauarbeiter auf der einen Seite der Lücke auf sensorische Weise nichts von denen auf der anderen Seite wissen:

«Dennoch errichten die Termiten beiderseits der Platte ähnliche Bögen oder Türme. Entfernt man die Stahlplatte schließlich, so fügen sich beide Hälften nach der Schließung der Lücke perfekt zusammen. Wir kommen nicht an der Schlußfolgerung vorbei, daß irgendwo ein fertiger Plan existiert, den die Termiten lediglich ausführen.»[5]

Leider hat noch niemand dieses Experiment wiederholt, auch andere Experimente von Marais nicht, die anscheinend ebenfalls zeigten, daß die Angehörigen der Kolonie miteinander durch eine «unsichtbare Seele» verbunden waren. Ich glaube, daß wir hier ein unglaublich fruchtbares Forschungsgebiet vor uns haben.[6] Wenn das Verhalten sozialer Insekten von einer Art Feld koordiniert wird, das bislang von der Biologie wie von der Physik nicht erkannt worden ist, könnten uns Experimente mit sozialen Insekten einiges über die Eigenschaften und die Beschaffenheit solcher Felder verraten, die durchaus auf allen Ebenen einer sozialen Organisation, auch der unseren, wirksam sein können.

Fischschwärme

Auch ein Fischschwarm gleicht von weitem einem großen Organismus.[7] Seine Individuen schwimmen in dichten Formationen und vollführen Rollen und Kehrtwendungen nahezu synchron. «Entweder existieren keine dominanten Systeme, oder sie sind so schwach, daß sie wenig oder gar keinen Einfluß auf die Dynamik des Schwarms als Ganzes haben. Wendet sich der Schwarm nach rechts oder links, übernehmen Individuen, die bislang an der Flanke waren, die Führung.»[8] Wird ein Schwarm angegriffen, kann er so reagieren, daß er ein klaffendes Loch um den Raubfisch bildet. Häufiger teilt er sich, und die beiden Hälften wenden sich nach außen, bis sie schließlich um den Angreifer herumschwimmen und sich wiedervereinen. Man spricht vom Fontäneneffekt – immer wird der Angreifer dabei vom Schwarm ferngehalten. Jedesmal wenn sich der Angreifer umdreht, wiederholt sich dieses Spiel. Die spektakulärste Verteidigungsmaßnahme des Schwarms ist die sogenannte Blitzexpansion, die im Film wie eine explodierende Bombe aussieht. Jeder Fisch schießt gleichzeitig vom Zentrum des Schwarms fort, wenn die Gruppe angegriffen wird, und die gesamte Expansion kann sich in einer Fünfzigstelsekunde abspielen. Die Fische können in dieser Zeit auf eine Geschwindigkeit von zehn bis zwanzig Körperlängen pro Sekunde beschleunigen. Doch sie stoßen nicht zusammen. «Jeder Fisch weiß nicht nur im voraus, wo er schwimmen wird, wenn ein Angriff erfolgt, sondern er muß auch wissen, wo jeder seiner Nachbarn schwimmen wird.»[9] Dieses Verhalten läßt sich nicht einfach mit sensorischen Informationen von seiten benachbarter Fische erklären, denn alles spielt sich viel zu schnell ab, als daß sich Nervenimpulse vom Auge zum Gehirn und dann vom Gehirn zu den Muskeln bewegen könnten.

Selbst beim normalen Schwarmverhalten wissen wir nicht, wie die Bewegungen im Kollektiv koordiniert werden. Fische schwimmen auch nachts in Schwärmen, so daß dies nicht vom Sehvermögen abhängt. Man hat Fische sogar in Laborexperimenten zeitweilig blind gemacht, indem man sie mit undurchsichtigen Kontaktlinsen versah. Dennoch waren sie in der Lage, sich zum Schwarm zusammenzuschließen und ihre Position darin endlos lange zu bewahren. Vielleicht konnten sie die Position ihrer Nachbarn durch ihre druckempfindlichen Organe, die sogenannten Seitenlinien, ermitteln, die sich zu beiden Seiten des Körpers vom Kopf bis zum Schwanz erstrecken. Aber in anderen Laborexperimenten haben Fischforscher dies getestet, indem sie die Seitenlinien auf der Höhe der Kiemen durchtrennten. Auch diese Fische bilden noch immer normale Schwärme.[10]

Doch selbst wenn man wüßte, auf welche Weise die Fische ihre jeweilige Position durch ihre normalen Sinne wahrnehmen, ließen sich damit noch lange nicht ihre raschen Reaktionen erklären. Ein Fisch kann eigentlich nicht im voraus erspüren, wohin sich seine Nachbarn bewegen werden.

Aber wenn das Schwarmverhalten durch morphische Felder koordiniert wird, lassen sich diese Verbindungen im Prinzip leichter verstehen. Das Feld gestaltet das Verhalten und die Aktivität des Schwarms als Ganzes, und die Individuen darin reagieren auf ihre lokale Feldumgebung.[11] Am einfachsten läßt sich dies mit Eisenfeilspänen in einem Magnetfeld vergleichen. Wird der Magnet bewegt, nehmen die Eisenfeilspäne neue Positionen ein und bilden neue Muster von «Kraftlinien». Jeder einzelne Eisenspan reagiert nämlich auf das Feld in ihm und um ihn herum, und das Feld als Ganzes bildet das Gesamtmuster.

Es wäre faszinierend festzustellen, was geschieht, wenn zwei Teile eines Fischschwarms voneinander durch eine Barriere getrennt würden, die jeden normalen Sinneskontakt verhindert. Würden ihre Aktivitäten dennoch weiterhin in jeder Form koordiniert bleiben? Soweit ich weiß, hat das bislang noch niemand erforscht.

Vogelscharen

Wie Fischschwärme weisen auch Vogelscharen eine derart bemerkenswerte Koordination auf, daß man sie ebenfalls schon oft mit einem Organismus verglichen hat. So schrieb etwa der Naturforscher Edward Selous über eine riesige Starenschar: «Ganze Massen von ihnen drehten ab, rollten, kehrten ihre Flugformation um, wechselten in einem Schimmer von Braun zu Grau, von Dunkel zu Hell, als ob alle Individuen, aus denen sie sich zusammensetzten, Bestandteile eines individuellen Organismus gewesen wären.»[12]

Selous studierte im Laufe von 30 Jahren das Verhalten von Vogelschwärmen und war überzeugt, daß es sich nicht durch normale sensorische Kommunikation erklären ließ: «Ich frage mich, wie man diese Dinge ohne irgendeinen Prozeß der Gedankenübertragung erklären soll, der so rasch abläuft, daß er praktisch einem simultanen kollektiven Denken gleichkommt.»[13]

Das Verhalten von Vogelschwärmen ist zwar überraschend wenig erforscht, aber in einer aufsehenerregenden Studie von Wayne Potts aus den achtziger Jahren wurden die Kurvenflugbewegungen großer Scharen von Alpenstrandläufern in extremer Zeitlupe gefilmt, so daß man die Bewegungsabläufe des Schwarmes genau studieren konnte.[14] Diese Analysen ergaben, daß die Bewegung nicht exakt simultan verlief, sondern vielmehr entweder von einem einzigen Individuum oder von einer kleinen Gruppe von Vögeln ausging. Diese Bewegungseinleitung konnte überall in der Schar auftreten, und die Manöver pflanzten sich stets in Form von Wellen, die von der Einleitungsstelle ausstrahlten, durch die Schar fort. Diese Wellen bewegten sich sehr rasch und benötigten im Durchschnitt nur 15 Millisekunden, um von einem Individuum auf seinen Nachbarn überzuspringen.

Im Labor hat man gefangene Alpenstrandläufer getestet, um herauszufinden, wie rasch sie auf einen plötzlichen Reiz reagieren können. Die Zeit, die sie benötigten, um eine Schreckreaktion auf einen unvermittelten Lichtblitz zu zeigen, betrug im Durchschnitt 38 Millisekunden. Dies bedeutet, daß sie unmöglich in Reaktion auf das Verhalten ihrer Nachbarn in den Kurvenflug übergehen können, da eine solche Kursänderung im Schwarm viel rascher erfolgt, als es ihre schnellste Reaktionszeit zuließe.

Potts gelangte zu der Schlußfolgerung, daß Vögel auf eine «Manöverwelle» reagieren, die durch die Schar verläuft, wobei sie ihr Flugverhalten so anpassen, daß es die Ankunft der Welle antizipiert. Er erklärt dieses Phänomen mit der sogenannten «Chorus-line-Hypothese», die auf Experimenten basiert, welche in den fünfziger Jahren mit menschlichen Tanzgruppen durchgeführt wurden. Die Tänzer probten besondere Manöver, und in einigen Experimenten wurden diese Manöver von einer bestimmten Person ohne Vorwarnung eingeleitet, und die Geschwindigkeit, mit der sie sich entlang der Reihe der Tänzer fortpflanzte, wurde anhand von Filmaufnahmen geschätzt. Sie betrug im Durchschnitt 107 Millisekunden von Tänzer zu Tänzer – und das war fast doppelt so schnell wie eine durchschnittliche visuelle Reaktion beim Menschen (194 Millisekunden). Potts erklärte, dies hänge davon ab, wie der einzelne die sich nähernde Manöverwelle sehe und ihre Ankunftszeit im voraus einschätze.

Anders gesagt: Potts betrachtet die Vögel oder die Revuegirls, die auf die Manöverwelle reagieren, als ein Ganzes. Sie reagieren weniger auf andere Individuen als vielmehr auf das sich ausbreitende Muster selbst. Das sieht ganz nach einem Feldphänomen aus, und ich behaupte, die Manöverwelle ist ein Muster im morphischen Feld. Für mich ist dies jedenfalls eine plausiblere Erklärung als die Alternative, nämlich daß die ganze Welle durch rein visuelle Reize koordiniert würde. Das hieße ja, daß die Vögel in der Lage wären, solche Wellen fast augenblicklich zu spüren, zu bemerken und darauf zu reagieren, sogar wenn sie direkt hinter ihnen einsetzen. Sie müßten also eine praktisch ständige, unverwandte, 360 Grad erfassende Aufmerksamkeit haben. Mit der Feldhypothese hingegen ließe sich leichter verstehen, wie die Vögel nicht nur die Manöverwelle als Gestaltphänomen wahrnehmen und darauf reagieren, sondern die Bewegung der Schar als Ganzes erfassen und darauf entsprechend ihrer Position darin reagieren können. Das Feld bildet die Basis für das Kontinuum der Schar und für die Bewegung von Mustern durch sie.[15]

Wenn der Flug von Vogelscharen durch ein morphisches Feld koordiniert wird, dann kann dieses Feld die Vögel durchaus auch dann weiterhin miteinander verbinden, wenn sie mit anderen Dingen beschäftigt sind. Wenn beispielsweise eine Gruppe von Vögeln auf Futtersuche ist und einige Angehörige der Gruppe eine gute Nahrungsquelle auftun, könnte sich diese Entdeckung durch das Feld der verstreuten Schar verbreiten und andere Angehörige der Gruppe auf sich aufmerksam machen, ja vielleicht auch anziehend auf sie wirken, so daß sie sich in die richtige Richtung begeben können.

Zumindest ein Naturforscher, nämlich William Long, hat beobachtet, daß Vögel beim Finden von Nahrung anscheinend tatsächlich so reagieren. Er fütterte Wildvögel in unregelmäßigen Abständen und bemerkte, wenn einige von ihnen die Nahrung fanden, tauchten bald auch andere sich in der Nähe aufhaltende Vögel auf. Das ist zunächst einmal gar nicht so geheimnisvoll, denn sie könnten ja die Vögel beim Fressen gesehen oder gehört haben. Aber Long entdeckte auch, daß relativ seltene Vögel, die weit übers Land verstreut waren, rasch erschienen, wenn es etwas zu fressen gab. Nach vielen Beobachtungen gelangte er zu der Schlußfolgerung, daß es dafür nur zwei vernünftige Erklärungen gab: Entweder können fressende Vögel einen «stummen Nahrungsruf» aussenden, oder ihre Aufregung breitet sich aus. Er behauptete, diese Aufregung werde von «anderen hungernden Vögeln verspürt, die sich aufmerksam und feinfühlig weit außerhalb jeder möglichen Sicht- und Hörweite befinden».

Wenn man derartige Beobachtungen experimentell weiterverfolgen will, müßte es möglich sein, mit Scharen von domestizierten Vögeln wie Hühnern, Enten und Gänsen zu arbeiten. Zwei Teile einer Schar könnte man voneinander trennen, so daß kein Einfluß durch die normalen Sinne weitergegeben würde. Wenn nun ein Teil der Schar erschrocken oder beunruhigt ist, wird dann ein Einfluß zum anderen Teil übermittelt? Wenn ein Teil der Schar gefüttert wird, wird dann der andere Teil gleichzeitig aufgeregt?

Telepathie innerhalb von Herden

Naturforscher und Jäger, die das Verhalten von Herden wilder Tiere wie Karibus und Elche beobachten, stellen oft fest, daß eine ganze Herde aufgeschreckt werden kann und flieht, nachdem ein Tier eine Gefahr verspürt hat. In manchen Fällen läßt sich dies zwar mit Hilfe sensorischer Signale erklären, aber in anderen sind die Beobachter oft ratlos angesichts der plötzlichen Flucht von Tieren, die kurz zuvor unter den gleichen Umständen ohne jedes Mißtrauen geäst oder geruht haben. Das Gefühl einer Gefahr oder ein Alarm können sich stumm und rasch verbreiten.

William Long hat die Reaktionen von Karibus bei vielen Gelegenheiten ganz ausführlich studiert. Nachdem er einmal stundenlang eine Herde in New Brunswick verfolgt hatte, las er aus der Fährte, daß ein Tier der Herde verletzt war – es lief nur auf drei Beinen, und sein rechter Vorderfuß baumelte hilflos, während es dahinhumpelte. Schließlich gelangte er zu einem bewaldeten Hang, von dem aus er durch sein Fernglas tatsächlich die Herde in etwa anderthalb Kilometer Entfernung erblickte. Er begann sich vorsichtig anzupirschen, als er auf die einsame Fährte des behinderten Tiers stieß, und kurz darauf stöberte er es in einem Dickicht auf. Es humpelte im Wald davon. Gut getarnt richtete Long sein Fernglas auf die anderen Karibus. Sie befanden sich bereits in höchster Aufregung und rannten rasch weg. Er war überzeugt, daß ihn die übrige Herde weder hören noch sehen, noch riechen konnte. Er war noch immer weit weg, und doch reagierten sie, unmittelbar nachdem das behinderte Tier aufgeschreckt war, «als ob für sie eine Glocke geläutet hätte». Long verfolgte die Fährte der Herde zurück bis zu der Stelle, wo sie geruht hatte, bevor sie den Alarm aufschnappte, und sah, daß es in den Wäldern ringsum keinerlei Spuren von Menschen oder wilden Tieren gab, die ihre Flucht hätten erklären können. Er schloß daraus, daß sie irgendeine stumme Warnung empfangen hatten.

Das geschieht nicht immer, denn manchmal kann ein Tier der Herde überrascht werden, ohne daß es die anderen alarmiert. Long glaubte, daß in diesem Fall das vereinzelte Karibu so sehr erschrocken war und der übrigen Herde vielleicht eine besonders intensive Warnung zukommen ließ. Ähnliche Beobachtungen des Verhaltens von Elchen ließen ihn zu der Schlußfolgerung gelangen, daß ganze Herden plötzlich den stummen Impuls zu fliehen verspüren und ihn verstehen konnten und ihm ohne zu zögern gehorchten – und zwar auf eine im Grunde telepathische Weise.[16]

Experimente mit Pferden

Der britische Pferdetrainer Harry Blake war überzeugt, daß Pferde miteinander per Telepathie kommunizieren und auf diese Weise auch auf Menschen reagieren können. Er glaubte, daß diese Art der Kommunikation für sie lebenswichtig ist, da eine Herde Pferde sich in freier Wildbahn auflösen kann, wobei einige Tiere außer Sicht- und Hörweite voneinander geraten. «Wenn ein Teil der Herde aufgrund des Erscheinens von Menschen, Wölfen oder anderen Raubtieren aufgeschreckt wird, kann die restliche Herde, die sich vielleicht zwischen den

Bäumen aufhält, durch ESP alarmiert werden, auch wenn die Tiere ihre Gefährten weder sehen noch hören können. Pferde, die auf diese Weise alarmiert werden, sind zunächst beunruhigt, spitzen dann die Ohren und schnauben und entfernen sich schließlich aus der Gegend.»[17]

Blake führte eine Reihe von Experimenten über die Telepathie zwischen Pferden durch. Dazu suchte er sich Pferdepaare aus, die Brüder oder Schwestern waren und sich gern in Gesellschaft des anderen aufhielten, indem sie miteinander grasten und herumliefen. Das Paar wurde getrennt, und jedes einzelne Tier wurde außer Sicht- und Hörweite des anderen gehalten. Während das eine Tier gefüttert wurde, beobachtete Blake das andere. Sie bekamen nicht täglich zur gleichen Zeit und auch nicht zu ihren gewohnten Fütterungszeiten ihr Futter. Bei 21 von 24 Tests beobachtete Blake, wenn ein Pferd gefüttert wurde, dann wurde das zweite Pferd aufgeregt und verlangte Futter, obwohl es das erste Tier weder sehen noch hören konnte.

Wenn in einer weiteren Reihe von Experimenten ein Pferd des Paars hinausgebracht und trainiert wurde, dann wurde in den meisten Fällen das andere Pferd aufgeregt. Bei einem anderen Experiment gab sich Blake viel Mühe mit einem Tier des Paars, normalerweise mit dem, das er weniger mochte, und in den meisten Fällen äußerte das andere Tier Anzeichen von Unruhe, die vermuten ließen, daß es eifersüchtig war.

Insgesamt führte Blake 119 Experimente durch, und in 68 Prozent gelangte er zu positiven Ergebnissen. Er absolvierte auch ein Kontrollexperiment mit einem Pferdepaar, das sich nicht ausstehen konnte. Nur in einem von 15 Experimenten gab es ein positives Ergebnis.

Soweit ich weiß, sind diese bahnbrechenden Experimente nie wiederholt worden. Sie zeigen aber, daß sich die telepathische Kommunikation zwischen Pferden oder anderen Tieren mit Hilfe einfacher Experimente untersuchen läßt.

Experimente mit Hunden und Kaninchen

Die meines Wissens einzigen Experimente zur Telepathie zwischen Hunden wurden von Ariste Essner, einem Psychiater am Rockland State Hospital in New York, an Boxern durchgeführt. Er erhielt diesen Forschungsauftrag, als Gerüchte aufkamen, sowjetische Wissenschaftler würden Tiere im Hinblick auf ESP testen. Einer dieser Geschichten zufolge waren kleine Kaninchen an Bord eines U-Boots gebracht worden, während ihre Mutter in einem Labor an Land gehalten wurde. Als das Schiff untertauchte, wurden die Jungen nacheinander getötet. Angeblich sei die Mutter genau in dem Augenblick, da man sie tötete, aufgeregt geworden.[18]

Für seine Experimente verwendete Essner zwei schalldichte Räume in verschiedenen Teilen des Krankenhauses. In einem dieser Räume befand sich eine Boxerhündin, im anderen ihr Sohn. Diese Hunde waren so dressiert worden, daß sie sich hinkauerten, wenn eine zusammengerollte Zeitung in der erhobenen Hand gehalten wurde. Bei dem Experiment wurde der Sohn von einem Assistenten mit einer zusammengerollten Zeitung «bedroht», und sofort nahm er gehorsam Platz. In genau dem gleichen Augenblick kauerte sich auch die Mutter in ihrer isolierten Kammer hin.[19] In einem anderen Experiment wurde ein Boxer in einer der Kammern gehalten, wo er mit einem Elektrokardiographen verbunden war, während sich sein Frauchen im anderen Raum befand. Die Wissenschaftler schickten in ihren Raum ohne jede Vorwarnung einen Mann, der sie drohend anbrüllte. Kein Wunder, daß sie Angst bekam. Zur gleichen Zeit beschleunigte sich der Herzschlag ihres Hundes heftig.[20]

Wahrscheinlich hätten nur wenige Hundehalter Lust, an derartigen Experimenten teilzunehmen, aber ähnliche Experimente mit isolierten Räumen ließen sich relativ leicht auch ohne Angst erzeugende Anreize durchführen. So könnte beispielsweise in einem Experiment mit zwei Hunden der eine gefüttert und der andere daraufhin beobachtet werden, ob er zur gleichen Zeit irgendwelche Anzeichen von Erregung von sich gäbe, wie dies in Blakes Experiment mit Pferden geschah.

Die Experimente mit Kaninchen in russischen U-Booten mögen vielleicht nur Gerüchte sein, doch vor kurzem wurden in Frankreich einige korrekt überwachte Experimente mit Kaninchen durchgeführt, die etwa zu den gleichen Ergebnissen gelangten. Bei diesen Tests wurden Kaninchen auf Anzeichen von Streß untersucht, indem die Durchblutung ihrer Ohren gemessen wurde. Das geschah auf schmerzlose Weise: Man klemmte einen kleinen Clip an einen rasierten Abschnitt eines Ohrs, der aus einer Miniaturlichtquelle und einer Fotozelle bestand. So ließ sich die Lichtmenge, die durch das Ohr fiel, ständig messen. Wenn Kaninchen Streß empfinden, ziehen sich die Blutgefäße in ihren Ohren zusammen, die Durchblutung geht zurück, und dann dringt mehr Licht hindurch.

Diese Experimente wurden von René Peoc'h an Kaninchenpaaren aus dem gleichen Wurf durchgeführt, die monatelang im selben Käfig zusammengelebt hatten. Sie wurden mit anderen Kaninchenpaaren verglichen, die isoliert voneinander in Einzelkäfigen gehalten worden waren.

Während des Experiments wurde jedes Kaninchen in einen schalldichten Käfig gesetzt, der auch vor elektromagnetischen Einflüssen geschützt war. Der von beiden Kaninchen erlebte Streß wurde anhand der Durchblutung der Ohren gemessen. Peoc'h fand heraus, daß, wenn eines der Kaninchen unter Streß stand, auch das andere Kaninchen innerhalb von drei Sekunden Anzeichen von Streß zeigte. Demgegenüber wies das Kontrollkaninchenpärchen, das sich nicht kannte, nicht die gleiche Art von telepathischer Verbindung auf. Die Unterschiede zwischen beiden Kaninchenpaaren waren statistisch gesehen höchst signifikant.[21]

Doch Kaninchen beeinflussen ebenso wie Hunde ihre Artgenossen natürlich nicht nur in Experimenten, sondern auch im wirklichen Leben auf telepathische Weise. Mehrere Menschen, die zwei oder mehr Hunde besitzen, haben mir berichtet, daß sie bemerkt haben, wie die Hunde einander anscheinend über größere Entfernungen hinweg beeinflussen. Margaret Simpson aus Castle Douglas in Schottland beispielsweise hat eine Whippet- und eine Neufundländerhündin. Wenn sie ausgehen, bleibt die Whippethündin gewöhnlich dicht bei ihr, während die Neufundländerhündin ziemlich weit herumstreift. Dabei scheint sie die Whippethündin «rufen» zu können, besonders wenn sie ein Wild aufgespürt hat. «Ohne daß ich einen sinnlichen Kontakt feststellen könnte, erhält die Whippethündin irgendeine Art von Nachricht und saust davon. Als ob eine Gedankenübertragung stattgefunden hätte.»

Manche Hunde reagieren auch, wenn ein anderer Hund, dem sie verbunden sind, an einem fernen Ort einen Unfall hat oder stirbt. Eine Schäferhündin in Frankreich wies Anzeichen von großem Kummer auf, als ihre Mutter auf der fast 10 000 Kilometer entfernten Insel La Réunion umkam (siehe S. 170). In einem anderen Beispiel, von dem mir Major Patrick Pirie berichtete, ging es um eine Neufundländerhündin und ihre Tochter. Als die Tochter etwa neun Monate alt war und bei Major Pirie in Somerset lebte, «verweigerte sie zum erstenmal in ihrem Leben ohne einen ersichtlichen Grund jede Nahrung und blieb den ganzen Tag still. Am Abend wurde uns telefonisch mitgeteilt, daß ihre Mutter von einem Auto überfahren und getötet worden war. Ich bin überzeugt, daß sie irgendeine Art von Wahrnehmung hatte und wußte, was über 150 Kilometer weit weg passierte.»

Ein anderes Beispiel aus unserer Datenbank handelt von zwei birmanischen Berghunden.

«Bei einem meiner Hunde wurde Krebs diagnostiziert, und wir brachten ihn ins Cambridge Vet Centre. Plötzlich, kurz nach zwölf Uhr mittags, begann der andere Hund zu heulen und war längere Zeit ganz bekümmert.» Im Laufe des Nachmittags rief der Tierarzt aus Cambridge an und erklärte, der kranke Hund sei gegen Mittag eingeschläfert worden. (Josephine Woods)

Die in diesem Kapitel geschilderten Beispiele von Hunden, Pferden, Karibus und anderen Arten legen die Vermutung nahe, daß die Telepathie im Tierreich weit verbreitet ist.

Die typischen Merkmale für Telepathie bei Tieren

Es gibt mehrere Merkmale für Telepathie bei Tieren, die bei ganz unterschiedlichen Arten auftreten. Daraus lassen sich folgende Schlußfolgerungen über die Grundprinzipien der Telepathie innerhalb einer Spezies ziehen:

1. Die Telepathie bei Tieren ist der Einfluß von Tieren auf andere Tiere, unabhängig von den bekannten Sinnen.
2. Telepathie spielt sich gewöhnlich zwischen nahe verwandten Tieren ab, die derselben sozialen Gruppe angehören. Mit anderen Worten: Sie findet zwischen Tieren statt, die miteinander «verbunden» sind.
3. In Schwärmen, Scharen, Herden, Rudeln und anderen sozialen Gruppen kann die telepathische Kommunikation eine wichtige Rolle bei der Koordinierung der Aktivität der Gruppe als einem Ganzen spielen.
4. Zumindest bei Vögeln und Säugetieren hat die Telepathie etwas mit Emotionen, Bedürfnissen und Absichten zu tun. Zu den telepathisch kommunizierten Gefühlen zählen

Angst, Unruhe, Aufregung, Hilferufe, Rufe, zu einem bestimmten Ort zu gehen, Vorahnungen einer Ankunft oder Abreise sowie Kummer und Sterben.

Im Falle von Haustieren gelten diese Prinzipien auch für die telepathische Kommunikation zwischen Menschen und Tieren, die einander verbunden sind.

Diese typischen Merkmale der Telepathie bei Tieren lassen sich offenbar auch großenteils bei der menschlichen Telepathie feststellen, insbesondere bei den dramatischsten Fällen spontaner menschlicher Telepathie, die ferne Todes- oder Unfälle betreffen.

Eine der wichtigsten Schlußfolgerungen aus den in diesem Buch geschilderten Untersuchungen besagt, daß die Telepathie nicht etwas spezifisch Menschliches ist. Sie ist eine natürliche Fähigkeit, Teil unserer tierischen Natur.

Funktioniert Telepathie nur über größere Entfernungen hinweg?

Die Tatsache, daß eine telepathische Kommunikation stattfinden kann, wenn Tiere und Menschen *keinen* sinnlichen Kontakt miteinander haben, beweist nicht, daß die Telepathie auch dann noch stattfindet, wenn ein sinnlicher Kontakt zwischen ihnen besteht. Vielleicht ist die Telepathie eine Fähigkeit, die nur dann eingeschaltet wird, wenn es erforderlich ist, so wie man eine Gegensprechanlage einschaltet, wenn man in verschiedenen Räumen ist, und sie ausschaltet, wenn man sich im selben Raum befindet. Andererseits sind Tiere und Menschen durch übersinnliche Verbindungen oder emotionale Bande ebenso miteinander verknüpft, wenn sie zusammen sind, wie auch, wenn sie voneinander getrennt sind. Eine telepathische

Kommunikation kann also durchaus auch dann stattfinden, wenn sich eine Kommunikation durch die bekannten Sinne vollzieht.

Wir nehmen ja auch nicht an, daß Tiere aufhören, jemanden zu riechen, wenn sie den Betreffenden sehen oder hören. Wir akzeptieren gern, daß die Sinne einander nicht gegenseitig ausschließen und im allgemeinen zusammen funktionieren. Ich meine, das gleiche gilt auch für die unsichtbare Kommunikation, die durch übersinnliche Bande stattfindet – sie funktioniert normalerweise zusammen mit den Sinnen. Die übersinnliche Verbindung wird nicht abgeschaltet, wenn Lebewesen zusammen sind, und angeschaltet, wenn sie voneinander getrennt sind – sie wird potentiell die ganze Zeit aufrechterhalten.

Schlußbemerkung zum vierten Teil

Die wissenschaftliche Erforschung der Telepathie bei Tieren steckt noch immer in den Kinderschuhen. Wenn die Forschung auf diesem Gebiet Fortschritte macht, gehe ich davon aus, daß die Telepathie zunehmend als normal angesehen wird und nicht als «paranormal», also jenseits des Normalen. Sie ist ein Aspekt der Biologie sozialer Gruppen und der sozialen Kommunikation. Sie ermöglicht es Angehörigen der Gruppe, einander auch dann zu beeinflussen, wenn es die Reichweite der sensorischen Kommunikation nicht mehr zuläßt, und kann ausgesprochen lebenswichtig sein. Wenn das der Fall ist, dann muß die Fähigkeit zur telepathischen Kommunikation der natürlichen Auslese unterliegen. Die Telepathie muß sich entwickelt haben. Ihre Wurzeln reichen vielleicht weit zurück in die Evolutionsgeschichte, bis zu den frühesten sozialen Lebewesen.

FÜNFTER TEIL

Verschiedene Formen von Orientierungssinn

10

Unglaubliche Reisen

Tiere sind nicht nur durch enge Bande mit Angehörigen ihrer sozialen Gruppe verbunden, sondern sie entwickeln auch Bindungen an bestimmte Orte. Viele wilde wie domestizierte Tierarten besitzen die Fähigkeit, von unbekannten Lokalitäten nach Hause zu finden. Diese Bindung an Orte beruht auf morphischen Feldern, die dem sogenannten «Orientierungssinn» zugrunde liegen, welcher es Tieren ermöglicht, über unvertrautes Terrain heimzufinden. Der Orientierungssinn spielt auch eine wichtige Rolle bei der Migration, der Wanderung von Tieren. Manche Arten wie Schwalben, Lachse und Seeschildkröten wandern über Tausende von Kilometern von Brut- zu Nahrungsgründen und wieder zurück. Ihre Navigationsfähigkeit ist eines der großen ungelösten Rätsel der Biologie – mehr darüber im nächsten Kapitel. Auch hier, meine ich, könnten morphische Felder sowie das in ihnen enthaltene Gedächtnis der Vorfahren eine Erklärung liefern.

Hunde, Katzen und Pferde, die nach Hause finden

Es gibt viele Geschichten von Haustieren, die heimkehren, nachdem sie weit von ihrem Zuhause entfernt ausgesetzt wurden oder verschwunden waren. Einige genießen einen beinahe legendären Ruf, wie zum Beispiel ein Collie namens Bobby, der in Indiana verschwunden war und ein Jahr später in seinem Zuhause in Oregon wieder auftauchte, nachdem er eine Strecke von über 3000 Kilometern zurückgelegt hatte. Auf derartigen Fällen basiert die bekannte, von Walt Disney verfilmte Tierabenteuergeschichte *The Incredible Journey* (auf deutsch *Die unglaubliche Reise*)[1], in der ein Siamkater, ein alter Bullterrier und ein junger Neufundländer 500 Kilometer durch die Wildnis im nördlichen Ontario wieder nach Hause zurückfinden.

Auch im wirklichen Leben gibt es immer wieder solche unglaublichen Reisen, und in der Zeitung wird oft von bemerkenswerten Fällen berichtet. 1995 stand in der Londoner *Times* die folgende Geschichte:

«Ein Hütehund, der von Autodieben ausgesetzt worden war, hat zu seinem Besitzer zurückgefunden, nachdem er eine Strecke von fast 100 Kilometern zurückgelegt hatte. Blake, ein zehnjähriger Border Collie, wurde zusammen mit seinem Gefährten, dem vierjährigen Roy, gestohlen, als sie sich hinten in Tony Balderstones Landrover befanden. Die Diebe, die das Fahrzeug in Cley in Norfolk stahlen, setzten die Hunde in Downham Market aus, etwa 100 Kilometer von Mr. Balderstones Haus in Holt entfernt. Roy wurde zwei Tage später in Downham Market eingefangen und zu seinem Herrn zurückgebracht, aber Blake machte sich allein auf den Heimweg. Mr. Balderstone, ein Schäfer, erklärte gestern: ‹Ich wußte, er würde es bis nach Hause schaffen, solange er nicht bei einem Verkehrsunfall überfahren oder erschossen würde, weil er das Vieh erschreckte. Ich habe Bauern und Wildhüter entlang der Route angerufen, um sie zu alarmieren.› Blake benötigte fünf Tage für die Reise nach Letheringsett, anderthalb Kilometer von Mr. Balderstones kleinem Landgut entfernt, wo Dorfbewohner ihn dann erkannten.»[2]

Auf jeden Fall wie diesen, über den in den Zeitungen berichtet wird, müssen Dutzende von unveröffentlichten Fällen kommen. In unserer Datenbank befinden sich 60 unveröffentlichte Geschichten von Hunden und 29 von Katzen, die nach Hause fanden. Einige handeln von Tieren wie Blake, die ausgesetzt wurden oder verschwanden, als sie fern von ihrem Zuhause waren. Aber in den meisten Geschichten geht es um Tiere, die bei einem Umzug mitgenommen wurden und zu ihrem alten Heim zurückkehrten.

In fast allen Fällen wurden die Tiere zu dem Ort, von dem sie heimfanden, transportiert – nur ganz selten liefen sie selbst dorthin. Sie waren daher außerstande, sich die Gerüche, Orientierungspunkte oder andere Details der Route zu merken. Normalerweise wurden sie mit dem Auto weggebracht, aber in einigen Fällen per Bus oder Bahn und in einem mit dem Schiff über den Zürichsee. Manchmal legten sie dabei indirekte Routen zurück. Aber in den Fällen, wo sie auf dem Rückweg beobachtet wurden, begaben sie sich gewöhnlich auf direktem Weg zu ihrem alten Zuhause und folgten nicht der Route, über die sie weggebracht worden waren. Denn wenn ein Hund oder eine Katze versucht hätten, den Straßen oder Eisenbahngleisen zu folgen, über die sie weggebracht worden waren, wären sie in jedem Fall bald überfahren worden. Irgendwie wußten die Tiere, in welcher Richtung ihr altes Zuhause lag, selbst wenn sie sich an einem Ort befanden, an dem sie noch nie zuvor gewesen waren und zu dem sie über eine indirekte Route gelangt waren.

Den eindeutigsten Beweis dafür, daß der Orientierungssinn der Tiere nicht auf dem Merken von Gerüchen entlang der Route oder von anderen Details der Reise beruht, liefern Fälle, in denen das Tier auf dem Luftweg transportiert wurde. Im Vietnamkrieg wurden von US-Truppen Spürhunde eingesetzt und in die Kriegsgebiete per Hubschrauber gebracht. Ein solcher Hund namens Troubles wurde mit seinem Hundeführer, William Richardson, in den Dschungel eingeflogen, um eine 16 Kilometer entfernte Patrouille zu unterstützen. Richardson wurde bei feindlichem Beschuß verwundet und ins Lazarett ausgeflogen; die anderen Mitglieder der Patrouille setzten den Hund einfach aus. Drei Wochen später tauchte Troubles wieder auf seinem Stützpunkt auf, dem Hauptquartier der First Air Cavalry Division in An Khe. Er war müde und ausgemergelt und ließ niemanden an sich herankommen. Er durchstöberte die Zelte, bis er Richardsons Sachen fand, dann kuschelte er sich zusammen und schlief ein.[3]

Die meisten Haustierbesitzer sind zwar über das unvermutete Vermögen ihrer Tiere, nach Hause zu finden, erstaunt, aber Schäfer und andere Halter von Arbeitshunden wissen über diese Fähigkeiten oft genau Bescheid. Blakes Besitzer, der so fest davon überzeugt war, daß sein Hund zurückkommen würde, war bezeichnenderweise ein Schäfer. Als einstmals Viehherden von den schottischen Highlands nach England getrieben wurden, pflegten die Treiber ihre Hunde allein nach Hause zu schicken, nachdem sie das Vieh abgeliefert hatten – die Männer blieben dann, um bei der Ernte zu helfen. Die Hunde verfolgten gewöhnlich die Route zurück, die sie auf dem Weg nach Süden genommen hatten, wobei sie bei den Bauernhöfen und Herbergen Rast machten, wo sie zuvor gefüttert worden waren und geruht hatten. Die Wirte fütterten sie und wurden dann von den Hundebesitzern bezahlt, wenn sie im nächsten Jahr bei ihnen abstiegen.[4] Vor dem Zweiten Weltkrieg trieben Bauern aus Lincolnshire ihre Tiere zu über 150 Kilometer entfernten Märkten, in Etappen von 30 Kilometern. Wenn die Tiere verkauft worden waren, ließen die Treiber ihre Hunde frei, damit sie allein nach Hause zurückliefen, um die Kosten für ihre Eisenbahnfahrt zu sparen. (Roger Dale)

Auch manche Pferde finden über Kilometer von unvertrautem Land nach Hause, und wahrscheinlich würden sie viel häufiger von ihrer Fähigkeit Gebrauch machen, wenn sie nicht auf umzäunten Weiden untergebracht würden. Die unerwünschte Heimkehr von Pferden ist zwar lästig, aber manchmal kann die Fähigkeit eines Pferdes, seinen Weg zurück zu finden, sehr nützlich sein.

An einem geruhsamen Tag ritt Jeanne Welsh mit ihrem Pferd durch die Landschaft von Yorkshire, als sie Lust verspürte, eine Gegend zu erkunden, in der weder sie noch das Pferd schon einmal gewesen waren. Nach einer Weile merkte sie, daß sie sich verirrt hatte. «Ich habe einen fürchterlich schlechten Orientierungssinn und geriet ein bißchen in Panik. Ich ließ die Zügel auf den Hals der Stute fallen und sagte: ‹Jetzt bist du dran – bring uns heim!›» Das Pferd lief entschlossen weiter, bis es an einem Gatter stehenblieb, das sie noch nie gesehen hatten. Das Tier schien sich seiner Sache so sicher zu sein, daß Jean das Gatter öffnete. «Ohne jede Anweisung von mir setzte sie ihren Weg fort – anscheinend kannte sie sich aus.» Sie folgten unbekannten Wegen, bis sie schließlich an eine Stelle kamen, die Jean zu ihrer großen Erleichterung wiedererkannte und die nicht weit von zu Hause entfernt war.

Andere Tiere, die nach Hause finden

Die Fähigkeit, nach Hause zu finden, ist weitverbreitet. Neben Geschichten über Hunde, Katzen und Pferde gibt es in unserer Datenbank auch Berichte über eine Schafherde, die vom Feld eines Farmers ausriß und über zwölf Kilometer bis zu ihrer heimischen Weide zurücklegte, über ein Hausschwein, das über zehn Kilometer weit heimfand, und mehrere Fälle von Vögeln, die nach Hause fanden. Eine der hübschesten Geschichten handelt von Donald und Dora, einem Osterentenpärchen, das von der Familie Erickson in Minnesota aufgezogen worden war.

«Wir legten im Hinterhof unseres Hauses in der Innenstadt von Minneapolis ein hübsches Gehege an. Wir fütterten sie und ließen sie in einem großen Plastikpool baden. Im Sommer hatten wir viel Spaß mit ihnen. Nach einigen Monaten waren sie ausgewachsen. Was sollten wir tun, wenn der Winter kam? Mitte August beschlossen wir dann, sie zu einem Teich in einem etwa drei Kilometer entfernten ungenutzten Park zu bringen. Mom sagte, es sei am besten, wenn sie sich ihren Artgenossen anschließen und lernen würden, wie sie in freier Wildbahn zurechtkämen, bevor es schneien würde. Wir ließen sie nur ungern frei. Dad hatte ihre Flügel mit Farbe markiert, damit wir beobachten konnten, wie sie sich unter die Wildenten mischten. Traurig fuhren wir heim. Nach einiger Zeit hörten wir plötzlich, wie die Nachbarn draußen auf der Straße schrien und lachten. Wir liefen in den Vorgarten hinaus, und zu unserem großen Erstaunen kamen Donald und Dora oben auf dem Hügel, mitten auf der Straße, quakend angewackelt. Sie hatten durch Wälder und belebte Großstadtstraßen heimgefunden.»

In diesem Fall war die zurückgelegte Strecke bescheiden, aber einige Hausvögel haben über Hunderte von Kilometern heimgefunden, wie zum Beispiel eine Elster, die von den Kindern der Familie Beauzetier in Drancy bei Paris aufgenommen worden war, nachdem sie als Junges aus dem Nest gefallen war. In den Sommerferien 1995 fuhren die Kinder zu ihren Großeltern bei Bordeaux und nahmen den Vogel mit. Während sie dort waren, flog die Elster weg. Die Kinder waren sehr betrübt darüber, und am Ende der Ferien mußten sie ohne den Vogel heimfahren. Kurz danach sahen sie die Elster in einem Baum bei ihrem Haus. Als sie sie riefen, antwortete sie, und zu ihrer großen Freude kehrte sie wieder zurück und blieb bei ihnen. Sie war fast 600 Kilometer geflogen.

Noch spektakulärer war die Rückkehr einer Taube, die Ken Clark aus Bakersfield in Kalifornien gehörte und die er seinen Vettern schenkte, die zu Besuch aus Connecticut bei ihm waren. Er gab ihnen die Taube in einem Käfig und mit etwas Futter mit, und dann fuhren sie weg. «Einen Monat später war der Vogel wieder da! Seine Schwanzfedern waren großenteils weg. Er war schmutzig und in einem schlimmen Zustand.» Seine Vettern hatten den Vogel zu sich nach Hause gebracht, also über 5000 Kilometer weit weg, aber er war ihnen entwischt, als sie ihn in einen größeren Käfig stecken wollten.

Die Fähigkeit von Tauben, nach Hause zu finden, ist bekannt, aber sie ist durchaus nicht einzigartig – auch viele andere Arten besitzen sie.

Experimente mit Katzen und Hunden, die nach Hause finden

Verständlicherweise sind die meisten Haustierbesitzer nur ungern bereit, ihre Tiere an unbekannten Orten auszusetzen, um ihr Heimfindeverhalten zu studieren. Abgesehen von meinen Forschungen mit dem Hund Pepsi – darüber später mehr – kenne ich nur zwei Reihen derartiger Experimente.

Die erste wurde vor über 75 Jahren in Cleveland, Ohio, von dem Zoologen F. H. Herrick mit seiner eigenen Katze durchgeführt. Er begann eigentlich ganz ungewollt mit seinen Forschungen, als er die Katze in einer Tasche von seinem Haus in sein Büro in der Western Reserve University mitnahm, wobei er die acht Kilometer lange Strecke mit der Straßenbahn fuhr. Als er aber die Katze aus der Tasche herausließ, entwischte sie und war am selben Abend wieder zu Hause. Ihre Orientierungsfähigkeit verblüffte ihn, und darum untersuchte er sie eingehender, indem er die Katze in einem geschlossenen Behälter mitnahm und sie in Entfernungen von zwei bis fünf Kilometern von seinem Haus freiließ. Er stellte fest, daß das Tier unter allen möglichen Bedingungen und aus jeder Himmelsrichtung nach Hause fand.[5]

Die zweite Reihe von Experimenten wurde 1931/32 in Deutschland von dem Naturforscher Bastian Schmidt durchgeführt, der das Phänomen an drei Hütehunden studierte. Bei jedem Experiment wurde ein Hund in einem geschlossenen Lieferwagen über einen Umweg an einen Ort gebracht, an dem er noch nie gewesen war. Dann wurde er freigelassen. Sein Verhalten wurde von einer Reihe erfahrener Beobachter ermittelt und festgehalten, die entlang seinem wahrscheinlichen Heimweg postiert waren. Außerdem folgten ihm heimlich Radfahrer, die angewiesen waren, mit ihm nicht in irgendeiner Weise zu kommunizieren.[6]

Die ersten Versuche fanden auf dem Land in Bayern mit einem Bauernhund namens Max statt. Als Max zum erstenmal an einem unbekannten Ort freigelassen wurde, suchte er die Landschaft in verschiedenen Richtungen ab, als ob er sich orientieren wolle. Nach mehreren Ansätzen begann er sich auf die Richtung zu seinem Zuhause zu konzentrieren, indem er unbeirrt heimwärts schaute, und nach einer halben Stunde zog er los. Er vermied es, durch Wälder zu gehen, versteckte sich vor vorbeifahrenden Autos und umlief Bauernhöfe und Dörfer. Nachdem er etwas über eine Stunde unterwegs gewesen war, stieß er auf eine ihm bekannte Straße in sein Dorf und rannte nach Hause. Insgesamt legte er rund zehn Kilometer zurück. Beim zweiten Versuch wurde er am selben Ort freigelassen, und nachdem er nur fünf Minuten lang gezögert hatte, zog er entlang der gleichen Route wie zuvor los, aber diesmal nahm er eine Abkürzung und erreichte sein Zuhause in 43 Minuten. Beim dritten Versuch brauchte er länger, weil er wegen starken Verkehrs gezwungen war, einen langen Umweg zu machen.

Aufgrund der Beobachtungen von Max' Verhalten gelangte Schmidt zu der Schlußfolgerung, daß er sich «nicht des Geruchssinns bediente, obwohl dieser Sinn doch für einen Hund so wichtig ist». Er schnüffelte weder an Bäumen noch am Boden und versuchte auch nicht, irgendeine Spur aufzunehmen. Schmidt folgerte, daß er dazu auch gar keinen Grund habe: «Das Aufnehmen der Spur eines Menschen oder Hundes könnte für einen Hund, der zu seinem Zuhause zurückzukehren versucht, nichts bedeuten.»[7] Außerdem konnte er auch nicht seine Augen benutzt haben, um die richtige Richtung zu ermitteln, da er ja keine bekannten Orientierungspunkte ausmachen konnte.

Schmidt führte sodann einige Experimente mit einer Großstadthündin namens Nora durch. Sie lebte in München und wurde im Rahmen des Experiments am frühen Morgen in einen Stadtteil gebracht, in dem sie noch nie gewesen war – etwa fünf Kilometer von ihrem Zuhause entfernt. Als sie den Tragekorb verließ, befand sie sich an einem großen Platz (dem Johannisplatz in Haidhausen – ihr Zuhause befand sich jedoch in der Nähe des Tierparks). Als sie zum erstenmal freigelassen wurde, verhielt sie sich etwa genauso wie Max: Sie versuchte sich rund 25 Minuten lang zu orientieren, wobei sie hauptsächlich in die Richtung blickte, in der ihr Zuhause lag, und dann trottete sie in der richtigen Richtung los. Alles lief gut, bis sie am Tassiloplatz einem übermütigen Hund begegnete, der sie vom richtigen Weg abbrachte. Nach einiger Zeit orientierte sie sich erneut und zog noch einmal in direkter Linie zu ihrem Zuhause los. Für diesen Heimweg benötigte sie insgesamt 93 Minuten, einschließlich der Zeit, die sie mit Orientieren, Spielen und Herumstreunen verbracht hatte.

Beim zweiten Experiment, das fast sechs Wochen später stattfand, wurde Nora am selben Ort wie zuvor freigelassen. Diesmal brauchte sie genau wie Max nur fünf Minuten, um sich zu orientieren, und trottete dann auf der gleichen Route wie zuvor los, bis zum Tassiloplatz. Bei diesem Versuch gab es keine Ablenkung, und sie lief schnurstracks nach Hause, wo sie 37 Minuten nachdem sie freigelassen worden war eintraf. Wie Max schnüffelte auch Nora nicht herum – Gerüchen schien sie überhaupt keine Aufmerksamkeit zu schenken. Sie konnte auch keine vertraute Umgebung erkennen, da zwischen dem Punkt, an dem sie freigelassen wurde, und ihrem Zuhause viele Straßenzüge lagen. Da sich ihr Verhalten wie das von Max also weder durch den Geruchssinn noch durch das Sehvermögen erklären ließ, stellte Schmidt fest: «Wir stehen hier vor einem Rätsel, dem Geheimnis eines unbekannten Sinnes, den man vielleicht einfach als Orientierungssinn bezeichnen könnte.»[8]

Dann führte Schmidt drei ähnliche Experimente mit Landhunden durch, aber sie mißlangen alle. Die Hunde zogen stets in der falschen Richtung los. Dies ist ein tröstlicher Hinweis darauf, daß Hunde sich wie Menschen in ihren Fähigkeiten unterscheiden – manche haben eben einen besseren Orientierungssinn als andere.

Elizabeth Marshall Thomas, deren Buch *Das geheime Leben der Hunde* eine Chronik ihrer sympathischen Beobachtungen an sich selbst überlassenen Hunden darstellt, gelangte zu ähnlichen Schlußfolgerungen. Einer ihrer Hunde, ein Husky namens Misha, hatte ausgezeichnete Orientierungsfähigkeiten und unternahm Ausflüge, die ihn bis zu 30 Kilometer von zu Hause wegführten. (Mishas Gefährtin Maria verirrte sich nicht, wenn sie ihn begleitete, solange sie sich seiner Führung anvertraute. Aber sie verirrte sich fast immer, wenn sie allein loszog. Dann fand sie auf ihre eigene Weise zurück: Sie setzte sich einfach einsam und verlassen vor irgendeine Haustür. Früher oder später entdeckten die Bewohner die Telefonnummer am Halsband und riefen Mrs. Thomas an, die sie mit dem Auto abholte.)

Die erste Frage, die Elizabeth Thomas sich stellte, als sie anfing, das Verhalten ihrer Hunde zu untersuchen, galt der Beschaffenheit von Mishas Orientierungsfähigkeiten. «Aber auf diese Frage vermochte ich nie eine Antwort zu finden.»[9] Anscheinend richtete sich Misha nicht an Orientierungspunkten aus, denn sobald er ein Ziel erreicht hatte, hätte er ohne weiteres einen anderen Heimweg einschlagen können. Orientierte er sich an den Sternen oder an dem Sonnenstand? Am Geräusch des nahegelegenen Atlantiks? An Gerüchen in der Luft? «Ich wußte es nicht und konnte auch nichts erfahren, wenn ich sein sicheres Dahintraben, sein selbstbewußtes Benehmen beobachtete.»[10]

Mehrere Ziele – Experimente mit Pepsi

Wie wir gesehen haben, verfügen anscheinend viele Arten von Tieren über einen Orientierungssinn, der es ihnen ermöglicht, von fremden Orten nach Hause zu finden. Aber manche Tiere sind sogar in der Lage, mehr als ein Ziel zu finden, und begeben sich über unvertrautes Terrain auch noch an andere Orte als zu ihrem Zuhause. Offensichtlich besitzen sie einen zielgerichteten Orientierungssinn für *mehrere* Orte.

Der bemerkenswerteste orientierungssichere Hund, den ich kenne, ist die Hündin Pepsi, eine Mischung aus einem Border-Collie und einem Terrier, die in Leicester lebt. Als ihr Besitzer, Clive Rudkin, 1995 zu mir Kontakt aufnahm, war Pepsi bereits 14mal in ganz Leicester herumgestreunt, nachdem sie aus Clives Haus oder aus dem seiner Eltern oder seiner Schwester entwischt war – und nach wenigen Stunden traf sie beim Haus von Freunden oder von Familienangehörigen ein. Auf den meisten dieser Ausflüge legte sie mindestens fünf Kilometer zurück, und zwar in den unterschiedlichsten Himmelsrichtungen. Insgesamt gelangte Pepsi zu sechs Zielen, zu denen sie zuvor mit dem Auto gebracht worden war – aber nie zu Fuß. Auf diesen Autofahrten lag sie gewöhnlich auf dem Boden des Wagens und konnte nicht aus dem Fenster schauen. Einmal beispielsweise lief Pepsi aus Clives Elternhaus fort, das sechseinhalb Kilometer nordöstlich von seinem Haus steht, und tauchte acht Kilometer weiter nördlich beim Haus eines Freundes auf. Zu diesem Haus war sie mit dem Wagen nicht vom Haus der Eltern, sondern direkt von Clives eigenem Haus gebracht worden.

Von diesen Abenteuern abgesehen, die sich über einen Zeitraum von vier Jahren ereigneten, durfte Pepsi in den Straßen ihrer Stadt nicht allein herumstreunen, und beim Gassigehen wurde sie immer begleitet.

Pepsi hatte sich in all den Jahren nie verirrt oder verletzt, und Clive war sich ihrer Fähigkeiten so sicher, daß er einverstanden war, zwei Experimente mit ihr durchführen zu lassen, in denen sie von unbekannten Orten wieder heimfinden mußte. Diese Experimente wurden für das BBC-Fernsehen gefilmt.

Beim ersten Test wurde Pepsi in einem Park drei Kilometer südwestlich von ihrem Zuhause freigelassen und von einem BBC-Kameramann gefilmt. Sie begab sich über eine etwas indirekte, aber landschaftlich reizvolle Route nach Hause, indem sie den größten Teil des Wegs am Ufer eines Flusses entlang zurücklegte. Allerdings gab es bei diesem Experiment ein Problem: Sie bemerkte schon bald den Kameramann, der ihr folgte, und während eines Teils des Heimwegs begann sie ihm zu folgen. Da sie unbedingt mit ihm interagieren wollte, war er außerstande, als distanzierter Beobachter aufzutreten, und darum läßt sich schwer sagen, wie weit Pepsis Heimweg von seiner Gegenwart beeinflußt war.

Für das zweite Experiment wurde Pepsi mit einem Überwachungsgerät des Global-Positioning-Systems (GPS) ausgestattet, das in einer Tasche auf ihrem Rücken befestigt war. Dieses Gerät, etwa so groß wie ein Handy, zeichnete ihre Position mit Hilfe von Satellitensignalen auf ungefähr zehn Meter genau auf. Unser Plan sah vor, Pepsi an einem unbekannten Ort allein zu lassen, und zwar ganz früh morgens, um eine Gefährdung durch den Verkehr zu verringern, und ihre Bewegungen via Satellit zu verfolgen, wobei ihre Positionen automatisch in Minutenabständen aufgezeichnet wurden.

Am Tag der Sommersonnenwende 1996, als moderne Druiden an alten Megalithstätten den Sonnenaufgang feierten, befanden Clive und ich uns in der Ethel Road in Leicester, wo wir Pepsi an einer Straßenecke drei Kilometer östlich von Clives Haus freiließen. Sie war noch nie zuvor an diesen Ort gebracht worden. Wir waren mit einem Taxi dorthin gefahren; während der Fahrt hatte sich das Tier auf dem Boden des Wagens befunden, von wo aus sie nicht aus den Fenstern sehen konnte. Sie blickte uns fragend an, als sie sich an den Randstein setzte und zuschaute, wie wir im selben Taxi verschwanden. Zur Vorsicht hatten wir auf ihrem Rücken eine Nachricht angebracht, die jedem, der sie fand, erklärte, daß sie an einem Experiment teilnahm; außerdem hatten wir die Polizei informiert, falls Pepsi sich verirrte.

Wir fuhren zu Clives Haus zurück und warteten. Um 4.55 Uhr hatten wir sie verlassen und erwarteten, daß sie nach spätestens zwei Stunden an Clives Haus oder vielleicht auch an dem seiner Eltern auftauchen würde. Gegen 9 Uhr war sie noch immer nicht erschienen, auch nicht beim Haus von Clives Eltern, und wir begannen, uns große Sorgen zu machen. Schließlich dachte Clive daran, es beim Haus seiner Schwester zu probieren, die im Urlaub war. Und dort fanden wir Pepsi, die seelenruhig auf dem Rasen im hinteren Garten lag. Pepsi war seit mindestens einem halben Jahr nicht mehr zu diesem Haus gebracht worden und war noch nie allein hingelaufen. Allerdings war sie in früheren Jahren schon zweimal aus diesem Haus entwischt und rund sechs Kilometer südwestlich zum Haus eines Freundes gelaufen.

Im nachhinein war uns klar, daß dies für Pepsi die beste Möglichkeit war, da es das nächste Haus war, das sie kannte – es lag nur anderthalb Kilometer östlich der Stelle, an der wir sie ausgesetzt hatten. Als wir die Aufzeichnungen im GPS-Gerät analysierten, entdeckten wir, daß Pepsi sich zunächst etwa 500 Meter nach Norden begeben hatte (was der Richtung, in der wir sie verlassen hatten, entgegengesetzt war). Dann hatte sie mindestens acht Minuten damit verbracht, in den Straßen der Umgebung hin und her zu laufen, als ob sie sich orientieren wollte. Dann war sie etwa 1200 Meter nach Osten in die Gegend vom Leicester General Hospital gegangen und sieben Minuten lang um die Gebäude des Krankenhauses herumgestrichen. Dann war sie direkt zum Haus von Clives Schwester gelaufen – etwa 500 Meter südlich von dort (Abb. 10.1).

Pepsi hätte das Haus nicht über den Geruchssinn finden können, weil an jenem Morgen ein stetiger Nordwestwind wehte und der Wind an keinem Punkt ihres Wegs aus der Richtung des Hauses oder seiner Nachbarschaft kam.

Seit diesem Experiment ist Pepsi noch viermal entwischt und hat weitere Touren durch Leicester zu Häusern, die sie kennt, unternommen – auch zu einem, zu dem sie sich noch nie zuvor allein begeben hatte: dem Haus von Clives Bruder.

Pepsis Orientierungssinn ermöglicht es ihr irgendwie zu wissen, wo sie sich in Relation zu einer Vielzahl unterschiedlicher Häuser befindet und wo sich diese Häuser in Relation zueinander befinden, obwohl sie von einem zum anderen mit dem Auto gebracht wird und während der Fahrt nicht aus dem Fenster schaut.

Man könnte nun beispielsweise annehmen, daß sie eine Art von geistigem Stadtplan besäße. Aber das ist eine zu abstrakte und zu menschliche Vorstellung. Und selbst wenn sie tatsächlich eine derartige Karte in sich trüge, wäre sie deshalb noch lange nicht in der Lage zu wissen, wo sie ist, wenn sie an einem unbekannten Ort ausgesetzt wird. Karten sind nur nützlich, solange man weiß, wo man ist und wohin man will. Doch wenn man das nicht weiß, hilft einem eine Karte auch nicht viel weiter. Statt einer Landkarte besitzt Pepsi wohl eher einen Orientierungssinn.

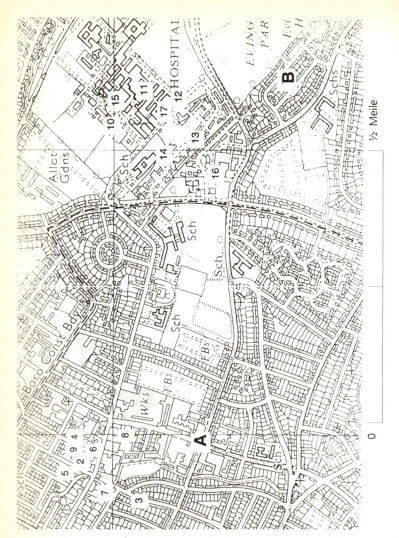

Abbildung 10.1 Ausschnitt aus dem Stadtplan von Leicester – er zeigt die Stelle, wo Pepsi freigelassen wurde (A), die Orte, die sie in der Reihenfolge aufsuchte, wie sie vom GPS-Aufzeichnungsgerät auf ihrem Rücken festgehalten wurde, und das Haus der Schwester ihres Besitzers (B), wo sie schließlich landete.

Der Orientierungssinn

Wie könnte ein Orientierungssinn funktionieren? Wie auch immer die physikalische Grundlage beschaffen sein mag, *spürt* das Tier wohl irgendwie, daß ein bekannter Ort in einer bestimmten Richtung liegt, vielleicht aufgrund irgendeiner Art von «Anziehung» zu ihm hin. Und vielleicht spürt es auch seine Nähe oder Ferne.

Im einfachsten Fall, nämlich dem Heimfindeverhalten, fühlt sich das Tier zu seinem Zuhause hingezogen, und wenn es vom Kurs abkommt (wie Nora in München, als ihr der verspielte Hund über den Weg lief), kann es sich erneut zu seinem Zuhause hin orientieren (Abb. 10.2A). Das könnte man sich vielleicht wie eine Art magnetische Anziehung vorstellen oder wie die Verbindung mit dem Zuhause durch ein unsichtbares Gummiband. In beiden Fällen gäbe es eine Art von Anziehung in Richtung des Zuhauses sowie das Gefühl, bei der Annäherung an das Zuhause würde es «wärmer». Dieses Gefühl, nämlich daß es «wärmer wird», könnte auch die Fähigkeit von in Autos und anderen Fahrzeugen transportierten Tieren, zu wissen, wann sie sich ihrem Zuhause nähern, erklären – mehr darüber im zwölften Kapitel. Ich behaupte, diese Anziehung zum Ziel hin (dem Zuhause) ereignet sich in einem Feld, das das Tier mit seiner Umwelt verbindet. Das Tier entwickelt eine Vertrautheit mit seiner häuslichen Umgebung. Zu seinem Tätigkeitsfeld innerhalb seiner vertrauten Umgebung gehört die Bildung von Erinnerungen.

Ich behaupte ferner, daß dieses Tätigkeitsfeld mit seinem immanenten Gedächtnis eine Art morphisches Feld ist. Und wenn das Tier mit seiner häuslichen Umgebung durch ein morphisches Feld verbunden ist, dann kann sich diese Verbindung wie ein Gummiband dehnen. Es kann das Tier weiterhin mit seinem Zuhause verbinden, selbst wenn es viele Kilometer

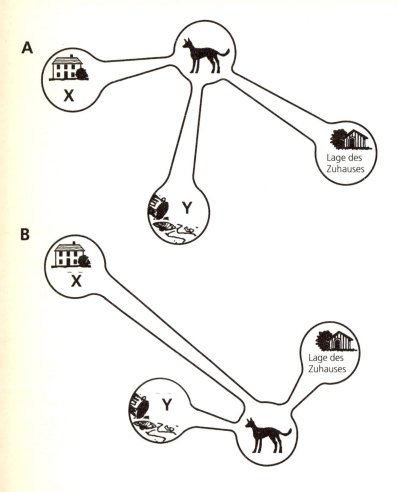

Abbildung 10.2 A: Verbindungen durch ein morphisches Feld zwischen einem Tier und seinem Zuhause sowie anderen Orten, die für es von Bedeutung sind.
10.2 B: Das Tier ist an einem anderen Ort, und daher vermitteln ihm die Verbindungen zu seinem Zuhause und zu anderen Orten andere Richtungsinformationen.

davon entfernt ist. Und es kann das Tier in die Richtung des Zuhauses ziehen.

Die Verbindung des Tieres mit seinem Zuhause kann latent weiterbestehen, wenn das Tier geschäftig auf Nahrungssuche oder auf Erkundungszügen ist. Tiere, die von ihrem Zuhause entfernt sind, werden nicht die ganze Zeit dorthin zurückgezogen. Aber normalerweise können sie heimfinden, wenn die Zeit zur Rückkehr gekommen ist. Ihre Absicht heimzukehren motiviert ihr Verhalten, aber die Richtung zu ihrem Zuhause oder zu einem anderen Ort zu finden hängt von den bereits mit bestimmten Orten verknüpften Verbindungen ab. Die Fähigkeit, nach Hause zu finden, beruht wie die Navigation generell auf einer Kombination von Motivation und Absicht einerseits und den Verbindungen mit signifikanten Orten andererseits. Diese Verbindungen wurden in der Vergangenheit hergestellt, und ich behaupte, daß die Erinnerung daran den morphischen Feldern immanent ist, die die Tiere mit diesen Orten verbinden. Das morphische Feld, das ein Tier mit seinem Zuhause verbindet, hängt eng mit dem morphischen Feld der sozialen Gruppe zusammen, mit der das Tier sein Zuhause teilt. Die erste Art von Feld liegt einem Orientierungssinn zugrunde, die zweite der telepathischen Kommunikation. Doch wie wir im dreizehnten Kapitel sehen werden, stellen die Felder, die Tiere mit anderen Tieren verbinden, nicht nur Kanäle für die telepathische Kommunikation dar, sondern sie können genausogut auch Informationen für die Orientierung liefern. Einigen Beispielen für dieses Phänomen sind wir ja bereits begegnet, nämlich wenn Katzen oder andere Tiere in Not ihre Besitzer riefen.

Das Bild des Gummibands an sich beinhaltet auch eine bestimmte Zielgerichtetheit. Stellen Sie sich vor, Sie halten mit verbundenen Augen ein Ende eines langen, gedehnten Gummibands fest. Das andere Ende ist viele Meter weit entfernt an einer Stelle befestigt oder wird von einer Person gehalten. Sie verspüren nicht nur einen Zug zu dieser Stelle oder Person hin, sondern auch einen Zug in einer bestimmten Richtung. Diese Anziehung oder Attraktion zu einem Ziel hin läßt sich auch mit dem mathematischen Modell der dynamischen Attraktoren innerhalb von morphischen Feldern darstellen (Anhang C).

Wenn ein Tier mehrere vertraute Orte kennt, zu denen es sich hinbegeben kann, erfährt es vermutlich Anziehungen oder Attraktionen zu verschiedenen Orten hin (Abb. 10.2 A). Jedem Ort gegenüber hat es vielleicht auch ein Gefühl von Nähe oder Ferne. Befindet sich das Tier in einer anderen Position, dann sind die Anziehungen in andere Richtungen orientiert (Abb. 10.2 B).

Ich stelle mir also vor, daß Pepsi, als sie an einem unbekannten Ort ausgesetzt wurde und sich orientierte, die Richtung verschiedener bekannter Häuser spürte, nämlich ihr eigenes Zuhause sowie das Haus von Clives Eltern und das seiner Schwester. Sie mag auch gespürt haben, daß das Haus der Schwester am nächsten war, und deshalb in dieser Richtung losgezogen sein.

Derartige Anziehungen lassen sich, wie gesagt, nicht nur mit dem Bild des Gummibands, sondern auch mit dem der magnetischen Anziehung veranschaulichen. Beim Magnetismus denkt man nicht nur an die Möglichkeit der Anziehung zu bestimmten Orten hin, sondern auch an die Abstoßung von ihnen. Es ist möglich, daß Orte, vor denen Tiere Angst haben, etwa wenn sie dort in der Vergangenheit traumatische Erlebnisse hatten, sie eher abstoßen als anziehen, sogar über größere Entfernungen hinweg. Sie haben vielleicht auch das Gefühl, daß es «wärmer» oder besser gesagt «kälter wird», wenn sie sich derartigen Orten nähern, und dieses Gefühl kann eher von Angst als von freudiger Erregung geprägt sein. Dies würde die ängstlichen Reaktionen mancher Hunde erklären, die mit dem Auto zum Tierarzt gebracht werden (siehe S. 190).

Die Orientierungsfähigkeiten von domestizierten Tieren erweisen sich als durchaus sinnvoll, wenn wir sie in einem größeren biologischen und evolutionären Zusammenhang betrachten.

Aktionsräume wilder und verwilderter Tiere

Jedes Tier, das eine Heimatbasis hat, wie Bienen mit ihrem Stock, Rotkehlchen mit ihrem Nest und Wölfe mit ihrem Bau, hat darum herum auch vertrautes Terrain. Der Teil des vertrauten Gebiets, den die Tiere wiederholt aufsuchen, heißt *Aktionsraum;* seine Größe kann je nach Tag oder Jahreszeit variieren. Und innerhalb des Aktionsraums besitzen die Tiere ein *Territorium,* ein Gebiet, das sie schützen.

Eine Hauskatze beispielsweise kann ein Territorium mit einem Durchmesser von 100 Metern besitzen, das ihr intim vertraut ist und das sie schützt, aber sie kann gleichzeitig einen größeren Aktionsraum haben, der sich bis zu ein, zwei Kilometer oder noch weiter von ihrem Zuhause entfernt erstreckt.

Auch wir haben unsere vertrauten Gebiete und darin einen Aktionsraum, der unser unmittelbares Viertel umfaßt, Orte, an denen wir einkaufen, arbeiten und spielen, Orte, wo wir Verwandte und Freunde besuchen, Gegenden, in denen wir Hunde Gassi führen, und so weiter. Innerhalb dieser Aktionsräume befinden sich die Territorien, die wir verteidigen – normalerweise unser Haus und unser Garten.

Ob wir uns in unserem Aktionsraum zurechtfinden, hängt von Orientierungspunkten und anderen vertrauten Merkmalen der Umgebung ab, und das gilt natürlich auch für Tiere. Vertraute Ansichten, Geräusche und Gerüche ermöglichen es

Tieren zu wissen, wo sie sind, und zu bekannten Zielen hinzufinden. Sie benötigen keinen speziellen Orientierungssinn, wenn sie sich innerhalb des Aktionsraums bewegen und vertrauten Routen folgen.

Aber natürlich ist einem Tier sein vertrautes Gebiet nicht immer vertraut gewesen. Jedes Jungtier muß es kennenlernen, auch wenn es älteren Angehörigen der Gruppe bereits bekannt ist. Wenn sich ein einzelnes Tier oder eine Gruppe von Tieren an einem neuen Ort niederläßt, muß erst die Umgebung erkundet werden. Wenn neues Terrain erkundet wird, kann das Tier sich nicht auf sein Gedächtnis verlassen, um nach Hause zu finden, es sei denn, es verfolgt seine Fußspuren zurück.

Tiere, die sich auf Erkundung begeben haben, können ihren Rückweg auch dadurch finden, daß sie Orientierungspunkten oder einer Duftspur folgen. Eine andere Möglichkeit ist die *Navigation*. Biologische Navigation definiert man als «die Fähigkeit, sich auf ein Ziel hin zu orientieren, unabhängig von seiner Richtung und ohne Bezug zu Orientierungspunkten».[12] Auf diese Weise kann ein Tier seinen Rückweg finden, indem es Abkürzungen nimmt und ohne daß es alle Merkmale des Hinwegs auswendig lernen muß. Die Navigation ermöglicht ihm auch, seinen Heimweg von einem unbekannten Ort zu finden, wenn es keine Gelegenheit gehabt hat, die Merkmale des Hinwegs kennenzulernen. Wenn beispielsweise ein Tier von einem Raubtier verfolgt wird, kann es entkommen, indem es zu einem unbekannten Ort läuft, ohne daß es sich an alle Details des Wegs erinnert. Auch Tiere auf der Jagd verlassen oft die vertrauten Wege ihres Aktionsraums, wenn sie ihre Beute verfolgen und jagen. Vögel können durch starke Winde vom Kurs weggeweht, im Wasser lebende Tiere durch Strömungen in unbekannte Gewässer getrieben werden. Unter all diesen Umständen müssen die Tiere navigieren können, um ihren Heimweg zu finden.

Als allgemeine Regel kann gelten: Je größer der Aktionsraum, desto wichtiger sind Navigationsfähigkeiten, um heimkehren oder andere wichtige Orte darin finden zu können. Manche Wolfsrudel beispielsweise besitzen und verteidigen riesige Territorien. Im nördlichen Minnesota, wo es relativ viel Wild gibt, sind ihre Territorien zwischen 130 und 260 Quadratkilometer groß. In Alaska, wo Wölfe hauptsächlich Elche jagen, kann ein Territorium 2000 Quadratkilometer groß sein. Auch auf arktischen Inseln, wo die Beutepopulationen spärlich sind, kann das Territorium eines Rudels Tausende von Quadratkilometern umfassen. Auf Ellesmere Island (nordwestlich von Grönland) hat man beobachtet, daß ein Rudel in einem Zeitraum von sechs Wochen über 13 000 Quadratkilometer durchstreifte.[13]

Wenn man bedenkt, daß Wölfe, die wilden Ahnen der Hunde also, Navigationsfähigkeiten besitzen, die es ihnen ermöglichen, sich in derart riesigen Gebieten zurechtzufinden, wirkt die Fähigkeit von Haushunden, nach Hause zu finden, weniger erstaunlich. Verwilderte Hunde haben zwar kleinere Aktionsräume als Wölfe, aber sie weisen noch immer beeindruckende Fähigkeiten auf, sich zurechtzufinden. In Mittel- und Süditalien zum Beispiel sind Rudel frei herumstreunender Hunde weit verbreitet, und mehrere solcher Rudel hat man mit Hilfe der Funkortung und durch optische Beobachtung studiert. Laut einer dieser in einer Bergregion der Abruzzen erstellten Studien betrug der Gesamtaktionsraum eines Rudels 57 Quadratkilometer, und innerhalb dieses Raums wurden «Kerngebiete» häufiger als andere aufgesucht, insbesondere in der Nähe des Baus und der Müllhalden, wo die Hunde Nahrung fanden. Der Aktionsraum verlagerte sich saisonbedingt und von Jahr zu Jahr, und das Rudel richtete neue Kerngebiete ein, wenn neue Nahrungsquellen aufgetan wurden. Mehrmals unternahmen Hunde größere Ausflüge außerhalb des Aktionsraums – offenbar begaben sie sich auf Erkundung. Ausgerichtet durch eine dieser Expeditionen, richtete eine Hündin einen neuen Bau in 16 Kilometer Entfernung ein. Interessanterweise befand sich der Aktionsraum dieser verwilderten Hunde zwischen den Territorien zweier Wolfsrudel, wobei es einige Überlappungen gab. Die Aktionsräume der Wölfe waren erheblich größer als die der Hunde – einer umfaßte 285 Quadratkilometer.[14]

Katzen haben generell viel kleinere Aktionsräume, obwohl manche Bauernkatzen Gebiete von bis zu 20 Hektar (einem fünftel Quadratkilometer) abdecken können.[15] Männchen haben generell größere Aktionsräume als Weibchen, und manche verwilderte Kater im australischen Busch haben über fünf Quadratkilometer große Aktionsräume.[16]

Wenn Tiere wie Katzen, Hunde und Wölfe sich allein zurechtfinden, läßt sich schwer sagen, inwieweit ihre Navigationsfähigkeit darauf beruht, daß sie sich die Route, der sie folgen, mit Hilfe ihres Gedächtnisses und ihrer normalen Sinne einprägen, und inwieweit sie von einem geheimnisvolleren Orientierungssinn abhängt. Vielleicht wirken all diese Faktoren die meiste Zeit zusammen.

Haushunde und -katzen haben normalerweise zwar einen geringeren Bewegungsradius als ihre wilden und verwilderten Verwandten, aber gerade weil sie weniger frei sind, können sie uns mehr über diesen Orientierungssinn verraten. Will man den Orientierungssinn bei freilebenden Tieren studieren, muß man sie zuerst einfangen und dann an einen unbekannten Ort bringen, bevor man sie wieder freiläßt. Bislang sind relativ wenige Untersuchungen dieser Art durchgeführt worden. Aber zahlreiche domestizierte Hunde und Katzen werden in Autos und anderen Fahrzeugen herumbewegt. Weil sie passiv transportiert werden und unterwegs oft einschlafen, können sie die Details ihrer Route nicht studieren und sich nicht mehr an sie erinnern. Doch oft wissen sie, wann sie sich ihrem Ziel nähern (mehr darüber im zwölften Kapitel).

Am beeindruckendsten ist die Fähigkeit, nach Hause zu finden, bei Vögeln ausgeprägt, und man hat sie am eingehendsten bei Tauben untersucht.

Tauben, die nach Hause finden

Die Streckenrekorde von Vögeln, die nach Hause finden, werden von einer Reihe wilder Arten gehalten. Von Adeliepinguinen, Wellenläufern, Schwarzschnabel-Sturmtauchern, Albatrossen, Störchen, Seeschwalben, Schwalben und Staren – von all diesen Vogelarten weiß man, daß sie über Tausende von Kilometern hinweg heimfinden.[17] Als man zwei Laysanalbatrosse, die von der Insel Midway im Zentralpazifik stammten, rund 5000 Kilometer östlich davon im Staat Washington an der Westküste Amerikas freiließ, kehrte einer in zehn, der andere in zwölf Tagen zurück. Ein dritter Albatros kam von den über 6500 Kilometer entfernten Philippinen in gut einem Monat zurück.[18] Bei einem Experiment mit Schwarzschnabel-Sturmtauchern wurden Vögel aus ihren Nistlöchern auf der Insel Skokholm vor der Küste von Wales entführt. Einer wurde in Venedig freigelassen und war nach zwei Wochen wieder daheim. Ein anderer kehrte nach zwölfeinhalb Tagen aus Boston zurück – nach einer rund 5000 Kilometer langen Reise über den Atlantik.[19]

Die Reichweite von Brieftauben ist zwar kleiner als die solcher Seevögel, aber sie eignen sich am besten für eine gründliche Erforschung. Über viele Generationen hinweg sind sie wegen ihrer Fähigkeit, nach Hause zu finden, gezüchtet und selektiert worden. Brieftauben können an einem einzigen Tag von einem Ort heimfliegen, der Hunderte von Kilometern weit weg ist und an dem sie noch nie zuvor gewesen sind. Die Techniken, wie man sie hält und ausbildet, sind bekannt. Und sie sind relativ preiswert.

Mittlerweile sind zahlreiche Experimente über die Orientierungsfähigkeit von Tauben durchgeführt worden. Doch auch nach einer fast ein Jahrhundert währenden, ebenso engagierten wie frustrierenden Forschung weiß man noch immer nicht, wie diese Vögel das eigentlich machen. Alle Versuche, ihre Navigationsfähigkeit mit Hilfe der bekannten Sinne und physikalischen Kräfte zu erklären, haben sich als vergeblich erwiesen. Die erfahrensten Forscher auf diesem Gebiet räumen ein: «Die erstaunliche Flexibilität der heimfindenden Vögel und Zugvögel ist seit Jahren ein Rätsel. Man kann alle erdenklichen Anhaltspunkte einen nach dem anderen ausschließen, und die Vögel haben doch immer noch ein Reservesystem, mit dem sie die Flugrichtung ermitteln.»[20] «Das Problem der Navigation bleibt im wesentlichen ungelöst.»[21]

Um zu verstehen, warum dieses Problem noch immer nicht gelöst ist, muß man die verschiedenen Theorien über die Navigation von Tauben, die im Laufe der Jahre aufgestellt wurden, einmal Revue passieren lassen und recherchieren, warum sie alle sich als unhaltbar erwiesen haben.

Die Theorie, daß die Vögel sich an alle Richtungsänderungen der Hinreise erinnern – eine Theorie, die zum erstenmal von Charles Darwin aufgestellt wurde –, ist dadurch widerlegt worden, daß man Tauben in abgedunkelten Transportfahrzeugen, in rotierenden Behältern und über Umwege zu einem unbekannten Abflugort gebracht hat. Einige Vögel wurden sogar während der Fahrt betäubt. Was auch geschieht – wenn sie freigelassen werden, fliegen sie direkt nach Hause.[22]

Auch die Theorie, daß Tauben sich an vertrauten Orientierungspunkten orientieren, wurde ausgeschlossen. Tauben können zwar heimfinden, indem sie Orientierungspunkten in einem vertrauten Gebiet folgen, aber sie können auch von unbekannten Orten heimkehren, die Hunderte von Kilometern entfernt sind und wo sie keine wiedererkennbaren Orientierungspunkte sehen. Und in Experimenten während der siebziger Jahre wurden Tauben sogar mit Milchglaslinsen versehen und damit vorübergehend blind gemacht. Dennoch fanden sie über große Entfernungen hinweg nach Hause, auch wenn sie ganz in der Nähe ihres Schlags immer wieder gegen Bäume oder Drähte flogen. Um richtig zu landen, mußten sie sehen können. Aber sie fanden den richtigen Weg aus weiter Entfernung bis zu ein paar hundert Metern vor dem Schlag, ohne ihre Augen gebrauchen zu können.[23]

Der Sonnennavigations-Theorie zufolge würden sie ihre geographische Position anhand der Position der Sonne ermitteln, indem sie ihre Höhe und Bewegung am Abflugort mit den Werten zu Hause verglichen. Diese Theorie wurde auf zweierlei Weise widerlegt. Erstens können Tauben auch an bewölkten Tagen heimfinden, ja, man kann sie sogar für Nachtflüge trainieren. Das heißt, für den Flug nach Hause ist es nicht von entscheidender Bedeutung, daß sie die Sonne sehen. Zweitens ist das Navigieren nach der Sonne nur mit Hilfe einer ganz exakt gehenden Uhr möglich.[24] Wenn man aber die innere Uhr der Tauben um sechs oder zwölf Stunden verstellt (indem man sie einen Teil der Nacht künstlichem Licht aussetzt und einen Teil des Tages im Dunkeln hält), sind sie zwar zunächst verwirrt, wenn man sie an sonnigen Tagen freiläßt, und fliegen in die falsche Richtung los. Aber schon bald korrigieren sie ihren Kurs und fliegen nach Hause. An bewölkten Tagen fliegen sie sofort in die richtige Richtung los. Diese Ergebnisse zeigen, daß Tauben zwar die Sonne als eine Art von Kompaß benutzen können, um die Richtung ihres Zuhauses zu kennen, die Sonne aber nicht brauchen.[25]

Äußerst unwahrscheinlich klingt die Theorie, daß Tauben

ihr Zuhause über Hunderte von Kilometern hinweg riechen, sogar wenn der Wind in die falsche Richtung weht. Dennoch hat man sie auf unterschiedliche Weise überprüft. Bei den meisten dieser Experimente konnten die Tauben trotzdem heimfinden, selbst wenn ihre Nasenlöcher mit Wachs verschlossen, ihre Geruchsnerven durchtrennt oder ihr Geruchsepithel lokalanästhesiert wurden. Sie nutzen vielleicht den Geruchssinn in vertrauten Gebieten, wo sie die vom Wind transportierten Gerüche wiedererkennen, aber ihre Fähigkeit, von unbekannten Orten heimzufinden, läßt sich mit diesem Sinn nicht erklären.[26]

Schließlich gibt es noch die Theorie des Magnetismus. Könnte es denn nicht sein, daß die Tauben einen Magnetsinn besitzen, einen biologischen Kompaß? Doch selbst wenn die Tauben tatsächlich einen Kompaßsinn besäßen, würden sie deshalb noch lange nicht wissen, wo sich ihr Zuhause befände. Wenn Sie an einen unbekannten Ort gebracht werden und einen Kompaß bekommen, wissen Sie zwar, wo Norden ist, aber nicht, wo Ihr Ziel ist. Der Kompaß wäre Ihnen zwar bei Ihrer Orientierung von Nutzen, doch Sie müßten schon durch irgendwelche anderen Mittel herausbekommen, wo sich Ihr Zuhause befindet.

Aber wenn dieser Kompaßsinn nun so empfindlich wäre, daß er Auskunft über die geographische Breite geben könnte? Das wäre auf zweierlei Weise möglich: erstens durch die Ermittlung der kleinen Veränderungen in der Stärke des Erdmagnetfelds in unterschiedlichen Breiten und zweitens durch die Ermittlung des Neigungswinkels des Magnetfelds. Am magnetischen Nordpol zeigt die Nadel nach unten; am Äquator ist sie waagerecht, und dazwischen entspricht ihr Neigungswinkel der geographischen Breite. Aber um die Veränderungen in der geographischen Breite feststellen zu können, müßte der Magnetsinn der Tauben doch ganz präzise sein. Im Nordosten der

USA beispielsweise ändert sich die durchschnittliche Feldstärke in Nord-Süd-Richtung über eine Strecke von rund 150 Kilometern um weniger als ein Prozent, der Neigungswinkel des Feldes um weniger als ein Grad. Und selbst wenn Tauben einen derart präzisen Magnetsinn besäßen, würde er ihnen doch keine Informationen über die geographische Länge vermitteln, also darüber, wie weit sie sich östlich oder westlich von ihrem Zuhause befinden. Tauben aber können von allen Punkten der Windrose heimfinden.

Die Magnetismus-Hypothese wurde jedenfalls dadurch getestet, daß man Tauben mit Magneten versah. Falls sie einen Magnetsinn besäßen, würde er dadurch gestört werden – doch diese Vögel fanden genauso zu ihrem Schlag zurück wie gleich große und gleich schwere Kontrollvögel ohne Magneten.[27]

Da sich all diese Theorien als haltlos erwiesen, ist die Fähigkeit von Tauben, nach Hause zu finden, im Prinzip unerklärt. Ich meine, daß sich die Navigationsleistungen von Tauben nur durch einen Orientierungssinn der Art erklären lassen, wie ich ihn bereits im Zusammenhang mit der Navigation von Hunden, Katzen und anderen Tieren beschrieben habe. Zweifellos läßt sich die Navigation der Tauben durch die Berücksichtigung der Sonnenposition und vielleicht sogar durch einen Magnetsinn verbessern – das hilft ihnen bei ihrer Orientierung, beim Halten des Kurses. Aber ohne die richtungsweisende Anziehung durch das morphische Feld, das sie mit ihrem Zuhause verbindet, würden sie sich verirren.

Der menschliche Orientierungssinn

Unsere Jäger- und Sammlerahnen waren dem gleichen Auslesedruck ausgesetzt wie die Tiere um sie herum. Gruppen oder Individuen, die sich von ihrem heimischen Grund entfernten und nicht mehr zurückzufinden vermochten, kamen wahrscheinlich um, wenn sie nicht das Glück hatten, eine andere Menschengruppe zu finden, der sie sich anschließen durften.

Bis in neuere Zeiten waren traditionelle Völker wie die australischen Aborigines, die Buschmänner der Kalahari und die Seefahrer von Polynesien berühmt für ihren Orientierungssinn. Die Fähigkeiten dieser Menschen gingen weit darüber hinaus, was man in modernen Industriegesellschaften zu leisten vermochte oder anzuerkennen bereit war. Als Laurens van der Post beispielsweise mit einigen Buschmännern in der Kalahariwüste unterwegs war, hatte er nach vielen Kilometern eines gewundenen Pfades keine Ahnung mehr, wo sie sich befanden oder in welcher Richtung ihr Camp lag. Seine Begleiter aber hatten darüber keine Zweifel. «Sie waren immer konzentriert. Ohne bewußte Mühe wußten sie, wo sich ihr Zuhause befand.»[28]

Einen der spektakulärsten Beweise dieser Fähigkeit lieferte Tupaia, ein vertriebener Oberhäuptling und Seefahrer aus Raiatea bei Tahiti. Kapitän James Cook begegnete ihm 1769 auf seiner ersten großen Entdeckungsfahrt und lud ihn ein, an Bord der *Endeavour* mitzufahren. Während der rund 10 000 Kilometer langen und auf Java endenden Reise, vorbei an den Gesellschaftsinseln, um Neuseeland herum, an der australischen Küste entlang, vermochte Tupaia jederzeit in die Richtung zu deuten, wo Tahiti lag – ungeachtet der jeweiligen Entfernung und der kreisförmigen Route des Schiffs zwischen 48 Grad südlicher und vier Grad nördlicher Breite.[29]

Im Gegensatz dazu verfügen zivilisierte Völker und besonders die modernen Großstadtbewohner über so viele künstliche Navigationshilfen wie Wegweiser, Karten und Kompasse – und mittlerweile auch die GPS-Satellitensysteme –, daß ein Orientierungssinn fürs Überleben nicht mehr unerläßlich ist. Er wird im Laufe unserer Erziehung vernachlässigt, und die

Schulwissenschaft befaßt sich so gut wie gar nicht mit dem Thema.

Dennoch ist der Orientierungssinn im modernen Menschen nicht völlig verkümmert.[30] Die meisten von uns sind sich dieses Sinnes allerdings nur vage bewußt, etwa im Vergleich mit anderen Menschen, die sich leichter verirren oder sich viel besser zurechtfinden. Doch wo künstliche Hilfen fehlen, sind die meisten modernen Menschen, verglichen mit vielen Tieren, schlechte Navigatoren. Und dies ist zweifellos der Grund dafür, daß uns die Fähigkeiten von Hunden und Katzen, vor allem aber von heimfindenden Tauben so faszinieren. Sie können etwas, was wir nicht können. Sie besitzen ein Feingefühl, das wir verloren haben.

11

Migrationen und Gedächtnis

Die Fähigkeit, nach Hause zu finden, und die Migration hängen eng miteinander zusammen. Migrationszyklen kann man sich als eine Art doppeltes Heimfindesystem vorstellen. Englische Schwalben beispielsweise ziehen im Herbst rund 10 000 Kilometer zu ihren Winternahrungsgründen in Südafrika, wobei sie unterwegs die Sahara überqueren. Im Frühjahr kehren sie dann zu ihren englischen Brutgründen zurück – oft an genau dieselbe Stelle, an der sie im Vorjahr genistet haben. Sie finden zuerst nach Afrika und dann wieder «heim» nach England.

Noch erstaunlicher ist die instinktive Fähigkeit junger Vögel, zu den Winterquartieren ihrer Vorfahren heimzufinden, ohne dabei von Vögeln geleitet zu werden, die das schon einmal getan haben. Europäische Kuckucke, die von Vögeln anderer Arten aufgezogen werden, kennen ihre Eltern nicht. Jedenfalls brechen die älteren Kuckucke im Juli oder August nach Südafrika auf, bevor die neue Generation soweit ist. Erst etwa vier Wochen später finden die jungen Kuckucke ihren eigenen Weg zu den afrikanischen Nahrungsgründen ihrer Vorfahren – ohne jede Hilfe und Begleitung.

Sogar Insekten können riesige Entfernungen zu Orten zurücklegen, an denen sie noch nie zuvor waren. Das berühmteste Beispiel ist der Monarchfalter. An den Großen Seen im Nordosten der USA geborene Monarchfalter fliegen über 3000 Kilometer nach Süden, wo sie millionenfach auf besonderen «Schmetterlingsbäumen» im mexikanischen Hochland überwintern. Im Frühjahr ziehen sie dann wieder in den Norden. Diese erste Generation von Migranten stirbt nach der Vermehrung im Südteil ihres Aktionsraums, von Texas bis Florida. Ihre Nachkommen setzen die nordwärts gerichtete Wanderung bis ins Gebiet der Großen Seen und von Südkanada fort, wo sie sich über mehrere Generationen hinweg vermehren. Im Herbst zieht die neue Migrantengeneration nach Süden in Richtung Mexiko, um auf den Ahnenbäumen zu überwintern – drei bis fünf Generationen nach ihren Vorfahren, die im vergangenen Jahr an derselben Stelle überwintert haben. Der Migrationszyklus setzt sich durch nachfolgende Generationen fort, und kein einzelner Schmetterling erlebt mehr als einen Teil davon.[1]

Wie schaffen es diese Tiere, ihren Weg zu diesen Ahnenzielen zu finden? Navigieren sie zu einem Ziel hin, wie heimfliegende Tauben, die sich eines Orientierungssinns bedienen? Oder folgen sie bloß einer Reihe von genetisch programmierten Anweisungen, die ihnen sagen, daß sie sich in bestimmte Richtungen begeben sollen, wobei sie sich mit Hilfe der Sonne, der Sterne und eines Magnetsinns orientieren?

In diesem Kapitel lege ich dar, daß die Theorie der genetischen Programmierung nicht ausreicht, um das Migrationsverhalten hinlänglich zu erklären. Statt dessen behaupte ich, daß sich Tiere auf Wanderungen oft auf einen Orientierungssinn verlassen, der es ihnen ermöglicht, ihr Ziel anzusteuern, mit dem sie durch morphische Felder verbunden sind. Meiner Ansicht nach hängen ihre Migrationswege mit einem Ahnengedächtnis zusammen, das diesen Feldern immanent ist.

Aber genauso wie heimfindende Vögel, die zu einem Ziel

mit einem Gefühl von seiner Richtung hinsteuern, auch von einem Kompaßsinn und von der Position der Sonne Gebrauch machen können, um sich zu orientieren, können sich auch Tiere auf Wanderungen magnetischer und himmlischer Orientierungspunkte bedienen.

Sonne, Sterne und Kompasse

Biologen stellen sich gewöhnlich vor, daß Zugvögel über ein angeborenes Programm verfügen, das den Migrationsprozeß anhand von Kompaßorientierungen steuert, die von der Sonne, den Sternen und einem Magnetsinn stammen. In der wissenschaftlichen Literatur nennt man dies ein «ererbtes raumzeitliches Vektornavigationsprogramm»[2]. Aber dieser eindrucksvoll klingende Fachbegriff drückt das Problem nur auf andere Weise aus, statt es zu lösen.

Als Hauptbeweis für die Rolle der Sterne dient folgendes Experiment: Wenn man Zugvögel zu Beginn der Migrationsjahreszeit in Käfigen in einem Planetarium hält, neigen sie dazu, entsprechend dem sich drehenden Muster von «Sternen» in die richtige Migrationsrichtung zu hüpfen. Auf der Nordhalbkugel drehen sich die Sterne um den Himmelsnordpol, und daher kann die Bewegung der Sterne als eine Art Kompaß dienen.

Doch in der wirklichen Welt können Zugvögel ihren Weg auch tagsüber noch finden oder wenn der Himmel stark bewölkt ist.[3] So hat man zum Beispiel in Albany County, New York, in einem Experiment mit Hilfe der Radarzielverfolgung herausgefunden, daß Nachtzugvögel verschiedener Arten auch bei einem mehrere Tage lang ununterbrochen bewölkten Himmel nicht die Orientierung verloren. Es gab «nicht einmal geringe Veränderungen im Flugverhalten»[4]. Somit ist ein Sternenkompaß für ihre Orientierung anscheinend nicht unabdingbar.

Wie steht es dann mit einem Magnetkompaß-Sinn? Einige Arten reagieren offenbar tatsächlich auf das Magnetfeld der Erde, und in Käfigen gefangene Zugvögel ändern die Richtung, in der sie hüpfen, wenn das sie umgebende Magnetfeld verändert wird.[5]

Ein Kompaßsinn und der Lauf der Sterne können Vögeln zwar bei ihrer Orientierung behilflich sein, doch nur aufgrund der Kenntnis der Himmelsrichtungen wissen sie nicht, wo sie sind und wo ihr Ziel ist.

Nun behauptet die Theorie des genetischen Programmierens nicht, daß die Vögel wissen, wohin sie fliegen, sondern nur, daß sie in eine vorprogrammierte Richtung fliegen. Es ist ein großer Unterschied, ob man auf ein Ziel navigiert oder einer Reihe von Richtungshinweisen folgt, auch wenn jene zielgerichtete Navigation nur flexibler ist. Wenn Sie eine Stadt mit dem Auto erreichen wollen und sich verfahren, können Sie dorthin über eine neue Route gelangen, wenn Sie wissen, wohin Sie gelangen wollen. Aber wenn Sie nicht wissen, wo Ihr Ziel liegt, sondern einfach einer Reihe von Anweisungen folgen wie «Fahren Sie 120 Kilometer nordöstlich und dann 30 Kilometer nördlich», werden Sie nicht in der Lage sein, sich irgendwelchen Notsituationen anzupassen, sondern werden Ihr Ziel verfehlen.

Ein programmierter Zugweg müßte schon sehr fein eingestellt sein, wenn die Tiere ihren Weg zum Winterquartier von verschiedenen Ausgangspunkten finden und dann im nächsten Frühjahr zu denselben Orten zurückkehren sollen. So starten beispielsweise Schwalben aus Westirland, Ostengland und Norddeutschland in verschiedenen Richtungen und fliegen über unterschiedliche Routen, bevor sie sich über der Straße von Gibraltar vereinen, wo sie nach Afrika hinüberfliegen. Bei der Rückreise müßten sie so programmiert sein, daß sie sich nach der Mittelmeerüberquerung an bestimmten Punkten in

Europa trennen und dann bestimmten Routen bis zu ihren Zielen folgen. Wenn irgendwelche Vögel bei einem derart unflexiblen System vom Kurs weggeweht würden, hätten sie kaum eine Chance, zu ihren Brutgründen zurückzufinden.

Zum andern müßten diese hypothetischen Programme auf der Basis von zufälligen Mutationen und der natürlichen Auslese über viele Generationen hinweg aufgebaut sein, und dann könnten sich neue Migrationsmuster nur schwer entwickeln, so daß die Tiere nicht in der Lage wären, sich veränderten Gegebenheiten rasch anzupassen.

Und schließlich würde der einzige irgendwie plausible Mechanismus für ein programmiertes Migrationsverhalten auf einem Magnetsinn basieren, kombiniert mit Informationen von der Sonne und den Sternen. Dies wäre insofern problematisch, weil nicht nur das Magnetfeld der Erde während des ganzen Tages und mit den Jahreszeiten schwankt, sondern weil die Magnetpole selbst wandern. Der magnetische Nordpol ist nicht mit dem geographischen Nordpol identisch – gegenwärtig liegt er in Nordkanada, inmitten der Queen Elizabeth Islands, etwa bei 103 Grad West und 77 Grad Nord. Das heißt, daß Kompaßnadeln nicht genau nach Norden zeigen, sondern ziemlich davon abweichen. Der Winkel dieser Abweichung, die sogenannte Deklination, ist von Ort zu Ort verschieden, am größten ist er in nördlichen Breiten. Menschliche Navigatoren, die mit Kompassen arbeiten, müssen diese magnetische Deklination entsprechend ihrer jeweiligen geographischen Breite und Länge korrigieren, mit Hilfe von Korrekturfaktoren, die ständig aktualisiert werden, da die Magnetpole ja wandern. Kein Tier könnte genetisch so programmiert sein, daß es solche Korrekturen vornähme.

Ja, nicht nur die Pole wandern, sondern das allgemeine Muster des Magnetfelds der Erde verändert sich im Laufe der Jahre erheblich – in ein paar Jahrhunderten ergeben sich ziemlich große Veränderungen (Abb. 11.1). Jedes genetisch programmierte magnetische Navigationssystem, das bis ins Detail vom Magnetfeld der Erde abhinge, würde durch diese Veränderungen gestört werden. Ein solches System müßte ständig umprogrammiert werden. Aber die Zeit, in der sich die Veränderungen im Magnetfeld der Erde abspielen, ist viel zu kurz, als daß die natürliche Auslese imstande wäre, die Frequenzen der mutmaßlichen «Migrationsgene» dem anzupassen. Wahrscheinlich würde die natürliche Auslese sich jedem starr programmierten System entschieden widersetzen. Wir wissen bereits, daß Hunde, Katzen, Tauben und andere Tiere von Orten heimfinden können, an denen sie nie zuvor gewesen sind (zehntes Kapitel). Dieses Verhalten beruht anscheinend auf einer Verbindung mit ihrem Zuhause, die ihnen einen Orientierungssinn vermittelt und es ihnen ermöglicht, ihr Zuhause von überallher zu lokalisieren. Der Gebrauch dieses flexibleren Orientierungssinns würde wahrscheinlich von der natürlichen Auslese einer starren genetischen Programmierung vorgezogen, selbst wenn eine derartige Programmierung möglich wäre.

Schließlich müßte jede Art von programmierter Migration, die auf einem Magnetsinn beruhte, in Zeiten revolutionärer Veränderungen im Magnetfeld der Erde extrem anpassungsfähig sein. In variablen Abständen kehren sich die Magnetpole um, so daß sich der magnetische Nordpol in der Nähe des geographischen Südpols und der magnetische Südpol in der Nähe des geographischen Nordpols befindet. In den letzten 20 Millionen Jahren ist der magnetische Nordpol 41mal zum Südpol und 41mal wieder zurück gesprungen.[6] (Die Geschichte dieser Polumkehrungen hat man aus der Magnetisierungsrichtung in Magnetgesteinen rekonstruiert, die eine fossile Aufzeichnung der magnetischen Polarität liefern, wie sie zur Zeit ihrer Entstehung vorherrschte. Eine Umkehrung der Polarität geht aus der umgekehrten Magnetisierung nachfolgender Gesteinsablage-

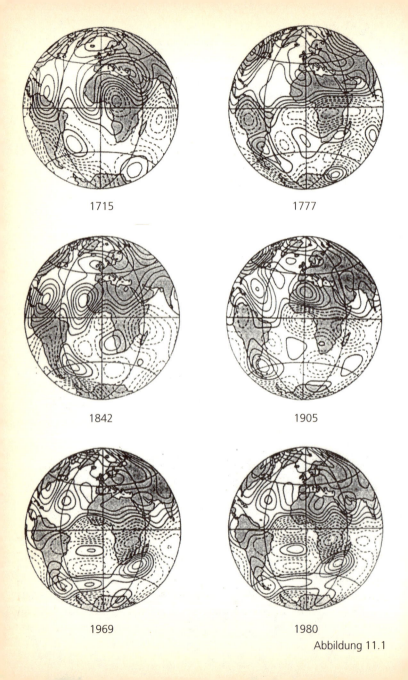

Abbildung 11.1

rungen hervor.) Unter diesen Umständen würde die natürliche Auslese Tiere ausmerzen, die sich an ein starres magnetisches Navigationsprogramm halten. Da alle heutigen Wandertiere von Vorfahren abstammen, die rund 80 Umkehrungen der magnetischen Pole in den letzten 20 Millionen Jahren überlebt haben, müssen diese Vorfahren in der Lage gewesen sein, ihre Ziele trotz der Umkehrungen in der magnetischen Polarität der Erde zu erreichen.

Wie verhält es sich aber, wenn Tiere ihren magnetischen Kompaßsinn aufgrund von Hinweisen am Himmel, etwa der Richtung des Sonnenuntergangs und dem Umlauf der Sterne um den Himmelsnordpol, kalibrieren können? Forschungen an Savannen-Ammern in Amerika haben ergeben, daß sich ihr Kompaßsinn tatsächlich durch die Beobachtung der Sterne kalibrieren und auch im Laufe des Lebens einzelner Vögel neu ausrichten läßt.[7] Arten, die zu einer solchen Kalibrierung fähig sind, könnten sich ungeachtet aller Schwankungen im Magnetfeld der Erde einen einfachen Kompaßsinn bewahren.

Aber auch wenn manche Wanderarten das Magnetfeld der Erde durchaus benutzen könnten, um auf Kurs zu bleiben, hat dies doch nichts mit einem Navigationssystem zu tun, das ihnen sagt, wo sie sich befinden und wo ihr Ziel ist.

Selbst wenn Tiere irgendwie eine geistige Karte erben und damit wissen könnten, wo ihr Ziel ist, wäre es doch sehr unwahrscheinlich, daß sie einfach aufgrund eines Kompaßsinns

Abbildung 11.1   Das sich verändernde Magnetfeld der Erde im Laufe der letzten Jahrhunderte. Die Linien zeigen die Stärke des Felds an der Grenze zwischen dem geschmolzenen Kern und dem Mantel an. Die Kraftlinien verlaufen aus der Südhalbkugel heraus und fließen in die Nordhalbkugel zurück. Die durchgezogenen Linien stellen die Intensität des Magnetstroms in den Kern dar, die gepunkteten Linien den Strom aus dem Kern heraus (nach Bloxham und Gubbins, 1985).

und der Beobachtung von Sonne und Sternen navigieren könnten. Schließlich konnten bis zum 18. Jahrhundert nicht einmal die geschicktesten Seeleute auf der Basis von Karten, Kompassen und Himmelsbeobachtungen einigermaßen genau navigieren. Anhand des Sonnenstands um die Mittagszeit ermittelten sie ihre geographische Breite, ihre Nord-Süd-Position. Mit Hilfe von Magnetkompassen orientierten sie sich. Aber sie waren nicht in der Lage, ihre geographische Länge, ihre Ost-West-Position, festzustellen. Erst mit der Erfindung des Chronometers durch John Harrison, vor weniger als 250 Jahren, wurde eine genaue Bestimmung der geographischen Länge und damit eine exakte Navigation auf hoher See möglich.[8]

Ozeanische Wanderer

Fische wie Lachse und Aale wandern über Tausende von Kilometern, und ihre Orientierung läßt sich nicht mit den Bewegungen von Sonne und Sternen erklären – unter der Meeresoberfläche könnten sie den Himmel wohl kaum genau beobachten. Sie müssen ihren Weg mit anderen Mitteln finden. Wahrscheinlich spielt, wenn sie sich in der Nähe ihres Ziels befinden, der Geruchssinn eine wichtige Rolle; im Falle der Lachse spricht einiges dafür, daß sie ihren heimischen Fluß «riechen», sobald sie sich seiner Mündung nähern.[9] Aber mit dem Geruchssinn läßt sich nicht erklären, wie sie von Hunderte oder Tausende von Kilometern entfernten ozeanischen Nahrungsgründen nahe genug an den richtigen Küstenabschnitt gelangen. Auf ähnliche Probleme stößt man, wenn man die Wanderungen von Meeresschildkröten nachvollziehen will.

Junge Sumpfschildkröten, die an den Stränden der Insel Ascension im südlichen Atlantik geschlüpft sind, finden quer durch den Ozean zu den Nahrungsgründen ihrer Ahnen vor der brasilianischen Küste. Jahre später, wenn die Zeit gekommen ist, daß sie ihre Eier legen, begeben sie sich wieder zur Insel Ascension zurück, die nur rund zehn Kilometer groß und über 2000 Kilometer weit entfernt ist und mitten im Meer liegt. Die Verfolgung markierter Schildkröten via Satellit hat ergeben, daß sie schnurgerade Kurse über Hunderte von Kilometern halten können und daß sie «die überraschende Fähigkeit besitzen, bestimmte Ziele während einer Langstreckenreise in offener See genau zu ermitteln, ohne daß irgendwelche Bewegungen auf eine zufällige oder systematische Suche hindeuten würden». Sie halten ihren Kurs auch bei Nacht, sogar wenn der Mond nicht zu sehen ist, und sie gleichen ein Abdriften aufgrund von Strömungen aus.[10]

Wenn man Meeresschildkröten fängt und weit entfernt von ihrem normalen Aktionsraum wieder freiläßt, können sie dennoch allein zurückfinden. Bei einem ungeplanten Experiment im Jahr 1865 wurde eine Sumpfschildkröte bei der Insel Ascension gefangen und bis in den Ärmelkanal mitgenommen, doch da das Tier nicht mehr gesund aussah, wurde es über Bord geworfen. Zwei Jahre später wurde es wieder bei der Insel Ascension gefangen und wiedererkannt, denn es war mit einem Brandzeichen versehen worden.[11] Schildkröten besitzen anscheinend einen Magnetsinn[12], aber selbst der raffinierteste Kompaß könnte derartige Navigationsleistungen nicht erklären.

Die meisten jahreszeitlichen Wanderer ziehen zwischen ihren Brut- und Nahrungsgründen in einem Wiederholungszyklus hin und her, aber manche Tiere haben überhaupt keine festen Routen. Albatrosse beispielsweise legen auf der Suche nach Nahrung riesige Entfernungen über dem Ozean zurück, auf nicht vorausberechenbaren Routen – und doch können sie zu ihren Nistplätzen auf Inseln mitten im Ozean zurückfinden.

Man hat wandernde Albatrosse, die auf den Crozet-Inseln (im südlichen Indischen Ozean) nisten, markiert und via Satellit verfolgt. Diese Studien haben ergeben, daß sie in jede Richtung auf Nahrungssuche gehen und daß Hin- und Rückreise weit voneinander getrennt sein können[13] (Abb. 11.2). Auf der Rückreise können sie genau wie die Sumpfschildkröten ihre Heimatinsel in einem schnurgeraden Kurs ansteuern, als ob sie genau wüßten, wo sie ist, statt sie erst suchen zu müssen. Sie können ihr Zuhause nicht mit Hilfe des Geruchssinns lokalisieren, weil bei ihrer Rückkehr oft Seitenwinde wehen oder sie auf Routen zurückfliegen, die mit dem Wind zu den Crozet-Inseln liegen.[14] Genau wie die verschleppten Schildkröten müssen sie auf eine Weise navigieren, die sich nicht mit Hilfe ererbter Programme und der normalen Sinne erklären läßt.

Orientierungssinn, morphische Felder und Ahnengedächtnis

Genauso wie sich ein Orientierungssinn bei Haustieren und Tauben aus ihren engen Banden an vertraute Orte, insbesondere an ihr Zuhause, entwickelt, verknüpft meines Erachtens eine ähnliche Verbindung Schildkröten mit ihren heimischen Stränden und Nahrungsgründen, Albatrosse mit ihren Nistinseln und Schwalben mit ihren Brutplätzen und Winterheimen. Diese unsichtbaren Verbindungen vollziehen sich in morphischen Feldern und ermöglichen es Tieren, zu ihren Zielen zu navigieren. Derartige Felder spielen also auch bei der Migration eine wichtige Rolle.

Eines der Merkmale morphischer Felder besteht darin, daß sie ein immanentes Gedächtnis besitzen (siehe Anhang C). Dieses Gedächtnis wird durch einen Prozeß übertragen, die sogenannte morphische Resonanz, die bewirkt, daß ein bestimm-

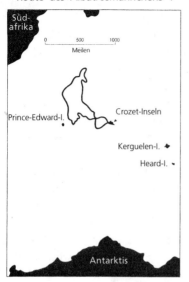
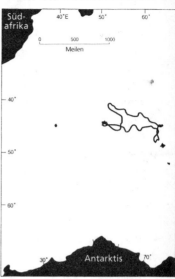

Abbildung 11.2 Flugverläufe dreier wandernder Albatrosse im südlichen Indischen Ozean (nach Jouventin und Weimerskirch, 1990).

ter Organismus, etwa ein Zugvogel, mit früheren Organismen derselben Art mitschwingt.[15] Wenn also ein junger Kuckuck von England nach Afrika fliegt, greift er auf ein kollektives Gedächtnis seiner Vorfahren zurück. Dieses Gedächtnis, das dem morphischen Feld seines Wanderungswegs innewohnt, leitet ihn auf seinem Flug, vermittelt ihm ein Gedächtnis von Richtungen, in die er fliegen muß, und läßt ihn Orientierungspunkte, Nahrungsgründe und Rastplätze instinktiv erkennen. Dieses kollektive Gedächtnis läßt ihn auch erkennen, wann er an seinem Ziel, der Winterheimat der Ahnen, angekommen ist.

Die natürliche Auslese würde entschieden Vögel bevorzugen, die auf dieses Migrationsfeld der Ahnen empfindlich reagieren und dementsprechend ihre Wanderung ausrichten. Vögel, die nicht darauf eingestimmt sind, würden wahrscheinlich nicht überleben.

Migrationen folgen normalerweise gewohnten Routen, die über viele Generationen hinweg wiederholt eingeschlagen werden. Der Orientierungssinn von Wandertieren weist eine habituelle Sequenz einzelner Phasen auf. Viele nordamerikanische Zugvogelarten beispielsweise werden auf bestimmte «Flugrouten» in Richtung Mittelamerika oder zum Golf von Mexiko geleitet und trennen sich dann wieder in Südamerika. Auf ihrer Rückwanderung werden sie erneut durch Mittelamerika und den Golf geleitet und folgen einer von mehreren Hauptrouten nach Norden – zum Beispiel entlang der Westküste oder das Mississippi-Becken hinauf.

Auch manche Zugvogelarten, die in Westeuropa brüten, wie Schwalben, werden zur Straße von Gibraltar geleitet, der kürzesten Seeverbindung mit Afrika, und fliegen dann über die Sahara hinweg. Populationen der gleichen Art, die in Osteuropa brüten, werden durch den Bosporus geleitet, wo sie die Meerenge zwischen Europa und Asien überqueren.

In all diesen Fällen hängt der Orientierungssinn der Vögel von der Phase ab, in der sie sich gerade auf ihrer Reise befinden. Sie fliegen nicht in direkter Linie zu ihrem Winter- oder Sommerplatz, sondern folgen vielmehr Flugrouten zu traditionellen Kontinentalverbindungen und fliegen oft entlang von Küstenlinien und Flüssen.

Jungvögel wie etwa junge Kuckucke, die die Reise zum erstenmal machen, ohne die Führung durch Vögel, die die Route schon einmal geflogen sind, müssen sich ganz auf diese ererbte Sequenz von Richtungen verlassen und haben keinerlei Erfahrung mit dem Winterplatz oder den Zwischenphasen unterwegs.

Nachdem sie einige Zeit in einem Überwinterungs- oder Brutgebiet verbracht haben, sind manche Zugvögel in der Lage, zu diesem Ort nicht nur entlang der üblichen Route zu navigieren, sondern auch von einem unbekannten Ausgangspunkt aus. Die Herstellung einer Verbindung zu einem Ort heißt in der wissenschaftlichen Literatur «Ortsprägung», aber man weiß praktisch nichts darüber, wie sie tatsächlich funktioniert.[16] Ich behaupte, bei dieser Prägung geht es um die Herstellung von Verbindungen mit dem Ort durch ein morphisches Feld, das den Vogel mit diesem bestimmten Ort weiterhin verbindet, selbst wenn er weit davon entfernt ist.

Experimente mit Zugvögeln

In einigen klassischen Experimenten, die in den fünfziger Jahren in einem einzigartigen großen Maßstab durchgeführt wurden, untersuchte der niederländische Biologe A. C. Perdeck, was Zugvögel taten, wenn sie von ihrer traditionellen Route abgebracht wurden. Er ließ Tausende von Staren und Buchfinken einfangen, nachdem sie ihre Reise gerade angetreten hatten. Diese Vögel wurden beringt und an einem Hunderte von Kilometern entfernten Ort, an dem sie noch nie gewesen waren, wieder freigelassen. Ein internationales Netzwerk von Ornithologen sammelte Daten über das Wiederauffinden beringter Vögel. Mit Hilfe dieser Experimente sollte herausgefunden werden, ob erfahrene Vögel auf eine zielgerichtete Weise navigieren konnten, wie heimfindende Vögel dies tun, oder ob sie einfach in eine programmierte Richtung flogen. Perdeck erläuterte die hinter diesen Experimenten stehende Theorie folgendermaßen: «Die Fähigkeit von Vögeln, sich nicht bloß in einer besonderen Himmelsrichtung, sondern auf eine bestimmte geographische Position hin zu orientieren, nennt man ‹Heimfindeorientierung›, ‹vollständige Navigation› oder ‹Echtzielorientierung›. Ihre Existenz ist durch Heimfindeexperimente bei vielen Arten während der Brutzeit zweifelsfrei bewiesen worden. Daher ist es unwahrscheinlich, daß dieser hochentwickelte Orientierungsmechanismus nicht während der Migration eingesetzt wird, da er im Vergleich zur Orientierung in einer Richtung doch so viele Vorteile aufweist... Die Heimfindeexperimente legen die Vermutung nahe, daß diese Fähigkeit speziell bei älteren Vögeln entwickelt ist, die bereits eine oder mehr Jahreszeiten im Zielgebiet verbracht haben.»[17]

In einer Reihe von Experimenten, die über mehrere Jahre hinweg wiederholt wurden, hat man Stare, die aus der Ostseeregion zu ihren üblichen Überwinterungsgebieten in England und Nordfrankreich zogen, an ihren herbstlichen Zwischenlandeplätzen in Holland gefangen. 11 000 Vögel wurden beringt und mit dem Flugzeug in die Schweiz gebracht, rund 600 Kilometer südöstlich, wo sie freigelassen wurden. Junge und reife Vögel wurden getrennt freigelassen. Normalerweise nämlich fliegen Stare in Scharen mit gemischten Altersstufen, die jungen reisen also mit erfahreneren Vögeln, aber bei diesem Experiment wurden sie gezwungen, ihren Weg allein zu finden.

Die Jungvögel flogen weiterhin nach Südwesten, also in die Richtung, die sie von dem Ort, an dem sie gefangen wurden, zu ihren Überwinterungsgründen in England eingeschlagen hätten. Mit anderen Worten: Sie folgten einem Weg, der parallel zum normalen verlief. Einige Vögel landeten in Südfrankreich und Spanien. Die ausgewachsenen Tiere aber orientierten sich neu (Abb. 11.3) und begaben sich zu den traditionellen Überwinterungsgebieten in England und Nordfrankreich. Mit anderen Worten: Die ausgewachsenen Vögel wiesen ein Navigationsverhalten auf, das dem von heimfindenden Tauben glich und auf der Verbindung beruhte, die sie zu ihren Winterheimen hergestellt hatten – ihrer «Ortsprägung» also.[18]

Ähnliche Ergebnisse erzielte Perdeck mit Buchfinken, die in Holland eingefangen und in der Schweiz freigelassen wurden. Die jungen Buchfinken flogen nach Südwesten in der gleichen Richtung weiter, wie sie es normalerweise getan hätten, wenn sie nicht gefangen und an einen anderen Ort gebracht worden wären. Die ausgewachsenen Vögel aber flogen wie die ausgewachsenen Stare nach Nordwesten zu ihren üblichen Winterquartieren in England[19], bewiesen damit also, daß sie in der Lage waren, ihr Ziel von einem Ort aus zu erreichen, an dem sie noch nie zuvor gewesen waren, und flogen in eine Richtung, die sich von der üblichen unterschied.

Die Entwicklung neuer Migrationsmuster

Perdecks Experiment nahm ein faszinierendes Ende. Im Frühjahr kehrten einige der jungen Stare, die umgesiedelt worden waren und neue Überwinterungsgründe in Frankreich und Spanien gefunden hatten, in ihre Geburtsländer rund um die Ostsee zurück. Dies zeigte, daß sie in der Lage waren, zu einem Gebiet zu navigieren, das sie bereits kannten, auch wenn sie es

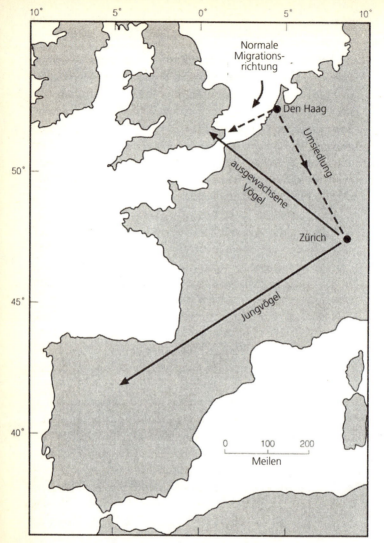

Abbildung 11.3 Die Migrationsrichtungen ausgewachsener und junger Stare nach ihrer Verlegung von Holland in die Schweiz. Die ausgewachsenen Vögel flogen zu ihren üblichen Überwinterungsgründen in England, die Jungvögel aber in die Richtung, die sie von Holland nach England geführt hätte, wären sie nicht weggebracht worden. Folglich landeten sie in Frankreich oder Spanien (nach Perdeck, 1958).

über eine neue Route erreichen mußten. Und bemerkenswerterweise flogen im darauffolgenden Winter einige dieser Jungvögel wieder in die neuen Nahrungsgründe in Frankreich und Spanien, die sie im Vorjahr angenommen hatten.[20] So hatte sich in einer einzigen Generation ein neuer Migrationszyklus gebildet. Genetische Mutationen hatten damit nichts zu tun.

Nach der Hypothese der morphischen Felder können sich neue Migrationswege rasch entwickeln. Vögel, die vom Kurs weggeweht wurden oder einfach herumstreunten, könnten so neue Nahrungsgründe für den Winter finden, wie die jungen Stare in Spanien. Indem sie im Frühjahr in ihre Geburtsländer zurückkehren, bildet sich eine neue Migrationsschleife. Und wenn dieser neue Weg für das Überleben und die Vermehrung der Tiere förderlich ist, wird eine neue Migrationsrasse entstehen.

Ein derartiger Evolutionsprozeß wurde tatsächlich im Laufe der letzten 30 Jahre bei der europäischen Mönchsgrasmücke beobachtet. Im Herbst fliegen Mönchsgrasmücken aus Osteuropa zum Bosporus und dann ums östliche Mittelmeer herum nach Ostafrika. Die Mönchsgrasmücken aus Westeuropa ziehen seit jeher nach Spanien, wo einige den Winter verbringen, während andere nach Afrika hinüberfliegen und in Marokko oder Westafrika überwintern. Aber seit den sechziger Jahren hat sich eine neue Migrationsroute entwickelt, und zwar verläuft diese von Mitteleuropa nach England, wo viele Tausende von Mönchsgrasmücken nun den Winter verbringen. Mittlerweile überwintern etwa zehn Prozent der in Teilen von Belgien und Deutschland brütenden Population in England statt in Afrika.

Dieses neue Migrationsmuster wurde möglich aufgrund der in den letzten Jahrzehnten zunehmend milderen Winter in England und auch weil so viele Engländer im Winter Vögel füttern und somit eine in früheren Jahrhunderten nicht vorhandene neue Nahrungsquelle bieten. Diese Migration ist viel kürzer und weniger gefährlich als die übliche Reise nach Spanien oder Westafrika. Außerdem kehren die Vögel, die in England überwintern, im allgemeinen früher zu den Brutgründen zurück als die, die weiter ziehen – sie können sich also früher miteinander paaren, die besten Territorien besetzen und mehr Nachwuchs hervorbringen.[21] Damit bevorzugt die natürliche Auslese diese neue Migrationsgewohnheit, und inzwischen entsteht eine neue Rasse von Mönchsgrasmücken.

Nach der konventionellen Theorie der genetischen Programmierung würde die Entwicklung eines neuen Migrationswegs von Zufallsmutationen abhängen, die sich auf die genetische Programmierung auswirken. Dann müßten diese Mutantengene von der natürlichen Auslese über viele Generationen hinweg bevorzugt werden, damit sich eine neue Rasse bilden kann.

Doch wenn Migrationsrouten eher so etwas wie Gewohnheiten sind, die von einem ererbten Gedächtnis abhängen, können sich neue Rassen rasch bilden, wie das Beispiel der Mönchsgrasmücken zeigt. Zunächst einmal erfordert dieser Prozeß überhaupt keine genetischen Mutationen.

Mönchsgrasmücken könnten ursprünglich nach England gekommen sein, weil sie vom Kurs ihrer üblichen Migrationsroute nach Spanien weggeweht wurden, und nicht aufgrund von Mutationen in möglichen, die Migration programmierenden Genen. Und auch der neue Migrationsweg von Staren aus dem Ostseeraum nach Spanien entstand nicht aufgrund von Mutantengenen, sondern weil ein holländischer Wissenschaftler die Vögel entführte und per Flugzeug in die Schweiz brachte.

Unter natürlichen Bedingungen können sich neue Migrationsmuster immer dann bilden, wenn Tiere von ihrer gewohnten Route abgebracht werden und das Glück haben, sich an einem neuen Nahrungsgrund zu finden. Wenn dieses Muster von der natürlichen Auslese bevorzugt würde, könnte es sich über Generationen hinweg wiederholen, wie dies bei den Mönchsgrasmücken der Fall ist. Weder die neuen Ziele noch die Migrationswege selbst wären in den Genen codiert, sondern sie würden vielmehr durch ihre morphischen Felder in Erinnerung gerufen.[22]

Diese Schlußfolgerung kann sich auf neuere genetische Forschungen über Sumpfschildkröten stützen. Es gibt zwar einige genetische Unterschiede zwischen Rassen, die weit voneinander entfernt brüten und ganz anderen Migrationsrouten folgen, doch diese Unterschiede sind so gering, daß mit dieser Thematik befaßte Forscher gefolgert haben: «Migrationsrouten zu so spezifischen Zielen wie der Insel Ascension sind wohl nicht genetisch fixiert oder ‹instinkthaft› ... Ein frühes Lernen statt einem ‹fest einprogrammierten› genetischen Verhalten würde eine flexiblere Reaktion auf veränderte Nistbedingungen zulassen, so daß sich neue Migrationswege in einer einzigen Generation bilden könnten.»[23]

12

Tiere, die wissen, wann sie sich ihrem Zuhause nähern

Viele Haustierbesitzer, die mit ihren Tieren auf Reisen gehen, haben bestimmt schon einmal ein rätselhaftes Verhalten bemerkt, das viele Hunde, Katzen, Pferde und andere Arten an den Tag legen. Ihre Tiere scheinen nämlich oft zu wissen, wann sie sich ihrem Ziel nähern, selbst wenn sie nicht aus dem Fahrzeug hinaussehen können, in dem sie unterwegs sind. Wie wir im zehnten und elften Kapitel gesehen haben, beruhen das Heimfindevermögen und die Migration auf morphischen Feldern, die die Tiere zu ihren Zielen hinziehen und ihren Orientierungssinn bestimmen. Im folgenden lege ich dar, daß diese Hypothese der morphischen Felder auch erklären kann, warum Haustiere wissen, wann sie sich ihrem Ziel nähern. In manchen Fällen hängt dieses Verhalten mit den morphischen Feldern zusammen, die die Tiere mit bestimmten Orten verbinden, in anderen mit Menschen, mit denen das Tier unterwegs ist – dabei kann es sich durchaus um Telepathie handeln.

Tiere, die in Autos unterwegs sind

Anders als die meisten Katzen fuhr unsere Katze Remedy gern im Auto mit. Den größten Teil der Fahrt schlief sie auf einer Decke in ihrem Tragekorb. Wir ließen die Klappe des Korbs offen, so daß sie jederzeit, wenn sie Lust hatte, herauskommen konnte.

Zwei, drei Kilometer bevor wir zu Hause ankamen, ganz gleich, ob wir tagsüber oder nachts unterwegs waren, wachte Remedy auf, verließ ihren Korb, strich im Wagen herum und wies eindeutige Anzeichen von Aufregung auf. Meine Frau bemerkte es zuerst. Leider muß ich zugeben, daß ich dieses Phänomen anfangs abtat und behauptete, es müsse sich um reinen Zufall handeln. Als hartnäckiger Skeptiker ignorierte oder leugnete ich ein Verhalten, für das es keine unmittelbare Erklärung zu geben schien. Am Ende aber waren die Beweise einfach überwältigend. Die Katze wußte anscheinend tatsächlich, wann wir uns unserem Zuhause näherten. Aber woher?

Roch sie etwa die heimische Gegend? Möglich, aber unwahrscheinlich, denn es geschah genausooft bei kaltem Wetter, wenn die Fenster geschlossen waren, wie bei Hitze, wenn sie offen waren. Erkannte sie vertraute Schlaglöcher, Biegungen und Windungen des Wegs? Möglicherweise – aber wie konnte sie dann mit den Details unterschiedlicher Routen durch London so vertraut sein, bei unterschiedlichen Bewegungsmustern, die von Ampelphasen und Verkehrsstaus abhingen? Gab es irgendeine andere Eigenschaft der heimischen Umgebung, auf die sie reagierte? Vielleicht, aber was konnte das sein? Schnappte sie irgendwie unsere eigene Erwartungshaltung auf, auch wenn wir uns irgendeiner Veränderung in unserem Verhalten nicht bewußt waren? Und wenn ja, wie?

Ich kann all diese Fragen zwar noch immer nicht beantworten, aber ich habe herausgefunden, daß viele andere Menschen ein ähnliches Verhalten an ihren Tieren bemerkt haben. In unserer Datenbank gibt es über 60 Berichte darüber, und damit lassen sich die Möglichkeiten schon einengen.

Zweifellos können Wildtiere, die sich auf dem Heimweg befinden, vertraute Orientierungspunkte erkennen, vertraute Gerüche riechen und vertraute Geräusche hören. Diese Umweltinformationen sind notwendig, damit sie ihr Zuhause finden, und ohne sie würden sie sich verirren. Aber ein Tier, das allein heimfindet, ist in einer ganz anderen Lage als ein Hund oder eine Katze, die in einem Auto schlafen, oder als ein Pferd in einem Pferdeanhänger. Diese Tiere werden transportiert, ob sie dies nun mögen oder nicht, und sie können sich den Weg, den sie nehmen, nicht aussuchen. Für Tiere muß dies eine ganz ungewöhnliche Situation sein. Wildtiere werden nur selten herumtransportiert, auch wenn Beutetiere zuweilen von Raubtieren weggetragen und Jungtiere manchmal von älteren Tieren befördert werden, etwa wenn Katzenmütter ihre Jungen am Genick herumtragen. Aber mir fällt keine Parallele in der Welt der Natur zum Transport von Haustieren in Fahrzeugen ein – außer vielleicht wenn Fische von Strömungen oder Vögel von Winden dahingetragen werden.

Die Ankunft an vertrauten Zielen

Am häufigsten reagieren Tiere, wenn sie sich ihrem Zuhause nähern, so wie Remedy dies tat. Auch viele Hunde bekunden ähnliche Anzeichen von Erwartung, und in den meisten Fällen ist es unwahrscheinlich, daß sie wissen, wo sie sich befinden, weil sie irgendwelche Orientierungspunkte sehen. Normalerweise legen sie sich bei Autofahrten auf den Boden, unterhalb der Fenster, und schlafen. Wenn sie aus dem Fenster schauen, dann deshalb, weil sie erwartungsvoll erwachen. Und viele

Hunde und Katzen reagieren sogar dann, wenn sie nachts im Auto unterwegs sind.

Auch manche Pferde, die in Fahrzeugen transportiert werden, wissen anscheinend, wann sie sich ihrem Zuhause nähern, und werden «zappelig», «wiehern und werden aufgeregt», «scharren mit den Hufen und stampfen auf» oder bekunden auf andere Weise ihre Unruhe.

Bonobos werden zwar seltener auf Straßen herumgefahren, aber die Halbaffen im Twycross Zoo in Warwickshire erlebten das, als man mit ihnen eine Reihe von Fernsehwerbespots für PG-Tee drehte, in denen sie als Menschen verkleidet waren und in einem Sketch mitspielten. Molly Badham, ihre Trainerin, entdeckte, daß sie auf der Rückfahrt von den Dreharbeiten stets zu wissen schienen, wann sie sich dem Zoo näherten. «Etwa ein, zwei Kilometer vorher wachten sie auf und wußten, sie würden heimkommen. Ich habe keine Ahnung, woher sie das wußten – es war stockfinster, und sie konnten sowieso nicht hinaussehen –, aber sie wachten auf und wurden ganz aufgeregt.»

Viele Tiere zeigen ähnliche Reaktionen, wenn sie vertraute Ziele außerhalb ihres Zuhauses aufsuchen, wie Tasha, ein Pudelweibchen, das Alice Palmer aus Chicago gehört. «Wenn wir meinen Sohn besuchten, der etwa 200 Kilometer von uns entfernt lebt, und uns seinem Haus bis auf zehn, zwölf Kilometer genähert hatten, wachte Tasha auf, sprang auf der Rückbank hoch, schnüffelte an der Fensterscheibe und schaute aufgeregt hinaus, bis wir das Haus erreichten.» Vielleicht reagierte Tasha ja auf vertraute Gerüche entlang der Straße. Aber was geschieht, wenn Tiere über ungewohnte Straßen gefahren werden?

Fahrten über ungewohnte Routen

Mehrere Leute haben bewußt eine andere Route genommen, um herauszufinden, wie ihre Tiere reagieren. Jenny Mardell aus Bath beispielsweise entdeckte, daß ihre Hündin Mandy immer aufgeregt wurde, wenn sie sich dem Haus ihrer Eltern in London näherten. «Wir bekamen nie heraus, wieso, und probierten es mit verschiedenen Routen zu dem Haus – aber sie wußte immer Bescheid und wurde im Auto richtig hysterisch.» Auch wenn Geneviève Vergnes ihre Eltern in Paris besuchte, erlebte sie, daß «unsere Hündin etwa sieben Kilometer vor ihrem Haus aufwachte und am Armaturenbrett kratzte, während sie ‹sang›. Wir schlossen daraus, daß sie den Weg kannte, und probierten es mit anderen Routen – den Peripheriestraßen, den Champs-Élysées oder mit der Métro –, wobei diese Routen unterschiedlich lang waren. Sie schlief, aber immer fing sie etwa in der gleichen Entfernung vor dem Haus an, am Armaturenbrett zu kratzen und zu singen!»

Manchmal haben Menschen allen Grund, ihren Hund daran zu hindern, daß er aufwacht und seine Aufregung kundtut. Das war bei Freunden in London der Fall, als ihre Zwillinge noch Babys waren. Wenn sie mit dem Auto heimfuhren, schliefen ihr Neufundländer und die Babys immer. Sobald sie sich ihrem Zuhause näherten, erwachte der Hund, bewegte sich aufgeregt herum und weckte die Babys auf, die zu weinen anfingen. Um zu vermeiden, daß der Hund die Babys aufweckte, fuhren unsere Freunde über alle möglichen Umgehungsrouten heim – aber es gelang ihnen nie, den Hund zu täuschen. Er wurde trotzdem immer aufgeregt und weckte die Babys auf.

Derartige Erlebnisse zeigen, daß zumindest manche Tiere wissen, wann sie sich ihrem Ziel nähern, und zwar unabhängig von der Route, die sie nehmen. Hängt dies mit irgendeiner Eigenschaft des Ortes zusammen, die sie ausmachen können, selbst wenn sie schlafen und noch etliche Kilometer davon entfernt sind? Oder werden sie irgendwie durch die Menschen im Auto beeinflußt?

Nachdem ich Dutzende von Fällen untersucht habe, bin ich zu der Schlußfolgerung gelangt, daß in einigen der Ort selbst die wichtigste Rolle spielt, aber in anderen die Haustiere die Erwartung der Menschen im Auto aufschnappen. Und wahrscheinlich können beide Einflüsse zusammenwirken.

Bekannte und unbekannte Orte

Meistens erfolgt die Reaktion von Tieren nur dann, bevor sie zu Hause oder an einem anderen bekannten Ort eintreffen. Sie reagieren nicht, bevor sie unbekannte Orte erreichen. Dies legt die Vermutung nahe, daß sie etwas entdecken, was mit den Orten selbst zu tun hat, und daß ihre Reaktionen mit dem Gedächtnis zusammenhängen. Dies geht besonders klar aus den Beobachtungen von Joséa Raymer aus Aldermaston in Berkshire hervor, die einen Lastwagen besitzt und fährt. Zum Schutz hat sie immer mindestens einen Deutschen Schäferhund dabei:

«Ich kann bis zu viereinhalb Stunden bei allen möglichen Verkehrsbedingungen unterwegs sein (vor Verkehrsampeln anhalten, bei stockendem Verkehr dahinkriechen oder auf schnellen Autobahnen konstant fahren), und dabei schlafen die Hunde, aber sobald ich mich meiner Lieferadresse oder dem Zwischenstopp für eine Übernachtung nähere, reagieren die Hunde immer dann, wenn sie schon mal dort gewesen sind und je nachdem, wie viele Male dies war und ob sie dort frei herumlaufen durften. Wenn ich dort noch nie was geliefert habe oder wenn die Stelle nicht geeignet war, sie rauszulassen, merken sie erst auf, wenn ich anhalte, in die Ladebucht zurückstoße oder die Tür aufmache. Wenn wir diesen Ort oft aufsuchen oder wenn es sich um einen Übernachtungsstopp handelt, wo sie sich ein bißchen austoben dürfen, sind sie schon auf und werden aufgeregt, während wir noch unterwegs auf der öffentlichen Straße sind, wo sich die Bewegung des Lasters wohl nicht von derjenigen auf irgendeinem anderen Teil der Straße unterscheiden dürfte.»

In solchen Fällen ist anscheinend die Erinnerung an die Orte viel wichtiger als das Verhalten oder die Gedanken des Menschen. Aber was haben die Orte an sich, worauf sie reagieren? Orientierungspunkte haben wir ja bereits ausgeschlossen, da Tiere, die schlafen oder zumindest auf dem Boden liegen, sie nicht durchs Fenster sehen können und selbst dann noch reagieren, wenn sie im Dunkeln unterwegs sind.

Könnte es also am Geruch liegen? Das ist die naheliegendste Möglichkeit, und in manchen Fällen ist dies vielleicht die beste Erklärung. Aber in den meisten Fällen stimmt das einfach nicht mit den Gegebenheiten überein. Die Theorie vom Geruch würde voraussetzen, daß Tiere bei warmem Wetter früher als bei kaltem reagieren müßten, da Substanzen bei höheren Temperaturen stärker verdunsten. Sie müßten auch bei offenen Fenstern früher und stärker reagieren als bei geschlossenen Fenstern. Und ihre Reaktionen müßten mit der Windrichtung zusammenhängen, also bereits in viel größeren Abständen auftreten, wenn der Wind aus der Richtung weht, in der das Fahrtziel liegt. In den Berichten, die ich gelesen oder gehört habe, deutet nichts darauf hin, daß dies der Fall wäre, und ich habe auch nicht bemerkt, daß die Reaktionen unserer Katze durch die Windrichtung, die Temperatur oder durch offene Fenster beeinflußt worden wären.

Diese Reaktionen hängen vielleicht mit dem «Orientierungssinn» zusammen, von dem in den vorangegangenen beiden Kapiteln die Rede war. Dieser Orientierungssinn ist von primärer Bedeutung, wenn Tiere aktiv ihre eigenen Wege gehen. Er hat sich im Zusammenhang damit entwickelt, daß sie den Weg nach Hause finden oder sich zu anderen vertrauten Orten begeben müssen, und er spielt auch bei der Migration eine wichtige Rolle. Ich behaupte, daß dieser Orientierungssinn von morphischen Feldern gesteuert wird, durch die Tiere mit vertrauten Orten verbunden sind. Diese Felder ermöglichen es ihnen, bestimmte Orte zu finden, wenn sie über unbekanntes Territorium navigieren, und sie lassen sie vielleicht auch erkennen, wann sie in die Nähe eines vertrauten Ortes gelangen, wenn jemand anders die Navigation übernommen hat.

Reaktionen auf Menschen

Bei der Annäherung ans Ziel können die Menschen im Auto Erleichterung empfinden oder Erwartungen hegen, und Tiere schnappen diese Veränderungen vielleicht auf und erwachen. Wenn sie in Kürze an einem vertrauten Ort eintreffen werden, lassen sich die Auswirkungen der Menschen von denen des Ortes selbst nur schwer trennen. Aber wenn sie zu einem Ort fahren, mit dem das Tier nicht vertraut ist, kann es keine Erinnerung an den Ort haben, und dann könnten die einzigen möglichen Hinweise nur von den Menschen im Auto ausgehen.

In manchen Fällen reagieren Tiere tatsächlich auch vor der Ankunft an einem Ort, an dem sie noch nie zuvor gewesen sind. Jenny Vieyra aus Leighton Buzzard in Bedfordshire beispielsweise hat einen Kater, der immer Bescheid weiß, wann sie sich seinem Zuhause nähern – «er steht in seinem Korb auf, miaut wie verrückt, versucht irgendwie rauszukommen». Er weiß auch, wann sie in der Nähe der Häuser von Freunden oder Familienangehörigen oder der Tierheime sind, wo er früher schon mal war. All diese Fälle könnten etwas mit dem Gedächtnis zu tun haben. Aber vor kurzem ist Jenny in ein 80 Kilometer entferntes neues Haus umgezogen, und als sie den Kater zum erstenmal in seinem Leben dorthin brachte, reagierte er vor der Ankunft mit seiner üblichen Aufgeregtheit. Es muß sich also die Erwartungshaltung seiner Besitzerin auf ihn übertragen haben.

Manche Menschen, die diese Art von Reaktion wiederholt erlebt haben, sind überzeugt, daß ihre Tiere telepathische Fähigkeiten besitzen. Michaela Dickinson-Butler aus Burton-on-Humber etwa glaubt, daß ihr Border-Terrier ihre Gedanken lesen kann. «Er weiß genau, wann wir das Auto anhalten werden, und fängt schon vor der Ankunft am Ziel zu bellen und zu winseln an, selbst wenn er noch nie dagewesen ist und nicht aus dem Fenster schaut und wir nichts sagen.»

Peter Edwards, der in Essex lebt, züchtet Irische Setter und nimmt oft an Hundeausstellungen teil. Wenn er mit seinen Hunden im Wagen heimfährt, werden sie etwa eine Viertelstunde oder früher bevor sie zu Hause ankommen wach und reagieren aufgeregt. Das tun sie auch vor der Ankunft bei einem Ausstellungsgelände. Manchmal bringt er die Hunde zu Ausstellungen an neuen Orten – und wieder reagieren sie etwa 15 bis 20 Minuten im voraus. Daß sie andere Hunde riechen, die sich bereits auf dem Ausstellungsgelände befinden, ist eher unwahrscheinlich, weil die Reaktion schon viele Kilometer vorher auftritt und offenbar nicht von der Windrichtung abhängt. Außerdem hat Peter Edwards festgestellt, daß die Tiere sich genauso verhalten, wenn er frühzeitig bei einem Ausstellungsgelände eintrifft und nur ganz wenige andere Hunde schon da sind. «Ich glaube, sie schnappen es von mir auf», sagt er. Er hat sich bei anderen Hundehaltern erkundigt, die auch auf Ausstellungen gehen, und erfahren, daß dieses Verhalten ziemlich weit verbreitet ist. Seine Schlußfolgerung: «Es macht fast den Eindruck, als könnten sie Gedanken lesen.»

Besonders anschaulich demonstriert diese Art von Reaktion Morag, eine Yorkshireterrierhündin, die auf langen Autofahrten zwischen ihrem Zuhause auf der Insel Skye vor der Westküste von Schottland und einem Dorf in Norfolk, also der östlichsten Ecke von England, mitgenommen wird. Doris Ausden, die Mutter des Halters, hat mir freundlicherweise ihre Notizen über Morags Verhalten überlassen. Einmal begleitete sie im Sommer ihren Sohn von Norfolk nach Skye. Als sie sich seinem Haus näherten, fuhren sie gerade einen Hügel nördlich von Uig hinauf:

«Wenn wir diesen Punkt erreichen, muß ich immer denken: ‹Jetzt ist's nicht mehr weit› (etwa zehn Kilometer). Das habe ich noch nie wirklich laut gesagt, aber tatsächlich begann Morag an diesem Punkt aufgeregt zu werden. Es konnte nicht an der Empfindung gelegen haben, daß es bergauf ging (da gibt es viele Hügel unterwegs). Nach Norfolk zurück fuhren wir die ganze Nacht hindurch, wobei wir mehrmals anhielten, um uns auszuruhen und zu stärken. Wir fuhren einen Umweg, um ein Frühstück zu bekommen, und irgendwo bogen wir falsch ab. Eine Zeitlang fuhren wir durch eine Gegend, die wir nicht kannten, aber schließlich erkannte ich ein Straßenschild. Ich weiß noch, wie ich dachte: ‹Jetzt sind wir nicht mehr weit von zu Hause weg.› Morag, die in ihrem Körbchen auf dem Sitz neben mir fest geschlafen hatte, begann sofort ihre übliche Aufgeregtheit zu zeigen.»

Dieses Phänomen ist auch von Elizabeth Marshall Thomas untersucht worden, die in ihrem Buch *Das heimliche Leben der*

Hunde schildert, daß ihre Dingohündin Viva wußte, wann sie ihr Ziel erreichen würden, selbst wenn sie dort noch nie zuvor gewesen war. Thomas versuchte herauszufinden, wie ihr das gelang. Wenn sie von Schnellstraßen auf holprige Feldwege abbog, dann war dies ein Hinweis, aber es war nicht der einzige, denn sie erreichten ihr Ziel oft über viele Kilometer von Wegen mit unebener Oberfläche, und Viva wußte dennoch Bescheid. Auch das wiederholte Abbiegen auf kleinere Straßen und Wege vor dem Ende der Fahrt war ein Hinweis, «aber Viva freute sich oft auf die Ankunft, bevor der Wagen abzubiegen begann». Als Thomas merkte, daß Viva die meisten Ankünfte genau vorausahnte, achtete sie darauf, daß sie selbst nicht irgendeinen Hinweis darauf gab, indem sie sprach oder etwas anderes tat. «Ich glaube, es ist mir gelungen, meine Gefühle zu verbergen. Doch sie wußte trotzdem Bescheid, und am Ende ihres Lebens hatte ich genausowenig eine Ahnung, wie sie das machte, wie am Anfang. Hunde-ESP? Vielleicht.»[1] Die Fähigkeit eines Tieres, die Vorfreude eines Menschen auf das Ende einer Reise aufzuschnappen, unterscheidet sich kaum vom Aufschnappen anderer Arten von Gedanken und Absichten, wie wir sie in früheren Kapiteln dieses Buches kennengelernt haben. Ob dies mit unbewußten Hinweisen im Verhalten oder mit Telepathie zu tun hat, ist eine andere Frage. Um dies herauszufinden, müßte man spezielle Experimente durchführen.

Ein einfacher Telepathie-Test

In Fällen, in denen Tiere auf Hinweise von Menschen im Auto zu reagieren scheinen, besteht die Möglichkeit, daß sie auf feine Verhaltensänderungen, Körpersprache, verbale Hinweise oder andere Zeichen reagieren, die sich mit den gewöhnlichen Sinnen feststellen lassen. Diese Möglichkeit kann man testen, wenn die Tiere auf der Ladefläche eines Lieferwagens transportiert werden, während ihr Besitzer vorn sitzt. Die Tiere könnten entweder von einer Person beobachtet werden, die mit ihnen hinten sitzt und die das Fahrtziel nicht kennt, oder ihr Verhalten könnte automatisch mit einer Videokamera aufgezeichnet werden, die hinten im Lieferwagen montiert ist. Bei ersten Experimenten, die wir mit freundlicher Unterstützung der Polizeihundestaffel von Manchester durchgeführt haben, stellten wir fest, daß es ziemlich einfach ist, das Verhalten von Hunden in Lieferwagen mit der Videokamera aufzuzeichnen. Aber Polizeihunde sind an Fahrten in Transportern gewöhnt, und Tiere, die mit dieser Form des Transports nicht vertraut sind, brauchen vielleicht einige Zeit, um sich daran zu gewöhnen.

Während sich das Tier im Laderaum befindet und die Kamera läuft, fährt der Tierhalter dann zu Zielen, die dem Tier nicht vertraut sind. Bekundet es immer noch Anzeichen von Erwartung? Wenn ja, läßt sich diese Reaktion nicht durch die Erinnerung an den Ort, durch die Wahrnehmung der Körpersprache des Halters oder durch andere sensorische Hinweise erklären. Wenn man all diese Möglichkeiten ausklammern kann, wäre die telepathische Kommunikation die wahrscheinlichste Erklärung für die Reaktion des Tieres.

13

Haustiere, die ihre weit entfernten Menschen wiederfinden

1582 verließ Leonhard Zollikofer seine Heimatstadt St. Gallen, um als Gesandter nach Paris an den Hof des französischen Königs Henri III. zu gehen. Er ließ seinen treuen Hund zurück, der den passenden Namen Fidelis trug. Zwei Wochen später verschwand der Hund aus St. Gallen. Nach weiteren drei Wochen gesellte er sich zu seinem Herrn am Hof in Paris, genau zu dem Zeitpunkt, als die Schweizer Gesandten zu einer Audienz beim König gebracht wurden. Der Hund war noch nie zuvor in Paris gewesen.[1] Wie konnte er seinen Herrn so weit weg von seinem Zuhause finden?

Man könnte dies leicht als phantastische Geschichte abtun, wenn es nicht tatsächlich eine ganze Menge solcher Geschichten gäbe, ja, noch heldenhaftere Beispiele für die Ergebenheit von Hunden. Während des Ersten Weltkriegs war Prince, ein Irischer Terrier, seinem Herrn, dem Gefreiten James Brown vom North Staffordshire Regiment, treu ergeben, und als der junge Mann im September 1914 nach Frankreich abkommandiert wurde, war der Hund untröstlich. Eines Tages verschwand er von seinem Zuhause in Hammersmith bei London, tauchte ein paar Wochen später zum allgemeinen Erstaunen in Armentières auf und spürte seinen Herrn in einem wahren Freudentaumel in den Schützengräben auf. Weil niemand diese

Haustiere, die ihre weit entfernten Menschen wiederfinden 325

Geschichte glauben mochte, ließ der befehlshabende Offizier Mann und Hund am nächsten Tag bei ihm antreten. Offenbar hatte Prince sich einigen Soldaten angeschlossen, die den Ärmelkanal überquerten, und dann den Weg zu seinem Herrn gefunden. Er wurde der Held des Regiments und harrte bis Kriegsende an der Seite seines Besitzers aus.[2]

In diesen Geschichten fanden die Hunde nicht heim, und sie begaben sich auch nicht an einen anderen vertrauten Ort. Ein derartiges Verhalten, wenn es denn wirklich vorkommt, läßt sich nicht mit einem Orientierungssinn, ja nicht einmal mit der sinnlichen Wahrnehmung irgendeiner Eigenschaft des Ziels selbst erklären. Vielmehr wissen die Tiere auf irgendeine Weise, wo sie die Menschen finden, denen sie so sehr verbunden waren. Wir haben bereits gesehen, daß Bande zwischen Tieren und Menschen es ermöglichen können, Absichten und Rufe über größere Entfernungen hinweg wahrzunehmen. Manche Tiere spüren anscheinend, wenn ihre Besitzer gestorben sind oder einen Unfall gehabt haben, selbst wenn sie weit von ihnen entfernt sind. Diese verschiedenen Phänomene kann man als telepathischer Natur bezeichnen.

Aber könnte eine telepathische Verbindung richtungsorientiert sein? Können diese Bande Mensch und Tier auf eine zielgerichtete Weise verbinden, als ob beide durch eine unsichtbare Schnur miteinander verknüpft wären? Wir sind tatsächlich bereits auf Beweise für eine zielgerichtete Information zwischen Tieren und Menschen gestoßen – etwa wenn manche Katzenbesitzer das Gefühl hatten, zu ihrer verschwundenen Katze hingezogen zu werden, ohne sich dies erklären zu können (siehe achtes Kapitel). Außerdem wissen manche Tiere nicht nur, wann ihre Besitzer heimkommen, sondern anscheinend auch, aus welcher Richtung. Dann warten sie vielleicht auf einer bestimmten Seite des Hauses, je nachdem, aus welcher Richtung sich der Mensch nähert.

In diesem Kapitel nun wollen wir uns mit Fällen befassen, in denen Tiere ihre Menschen an unbekannten Orten wiederfinden. Wenn dies manchen Tieren auf eine Weise gelingt, die sich nicht durch Zufall, Sehvermögen, Gehör oder Geruchssinn erklären läßt, dann muß es zwei verschiedene Arten von Orientierungssinn geben: einen Orientierungssinn für Orte und einen für Menschen und Tiere. Meine Hypothese lautet, daß beide Arten von Verbindungen auf morphischen Feldern beruhen. Ich behaupte, daß die morphischen Felder, die Tiere mit Orten und auch mit Menschen verknüpfen, in der Tat richtungsorientiert sind. Aber während der Orientierungssinn für Orte ein bekanntes Phänomen ist, ist ein Orientierungssinn für Menschen oder andere Tiere viel weniger bekannt. Menschen oder Tiere in der Ferne zu finden ist viel seltener, als Orte zu finden. Doch in unserer Datenbank gibt es 42 derartige Fälle, 32 davon betreffen Hunde und zehn Katzen.

Betrachten wir zunächst diese Fälle, um zu sehen, ob es da irgendwelche gemeinsamen Muster gibt, und um zu untersuchen, wie überzeugend ihre Beweiskraft ist. Im allgemeinen gibt es keine Möglichkeit, Experimente im Hinblick auf dieses Phänomen durchzuführen, weil Haustierhalter es verständlicherweise nur ungern riskieren wollen, ihre Tiere zu verlieren. Die einzige Beweisquelle stellen praktisch ungeplante echte Erlebnisse dar.

Die beiden wichtigsten Möglichkeiten, mit denen sich diese Fälle sonst erklären ließen, sind erstens der Zufall – das Tier hat einfach beliebig herumgesucht, und die Fälle, von denen wir erfahren, sind lediglich die paar, die ein glückliches Ende fanden – und zweitens der Geruch – das Tier spürte die Person mit Hilfe seines Geruchssinns auf. Das sind wirklich wichtige Argumente, denn wenn sich die Beweise durch Zufall oder den ausgeprägten Geruchssinn des Tieres erklären lassen, brauchen wir nicht die Existenz eines geheimnisvollen, unsichtbaren Bandes zu postulieren, das die Tiere irgendwie zu der Person hinziehen könnte.

Könnten die Tiere ihre Menschen durch den Geruch gefunden haben?

In einigen Fällen in unserer Datenbank geht es um Hunde oder Katzen, die Menschen in neuen Häusern finden, die weniger als zwei oder drei Kilometer von ihrem früheren Zuhause entfernt sind. Weil die Umzugsfahrten mit dem Auto oder einem Lieferwagen gemacht wurden, läßt sich die betreffende Person wahrscheinlich kaum dadurch aufspüren, daß das Tier einer Duftspur entlang der Straße folgt. Dennoch sind Geruch und Zufall weiterhin mögliche Erklärungen, besonders wenn die Menschen vielleicht Duftspuren in der Umgebung des neuen Zuhauses hinterlassen haben, die ein willkürlich auf Erkundung gehendes Tier aufgeschnappt haben könnte.

Manchmal finden Hunde ihre Halter an ihrem mehrere Kilometer entfernten Arbeitsplatz, obwohl sie nie zuvor dorthin mitgenommen wurden. Wenn die Besitzer mit dem Auto zur Arbeit fahren, ist es sehr unwahrscheinlich, daß sie aufgrund ihres Geruchs aufgespürt wurden. Selbst wenn ein Hund oder eine Katze der Duftspur von Autoreifen folgen und diese Reifenspuren von denen vieler anderer Fahrzeuge unterscheiden könnte, ließe sich diese Fähigkeit nur dann praktisch umsetzen, wenn sich das Tier der gefährlichen Prozedur unterzöge, mitten auf der Straße zu schnüffeln. Selbst wenn der Verkehr spärlich wäre, müßten die Autofahrer diese Tiere bemerkt haben, um sie nicht zu überfahren, und könnten sich sicher daran erinnern, sie gesehen zu haben.

Patricia Burke lebte auf einer Farm auf der Insel Skye vor Schottland und mußte zehn Kilometer zur Arbeit nach Portree fahren, wobei sie ihre Terrier auf der Farm ließ. Sie fuhr nicht direkt zur Arbeit, sondern zuerst fünf Kilometer in eine andere Richtung, um eine Kollegin abzuholen. Eines Morgens fand sie zu ihrer Überraschung den Hund vor ihrer Firma in Portree sitzen. «Woher wußte er, daß ich dort arbeitete? Er war noch nie in Portree gewesen.»

Ein Skeptiker könnte argumentieren, der Hund habe den Geruch des Arbeitsplatzes entdeckt, weil er ihm unter den Gerüchen an der Kleidung der Besitzerin vertraut gewesen sei. Aber dies würde nicht erklären, wie der Hund zunächst einmal nach Portree gefunden hatte, es sei denn, man könnte sich vorstellen, daß sich der Geruchssinn weit über die bislang erwiesenen Reichweiten hinaus erstreckt.

Jedenfalls läßt sich die Theorie vom Geruch nicht auf Hunde anwenden, die ihre Besitzer an Orten finden, an denen die Besitzer selbst nie zuvor gewesen sind. Die Hunde könnten nämlich den Geruch des Ortes nie an der Kleidung oder am Haar ihrer Besitzer gerochen haben. Dennoch gibt es mehrere Fälle von Hunden, die ihre Menschen in einem Haus finden, das sie zum ersten Mal aufsuchen, oder in einem Krankenhaus, in das sie unerwartet eingeliefert wurden, oder in einer unbekannten Kneipe.

Victor Shackleton beispielsweise hielt als Teenager einen Greyhound namens Jonny, an dem er sehr hing. Aber für den Hund war kein Platz im Haus seiner Familie. Sehr zu Victors Kummer verkaufte sein Vater Jonny an einen Neffen, der in einem Bergarbeiterdorf in Yorkshire wohnte. Sie fuhren mit dem Zug von ihrem Zuhause in Cheshire dorthin und übergaben den Hund seinem neuen Besitzer. Nachdem dieser den Hund in seinem Hinterhof angebunden hatte, wollte er mit ihnen noch einen Abschiedsdrink nehmen, bevor sie die lange Heim-

Haustiere, die ihre weit entfernten Menschen wiederfinden

fahrt antraten. Sie quetschten sich in einen verbeulten Lieferwagen und fuhren zu einem Pub, einer Stammkneipe von Greyhound-Fans:

«Traurig saß ich da, während sie miteinander redeten. Ich dachte an Jonny, wie er in diesem fremden Hinterhof eingesperrt war, einsam und verlassen. Der Pub füllte sich, und plötzlich sprang die Tür auf, und ein Hund drückte sich fest an mich. Es war Jonny, und von seinem Halsband baumelte ein abgerissenes Stück Seil. Alle, die Jonny in den Pub stürmen sahen, konnten es einfach nicht glauben. Als mein Dad und sein Neffe erklärten, was sich an diesem Abend abgespielt hatte, waren alle wie vom Donner gerührt – wie, zum Teufel, konnte der Hund diesen Pub finden, fünf Kilometer weit weg und in einem Ort, in dem er noch nie gewesen war? Und dann behaupteten erfahrene Hundeführer in diesem Pub auch noch, daß Greyhounds nicht mit dem Geruchssinn jagen, sondern ausschließlich auf ihr Sehvermögen angewiesen sind.»

Dieses Erlebnis läßt sich also anscheinend weder durch das Sehvermögen noch durch das Gehör erklären, und die Fachleute haben ja darauf hingewiesen, daß die Theorie vom Geruch in diesem Fall ganz unwahrscheinlich ist.

Manchmal hat die Fähigkeit von Hunden, ihre Besitzer zu finden, diesen tatsächlich das Leben gerettet, wie im Falle von Uri Geller, dem berühmten Gabelverbieger. Als er etwa 14 Jahre alt war, lebte Geller auf Zypern, und leidenschaftlich gern erforschte er die Berghöhlen über seiner Schule bei Nikosia. Normalerweise ging er mit Freunden hinein und hielt sich an erprobte Wege. Doch einmal wagte er sich allein hinein – auf unbekannten Pfaden.

«Ich verirrte mich. Tief in den kalten und feuchten Höhlen lief ich zwei Stunden lang verängstigt herum und suchte mit einer immer schwächer werdenden Taschenlampe nach einem Weg hinaus. Schließlich kauerte ich mich hin und betete zu Gott, daß jemand mich finden würde, bevor ich verhungerte, wie es zwei meiner Schulkameraden passiert war. Ich werde nie erfahren, wie mein Hund Joker zu mir gelangte. Ich hatte ihn mehrere Kilometer weit weg im Hotel meines Stiefvaters zurückgelassen. Aber wie ich so zusammengekauert in der Finsternis saß, hörte ich ihn auf einmal bellen – plötzlich waren seine Pfoten auf meiner Brust, und er leckte mir übers Gesicht. Joker kannte natürlich den Weg hinaus. Es war, als ob meine Gebete ihn gerufen hätten.»[3]

Selbst wenn der Hund in der Lage gewesen wäre, Geller in der Höhle ausfindig zu machen, indem er einer Duftspur folgte, würde dies noch lange nicht erklären, warum er sich überhaupt zur Höhle begab, und zwar genau in der Zeit, da er gebraucht wurde.

In den meisten Fällen erfahren wir nichts darüber, wie sich der Hund unterwegs auf seiner Reise verhielt. Welcher Route folgte er? Schnüffelte er, als ob er einer Duftspur folgte? Glücklicherweise habe ich einen Bericht erhalten, demzufolge zwei Hunde die ganze Zeit in Begleitung waren. Dr. Alfred Koref und seine Frau hielten in ihrem Haus in Wien zwei Dackel. Wenn sie am Abend ausgingen, ließen sie die Tiere bei ihrem Dienstmädchen zurück. Eines Morgens holte Dr. Koref sie vom Haus des Dienstmädchens ab und trat den Heimweg an, während seine Frau weiterfuhr, um einige Freunde zu besuchen, die drei Kilometer weit weg wohnten.

«Statt heimzugehen, zogen sie mich indessen durch Gassen, die sie nicht kannten, bis wir zu der großen Straße gelangten, die meine Frau entlanggefahren war. Dann rannten sie auf dieser Straße dahin – bis zu dem Wohnblock, in dem unsere Freunde wohnten. Die Hunde hatten sie noch nie besucht. Dennoch gingen sie durch den richtigen Eingang hinein und liefen die Treppen direkt zu der Tür hoch, hinter der sich meine Frau befand. Sie war ziemlich überrascht über unser Erscheinen.»

Während das Finden des richtigen Eingangs und der richtigen Wohnung vielleicht auf den Geruch zurückgeführt werden könnte, läßt sich der Weg durch unbekannte Gassen und zum richtigen Wohnblock nicht auf diese Weise erklären. Die Geruchstheorie wird sogar noch weniger plausibel, wenn Tiere ihre Menschen über viele, viele Kilometer hinweg finden.

Tiere, die Menschen über größere Entfernungen hinweg finden

Je größer die Entfernungen sind, über die hinweg die Tiere ihre Menschen finden, desto weniger plausibel werden die Theorien vom Zufallsfund und vom Aufspüren durch den Geruchssinn. Keiner der Fälle in unserer Datenbank handelt von Tieren, die Menschen über größere Entfernungen als 80 Kilometer gefunden haben. Zum Glück ist dieses Thema bereits von einem der Pioniere der Parapsychologie, J. B. Rhine von der Duke University in North Carolina, erforscht worden. In den fünfziger Jahren entdeckte er dieses Phänomen und nannte es «psi-trailing», also «Psi-Spurensuche».[4] Rhine und seine Kollegen stellten eine Sammlung von Fällen zusammen, von denen sie aufgrund von Aufrufen in Zeitungen und Zeitschriften und aus Berichten in Lokalblättern erfahren hatten, wodurch einige der bemerkenswertesten Fälle erstmals bekannt wurden.

Soweit dies möglich war, gingen sie diesen Berichten nach und machten Interviews und Besuche vor Ort, um mehr Details herauszubekommen.

1962 veröffentlichten Rhine und Sara Feather eine Zusammenfassung ihrer Untersuchungen. Aus ihrer ursprünglichen Datensammlung sonderten sie zunächst die Fälle aus, über die es zu wenige Details gab oder an denen Menschen beteiligt waren, die nicht ausfindig gemacht werden konnten. Am Ende blieben 54 Fälle von möglicher «Psi-Spurensuche» bei Tieren übrig: 28 bei Hunden, 22 bei Katzen und vier bei Vögeln.[5]

Dann schlossen sie alle Fälle aus, in denen die Tiere, die ihre Menschen fanden, nicht eindeutig als ehemaliges Haustier identifiziert werden konnten, sondern auch ein herrenloses Tier sein konnten, das ihm ähnelte und sie durch einen Zufall gefunden hatte. Einige Tiere wurden ausgeklammert, weil keine weiteren Nachforschungen möglich waren, und zwar weil die Geschichte entweder schon zu lange her war oder weil die Menschen nicht zur Mitarbeit in der Lage oder bereit waren. Und schließlich wurden noch alle Fälle mit Entfernungen unter 50 Kilometern ausgeschlossen, um die Wahrscheinlichkeit möglichst gering zu halten, daß das Tier nur zufällig fündig geworden war. Nach dieser gründlichen Auslese blieb eine Reihe von ziemlich beeindruckenden Fällen übrig, die Rhine und Feather dann im Detail schilderten.

In einem dieser Fälle wurde Tony, ein Mischlingshund, der der Familie Doolen aus Aurora in Illinois gehörte, zurückgelassen, als die Familie über 300 Kilometer weit nach East Lansing in Michigan, am Südende des Michigansees, umzog. Sechs Wochen später tauchte Tony in East Lansing auf und lief auf der Straße aufgeregt auf Mr. Doolen zu. Auch die übrigen Familienmitglieder erkannten Tony, und er erkannte sie wieder. Seine Identität wurde durch das Halsband bestätigt, in das Mr. Doolen eine Kerbe geschnitten hatte, als sie noch in Aurora waren.[6]

Die bemerkenswerteste Katzengeschichte handelt von Sugar, einer cremefarbenen Perserkatze in Kalifornien. Als die Besitzerfamilie Kalifornien verließ, um in ein neues Haus in Oklahoma umzuziehen, sprang Sugar aus dem Wagen, blieb ein paar Tage bei Nachbarn und verschwand dann. Ein Jahr später tauchte die Katze vor dem neuen Haus der Familie in Oklahoma auf – sie hatte über 1600 Kilometer durch unbekanntes Gebiet zurückgelegt. Sugar war nicht nur an ihrem Aussehen und ihrem vertrauten Verhalten wiedererkannt worden, sondern auch an einer charakteristischen Mißbildung am linken Hüftknochen, die Rhine persönlich untersuchte.[7]

Im Falle von Taube 167 erfolgte die Identifikation anhand der Nummer auf ihrem Beinring. Der Besitzer der Taube war ein zwölfjähriger Junge, der in die achte Schulklasse in Summersville in West Virginia ging, wo sein Vater Sheriff war. Diese Brieftaube hatte in seinem Hinterhof eine Rast eingelegt; der Junge hatte sie gefüttert, und sie war dageblieben und sein Haustier geworden. Einige Zeit später wurde der Junge wegen einer Operation ins Myers Memorial Hospital in Phillippi gebracht, das mit dem Wagen etwa 170 Kilometer von Summersville entfernt war (Luftlinie 110 Kilometer), und die Taube blieb in Summersville zurück.

> «Eine Woche später vernahm der Junge in einer finsteren, schneereichen Nacht ein Flattern am Fenster seines Krankenzimmers. Er rief die Krankenschwester und bat sie, das Fenster hochzuschieben, weil eine Taube draußen sei, und um den Jungen aufzuheitern, tat die Schwester dies auch. Die Taube flog herein. Der Junge erkannte sein Haustier und bat die Schwester, nach der Nummer 167 an seinem Bein zu suchen, und tatsächlich fand sie die genannte Nummer.»[8]

Neben dieser Sammlung von Fällen durch Rhine und Feather gibt es noch ähnliche Geschichten aus vielen anderen Ländern. In Frankreich beispielsweise war ein zweijähriger Hütehund von seinem Besitzer bei einem Vetter in Béthune in Nordostfrankreich zurückgelassen worden, während der Besitzer als Bauarbeiter auf Montage war. Eines Tages, als er gerade im 900 Kilometer entfernten Avignon arbeitete, erzählte man ihm von einem herrenlosen Hund in der Nähe, der sich merkwürdig benähme. Er ging nachsehen und wurde fast von seinem Hund über den Haufen gerannt – das Tier war überglücklich, daß es mit seinem Herrn wieder vereint war.[9]

Es gibt sogar eine Geschichte über eine als Haustier gehaltene Elster, die Frau M. Johnson, eine Lehrerin im schwedischen Lund, erlebt hat. Eines Tages flog eine Elster durch ein offenes Gangfenster in die Schule und ließ sich auf der Schulter eines Jungen in einer Gruppe von etwa 40 Kindern nieder. Er rief: «Das ist ja unser Sommervogel!» Dann erklärte er, er habe mit seiner Familie den Sommer in einem etwa 80 Kilometer entfernten Ferienhaus verbracht, wo sie eine junge Elster aufnahmen und als Haustier aufzogen. Als sie wieder in die Stadt zurückkehrten, ließen sie den Vogel zurück. Es war unübersehbar, daß der Vogel den Jungen kannte, und darum gab seine Lehrerin ihm frei, damit er das Tier heimbringen konnte.[10]

Es gibt sehr viele solcher Geschichten, und darum bin ich überzeugt, daß Tiere manchmal tatsächlich ihre Menschen finden können, genauso wie Menschen manchmal ihre Tiere finden können (siehe auch achtes Kapitel), und zwar auf eine Weise, die sich plausiblerweise weder dem Geruchssinn noch dem Zufall zuschreiben läßt.

Hunde, die das Grab ihres Herrn finden

Geschichten über Haustiere, die ihre Besitzer finden, beschränken sich nicht nur auf lebende Besitzer. Immer wieder hört man von Hunden, die das Grab ihres Herrn finden. Für mich sind diese Geschichten ganz rätselhaft. Anfangs nahm ich an, daß sich das Band zwischen Haustier und Besitzer auflösen würde, wenn der Mensch stirbt. Ich hielt es für selbstverständlich, daß das Tier nicht mit dem Leichnam verbunden sein würde. Aber diese Annahme ist anscheinend unbegründet. Jedenfalls lassen sich anders einfach nicht die meisten Geschichten von Hunden erklären, die Gräber finden. Hier ein Beispiel aus Österreich:

> «Mein Schwiegervater hatte einen kleinen Bauernhof, und dort hielt er einen Wachhund namens Sultan. Eines Tages wurde mein Schwiegervater krank und mit der Ambulanz ins Krankenhaus gebracht. Ein paar Tage später starb er, und dann wurde er auf dem örtlichen Friedhof begraben, fünf Kilometer vom Bauernhof entfernt. Mehrere Wochen nach der Beerdigung war der Hund tagelang verschwunden. Das kam uns merkwürdig vor, da Sultan früher nie herumstreunte. Aber wir machten uns nicht viel daraus, bis eines Sonntags eine ehemalige Angestellte vorbeikam, die in der Nähe des Friedhofs wohnte. Sie erzählte uns: ‹Stellen Sie sich vor, als ich neulich über den Friedhof ging, lag Sultan an Ihrem Familiengrab.› Es ist mir ein Rätsel, wie er den Weg über diese insgesamt fünf Kilometer gefunden hatte. Es gab keine Fußabdrücke seines früheren Herrn, denen er folgen konnte. Und er war nie zum Friedhof mitgenommen worden, nicht einmal auf die Felder, da er das Haus bewachen sollte. Wie ist es möglich, daß er das Grab seines Herrn finden konnte?» (Joseph Duller, Graz)

Vermutlich hatten Familienangehörige das Grab besucht und konnten dort vielleicht Duftspuren hinterlassen haben. Aber wahrscheinlich hätten sie solche Duftspuren auch an vielen anderen Plätzen hinterlassen. Falls Sultan ihnen gefolgt war, wieso ging er dann gerade zum Friedhof, und wie konnte er gewußt haben, daß Leichname in Gräbern beerdigt werden?

Warum sollten trauernde Hunde sich überhaupt zu den Gräbern ihrer Besitzer hingezogen fühlen? Anscheinend gibt es nur einen möglichen Grund: Die Verbundenheit mit ihrem Menschen besteht auch nach dessen Tod weiter und konzentriert sich noch immer auf den Körper des Besitzers.

Im fünften Kapitel haben wir bereits von mehreren erstaunlichen Beispielen treuer Hunde erfahren, die beim Leichnam ihrer Besitzer ausharrten oder an ihrem Grab Totenwache hielten. Die Bande, die Tiere mit ihren Besitzern verbinden, werden also nicht unbedingt durch deren Tod aufgelöst. Ich würde allerdings davon ausgehen, daß diese frühere Verbindung durch die Verbrennung stark geschwächt oder aufgelöst wird, wenn also vom Leichnam nichts weiter zurückbleibt als Asche. Und alle mir bekannten Fälle betreffen Erdbestattungen – ich habe noch nie etwas von Tieren gehört, die zu Krematorien hingezogen wurden oder zu Orten, an denen die Asche eines Menschen verstreut wurde.

Diese Verbundenheit von Hunden mit dem Leichnam ihres so sehr geliebten Menschen mag seltsam erscheinen. Aber schließlich bewahren sich auch viele Menschen eine bemerkenswert starke Verbundenheit zu ihren verstorbenen geliebten Menschen. Dieser weiterbestehenden Verbundenheit verdanken ja gerade Grabmale und Grabsteine ihre Existenz, ebenso wie schlichte Akte der Hingabe wie das Schmücken von Gräbern mit Blumen.

Im übrigen werden Friedhöfe ja nicht bloß von dem einen oder anderen trauernden Hund, sondern vor allen Dingen von Menschen besucht. Und die Grabstätten besonders bedeutender Menschen wie zum Beispiel Heiligen oder Nationalhelden werden für Tausende, ja Millionen zu Pilgerstätten. Wenn wir genauer wüßten, warum wir selbst Gräber besuchen, dann könnten wir vielleicht die Bande besser verstehen, die manche Hunde weiterhin mit dem Leichnam ihres Besitzers verbinden.

Tiere, die andere Tiere finden

Hin und wieder liest man in der Zeitung über Tiere vom Bauernhof, die von ihren Jungen getrennt waren und sie wiederfinden konnten. Hier ein Beispiel:

> «Blackie, eine zwei Jahre alte Kuh, brach aus der neuen Farm aus, an die sie verkauft worden war, und nachdem sie über zehn Kilometer durch fremdes Land gelaufen war, kehrte sie zu der neuen Farm ‹heim›, zu der ihr Kalb gebracht worden war.
> Die Geschichte begann, als die Kuh und ihr Kalb auf dem Hatherleigh-Markt in Devon getrennt verkauft worden waren. Die Mutter wurde zu Bob Woolacotts Farm bei Okehampton geschickt, wo sie für die Nacht eine Streu sowie etwas Heu und Wasser bekam. Aber ihr Mutterinstinkt ließ sie aus dem Farmhof ausbrechen und über eine Hecke auf einen Feldweg gelangen. Am nächsten Morgen fand man sie zehn Kilometer weiter auf Arthur Sleemans Farm in Sampford Courtenay – wiedervereint mit ihrem Kalb, das sie auch gleich säugte. Mr. Sleeman konnte Blackie anhand der noch immer an ihren Hinterbacken klebenden Auktionsaufkleber als die Mutter identifizieren.»[11]

Wir haben die Einzelheiten dieser Geschichte überprüft, indem wir die daran beteiligten Leute befragten. Mrs. Mavis Sleeman erzählte uns, ihr Mann habe das neu erworbene, noch nicht entwöhnte Kalb bei den anderen Kälbern untergebracht. «Am nächsten Morgen sah meine Schwägerin, wie eine Kuh den Weg runterkam. Sie bog direkt zu unserem Gebäude ab, in dem das Kalb war – das war um acht Uhr morgens. Sie wollte offenbar dort reingehen, also öffnete meine Schwägerin die Tür und ließ sie hinein, und die Kuh lief sofort zu ihrem Kalb hinüber, um es zu säugen.»

Hier ein ähnlicher Bericht aus Rußland:

«Der kaukasische Bauer Magomed Ramaschanow war nicht wenig überrascht, als eine seiner Kühe sich auf die Suche nach ihrem Kalb begab, das vor einiger Zeit an einen Bauern in einem Nachbardistrikt verkauft worden war. Magomed, der zunächst befürchtete, das Tier sei von Raubtieren getötet worden, fand seine sanftmütige Milchkuh 50 Kilometer von zu Hause entfernt – wiedervereint mit ihrem Nachwuchs.»[12]

Soweit ich weiß, ist die Art und Weise, wie Tiere einander über eine größere Entfernung hinweg finden können, praktisch so gut wie nicht erforscht. Zu den wenigen, die sich für diese Frage interessiert haben, zählt der amerikanische Naturforscher William Long. In seinen bahnbrechenden Untersuchungen des Verhaltens von Wölfen in Kanada beschäftigte er sich besonders mit der Art und Weise, wie die Angehörigen des Rudels miteinander verbunden waren, selbst wenn sie weit voneinander entfernt waren. Er entdeckte, daß Wölfe, die vom Rudel getrennt waren, zu wissen schienen, wo sich die anderen befanden. «Im Winter, wenn Timberwölfe häufig in kleinen Rudeln laufen, weiß ein einsamer oder von den anderen getrennter Wolf anscheinend immer, wo seine Gefährten jagen, müßig herumziehen oder sich ausruhen. Das Rudel besteht aus seinen jüngeren oder älteren Familienangehörigen, die alle von derselben Wölfin bemuttert werden; und aufgrund irgendeines Bandes, einer Anziehungskraft oder einer stummen Kommunikation kann er sich zu jeder Tages- oder Nachtstunde direkt zu ihnen begeben, selbst wenn er sie eine Woche lang nicht gesehen hat und sie in der Zwischenzeit über zahllose Kilometer Wildnis weitergezogen sind.»[13]

Nachdem er die Wölfe über lange Zeiträume hinweg beobachtet hatte und ihnen gefolgt war, gelangte Long zu der Schlußfolgerung, dieses Verhalten ließe sich nicht dadurch erklären, daß sie gewohnten Pfaden folgten, Duftspuren nachgingen oder Geheul oder andere Laute vernahmen. So entdeckte er beispielsweise einen verletzten Wolf, der getrennt vom Rudel mehrere Tage lang in einer geschützten Höhle lag, während die anderen weit umherstreiften. Er folgte den Spuren des Rudels im Schnee, während es auf die Jagd ging, und war in seiner Nähe, als es einen Hirsch tötete. Die Wölfe fraßen stumm, wie Wölfe dies gemeinhin tun, und es gab kein Geheul. Zu dieser Zeit war der verletzte Wolf weit weg, viele Kilometer dicht bewaldeter Hügel und Täler lagen zwischen ihm und dem Rudel.

«Als ich zu dem Hirsch zurückkehrte, um herauszufinden, wie die Wölfe ihre Beute überrascht und getötet hatten, bemerkte ich die frische Fährte eines einsamen Wolfs, die im rechten Winkel zur Fährte des jagenden Rudels verlief... Ich nahm diese einzelne Fährte auf und folgte ihr zurück zu der Höhle, von der er so direkt hergekommen war, als wisse er, wohin er sich wenden müsse. Seine Fährte verlief von Osten her, der leise Lufthauch kam aus Süden – seine Nase konnte ihn also unmöglich zu dem Fleisch geführt haben, selbst wenn er in Riechweite gewesen wäre, und das war ganz sicher nicht der Fall gewesen. Die Abdrücke im Schnee waren so klar wie jeder andere Abdruck, und daraus könnte man logischerweise schließen, daß die Wölfe entweder einen stummen Nahrungsruf aussenden können oder daß ein einsamer Wolf vielleicht so in Kontakt mit seinen Rudelgefährten ist, daß er nicht nur weiß, wo sie sind, sondern auch generell mitbekommt, was sie gerade tun.»[14]

Vielleicht sind diese Verbindungen ein ganz normales Merkmal von Tiergesellschaften, wenngleich wir noch kaum wissen, wie sie funktionieren. Die Bande zwischen den Angehörigen einer sozialen Gruppe wie einem Wolfsrudel können sie nicht nur in die Lage versetzen, über die Aktivitäten und Absichten der anderen in der Ferne Bescheid zu wissen, sondern ihnen auch Informationen zu ihrer Orientierung liefern. Und wenn Wölfe und andere wilde Arten über derartige Fähigkeiten verfügen, dann kann die Fähigkeit von Haustieren, ihre Besitzer zu finden (und umgekehrt), in einem viel größeren biologischen Zusammenhang gesehen werden.

Verbindungen zu Angehörigen einer sozialen Gruppe und Verbindungen zu Orten

Wenn manche Tiere die Fähigkeit haben, andere Tiere oder ihre menschlichen Gefährten zu finden, dann wäre es wohl unwahrscheinlich, daß allein nichtmenschliche Lebewesen diese Kraft besäßen. Dann könnten wir davon ausgehen, das gleiche Phänomen auch bei Menschen anzutreffen, wenn auch wahrscheinlich in geringerem Maße.

In diesem Fall müßte man davon ausgehen, daß es Geschichten über Menschen geben könnte, die andere Menschen auf eine bemerkenswerte Weise gefunden haben, ohne zu wissen, wie. Diese Geschichten hätten dann prinzipiell mit Menschen zu tun, die stark aneinander gebunden sind, wie Eltern und Kinder oder Mann und Frau. Ich würde ferner davon ausgehen, daß in traditionellen Jäger- und Sammlerkulturen, wo das Finden von Orten wie von Menschen lebensnotwendig war, diese Fähigkeiten vielleicht kultiviert und gefördert und viel besser entwickelt waren als in modernen Industriegesellschaften.

So, wie ein Orientierungssinn auf einer Verbindung zwischen dem Tier und einem *Ort* basieren muß, müßte auch das Auffinden eines Menschen, der sich entfernt hat, auf einer Verbindung zwischen dem Tier und einem *Menschen* beruhen. Und genauso wie die Tier-Ort-Verbindung läßt sich auch die Tier-Mensch-Verbindung mit einer magnetischen Anziehung oder einem gedehnten Gummiband vergleichen. Tier-Mensch-Felder wie Tier-Ort-Felder enthalten ebenso wie Magnetfelder Richtungsinformationen.

Das Magnetfeld der Erde weist eine Richtungsinformation auf, und daher kann man mit einem Kompaß herausfinden, wo Norden ist. Wissenschaftlich gesprochen sind magnetische Anziehungen und Abstoßungen Vektorphänomene, das heißt, sie weisen ebenso eine Richtung wie eine Größe auf. (Im Gegensatz dazu weist eine auf einer Skala meßbare Menge Größe, aber keine Richtung auf, zum Beispiel die Temperatur.)

Diese Tier-Mensch-Verbindungen und Tier-Ort-Verbindungen sind also Vektoren, die Richtung wie Größe aufweisen. Nur wenn die Anziehung stark genug ist, begibt sich das Tier auf den Weg und läuft weiter, ungeachtet aller Ablenkungen und Widrigkeiten. Und nur wenn die Anziehung eine Richtungsinformation besitzt, kann das Tier wissen, welchen Weg es einschlagen muß.

Die Vorstellung von morphischen Feldern, die Tiere mit anderen Angehörigen ihrer sozialen Gruppe verbinden, bietet eine Grundlage zum Verständnis der telepathischen Kommunikation wie einer zielgerichteten Anziehung zu Tieren oder Menschen. Die Vorstellung von morphischen Feldern, die Tiere mit bestimmten Orten verbinden, bietet eine Grundlage zum Verständnis des Orientierungssinns, wie er im Heimfindevermögen und in der Migration zum Ausdruck kommt. Somit kann die Hypothese der morphischen Felder eine große Vielzahl unerklärter Kräfte von Tieren plausibel machen, die sowohl mit der Telepathie wie mit der Orientierung zusammenhängen. Es gibt aber eine wichtige Kategorie des unerklärten Wahrnehmungsvermögens, bei der sich diese Hypothese vielleicht als nicht so hilfreich erweist, nämlich die Vorahnung. Davon soll in den folgenden beiden Kapiteln die Rede sein.

SECHSTER TEIL

Vorahnungen bei Tieren

14

Vorahnungen von Anfällen, Komata und plötzlichen Todesfällen

Einige Vorahnungen oder Vorwarnungen bei Tieren scheinen auf Telepathie zu beruhen, etwa wenn Tiere im voraus wissen, wann ihre Menschen heimkommen (siehe zweites bis viertes Kapitel). Andere lassen sich als Wahrnehmung von Gerüchen, Geräuschen, Änderungen der elektrischen Ladung oder anderen physischen Reizen erklären. Aber manche haben etwas mit Präkognition, also mit «Vorauswissen», oder mit einem Vorgefühl zu tun. Präkognitionen und Vorgefühle sind geheimnisvoller als andere Formen von Vorahnung, weil sich dabei Einflüsse zeitlich rückwärts auswirken können, nämlich von der Zukunft auf die Gegenwart und von der Gegenwart auf die Vergangenheit. Eine derartige Vorstellung steht im Widerspruch zu unseren üblichen Ideen von Verursachungsketten, bei denen die Ursache ja der Wirkung vorausgeht. Sie ist auch unvereinbar mit unseren Vorstellungen von der Gegenwart, weil sie davon ausgeht, daß es keine scharfen Trennungen zwischen Zukunft, Gegenwart und Vergangenheit gibt.

Können wir diese Probleme und Paradoxien vermeiden? Lassen sich Vorahnungen ohne Präkognitionen oder Vorgefühle erklären? Manche Arten ja, andere vielleicht nicht. Im folgenden Kapitel untersuche ich die Fähigkeit von tierischen

Gefährten, uns vor äußeren Gefahren wie Erdbeben vorzuwarnen. Auch von ihren Warnungen vor inneren Gefahren wie bevorstehenden epileptischen Anfällen soll hier die Rede sein. Aber zunächst einmal wollen wir uns mit dem biologischen Zusammenhang von Warnung und Alarm befassen.

Gefahr, Angst und Alarm

Wir alle wissen aus eigener Erfahrung, was Angst ist. Wir fühlen, daß etwas Schlimmes bevorsteht. Wir werden aufmerksamer. Unser Herz schlägt schneller. Eine Ausschüttung des Hormons Adrenalin macht uns reaktionsbereit. Unser Gesicht wird blaß, unsere Haare stehen zu Berge – in Extremfällen zittern wir vielleicht vor Entsetzen, und unser Schließmuskel löst sich. Angst ist eine Emotion, die wir mit nichtmenschlichen Lebewesen teilen und die wir leicht an ihnen erkennen können. Und diese Angst ist offensichtlich lebenswichtig, besonders im Hinblick auf potentielle Raubtiere.

Angst löst in jedem Lebewesen, das sich verteidigen kann, ein Abwehrverhalten aus. Sie kann dafür sorgen, daß Tiere rennen, tauchen, sich verstecken, erstarren, um Hilfe schreien, Zähne fletschen oder sich aufplustern.[1] Aber bei vielen Lebewesen, auch bei uns, ist Angst nicht bloß ein individuelles, sondern ein kollektives Gefühl. Bei Gesellschaftstieren sind das Auslösen von Alarm und die Kommunikation von Angst offenbar lebenswichtig. Viele Tiere reagieren auf Anzeichen von Gefahr, indem sie andere warnen. Sie lösen einen Alarm aus. Im Extremfall führt die Ausbreitung der Angst in der Gruppe zu Panik.

Manche Alarmreaktionen sind optisch. Eine Taube, die plötzlich auffliegt, bewirkt, daß die anderen Angehörigen ihrer Gruppe alarmiert werden und ebenfalls auffliegen. Der weiße

Schwanzstummel von Kaninchen und von Weißwedelhirschen ist besonders auffällig, wenn sie rennen, und dient anderen Angehörigen der Gruppe als Alarmsignal.

Andere Formen von Alarm sind Gerüche, die mit Gefahr verbunden werden, wie etwa die angsteinflößende Substanz unter der Haut von Elritzen, die austritt, wenn die Fische verletzt werden, und bewirkt, daß sich andere Angehörige des Schwarms, ja sogar Fische anderer Arten fernhalten. Auch Ameisen alarmieren andere Angehörige ihres Stammes vor einer Gefahr, indem sie Alarmsubstanzen absondern.[2] Andere gehen noch weiter: Aggressive, Sklaven machende Ameisenarten wie *Formica subintegra* verwenden diese Gerüche nicht nur zur Verteidigung ihrer eigenen Kolonien, sondern auch um ihre Opfer zu terrorisieren. Eine gewaltige Entladung von Alarmsubstanzen versetzt die angegriffenen Insekten in Panik und ermöglicht es den Angreifern, ihr Nest zu übernehmen, ohne viel kämpfen zu müssen.[3]

Viele Tierarten wie zum Beispiel Amseln haben spezielle Alarmrufe, die andere Angehörige ihrer Gruppe vor einer Gefahr warnen. Oft warnen sie auch Angehörige anderer Arten. Bellen ist der Alarmruf der Hunde. Seit Zehntausenden von Jahren haben sie sich dadurch nützlich gemacht, daß sie vor sich nähernden Menschen warnen und ihre menschlichen Gefährten vor anderen potentiellen Gefahrenquellen alarmieren. Das kann durchaus in den Frühstadien der Domestikation ihre allererste Funktion gewesen sein.

Hunde spielen diese Rolle des Alarmierenden auf vielerlei Arten, nicht nur, indem sie Menschen vor sich nähernden Fremden warnen, sondern auch, weil sie potentielle Gefahrenquellen riechen, hören oder sehen können. Dann wieder vermögen sie Absichten aufzuschnappen und so ihre Besitzer vor der bevorstehenden Bedrohung durch einen feindseligen Menschen zu warnen. Indem sie Absichten über größere Entfernungen hinweg aufschnappen, etwa wenn sie wissen, wann ihre Halter heimkommen, warnen sie zwar nicht, aber kündigen doch durch das Signalisieren ihrer Erwartung die Ankunft eines Menschen an.

Hunde und andere Haustiere können uns helfen, indem sie uns auf vielfältige Weise vor Gefahren warnen: manchmal durch Alarmrufe, manchmal durch offenkundige Anzeichen von Angst und Kummer – oder indem sie praktische Maßnahmen ergreifen, um uns zu helfen oder uns zu beschützen.

Das Problem der Epilepsie

In Leesburg, Virginia, springt Christine Murrays Hündin, eine Mischung aus Pitbullterrier und Beagle namens Annie, zwei- oder dreimal pro Woche auf ihren Schoß und fängt an, ihr Gesicht wie wild zu lecken. Christine läßt dann alles stehen und liegen und legt sich hin, und ein paar Minuten später wird sie von einem epileptischen Anfall geschüttelt. «Es ist unglaublich», sagt sie. «Ich kann's nicht erklären, woher Annie weiß, daß ich gleich einen Anfall haben werde.»[4]

Annie ist kein Einzelfall. Viele andere Hunde warnen vor epileptischen Anfällen. Wie sie das machen, weiß niemand. Aber für Epileptiker ist das eine ungeheure Hilfe.

Zu epileptischen Anfällen oder Absencen kommt es, wenn die normale Hirntätigkeit plötzlich gestört wird. Bei der dramatischsten Form, dem sogenannten generalisierten oder «Grand-mal-Anfall», erstarren die Patienten zuerst und können dann hinfallen. Dann fangen sie an, konvulsivisch zu zucken, das Atmen fällt ihnen schwer, und es kann zur Inkontinenz kommen. Zu Beginn des Anfalls können sie schreien und aufhören zu atmen, und dann kann ihr Gesicht blau anlaufen. Derartige Anfälle mitzuerleben kann sehr beunruhigend sein, aber die Betroffenen haben keine Schmerzen und erinnern sich normalerweise kaum an das, was passiert ist. Nach ein paar Minuten hört der Anfall spontan auf, und die Patienten erholen sich. Zunächst sind sie vielleicht verwirrt, und wenn sich der Anfall in aller Öffentlichkeit ereignet hat, sind sie verlegen, besonders wenn es zur Inkontinenz gekommen ist. Manche Patienten verfallen dann in einen tranceartigen Zustand und verhalten sich ganz unberechenbar.

Nicht alle Arten von Epilepsie sind von Konvulsionen begleitet, und bei einigen Anfällen ist nur ein Teil des Körpers betroffen. Bei der schwächsten Form von Epilepsie, traditionellerweise «Petit mal» genannt, kommt es zu einem kurzen Aussetzen des Bewußtseins ohne andere Anzeichen, abgesehen vielleicht von einem Flattern der Augenlider. Derartige Anfälle treten am häufigsten bei Kindern auf und werden gewöhnlich «Absencen» genannt.

Die Epilepsie ist die am meisten verbreitete schwere neurologische Störung und befällt Menschen jeden Alters. Etwa 0,5 Prozent aller Menschen leiden daran, und in vielen Fällen beginnen die Anfälle bereits in der Kindheit. Sie lassen sich zwar durch Arzneimittel unter Kontrolle bringen, auch dadurch, daß man Situationen vermeidet, die sie auslösen, doch manche Menschen haben auch weiterhin Anfälle, trotz aller Vorsichtsmaßnahmen.

In der Antike nannte man die Epilepsie «die heilige Krankheit». Keine andere Krankheit hat den Aberglauben so beflügelt wie die Epilepsie, keine wahrscheinlich so sehr eine Besessenheit suggeriert. Eines der Probleme, mit denen Epileptiker leben müssen, ist das mit der Störung verbundene soziale Stigma oder zumindest die Beklommenheit, die viele Menschen in ihrer Gegenwart empfinden.

Die meisten Epileptiker sind in der Lage, ein einigermaßen normales Leben zu führen, auch wenn sie aus naheliegenden

Gründen nicht Auto fahren dürfen. Das größte Problem der Patienten, deren Anfälle sich nicht völlig durch Medikamente in den Griff bekommen lassen, ist ihre Unberechenbarkeit. In manchen Fällen gehen dem eigentlichen Anfall bestimmte Symptome voraus, die sogenannte «Aura»: ein unkontrolliertes Zucken in Teilen des Körpers, entsprechende Empfindungen oder ein bizarres Verhalten. Aber meist breitet sich die Störung so rasch aus, daß die Patienten bewußtlos sind, bevor sie Zeit haben, irgend etwas zu bemerken. «Vor dem Anfall benahm er sich ganz normal, aber plötzlich schrie er auf, und schon begann der Anfall.»

Kein Epileptiker möchte auf der Straße gehen, einkaufen oder Treppen steigen, wenn der Anfall beginnt. Selbst im sicheren Zuhause besteht die Gefahr einer Verletzung, sobald diese Absencen auftreten, wenn die Patienten auf den Beinen sind. Meist stürzen sie dann. Daher können Hunde, die Anfälle vorausahnen können, das Leben der Epileptiker verändern.

Das prophetische Verhalten von Hunden

Seit vielen Jahren kursieren Geschichten von Hunden, die epileptische Anfälle vorausahnen, aber erst in letzter Zeit hat man sich genauer mit diesem Phänomen befaßt. Die meisten Hunde, die ihre Halter warnen, tun dies spontan und nicht aufgrund irgendeines besonderen Trainings. Hier der typische Bericht einer Frau, die dieses Verhalten selbst bemerkte:

«Wenn ich zu Hause bin, scheint Penny, mein Dobermannweibchen, meine epileptischen Anfälle vorherzusagen, und dabei schubst sie mich jedesmal in meinen Sessel. Ich habe das gegenüber einem Arzt erwähnt, aber der hat bloß gelächelt. Ich habe selbst Vorahnungen, aber Penny ist mir stets voraus. Sie hat mich zu Hause nie im Stich gelassen. Draußen bleibt sie bei mir, bis Hilfe kommt.» (Hilary Spate, Little Sutton, South Wirral)

Ruth Beale, deren Golden Retriever Chad 1997 den PAT-Preis «Hund des Jahres» bekam (siehe S. 156), hat einen Sohn, der unter mal schwächeren und mal stärkeren epileptischen Anfällen leidet. Chad warnt Ruth mehrere Minuten, bevor ihr Sohn Grand-mal-Anfälle hat, ignoriert aber normalerweise die schwächeren Attacken. «Er kommt zu mir und legt mir die Pfote auf den Schoß, um meine Aufmerksamkeit zu erregen, und manchmal bellt er auch.» Oft geschieht dies, wenn Ruth sich in einem anderen Zimmer befindet als ihr Sohn. So kann sie rechtzeitig zu ihm gehen und einen Unfall verhindern, wenn er hinstürzt.

In manchen Fällen warnen die Hunde nur ein paar Minuten im voraus, in anderen können sie ihre Besitzer eine halbe Stunde oder noch früher vor einem Anfall alarmieren. Antonia Brown-Griffin aus Kent erleidet bis zu zwölf stärkere Anfälle pro Woche und war deshalb ans Haus gefesselt, bis sie einen Rettungshund namens Rupert annahm, der ihre lebenswichtige Verbindung zur Außenwelt geworden ist:

«Er kann bis zu 50 Minuten vorher spüren, daß ich einen Anfall haben werde, und tippt mich zweimal mit der Pfote an, was mir Zeit läßt, mich irgendwo in Sicherheit zu bringen. Er kann auch auf einen Knopf an meinem Telefon drücken und bellen, wenn am anderen Ende abgehoben wird, um Hilfe herbeizurufen, und wenn er meint, daß ich einen Anfall haben werde, während ich in der Badewanne bin, zieht er den Stöpsel heraus. Ein Leben ohne ihn kann ich mir einfach nicht mehr vorstellen.»[5]

Niemand weiß, wie viele Epileptiker das Glück haben, Hunde zu besitzen, die sie warnen, aber wahrscheinlich sind es weltweit Tausende von Menschen.

Die bahnbrechenden Forschungen von Andrew Edney

Anfang der neunziger Jahre führte der britische Tierarzt Andrew Edney die erste systematische Umfrage über das Warnverhalten von Hunden vor epileptischen Anfällen durch. Er nahm durch einen Aufruf in *Epilepsy Today,* dem Mitteilungsblatt des britischen Epilepsieverbandes, sowie über Zeitschriften und Zeitungen mit epileptischen Hundehaltern Kontakt auf. Genauer untersuchte er 21 Hunde, die anscheinend in der Lage waren, Anfälle vorherzusagen. Bei dieser Umfrage tat sich keine bestimmte Hunderasse besonders hervor – Arbeitshunde, Jagdhunde, Terrier, Schoßhündchen und Mischungen vermochten vor Anfällen zu warnen, ebenso Männchen wie Weibchen, junge wie alte Hunde.

Mit Hilfe von Fragebögen konnte Edney ein Profil des Verhaltens der Hunde vor dem Einsetzen des Anfalls erstellen. Typischerweise hieß es, die Tiere würden ängstlich, besorgt oder unruhig wirken. Sie alarmierten Menschen in der Nachbarschaft oder gingen Hilfe holen. Häufig bellten und winselten sie, sprangen hoch und schmiegten sich an die Patienten, leckten ihnen die Hände oder das Gesicht. Die Hunde setzten sich neben sie oder «behüteten» sie und forderten sie auf, sich hinzulegen. Während sich der Anfall ereignete, blieben sie entweder neben den Kranken, manche leckten ihnen Gesicht oder Hände oder gingen Hilfe holen. Und sie waren bemerkenswert zuverlässig. Dazu Edney: «Kein Hund schien sich zu irren – einer ignorierte sogar ‹gespielte› Anfälle.»

Keiner der Hunde in Edneys Umfeld war dressiert worden. Sie alle hatten ihr Warnverhalten spontan bekundet. Und die meisten Epileptiker mußten das Verhalten ihrer Tiere erst selbst entdecken. Einige sagten, es habe einige Zeit gedauert, bevor sie die Bedeutung der Signale ihres Hundes bemerkt hätten.

Edneys Schlußfolgerungen lauteten: «Die vor Anfällen beobachteten Verhaltensformen sollen großenteils die Aufmerksamkeit erregen – sie sind anscheinend darauf angelegt, daß die Patienten innehalten, damit Maßnahmen ergriffen werden können. Während des Anfalls ist das Verhalten ziemlich konsistent. Es ist offenbar auf Schutz und Wiederbelebung ausgerichtet wie auch in einem gewissen Maße auf das Alarmieren von anderen Menschen in der näheren Umgebung.»[6]

Katzen und Kaninchen

Bis auf zwei Ausnahmen beziehen sich alle mir bekannten Berichte über das Warnverhalten vor Anfällen auf Hunde. Die erste Ausnahme ist ein Kaninchen, das Karen Cottenham aus East Grinstead in Sussex gehört.

Früher erlitt Karen fürchterliche Verletzungen, wenn sie während epileptischer Anfälle zusammenbrach – sie brach sich Rippen und Knöchel und zog sich Schnitte im Gesicht zu. Sie und ihr Mann kauften ein Kaninchen namens Blackie, und weil sie es nicht in einem Stall draußen in der Kälte halten wollten, gewöhnte Karen es ans Haus und hielt es drinnen. Kurz darauf entdeckte sie, daß das Tier um ihre Beine herumhuschte, bevor sie einen Anfall hatte, so daß sie sich in Sicherheit bringen konnte. Als Blackie starb, kaufte sie ein anderes Kaninchen, Smokie, das bald Blackies Rolle übernahm. «Ich habe keine Ahnung, wieso, aber mehrere Minuten bevor ich einen Anfall habe, flitzt Smokie wie verrückt um meine Beine herum. Dann weiß ich, daß ich mich ins Bett oder auf den Fußboden legen muß, damit ich nicht hinstürze. Wenn ich wieder zu mir komme, kuschelt sich Smokie gewöhnlich an mein Gesicht, als ob er mich ins Bewußtsein zurückholen will.»[7]

Zum andern besitzt Kate Fallaize aus Staffordshire eine fünf Jahre alte Schildpattkatze, die sie bis zu einer Stunde im voraus vor drohenden Anfällen warnt. «Bevor ich einen Anfall bekomme, beginnt sie, sich merkwürdig zu benehmen – sie nähert sich ständig meinem Gesicht und starrt mich an, dann setzt sie sich neben mich und berührt mich alle paar Sekunden mit den Pfoten. Sie weicht mir nicht von der Seite oder läßt mich nicht aus den Augen. Inzwischen lege ich mich hin, wenn sie damit anfängt.» Während des Anfalls bleibt die Katze bei ihr, und wenn Kate zu sich kommt, ist das Tier immer noch da. Diese Katze ist nicht darauf dressiert, Alarm zu schlagen, und Kates früherer Kater tat nichts dergleichen – allerdings wachte er über sie, nachdem der Anfall begonnen hatte.

Das Abrichten von Hunden, die vor Anfällen warnen

Erstmals trainiert in England eine kleine Wohltätigkeitseinrichtung in Sheffield, die sich Support Dogs nennt, Hunde darauf, ihre Besitzer vor Anfällen zu warnen.[8] Val Strong, die Managerin dieses Trainingsprogramms, glaubt nicht, daß Hunde sich darauf abrichten ließen, die Anzeichen eines Anfalls zu erkennen. «Sie scheinen das auf ganz natürliche Weise zu tun, wenn sie eine enge Verbindung zum Halter haben», meint sie. Aber sie könnten darauf trainiert werden, ihre Signale deutlicher zu geben, damit ihr Halter ihre Warnung bemerkt.

Der erste Hund, der auf diese Weise erfolgreich trainiert wurde, war Molly, eine Mischung aus Collie und Deutschem Schäferhund. Zunächst einmal wurde Molly nicht beigebracht, vor Anfällen zu warnen, sondern einfach ihrer epileptischen Halterin Lise Margaret zu helfen. Als erstes wurde sie gründlich auf allgemeinen Gehorsam abgerichtet. Dann erlernte sie spezielle Aufgaben, etwa Lise nach einem Anfall eine Decke zu bringen, damit sie sich nicht zu sehr verkühlte, und das Telefon zu holen. «Das Sprechen kann mir Mühe bereiten, daher drücke ich jetzt einfach eine programmierte Taste, und Molly bellt in den Hörer. Meine Freunde wissen dann, daß ich Hilfe brauche.»

Molly wäre für Lise schon eine große Hilfe gewesen, wenn sie damit die Grenze ihrer Möglichkeiten erreicht hätte, aber Val Strong hatte einfach das Gefühl, daß sie noch mehr schaffen könnte. Sie filmte Lise und Molly mit der Videokamera, und nachdem sie stundenlang ihre Bänder studiert hatte, bemerkte sie etwa eine halbe Stunde, bevor Lise einen Anfall hatte, eine unmerkliche, aber eindeutige Veränderung in Mollys Verhalten. Molly begann Lise anzustarren. «Wir brauchten sie bloß dazu zu ermutigen, dies noch demonstrativer zu tun. Inzwischen macht sie das ganz dramatisch – sie bellt und leckt, ganz gleich, wo sie sich befindet.» Aufbauend auf dieser Erfahrung hat Support Dogs anschließend eine Reihe anderer Hunde darauf trainiert, ihre Halter auf bevorstehende Anfälle aufmerksam zu machen.

In den USA wird das Abrichten von Hunden auf das Alarmieren vor Anfällen vom National Service Dog Centre der Delta Society koordiniert.[9] Die Delta Society bemüht sich auch darum, die Öffentlichkeit verstärkt auf Diensthunde aufmerksam zu machen. Während Führhunde für Blinde mittlerweile weithin anerkannt sind und in Läden und Restaurants zugelassen werden, wo sich Haustiere normalerweise nicht aufhalten dürfen, weiß die Öffentlichkeit weniger Bescheid über hörende Hunde für Gehörlose, Hilfshunde für Behinderte und Hunde, die vor Anfällen warnen. Christine Murray beispielsweise wurde daran gehindert, mit ihrer Hündin Annie einige Restaurants und Läden in Virginia zu betreten. «Ich versuche ihnen immer klarzumachen, daß das eine Anfallhündin ist, aber sie glauben mir nicht.»[10] Wenn solche Anfallhunde bekannter werden, müßte sich dieses Problem von selbst erledigen.

Wieso wissen sie Bescheid?

Bislang ist die Fähigkeit von Hunden, epileptische Anfälle vorauszuahnen, praktisch noch nicht erforscht worden[11], und niemand weiß, wie die Tiere das machen.

Die drei am häufigsten geäußerten Vermutungen lauten:

1. Das Tier bemerkt subtile Verhaltensänderungen oder ein Muskelzittern, das dem Menschen nicht bewußt ist.
2. Es spürt elektrische Störungen im Nervensystem, die mit einem bevorstehenden Anfall verbunden sind.
3. Es nimmt bestimmte Gerüche wahr, die vom Menschen vor einem Anfall abgesondert werden.

Alle drei Möglichkeiten würden es erfordern, daß der Hund sich ziemlich nahe beim Menschen befindet. Ja, um elektrische Veränderungen im Nervensystem wahrzunehmen – falls dies überhaupt möglich ist –, müßte der Hund schon ganz besonders nah beim Menschen sein. Man würde also nicht davon ausgehen können, daß die Hunde reagieren, wenn sie außer Seh- oder Riechweite sind.

Doch manche Hunde reagieren anscheinend auf die Gedanken und Absichten ihrer Halter über größere Entfernungen hinweg (siehe zweiter und vierter Teil), und einige wissen offenbar auch Bescheid, wenn sie einen Unfall haben oder sterben, selbst wenn sie Hunderte von Kilometern weit weg sind (siehe sechstes Kapitel). Es könnte sich daher lohnen, die zusätzliche Möglichkeit in Betracht zu ziehen, daß die Hunde nicht einfach bloß auf subtile sensorische Hinweise reagieren, sondern vielleicht Signale von einer Beschaffenheit aufschnappen, die die Wissenschaft noch nicht kennt. Können Hunde noch vor Anfällen warnen, wenn ihr Halter außer Sicht ist und sich in einiger Entfernung von ihnen befindet?

Normalerweise entfernen Epileptiker sich nicht gern von ihrem Hund, denn er soll sie ja warnen, wenn ein Anfall droht. Ich kenne aber drei Fälle, in denen der Hund dennoch Bescheid weiß, wenn er sich in einem anderen Raum befindet. Steven Beasant aus Grimsby in Lincolnshire wird von seinem Mischlingshund Jip regelmäßig vor bevorstehenden Anfällen gewarnt. Normalerweise folgt Jip ihm bei Fuß und hält sich vor einem Anfall ganz in seiner Nähe auf, und wenn Steven sich hinsetzt, springt ihm der Hund auf den Schoß. Aber Steven meint, manchmal komme Jip «aus der Küche herausgeschossen, und dann drückt er mich auf den Sessel». Auf welche Signale Jip also auch immer reagiert – er kann sie auch in einem anderen Raum spüren. Das vermochte offenbar auch Sadie, eine Dobermannhündin, die Barbara Powell aus Wolverhampton gehörte. Bevor sie im Alter von 13 Jahren starb, warnte Sadie ihre Besitzerin durch Winseln vor drohenden Anfällen. Das tat sie normalerweise, wenn sie sich im selben Zimmer befand, aber manchmal war sie dabei auch in einem anderen Raum.

Dr. Peter Halama, ein Hamburger Neurologe, hat eine Epilepsiepatientin, deren Hunde auch reagieren, wenn sie in einem anderen Raum sind:

«Vor einem Anfall halten sich ihre Hunde (zwei Mischlinge, ein Männchen, ein Weibchen) ganz in ihrer Nähe auf, und sobald der Anfall auftritt, versuchen sie ihr zu helfen. Einer von ihnen versucht, sich zwischen sie und den Fußboden zu legen, wenn sie hinfällt. Wenn sie auf dem Boden liegt, lekken sie ihr übers Gesicht und die Hände, bis sie wieder bei Bewußtsein ist. Sie lassen keinen anderen Menschen in ihre Nähe, wenn sie sich in diesem Zustand befindet. Ist sie in einem anderen Zimmer als die Hunde, kommen sie kurz vor einem Anfall in ihr Zimmer gelaufen und bleiben bei ihr, bereit, ihr auf die gleiche Weise zu helfen. Ihr Mann hat das oft erlebt und kann dieses Verhalten bezeugen.»

Die Hunde reagieren auch, wenn die Frau heimkommt. Ihr Mann hat entdeckt, daß sie «unruhig werden und zur Haustür gehen, bevor sie vom Einkaufen zurückkommt (zu unregelmäßigen Zeiten). Sie legen dieses Verhalten 20 bis 30 Minuten vor ihrer Ankunft an den Tag.» Wenn diese Hunde auf die Absicht der Frau heimzukommen telepathisch reagieren können, dann könnten vielleicht ihre Reaktionen auf bevorstehende epileptische Anfälle, wenn sie sich in einem anderen Raum befinden, ebenfalls etwas mit Telepathie zu tun haben. Aber es gibt einen entscheidenden Unterschied zwischen beiden Reaktionen: Das Heimkommen hängt mit einer bewußten Absicht zusammen – aber der Beginn eines Anfalls weder bewußt noch beabsichtigt.

Haustiere und Diabetiker

Manche Hunde, die Diabetikern gehören, schlagen Alarm, wenn der Blutzuckerspiegel ihres Halters gefährlich niedrig ist. Solche hypoglykämischen Anfälle können zu Komata, epileptischen Anfällen und sogar zum Tod führen.

Alan Harberd aus Chatham in Kent beispielsweise hat einen Collie namens Sam, der ihn warnt, wenn ihm eine Hypoglykämie droht. Passiert dies, wenn Alan schläft, weckt Sam ihn auf, bevor er ins Koma verfällt. «Mein Blutzuckerspiegel ist dann zwar niedrig, aber nicht so sehr, daß ich nicht noch aufstehen und etwas dagegen unternehmen könnte. Manchmal ist es ziemlich kritisch, aber wie er das macht, ist schon unheimlich.»

Eine erste Umfrage zu diesem Thema wurde 1992 in der Fachzeitschrift *Diabetic Medicine* von einer Gruppe von Krankenhausärzten am Bristol and Berkley Health Centre in Gloucestershire veröffentlicht. Dabei waren 43 Patienten befragt worden, die unter Hypoglykämie gelitten hatten und Haustiere besaßen. 15 sagten, sie hätten Reaktionen bei ihren Tieren beobachtet. 14 dieser Tiere waren Hunde. Sie halfen ihren Besitzern, indem sie bellten, Nachbarn holten oder andere angemessene Reaktionen zeigten.[12]

Auch manche Katzen schlagen Alarm und wecken ihre Besitzer in der Nacht, wenn deren Blutzuckerspiegel gefährlich niedrig ist. Vielleicht ist dieses Verhalten auf den Geruch zurückzuführen, da Diabetiker charakteristische Düfte absondern, wenn sie an Unterzuckerung leiden. Aber das ist eine reine Vermutung.

Krebs diagnostizieren

Mehrere Haustierbesitzer erklären, ihre Tiere hätten dazu beigetragen, Krebs und andere Leiden zu diagnostizieren, und über einige Fälle hat die medizinische Literatur berichtet. In einem 1989 in *The Lancet* erschienenen Artikel beispielsweise schildern die Autoren Hywel Williams und Andrew Pembroke vom Dermatology Department des King's College Hospital in

London, wie eine Frau an ihre Klinik mit einer krankhaften Gewebeveränderung an ihrer linken Hüfte überwiesen wurde, die sich als malignes Melanom erwies.

> «Die Patientin wurde zum erstenmal auf die Gewebeveränderung aufmerksam, weil ihr Hund (eine Kreuzung von Border-Collie und Dobermann) ständig daran schnüffelte. Die Hündin interessierte sich nicht für andere Male am Körper der Patientin, verbrachte aber häufig mehrere Minuten täglich damit, intensiv an der Gewebeveränderung zu schnüffeln, sogar durch die Hose der Patientin. Daraufhin wurde die Patientin immer mißtrauischer. Dieses Ritual zog sich über mehrere Monate hin und gipfelte schließlich darin, daß die Hündin die betreffende Hautpartie abzubeißen versuchte, als die Patientin Shorts trug. Das veranlaßte sie dann, ärztlichen Rat einzuholen. Diese Hündin hat vielleicht das Leben ihrer Besitzerin gerettet, indem sie sie drängte, sich behandeln zu lassen, während sich die befallene Hautpartie noch in einem milden und heilbaren Stadium befand.»[13]

In unserer Datenbank befinden sich mehrere ähnliche Fälle. Joan Hart aus Preston in Lancashire beispielsweise entdeckte, wenn sie sich setzte und noch ihre Slipper anhatte, zog ihr Lady, ihre Sheltie-Hündin, immer den einen Schuh aus und leckte an ihrem Rist. Joan hatte dort eine Zyste, und schließlich ging sie deswegen zum Arzt. Er glaubte, es wäre eine Warze, überwies sie aber, um sicherzugehen, ans Krankenhaus, wo sie sich einigen Tests unterziehen sollte. Wie sich herausstellte, litt Joan an einer seltenen Form von malignem Krebs. «Hätte ich doch nur mehr auf Lady gehört, die mir das zu verstehen geben wollte», sagte sie.

Soweit ich weiß, ist die Möglichkeit, Spürhunde in Krebskliniken einzusetzen, noch nicht ernsthaft erwogen worden. Diese Art medizinischer Forschung ist derzeit einfach nicht en vogue – das ist nun einmal die High-Tech-Medizin.

Tiere, die vor anderen Krankheiten warnen

Epileptiker haben immer wieder Anfälle und daher Zeit, Signale, die ihnen ihre Tiere vielleicht geben, zu erkennen und zu beachten. Manche Tiere scheinen aber auch andere Krankheiten vorauszuahnen, bevor irgendwelche Symptome von den Menschen selbst oder von ihren Familienangehörigen bemerkt worden sind. Ihre Reaktionen können anfangs durchaus mißverstanden werden. Eine Schäferhündin beispielsweise, die der Familie Albrecht aus Limbach gehörte, begann Frau Hilde Albrecht aus keinem ersichtlichen Grund zu folgen, wobei sie sie auf eine seltsame Weise ansah und winselte. «Ich sagte meinem Mann, er solle mit ihr zum Tierarzt gehen, weil irgend etwas mit ihr nicht in Ordnung sei. Ein paar Wochen später war ich und nicht der Hund krank und mußte mich operieren lassen.» Mehrere Jahre später verhielt sich die Hündin genauso gegenüber ihrer älteren Tochter, die – wie sich später herausstellte – eine Blinddarmentzündung hatte, und das gleiche erlebte die jüngere Tochter.

Auch Christine Espeluque aus Nissan-lez-Ensérune in Frankreich hat einen Hund, einen goldfarbenen weiblichen Zwergcockerspaniel, der im voraus zu wissen scheint, wann ihre kleinen Kinder krank werden – zum Beispiel ihr fünfjähriger Sohn:

> «Bevor die Krankheit ausbricht, beginnt sie ihm überallhin zu folgen. Sie setzt sich neben ihn auf einen Stuhl, schläft die ganze Nacht bei ihm auf dem Bett, sie winselt den ganzen

Tag, wenn er in der Schule ist, bis er heimkommt. Inzwischen habe ich mich daran gewöhnt und weiß immer im voraus, wann meine Kinder krank werden.» Aber die Hündin reagiert so nur auf die Kinder und kann anscheinend nicht die Krankheiten der Mutter vorhersagen.

Manchmal ist die Warnung des Hundes so unmißverständlich, daß sie gleich beim ersten Mal ihre Wirkung nicht verfehlt, wie im Falle von Esther Allen aus Bushbury in den West Midlands:

«Ich strich gerade die Wohnzimmerdecke, und um sie zu streichen, mußte ich mich auf einen Stuhl auf dem Tisch stellen. Ich hatte nur noch eine kleine Stelle zu erreichen, als Fara, meine Zwerglanghaardackelhündin, auf einen Stuhl, dann auf den Tisch kletterte und an meinem Rock zu ziehen begann. Ich rief: ‹Moment noch, bin gleich fertig›, aber sie ließ nicht locker, und darum stieg ich hinunter. Sobald ich den Fußboden erreichte, wurde ich für ein paar Sekunden ohnmächtig. Als ich wieder zu mir kam, leckte sie mein Gesicht. Wenn Fara mich nicht vom Stuhl und vom Tisch heruntergeholt hätte, dann hätte ich mich bestimmt ernsthaft verletzt.»

Hier ähnelt das Verhalten der Dackelhündin dem der Hunde, die Epileptiker vor Anfällen warnen. Aber wie konnte sie den Zusammenbruch voraussahen? Auf eine genauso rätselhafte Art und Weise ahnen manche Hunde Herzinfarkte voraus und tun etwas, um die gefährliche Situation zu entschärfen. Hier ein Beispiel:

«Meine Partnerin hatte mehrmals Herzanfälle, so daß sie einfach zusammenbrach. Rolf, unser Schäferhund, der normalerweise ein ziemlich grober Kerl ist, ahnte diese Anfälle immer voraus und stellte sich derart vor seine Herrin, daß sie nie auf den Kopf, sondern stets auf den Rücken fiel.» (Hans Schauenburg, Röllbach)

Natürlich muß man hier zunächst die Möglichkeit in Betracht ziehen, daß das Tier irgendeine unmerkliche Veränderung im Verhalten oder in den Bewegungen der Menschen oder sogar ungewöhnliche Gerüche aufschnappt. Aber manchmal reagieren die Tiere auch, wenn sich der Mensch in einem anderen Raum oder weiter weg befindet. Im folgenden Fall reagierte ein Kater sogar, während sich sein Mensch auf einem Spaziergang befand:

«An einem späten Nachmittag im Juli unternahm mein Mann seinen üblichen Spaziergang. Er war kaum zehn Minuten weg, als unser Kater ein ungewöhnliches, seltsames Verhalten zeigte – er lief unruhig in der ganzen Wohnung umher, sträubte die Nacken- und Schwanzhaare und knurrte leise vor sich hin. Nach einer Stunde kam mein Mann zurück und sagte: ‹Ich fühl mich gar nicht wohl und lege mich vor dem Essen noch etwas hin.› Er ging ins Schlafzimmer, ich arbeitete in der Küche weiter. Plötzlich wurde Kater Aimo noch unruhiger als vorher, ging mir nicht von der Seite, sträubte wieder alle Haare und stieß mit der Schnauze gegen meine Beine. Dann lief er aus der Küche und schaute ständig, ob ich ihm auch nachkomme. So lockte er mich wie ein Hund ins Schlafzimmer, wo sich mein Mann mit einer schweren Nierenkolik im Bett krümmte. Der herbeigerufene Notarzt befreite meinen Mann von seinen Schmerzen, und wenig später war unser Aimo wieder der gute alte, ruhige Kater.» (Erni Weber, Großkrut, Niederösterreich)

Wäre dies ein Einzelfall, dann wäre man versucht zu vermuten, daß das Ganze entweder «reiner Zufall» war oder daß der Kater irgendwelche Anzeichen bemerkt hatte, bevor Herr Weber spazierenging, und daß Frau Weber einige Zeit brauchte, um das ungewöhnliche Verhalten des Katers zu bemerken. Aber wie wir bereits im sechsten Kapitel gesehen haben, gibt es viele Fälle, in denen Tiere reagierten, als ihre Besitzer unerwartet an fernen Orten starben oder sich in Not befanden. In diesem Zusammenhang ist es daher gar nicht so überraschend, daß eine Katze spürt, daß es ihrem Besitzer nicht gutgeht, auch wenn er sich gerade auf einem Spaziergang befindet.

Vorahnungen vor plötzlichen Todesfällen

Die Reaktionen von Haustieren vor dem Ausbruch von Krankheiten lassen sich leicht mißverstehen, und ihr Sinn wird eigentlich erst im nachhinein klar. Das gleiche gilt auch für ein ungewöhnliches Verhalten vor plötzlich eintretenden Todesfällen.

1995 lebte Christine Vickery mit ihrem Mann in Sacramento in Kalifornien. Sie schildert ihn als einen «Fitneßfanatiker, der mit seinen 52 Jahren noch sehr sportlich war». Jeden Tag schluckte er zuerst Vitamintabletten, ernährte sich fettarm, und neben den Übungen auf seinem Fitneßgerät legte er auch noch einen Teil seines Wegs zur Arbeit zu Fuß zurück.

«Am 1. Dezember kam er wie üblich um 17.30 Uhr nach Hause. Statt loszulaufen, um ihn zu begrüßen, blieben meine Hunde Smokie und Popsie in ihren Körben in einem anderen Raum. Er rief nach ihnen. Sie rührten sich nicht vom Fleck. Gegen 9 Uhr abends kamen die Hunde ins Wohnzimmer, ließen sich zu Füßen meines Mannes nieder und starrten zu ihm hoch. Mein Mann war verärgert und wollte erfahren, was sie wußten, wovon er keine Ahnung habe, wie er sagte. Dieses seltsame Ritual behielten sie die nächsten fünf Tage bei. Am Abend des 6. Dezember strich Smokie, der ältere Hund, sanft mit der Nase über das Bein meines Mannes. Popsie gab ihm Pfötchen. Am 7. Dezember starb mein Mann um 1.30 Uhr im Schlaf. Ich beneidete meine Hunde. Sie hatten es irgendwie gewußt und ihm Lebewohl gesagt.»

Katzen können ähnliche Vorahnungen haben. Dorothy Doherty, die in Hertfordshire lebt, berichtet, daß an dem Tag, bevor ihr Mann zusammenbrach und starb, ihre Katze ständig um seine Beine herumgestrichen sei. «Ich weiß noch, wie er sagte: ‹Was hat sie denn heute bloß?› Da sie das noch nie so ausdauernd getan hatte, habe ich mich seitdem oft gefragt, ob sie vielleicht gewußt hat, was passieren würde.»

Es gibt noch viele andere Beispiele von Vorahnungen bei Hunden und Katzen hinsichtlich medizinischer Notfälle und eines plötzlich eintretenden Todes. Aber wie bei allen Vorahnungen wird ihre Bedeutung erst im nachhinein offenkundig. Skeptiker werden sagen, daß es sicher ebenso Tausende von Fällen eines ungewöhnlichen Verhaltens gibt, denen kein Todesfall oder Unglück folgt und die bald vergessen werden, so daß hier nichts Geheimnisvolleres am Werk ist als der schiere Zufall und die selektive Erinnerung. Aber auch wenn dieses Standardargument sich vielleicht wissenschaftlich anhört, ist es nichts weiter als eine nicht überprüfte Hypothese. Die Skeptiker haben bislang keine Statistiken erstellt, um diese Hypothese zu belegen, ja, dieses Gebiet hat praktisch noch niemand erforscht.

Die Argumente von Skeptikern sind durchaus von wissenschaftlichem Wert, wenn sie als vernünftige Möglichkeiten behandelt werden, die überprüft werden sollten. Leider werden sie jedoch allzuoft dazu benutzt, die Forschung zu verhindern, und daher wissen wir noch immer so wenig über diese faszinierenden Phänomene.

15

Vorahnungen von Erdbeben und anderen Katastrophen

Reaktionen von Tieren auf Erdbeben

Am 26. September 1997 zerstörte ein starkes Erdbeben die Basilika des heiligen Franziskus in Assisi und richtete großen Schaden in benachbarten Städten und Dörfern an. Kurz vor diesem Erdbeben bemerkten viele Menschen, daß Tiere sich seltsam verhielten. In der Nacht davor bellten manche Hunde mehr als sonst, andere waren merkwürdig aufgeregt und unruhig. Katzen wirkten nervös und verstört, und einige versuchten sich zu verstecken. Tauben flogen «eigenartig». Wildvögel verstummten ein paar Minuten, bevor das Erdbeben ausbrach, und Fasane «schrien in ungewöhnlicher Weise»[1]. Einige Veränderungen im normalen Verhalten von Tieren wurden sogar schon mehrere Tage im voraus bemerkt:

«Eine Freundin sagte zu mir: ‹Geh bloß nicht in die Tavernen am Fluß in Foligno essen – es gibt nämlich Ratten am Fluß, und zwar riesige.› Mindestens eine Woche vor dem Erdbeben erzählten sich die Leute, daß es in Foligno eine Rattenplage gebe. Ich lebe hier nun schon so lange, aber so etwas ist noch nie passiert. Es wimmelte nur so von Ratten, doch niemand hat sie mit einem möglichen Erdbeben in Verbindung gebracht.» (Silvana Cacciaruchi)

Foligno liegt 18 Kilometer von Assisi entfernt und wurde von dem Beben schwer in Mitleidenschaft gezogen. Warum verließen die Ratten die Kanalisation? Wieso ahnten so viele andere Tiere die bevorstehende Katastrophe voraus?

Skeptiker tun derartige Geschichten ab, indem sie von Zufall und selektiver Erinnerung sprechen – die Leute würden sich an ein derartiges Verhalten nur dann erinnern, wenn es anschließend zu einem Erdbeben oder einer anderen Katastrophe käme, es ansonsten aber vergessen. An diesem Argument ist zweifellos etwas Wahres. Aber es wäre doch voreilig, sich über alle Indizien einfach hinwegzusetzen. Viele erfahrene Tierbeobachter sind davon überzeugt, daß Tiere sich vor Erdbeben tatsächlich ungewöhnlich verhalten. Drei Wochen nach dem Erdbeben von Assisi, während es noch immer Nachbeben gab, hat Anna Rigano, meine italienische Forschungsassistentin, vor Ort in Assisi, Foligno und anderen betroffenen Gegenden in Umbrien Dutzende von Menschen befragt – Haustierbesitzer, Inhaber von Zoohandlungen und Tierärzte –, während die Erinnerung an das Beben noch frisch war. Die meisten hatten vor dem Erdbeben ein ungewöhnliches Verhalten an ihren Tieren bemerkt.

Über derartige Verhaltensmuster bei Tieren vor Erdbeben haben Menschen aus aller Welt unabhängig voneinander berichtet. Ich kann nicht glauben, daß sie sich solche ähnlich lautenden Geschichten bloß ausgedacht haben oder daß ihnen die Erinnerung einen Streich gespielt hat.

Die erste ausführliche Schilderung aus Europa bezieht sich auf ein verheerendes Erdbeben im Jahre 373 v. Chr. in der griechischen Stadt Helike am Golf von Korinth, bei dem die Hafenstadt im Meer versank. Fünf Tage davor, so der Historiker

Diodoros Siculus, verließen Tiere wie Ratten, Schlangen und Wiesel in Scharen die Stadt, sehr zum Erstaunen der menschlichen Bewohner.

Unter anderen Belegen aus der Antike befindet sich auch die Feststellung des römischen Schriftstellers Plinius des Älteren, eines der Anzeichen eines bevorstehenden Erdbebens sei «die Aufregung und panische Angst von Tieren ohne ersichtlichen Grund». Ähnliche Erklärungen sind aus dem Mittelalter überliefert, zum Beispiel aus Württemberg (1095): «In vielen Fällen verließ das Geflügel die menschlichen Behausungen, um wild in den Wäldern und Bergen zu leben.»[2] Das stärkste Erdbeben, das in den letzten Jahrhunderten Europa erschütterte, ereignete sich 1755 in Lissabon – es verursachte gewaltige Zerstörungen und war so stark, daß die Bewegung der Erde noch im fernen Schweden Kirchenglocken zum Läuten brachte. Über dieses Erdbeben ließen sich viele zeitgenössische Schriftsteller aus, unter anderem auch der Philosoph Immanuel Kant, der die Anzeichen eines bevorstehenden Erdbebens folgendermaßen beschrieb: «Die Tiere sind kurz zuvor von Schrecken eingenommen. Die Vögel flüchten in die Häuser. Ratten und Mäuse kriechen aus ihren Löchern...» Acht Tage vor dem Erdbeben von Lissabon sei die Erde bei Cadiz «mit einer Menge von aus der Erde gekrochenem Gewürm bedeckt» gewesen, und anderen Berichten zufolge habe es 20 bis 30 Stunden vorher «starke Aufregung beim Vieh gegeben»[3].

Hunderte von anderen Beispielen wurden von Historikern und Chronisten überliefert, und es gibt auch viele neuere Fälle – zum Beispiel: «Vor dem Erdbeben von 1960 im marokkanischen Agadir wurden herumstreunende Tiere, darunter Hunde, gesehen, wie sie vor dem Beben, das 15 000 Menschen tötete, aus dem Hafen strömten. Ein ähnliches Phänomen wurde drei Jahre später beobachtet, bevor ein Erdbeben die jugoslawische Stadt Skopje dem Erdboden gleichmachte. Die meisten Tiere hatten die Stadt anscheinend vor dem Beben verlassen.»[4] Vor dem Erdbeben, das am 17. Januar 1995 die japanische Stadt Kobe großenteils zerstörte, wurde ein ungewöhnliches Verhalten an Säugetieren, Vögeln, Reptilien, Fischen, Insekten und Würmern beobachtet.[5] Doch trotz dieser reichhaltigen Belege ignorieren die meisten Erdbebenforscher die Geschichten über Warnungen durch Tiere oder tun sie als Aberglauben oder als Phänomen der selektiven Erinnerung ab. Soweit ich weiß, wird von den Hunderten von Dollarmillionen, die gegenwärtig alljährlich für die seismologische Forschung im Westen ausgegeben werden, kein Cent in die Untersuchung der Reaktionen von Tieren investiert. Hier haben wir es mit einem weiteren Gebiet zu tun, vor dem Fachleute aufgrund von Tabus und Vorurteilen die Augen verschließen und wo die Skepsis dazu dient, daß wissenschaftliche Untersuchungen behindert statt gefördert werden. Aber in diesem Fall verkümmert aufgrund dieser Einstellung nicht bloß unser wissenschaftliches Verständnis – Tiere könnten nämlich wertvolle Warnhinweise liefern und damit Menschenleben retten.

Die Erdbebenvorhersage

Viele Politiker und Steuerzahler glauben, daß sich mit Hilfe der großen Summe öffentlicher Gelder, die für die seismologische Forschung ausgegeben werden, Methoden zur Erdbebenvorhersage entwickeln ließen. Aber ohne daß diejenigen, die diese Forschung finanzieren, eine Ahnung davon haben, gehen die meisten Fachleute davon aus, daß genaue Vorhersagen unmöglich sind, und versuchen sie auch gar nicht mehr zu machen. Vier herausragende Experten haben in einem 1997 in der amerikanischen Zeitschrift *Science* erschienenen Artikel ihre These bereits kurz und bündig im Titel formuliert: «Earthquakes Cannot Be Predicted» – «Erdbeben lassen sich nicht vorhersagen». Beifällig zitierten sie die 1977 von Richter, dem Vater der gleichnamigen Erdbebenstärken-Skala, gemachten Aussagen, mit denen er die Erdbebenvorhersage als «Tummelplatz für Amateure, Verrückte und ausgesprochen publicitysüchtige Schwindler» abtat. Statt in der Vorhersage bestimmter Erdbeben sehen diese Experten die Rolle der Seismologie darin, daß sie zur «Risikoverringerung bei Erdbeben» beitrage.

«Statistische Schätzungen der seismischen Tätigkeit, die in einer allgemeinen Region in einem Zeitraum von 30 bis 100 Jahren erwartet wird, sowie statistische Schätzungen der erwarteten starken Bodenbewegung liefern wichtige Daten für die Konstruktion erdbebensicherer Gebäude. Die rasche Ermittlung von Quellenparametern (wie Lokation und Stärke) kann Hilfsmaßnahmen nach starken Erdbeben erleichtern.»[6] Das sind in der Tat sinnvolle Möglichkeiten der Seismologie. Aber während diese vorsichtige Einstellung Seismologen davor bewahrt, sich öffentlich eine Blöße zu geben, indem sie falschen Alarm schlagen, rechtfertigt sie zugleich die anhaltende Vernachlässigung einer Erforschung der warnenden Hinweise, die Tiere abgeben können.

Im Gegensatz dazu haben Erdbebenforscher in China in den siebziger Jahren die Öffentlichkeit aufgefordert, nach möglichen Vorboten, die nach uralten chinesischen Traditionen bevorstehende verheerende Erdbeben ankündigen würden, Ausschau zu halten und sie den Behörden zu melden. Im Juni 1974 gab die Staatliche Seismologische Behörde Chinas eine Warnung aus, daß aufgrund einer historischen Analyse und geologischer Messungen in den nächsten Jahren in der Provinz Liaoning mit einem schweren Erdbeben zu rechnen sei.

Daraufhin wurde das wissenschaftliche Beobachtungsnetzwerk vergrößert, und in Fabriken, Schulen und landwirtschaftlichen Genossenschaften wurden Gruppen von Amateurbeobachtern zusammengestellt. Über 100 000 Menschen wurden dafür ausgebildet, nach ungewöhnlichem Verhalten von Tieren und Veränderungen im Niveau und in der Trübung von Wasser in Brunnen Ausschau zu halten sowie auf seltsame Geräusche und ungewöhnliche Formen von Blitzen zu achten.

Mitte Dezember 1974 erwachten Schlangen aus dem Winterschlaf, krochen aus ihren Nestern und erfroren auf der schneebedeckten Erdoberfläche. Ratten tauchten in großen Scharen im Freien auf und waren oft so verwirrt, daß sie mit der Hand eingefangen werden konnten; das Vieh und das Geflügel waren seltsam aufgeregt, und das Wasser in den Quellen wurde trübe. Am 22. Dezember kam es zu einem schwächeren Erdbeben, aber im Januar 1975 gab es immer wieder Berichte über ungewöhnliches tierisches Verhalten, wobei über 20 Arten starke Anzeichen von Angst bekundeten. Man entwickelte Pläne zur Evakuierung von Haicheng, einer Großstadt mit rund einer halben Million Einwohner. Anfang Februar nahm die Zahl der Berichte erheblich zu, als Rinder, Pferde und Schweine in Panik zu geraten begannen. «Gänse flogen in die Bäume, Hunde bellten wie verrückt, Schweine bissen einander oder unterwühlten die Zäune ihrer Pferche, Hühner weigerten sich, in die Ställe zu gehen, Kühe zerrissen ihre Halfter und flüchteten, Ratten tauchten auf und benahmen sich wie trunken... Die Grundwasser-Anomalien breiteten sich ebenfalls weiter aus.»[7]

Am Morgen des 4. Februar wurde beschlossen, Haicheng zu evakuieren. Am selben Tag ereignete sich schließlich um 19.36 Uhr das vorhergesagte Erdbeben, das eine Stärke von 7,3 auf der Richterskala aufwies. Mehr als die Hälfte aller Gebäude in der Stadt wurde zerstört. Zehntausende hätten vielleicht ihr Leben verloren, wenn es die rechtzeitige Warnung nicht gegeben hätte. «So gab es nur wenige Opfer; meist handelte es sich um Personen, die der offiziellen Erdbebenvorhersage zu wenig Glauben geschenkt hatten, um die Februarkälte im Freien in Kauf zu nehmen.»[8]

Eine Zeitlang waren westliche Seismologen beeindruckt. Über die Möglichkeit, ungewöhnliches Verhalten von Tieren für Erdbebenwarnungen heranzuziehen, wurde sogar im US Geological Service diskutiert.[9] Aber nach ein paar Jahren machte sich wieder die übliche Skepsis breit, und die Idee wurde fallengelassen. Doch die Chinesen fuhren mit ihrem Erdbebenvorhersage-Programm fort. Sie haben zwar einige spektakuläre Fehlschläge hinnehmen müssen, vor allem das nicht vorhergesagte Erdbeben von Tangshan im Jahre 1976, bei dem mindestens 240 000 Menschen umkamen. Aber sie haben auch weiterhin erfolgreiche Vorhersagen gemacht. 1995 beispielsweise warnten sie die örtlichen Behörden in der Provinz Yunnan einen Tag vor einem starken Erdbeben.[10] Am 5. April 1997 sagten Seismologen in Xinjiang voraus, daß sich innerhalb einer Woche ein Erdbeben der Stärke 5 bis 6 ereignen würde. Dazu ein Bericht aus der Zeitschrift *Science:* «In der Nacht evakuierten die Behörden 150 000 Menschen und brachten sie notdürftig in Hütten und Zeltunterständen unter. Am frühen Morgen des nächsten Tages gab es ein Beben der Stärke 6,4 und gegen Mittag ein weiteres Beben der Stärke 6,3. Beide zerstörten 2000 Häuser und beschädigten 1500 weitere Häuser, aber niemand wurde getötet. Ähnliche Vorhersagen gingen einem Beben der Stärke 6,6 am 11. April und einem Beben der Stärke 6,3 am 16. April voraus.»[11]

Die Wissenschaftler aus Xinjiang gaben zwar in dieser Zeit einmal blinden Alarm, dennoch sind die Chinesen bemerkenswert erfolgreich in ihren Vorhersagen, und das in auffallendem Gegensatz zu ihren westlichen Kollegen, die nicht einmal derartige Versuche unternehmen. Die Chinesen halten sich weiterhin an ein pragmatisches Vorgehen, indem sie seismologische und geologische Messungen mit Beobachtungen von Brunnen und Quellen sowie anderen «alternativen Methoden» verbinden – wie man in westlichen wissenschaftlichen Publikationen das Erforschen von ungewöhnlichem Verhalten von Tieren nennt. Doch die Chinesen geben sich hinsichtlich ihrer Erfolge bescheiden und weisen selbst darauf hin, daß ihre Methode am besten funktioniert, wenn sie bei Erdbeben mit Vorbeben angewendet wird, wie in Haicheng – bei anderen Arten von Beben seien sie viel weniger erfolgreich.[12]

Forschungsversuche mit Tieren in Kalifornien

Soweit ich weiß, wird im Westen gegenwärtig keine offizielle Forschung über das Vorausahnen von Erdbeben durch Tiere betrieben. Tierverhaltensforscher ignorieren das Thema, ebenso Seismologen, die ihre Aufmerksamkeit ganz auf physikalische Messungen mit Instrumenten konzentrieren. Angesichts der Erfolge der Chinesen erscheint dies als ein bemerkenswertes Versäumnis.

Mein Kollege David Jay Brown und ich haben in Kalifornien ein Forschungsprogramm eingeleitet, um mehr über ungewöhnliches Verhalten von Tieren herauszufinden, und zwar mit zwei Zielrichtungen.

Erstens wollen wir in der Lage sein, die Verhaltensformen zu charakterisieren, die verschiedene Tiere aufweisen, so daß wir eine Reihe von Richtlinien erstellen können, die es Haustierhaltern und anderen Menschen ermöglichen, dieses Verhalten zu erkennen. Zweitens wollen wir wissen, worauf die Tiere reagieren. Woher wissen sie, wann ein Erdbeben droht? Wir haben zunächst einmal die Menschen befragt, ob sie vor zwei der verheerendsten Erdbeben in neuerer Zeit irgendein ungewöhnliches Verhalten an Tieren bemerkt haben: dem Beben von

Loma Prieta am 17. Oktober 1989, das große Schäden in Santa Cruz, im Silicon Valley und in anderen Teilen von Nordkalifornien anrichtete, sowie dem Northridge-Beben vom 17. Januar 1994, dessen Epizentrum im San Fernando Valley in den Vororten von Los Angeles lag.

In beiden Gegenden hatten tatsächlich viele Menschen ein merkwürdiges und scheinbar unerklärliches Verhalten an Haustieren wie an wilden Tieren bemerkt. Hier nur ein Beispiel:

«Meine Cockerspanielhündin hatte wirklich große Angst. Ihre Augen waren riesengroß, und ständig lief sie herum. Immer wieder kam sie zu mir und ging wieder weg, als ob sie mir zu sagen versuchte: ‹Du mußt auch rausgehen.› Ich dachte, dieser Hund ist verrückt geworden, und war richtig wütend. Etwa eine Stunde später ereignete sich das Erdbeben.» (Renata McKinstry, San Jose, Kalifornien)

Die meisten Berichte, die wir bekommen haben, handeln von Hunden und Katzen, was wohl schlicht an der Tatsache liegt, daß dies die am weitesten verbreiteten Haustiere sind. Da hieß es dann, Hunde hätten ohne ersichtlichen Grund gebellt, geknurrt, geheult, gewinselt, sie seien herumgelaufen, hätten sich versteckt oder Anzeichen von Nervosität, Unruhe und Aufgeregtheit bekundet. Katzen wirkten nervös oder verstört, und viele rannten hinaus oder versteckten sich. Es reagierten aber auch andere Tiere. Käfigvögel wurden sehr unruhig, Pferde rannten auf ungewöhnliche Weise herum, Ziegen wurden aufgeregt, und einige Hühner hörten auf, Eier zu legen. Und manche Menschen bemerkten, daß kurz vor dem Erdbeben eine merkwürdige Stille eintrat, als Wildvögel und Grillen zu singen aufhörten.

Sogar Emus reagierten. Diese mit den Straußen verwandten

Riesenvögel haben die Gewohnheit, an Zäunen entlangzumarschieren. In ihrer Heimat Australien werden sie oft «Vögel, die einen Zaun suchen» genannt, weil sie selbst dort, wo sie in riesigen offenen Räumen umherstreifen können, zu einem Zaun gehen und daran entlangmarschieren. Auf Sandy Scotts Emu-Farm in Auburn, Washington, schreiten die Vögel normalerweise an den Zäunen entlang und begeben sich etwa eine halbe Stunde vor Einbruch der Dunkelheit in ihre Schuppen. Aber an zwei bestimmten Abenden verhielten sie sich anders: «Sie rannten fast am Zaun entlang. Und als es anfing dunkel zu werden und sie sich schließlich niederließen, taten sie dies außerhalb ihres Schuppens und nicht darin.» Beide Male gab es nachts mehrere Stunden, nachdem die Emus sich so ungewöhnlich verhalten hatten, ein Erdbeben. Viele Tiere wurden zwar vor einem Erdbeben aufgeregt – aber viele auch nicht. Dazu beispielsweise Susan Gray, die in Reseda bei Northridge lebt: «Die Katzen spürten die Erschütterungen genauso überrascht wie wir. Es war am frühen Morgen, und beide Katzen waren bei uns im Schlafzimmer. Wenige Sekunden nach dem Beginn des Bebens rasten sie den Gang hinunter und zur Katzentür hinaus.» Diese Katzen hatten genau wie viele andere Katzen fürchterliche Angst und wollten tagelang nicht mehr ins Haus zurückkommen. Nachdem sie dann wieder da waren, suchten sich beide eine Stelle aus, zu der sie bei jedem folgenden Erdbeben rannten, um dort auszuharren.

«Lessa, meine getigerte Katze, läuft mir immer nach, und daher fällt sie mir am meisten auf. Sie suchte sich einen Sessel in meinem Schlafzimmer aus, der einen bis zum Boden reichenden Behang hat, und bei jedem Nachbeben versteckt sie sich darunter. Und wenn ich manchmal am Morgen aufstehe und Lessa – absolut grundlos – unter diesen Sessel rennt, haben wir bis zu drei Stunden später ein Nachbeben.»

Wie viele andere Katzenbesitzer im San Fernando Valley bemerkte auch Susan Gray, daß ihre Katzen nach dem großen Erdbeben sehr «nervös» und leicht zu erschrecken waren. «Wenn man sich rasch bewegte, fuhren sie erschrocken zusammen und rannten zur Tür oder zu ihren Verstecken.» Die vom großen Erdbeben hervorgerufene Angst schien sie sensibilisiert zu haben. Dies war vielleicht auch in China der Fall, wenn größeren Erdbeben Vorbeben vorausgingen, und in diesen Situationen waren Tierwarnungen am effektivsten. Aber selbst dann hatten Susan Grays Katzen nicht immer recht: «Manchmal waren sie ein paar Stunden lang nervös, und nichts passierte. Aber häufiger hatten wir wirklich ein Beben, wenn sie so wurden.»

Die vor den Erdbeben von Loma Prieta und Northbridge von Tieren bekundeten ängstlichen und aufgeregten Reaktionen setzten in manchen Fällen bereits mehrere Tage, in anderen ein paar Stunden oder gar nur wenige Minuten im voraus ein. David Brown und ich sind dabei, eine Datenbank mit solchen Berichten anzulegen, und hoffen, ein Profil der von Tieren gezeigten Reaktionen, des zeitlichen Ablaufs dieser Reaktionen und der Umstände, durch die sie ausgelöst werden, erstellen zu können. Wir möchten auch herausfinden, ob sie auf manche Arten von Erdbeben mehr reagieren als auf andere.

Nicht nur Tiere reagieren vor Beben, sondern auch manche Menschen – sie sprechen von Symptomen wie Aufgeregtheit, Kopfschmerzen und scheinbar grundloser Nervosität. Manche sagen, sie wachen kurz vor Erdbeben auf, andere leiden unter unerklärlicher Schlaflosigkeit. Wieder andere haben entdeckt, daß sie besonders sensibel auf Nachbeben reagieren – zum Beispiel Barry Cane: «Ich konnte ein Nachbeben oft im voraus spüren. Es war, als ob sich etwas in der Atmosphäre veränderte. Ich kann es eigentlich gar nicht in Worte fassen, aber ich sag dann immer, oje, gleich geht's los. Und irgendwann zwischen ein bis fünf Minuten – rumms, passiert's dann.»

Ein auf Tieren basierendes Erdbebenvorwarnsystem

Stellen wir uns einmal vor, was geschehen könnte, wenn die von Tieren – und Menschen – gegebenen Warnungen in Kalifornien und anderen Teilen der westlichen Welt nicht ignoriert, sondern ernst genommen würden.

Über die Medien könnten Millionen von Haustierbesitzern über die Arten von Verhalten informiert werden, die ihre Haustiere und andere Tiere vielleicht vor einem drohenden Erdbeben an den Tag legen. Wenn sie diese Anzeichen bemerkt hätten, würden sie sofort eine Telefonhotline mit einer leicht zu merkenden Nummer anrufen. Oder sie könnten eine Nachricht via Internet senden. Ein Computersystem würde dann den Ausgangsort der eintreffenden Anrufe ermitteln. Zweifellos gäbe es eine Unmenge von Fehlalarmen, verursacht durch Leute, die die Symptome ihrer Haustiere mißverstehen, und vielleicht würden sich einige Anrufe auch als schlechter Scherz herausstellen. Aber falls es zu einer plötzlichen Fülle von Anrufen aus einer bestimmten Region käme, könnte dies darauf hindeuten, daß in dieser Region ein Erdbeben bevorsteht. Dann wäre es wichtig zu überprüfen, daß diese Fülle von Anrufen nicht auf andere Faktoren zurückzuführen wäre, die bekanntlich das Verhalten von Tieren beeinflussen, wie zum Beispiel dramatische Wetterveränderungen, Feuerwerke, örtliche Brände und die Nähe von Raubtieren.

Zunächst müßte dieses System nur für Forschungszwecke benutzt werden, um zu sehen, ob es auch einigermaßen zuverlässig funktioniert. Bevor man das nicht weiß, hätte es auch keinen Sinn, irgendwelche Warnungen auszugeben. Falscher Alarm kann schließlich zu Panik und Chaos führen und die Forschung über dieses Thema um Jahre zurückwerfen. Idealerweise würden die Berichte über ungewöhnliches Verhalten von

Tieren genau wie in China mit der Überwachung anderer Vorzeichen von Erdbeben, wie seismologischen Messungen, kombiniert werden.

Dabei gibt es sogar einige in Kalifornien erarbeitete Hinweise, daß ein derartiges System funktionieren könnte. Ende der siebziger Jahre, im Anschluß an die erfolgreiche Vorhersage des Erdbebens von Haicheng durch die Chinesen, finanzierte der US Geological Service ein Pilotprojekt am Stanford Research Institute in San Francisco. Die Koordinatoren Leon Otis und William Kautz gewannen 1200 ehrenamtliche Beobachter, die in erdbebengefährdeten Teilen von Kalifornien wohnten und bereit waren, eine gebührenfreie Hotline immer dann anzurufen, wenn sie ein «ungewöhnliches Verhalten von Tieren beobachteten, dessen Ursache nicht sofort festzustellen war».

Dieses Projekt lief von 1979 bis 1981. In dieser Zeit gab es in den unter Beobachtung stehenden Gebieten keine Erdbeben, die über die Stärke 5 hinausgingen. Insgesamt waren 13 Erdbeben mit Stärken zwischen 4 und 5 für eine Analyse geeignet, auch wenn keins von ihnen in den Gegenden stattfand, in denen es eine konzentrierte Zahl von Beobachtern gab. Sieben dieser Erdbeben ging eine statistisch signifikante Zunahme von Anrufen über ungewöhnliches Verhalten von Tieren voraus.[13] In einigen Fällen waren die statistischen Ergebnisse sogar sehr beeindruckend.[14] In diesem Stadium wurde die Finanzierung eingestellt, und die Forschungen wurden nicht mehr weitergeführt.

Wenn sich statt 1200 ein paar Millionen von Beobachtern gewinnen ließen, könnte das Potential tierischer Warnungen viel genauer eingeschätzt werden. Haustierbesitzer könnten bei diesem Verfahren eine wichtige Rolle spielen, insbesondere ältere Mitbürger, die mehr Zeit und Gelegenheit zur Beobachtung ihrer Tiere haben als Menschen, die den ganzen Tag berufstätig sind.

Wieso wissen sie Bescheid?

Soweit ich weiß, hat noch niemand auf der Welt erforscht – von einigen neueren Experimenten in Japan abgesehen –, mit welchen Mitteln Tiere ein bevorstehendes Erdbeben erspüren. Allerdings gibt es mehrere mögliche Theorien:

1. Irgendwie schnappen sie feine Geräusche, Schwingungen oder Bewegungen der Erde auf.
   Diese Theorie steht vor mehreren Problemen. Erstens haben einige der Tierarten, die im voraus auf Erdbeben zu reagieren scheinen, kein empfindlicheres Gehör als wir.[15] Zweitens treten kleine Erderschütterungen und unbedeutende Erdbeben in seismisch aktiven Gebieten häufig auf. 1980 beispielsweise gab es in Kalifornien 350 Erdbeben (ohne Berücksichtigung von Nachbeben) der Stärke 3 oder schwächer.[16] Wenn Tiere für schwache Schwingungen äußerst empfindlich wären, würden sie häufig blinden Alarm schlagen. Sie müßten dann auch auf Vibrationen, die durch vorbeifahrende Lastwagen oder andere schwere Maschinen erzeugt werden, mit Angst und Unruhe reagieren. Und drittens: Wenn denn so viele Tierarten typische Schwingungen vor stärkeren Erdbeben aufschnappen können, dann müßten auch die Seismologen in der Lage sein, sie mit Hilfe ihrer ganz empfindlichen Instrumente festzustellen. Aber bislang ist ihnen das trotz jahrelanger intensiver Forschung nicht gelungen.
2. Tiere reagieren auf Gase, die vor Erdbeben aus der Erde austreten.
   Einige Tierarten, zum Beispiel Hunde, sind zwar weitaus geruchsempfindlicher als wir, aber andere, wie Singvögel, eher weniger. Anscheinend gibt es keinen Zusammenhang zwischen dem Geruchssinn von Tieren und ihrer Empfind-

lichkeit bei Erdbeben. Auch spricht nichts dafür, daß vor Erdbeben generell typische Gase aus der Erde austreten. Und wenn tatsächlich solche Gase vor Erdbeben durch winzige Risse in der Erdoberfläche nach außen dringen, warum reagieren Tiere dann nicht mit Angst und Panik, wenn Menschen Löcher graben oder Bergwerke ausschachten oder gar wenn Tiere in der Erde wühlen?
3. Tiere reagieren auf elektrische Ladungsänderungen, die Erdbeben vorausgehen.

Diese Theorie ist weitaus plausibler als die beiden ersten. Es gibt Beweise dafür, daß vor manchen Erdbeben tatsächlich Veränderungen in elektrostatischen Feldern auftreten, die wahrscheinlich aus Veränderungen in seismischen Spannungen in Gesteinen resultieren. Bekanntlich erzeugen Druckveränderungen in einigen Kristallen und Gesteinen elektrische Ladungen (piezoelektrischer Effekt), und mit derartigen elektrischen Effekten, wie sie Erdbeben vorausgehen, ließen sich nicht nur die Reaktionen von Tieren erklären, sondern auch andere elektrische Anomalien wie Interferenzen in Rundfunk- und Fernsehübertragungen sowie seltsame Aurae und Lichter, die aus der Erde dringen (wissenschaftlich seismo-atmosphärische Lumineszenz genannt).[17]

Konventionelle Seismologen stehen diesen elektrischen Vorboten von Erdbeben zwar skeptisch gegenüber, aber eine Dissidentengruppe in Griechenland, die sogenannte VAN-Gruppe unter P. Varotsos, behauptet, Erdbeben auf der Basis geoelektrischer Signale vorhersagen zu können.[18] Und in Kalifornien gibt das von Marsha Adams geleitete Time Research Institute regelmäßig eine Reihe von Erdbebenvorhersagen heraus, und zwar aufgrund eines Netzwerks elektromagnetischer Sensoren, deren Input von einer speziellen Computersoftware analysiert wird.[19] Dieses Programm wird nicht durch öffentliche Mittel unterstützt, sondern lebt von privaten Abonnenten. Vor kurzem haben Motoji Ikeya und seine Kollegen an der Universität im japanischen Osaka Laborexperimente durchgeführt, bei denen sie einige Tierarten wie Elritzen, Welse, Aale und Regenwürmer schwachen elektrischen Strömen aussetzten. Fische zeigten panikartige Reaktionen, und Regenwürmer verließen fluchtartig den Boden, wenn der Strom eingeschaltet wurde.[20] Mit diesen ersten Befunden ließe sich das ungewöhnliche Verhalten von Tieren in Wasser und feuchten Milieus vor Erdbeben erklären. Wie aber steht es mit Tieren wie Hunden und Katzen im Inneren von Gebäuden? Reagieren sie etwa auf elektrisch geladene Ionen in der Luft? Viele Fragen bleiben also offen, doch sicher ist das ein vielversprechender Forschungsansatz.

4. Schließlich können Tiere vielleicht irgendwie im voraus «spüren», was demnächst geschehen wird, und zwar auf eine Weise, die das derzeitige wissenschaftliche Verständnis übersteigt. Mit anderen Worten: Sie sind vielleicht «vorahnungsvoll» – haben ein Gefühl, daß etwas geschehen wird – oder «präkognitiv» – wissen also im voraus, was geschehen wird.

Diese Hypothese wäre überflüssig, wenn sich alle Fakten befriedigend durch konventionellere Theorien erklären ließen. Viele Wissenschaftler, und dazu zähle ich mich auch, würden lieber die Vorstellung von Einflüssen außer acht lassen, die «rückwärts» in der Zeit wirken, also von der Zukunft in die Gegenwart. Ich würde auf diese Idee gern verzichten, wenn ich nicht gezwungen wäre, sie ernst zu nehmen. Gegenwärtig erscheint die Elektrizitätstheorie hinreichend vielversprechend, um es zu rechtfertigen, die zweite, eher radikale Möglichkeit zu ignorieren.

Das Problem ist nur, daß es, wie wir gleich sehen werden,

andere Arten von Vorahnung durch Tiere gibt, die sich nicht mit Hilfe elektrischer Phänomene erklären lassen. Ob uns das nun gefällt oder nicht – offenbar gibt es tatsächlich so etwas wie präkognitive Vorahnungen. Und wenn sie in anderen Situationen auftreten, dann spielen sie vielleicht auch bei Vorahnungen im Hinblick auf Erdbeben eine Rolle. Aber zunächst wende ich mich einer Art von Vorahnung zu, die die Elektrizitätstheorie zu stützen scheint.

Vorahnungen von Unwettern

«Es war ein herrlich warmer Sommertag, der Himmel war strahlend blau. Ich unternahm einen langen Spaziergang mit meinem Schäferhund Rolly. Nachdem wir etwa eine Stunde gegangen waren, wollte er nicht mehr weiter. Ich versuchte ihn dazu zu bewegen weiterzugehen, aber nichts half. Ich fragte mich, was mit ihm los sei. Schließlich legte er sich in den Straßengraben. Was blieb mir anderes übrig, als umzudrehen und heimzugehen? Eine halbe Stunde später verfinsterte sich der Himmel, und aus der Ferne war der erste Donner zu hören. Wir gingen etwas schneller, und als wir im Haus waren, gab es einen Platzregen mit Hagelkörnern. Dann wurde mir klar, daß Rolly das viel früher gespürt haben mußte.» (Louise Forstinger, Graz)

Manche Tiere haben schreckliche Angst vor Gewittern und bekunden Anzeichen von Furcht, lange bevor ihre Besitzer merken, daß ein Unwetter naht. Hunde und Katzen verstecken sich oft. Viele andere Tierarten wie Pferde, Sittiche und Schildkröten werden vor Unwettern ängstlich. Die meisten Berichte, die ich bekommen habe, schildern Reaktionen eine halbe Stunde bis eine Stunde vor Ausbruch des Gewitters, aber in manchen Fällen setzt die Vorahnung des Tiers drei oder mehr Stunden im voraus ein.

Die Reaktionen mancher Tiere vor Unwettern und vor Erdbeben ähneln sich, und jedes auf Tieren basierende Erdbebenwarnsystem müßte diese Tatsache berücksichtigen, denn sonst könnten bevorstehende Unwetter mit drohenden Erdbeben verwechselt werden und damit blinden Alarm auslösen. Blitze sind natürlich ein elektrisches Phänomen, und es könnte durchaus sein, daß einige, wenn nicht alle vorausahnenden Reaktionen von Tieren auf ihrer Empfindlichkeit gegenüber den elektrischen Veränderungen beruhen, die ein Gewitter ankündigen. Dies würde die Elektrizitätstheorie der Vorausahnung von Erdbeben stützen. Und vielleicht hören einige Tiere mit einem empfindlicheren Gehör als dem unseren bereits den Donner, wenn er noch weit entfernt ist. Aber die Vorahnungen anderer Tierarten lassen sich damit nicht erklären.

Warnungen vor Luftangriffen

«Während des Krieges, als die Deutschen ihre Bombenangriffe flogen, hatten wir einen schwarzen Mischlingshund, der immer zur Hintertür ging und bellte, um hinausgelassen zu werden, und man konnte wetten, daß rund zehn Minuten später die Sirenen heulen würden, um einen Luftangriff anzukündigen. Wir hatten uns so daran gewöhnt, daß der Hund dies tat, und darum lief ich die Straße rauf und runter und klopfte an alle Türen, um vor einem bevorstehenden Angriff zu warnen. Der Hund hat sich nicht ein einziges Mal geirrt.» (Teddy Pugh, Birmingham)

Ich habe 22 weitere Berichte über Hunde erhalten, die vor Luftangriffen warnten, bevor der offizielle Alarm gegeben wurde. Einige gaben ihren Haltern Bescheid, indem sie winselten, andere bellten, einige versteckten sich, und wieder andere liefen zu dem Luftschutzbunker oder Keller voraus, wo die Familie Zuflucht nahm. Britische Hunde warnten im Zweiten Weltkrieg vor deutschen Luftangriffen, deutsche Hunde vor britischen.

Manche Hunde sollen ihre Besitzer ein paar Minuten vor dem Losheulen der Sirenen gewarnt haben; die meisten reagierten zehn bis 30 Minuten im voraus, und in drei Fällen sollen die Warnungen der Hunde über eine Stunde vorab erfolgt sein. Eine kleine Hündin namens Dee blieb manchmal zusammengerollt in ihrem Körbchen liegen, wenn die Sirenen losheulten, und nie kamen dann Flugzeuge daher. Andererseits wurde sie zuweilen ganz aufgeregt, wenn keine Sirenen ertönten, und drängte alle, in Deckung zu gehen – und dann gab es tatsächlich einen unerwarteten Angriff.[21] Manche Familien genossen den Vorzug, wieder ins Bett zu kommen, bevor Entwarnung gegeben wurde. «Der Hund stand plötzlich auf, verließ den Bunker und legte sich mit einem zufriedenen Seufzer in sein Körbchen. Fünf Minuten später kam die Entwarnung.»[22]

Der jüngste Bericht, den ich über einen Hund, der vor Luftangriffen warnt, bekommen habe, stammt aus einem Kibbuz in Israel. Wenn es während des Golfkriegs 1991 Luftalarm gab, begab sich die Gemeinschaft in einen abgedichteten Raum, der als gasbombensicherer Bunker diente.

> «Der Hund spürte es als erster, bevor die Sirene losging, und rannte eine oder zwei Minuten vorher in den abgedichteten Raum. Das tat er nie, wenn es keinen Alarm gab.» (Savyon Liebrecht)

Während des Zweiten Weltkriegs ahnten auch Katzen Bombenangriffe voraus, wobei sie gewöhnlich offenkundige Anzeichen von Aufregung bekundeten oder sich versteckten. Einige sollen über eine Stunde im voraus gewarnt haben. Auch Vögel wußten anscheinend, wann sich Bomber näherten. Möwen flogen auf, Fasanenhähne gaben Warnrufe von sich, und auch Enten und Gänse erhoben ein Alarmgeschrei. Hier das Beispiel eines deutschen Papageis:

«Im Kriegsjahr 1942 war ich bei Bekannten in Leipzig. Sie besaßen einen alten Papagei. Plötzlich, gegen 21 Uhr, war er total aufgeregt in seinem Käfig, hüpfte von einem Bein aufs andere, hob den linken Flügel hoch und schrie: ‹Da oben, da oben, da oben› – sah auch nach oben und konnte sich nicht beruhigen. Überrascht fragte ich, was das bedeutete. ‹Das macht er immer so vor Fliegeralarm›, sagte meine Bekannte, ‹meist zwei Stunden vorher.› In den nächsten Stunden zerbombten die Tommys ganz in der Nähe den Glas-(und Sport-)Palast!» (Dagmar Kessel)

Von deutschen Tauben gegebene Vorwarnungen brachten Heinz Peteri, einen unglücklichen österreichischen Bildhauer, in Schwierigkeiten; er wurde während des Kriegs wegen seiner «undiplomatischen» Äußerungen verhaftet und nach Bochum zum Entschärfen von Blindgängern strafversetzt. Er wohnte in einem kleinen Zimmer im Turm des Polizeigebäudes. Von seinem Fenster aus beobachtete er immer die Tauben, die die noch intakten Dächer der Stadt bevölkerten, und bemerkte, «daß die Taubenschwärme offenbar in größter Eile davonflogen. Und jedesmal später erfolgte längstens nach einer halben Stunde ein ‹Feindanflug› mit Bombenabwürfen. Die Taubenvölker blieben so lange verschwunden, bis die Bombengefahr vorüber war. Dann kehrten sie zurück. Dies wiederholte sich immer wieder.» Er benutzte dieses Wissen dazu, seine Kameraden und Vorgesetzten vor bevorstehenden Angriffen zu warnen, und seine Vorhersagen erwiesen sich wiederholt als genau. Als dies der Gestapo zu Ohren kam, wurde er verhaftet und verhört – «mit welchen Mitteln er die Vorwarnungen empfange, ob er ein Spion sei und mit welchen Mächten er sonst noch Kontakt habe»[23].

Wie konnten all diese Tiere wissen, wann Luftangriffe bevorstanden? Die naheliegendste Möglichkeit bestünde darin, daß sie die feindlichen Flugzeuge hörten, als sie für menschliche Ohren noch zu weit entfernt waren. Aber nach kurzem Nachdenken zeigt sich, daß dies keine sehr plausible Vermutung ist, und zwar aus mindestens vier Gründen. Erstens ist das Gehör von Hunden und anderen Haustieren, wie wir bereits gesehen haben (siehe S. 48 f.), auch nicht empfindlicher als das unsere, obwohl Hunde höhere Töne hören können als wir. Die im Zweiten Weltkrieg eingesetzten Bomber flogen mit ihrer tödlichen Last etwa 400 Kilometer pro Stunde – somit müßte ein Tier, das eine halbe Stunde vor einem Luftangriff reagierte, sie in einer Entfernung von etwa 200 Kilometern gehört haben. Manche Tiere sollen sogar noch früher reagiert haben, als die Bomber über 300 Kilometer entfernt gewesen sein mußten. Selbst Tiere, die erst ein paar Minuten vor dem Einsetzen der Sirenen reagierten, hätten die Flugzeuge in über 50 Kilometer Entfernung gehört haben müssen, wenn man annimmt, daß die Sirenen etwa fünf Minuten im voraus warnten. Es ist ganz unwahrscheinlich, daß sie die feindlichen Flugzeuge über derartige Entfernungen hinweg gehört haben können.

Zweitens hängt das Hören ferner Geräusche von der Windrichtung ab, und nichts spricht dafür, daß die regelmäßigen Warnungen von seiten der Tiere nur dann erfolgten, wenn die feindlichen Flugzeuge in Windrichtung flogen. Vielmehr geht aus den Belegen hervor, daß die Warnungen der Tiere bemerkenswert verläßlich waren und nicht von der Windrichtung abhingen. Da außerdem in England Südwestwinde vorherrschen und die deutschen Bomber sich von Osten nahten, wären sie bei den meisten Angriffen nicht in Windrichtung geflogen, und daher wären ihre Geräusche von den Tieren, die ihr Nahen spürten, eher weg- als zu ihnen hingeweht worden.

Drittens befanden sich noch viele andere Flugzeuge in der Luft, nämlich auch die eigenen Bomber des Landes, die feindliches Gebiet ansteuerten. Anscheinend warnten die Tiere nicht vor dem Anflug «befreundeter» Flugzeuge. Hätten sie die Flugzeuge gehört, dann hätten die Tiere zwischen den Geräuschen verschiedener Arten von Bombern über eine große Entfernung hinweg und ungeachtet der Windrichtung unterscheiden müssen. Nichts spricht dafür, daß dies möglich ist.

Schließlich feuerten die Deutschen im letzten Jahr des Zweiten Weltkriegs mit Überschallgeschwindigkeit fliegende V2-Raketen auf London ab. Diese Geschosse wurden von Holland aus in einem Winkel von rund 45 Grad gestartet. Ihre Motoren setzten nach etwa einer Minute aus, und wenn die Raketen nach ihrer ballistischen Flugbahn nach unten fielen, erreichten sie Geschwindigkeiten von über 3000 Kilometer pro Stunde, so daß sie sich ungesehen und unhörbar näherten. Sie benötigten nur fünf Minuten, um mit ihrer tödlichen Last von einer Tonne hochexplosivem Sprengstoff zu ihren rund 300 Kilometer entfernten Zielen in England zu gelangen.[24] Das war eine besonders schreckliche Waffe, weil sie ohne jede Vorwarnung explodierte und zu jeder Tages- oder Nachtzeit überall in Südostengland einschlagen konnte.

Dr. Roy Willis, der damals 17 war, lebte in Essex, östlich von London.

«Ich bemerkte, daß unser Hund, eine Mischung aus Schäferhund und Elchhund, anscheinend in der Lage war, den bevorstehenden Einschlag einer V2-Rakete zu spüren. Der Hund, der Smoke hieß, ging dann zum Fenster und starrte hinaus, mit gesträubtem Fell, als ob er zornig oder ängstlich wäre. Nach etwa zwei Minuten, während deren er in dieser aggressiven Pose am Fenster verharrte, hörte ich dann das bedrohliche Krachen einer explodierenden Rakete.»

Mindestens ein weiterer Hundehalter hatte ein ähnliches Erlebnis – auch sein Tier reagierte kurz vor den Explosionen. Wenn man annimmt, daß diese Berichte zuverlässig sind, und ich habe keinen Grund, daran zu zweifeln, dann hätten die Hunde auch mit einem noch so scharfen Gehör diese Raketen nicht kommen hören können, weil sie nämlich geräuschlos und mit Überschallgeschwindigkeit flogen.

Wenn die Tiere also Luftangriffe nicht dadurch vorausahnten, daß sie die sich nähernden Bomber oder Raketen hörten, wie konnten sie dann wissen, daß die Angriffe erfolgen würden? Dieses Phänomen läßt sich auch nicht durch Veränderungen in der elektrischen Ladung der Erde und der Atmosphäre erklären, wie sie Unwettern vorangehen und wie sie vielleicht als warnende Anzeichen vor Erdbeben dienen.

Meines Wissens bleiben nur zwei Möglichkeiten:

1. *Telepathie.* Die Tiere schnappten auf telepathische Weise Einflüsse von Menschen oder Tieren entlang des Flugwegs der Bomber auf. Während sich eine Aufmerksamkeits- und Alarmwelle durch die menschlichen und tierischen Populationen ausbreitete, als die Bomber vorbeiflogen, pflanzte sich dieser Alarm auf telepathische Weise fort. Das Problem ist nur, daß dieses telepathische Alarmieren in allen Richtungen hätte erfolgen können und darum blinden Alarm an Orten ausgelöst hätte, zu denen die Flugzeuge gar nicht flogen. Oder die Tiere hätten die feindseligen Absichten der deutschen Bomberbesatzungen aufschnappen können, während diese sich auf ihre Ziele zubewegten und sich ihre

Aufmerksamkeit auf die Orte konzentrierte, die sie angreifen wollten.

Natürlich sind dies höchst spekulative Möglichkeiten, und die vorliegenden Fakten lassen sich auch nur teilweise mit Telepathie erklären. Insbesondere kann diese Theorie nicht erklären, wieso Hunde die Ankunft der mit Überschallgeschwindigkeit fliegenden V2-Raketen vorausahnen konnten – niemand nahm ihre Flugbahn wahr, und sie waren unbemannt. Selbst die Deutschen, die sie starteten, wußten nicht, wo genau sie einschlagen würden.

2. *Präkognitive Vorahnungen.* Vielleicht wußten die Tiere irgendwie intuitiv, was in naher Zukunft geschehen würde, oder sie hatten zumindest die Furcht, daß etwas geschehen würde, ohne zu wissen, warum. Diese Theorie könnte erläutern, warum Hunde die V2-Angriffe vorausahnten, und auch viele andere Arten von Vorahnung erklären. Allerdings ist dies eine ganz vage Theorie. Zum andern wirft sie fürchterliche logische Probleme und verwirrende Paradoxien auf, behauptet sie doch, daß etwas in der Zukunft sich «rückwärts» in der Zeit auswirken könne. Es gibt noch ein weiteres logisches Problem bei Präkognitionen. So kann man erst wissen, ob eine Präkognition wahr ist, wenn das vorhergesehene Ereignis passiert ist. Erst im nachhinein läßt sich eine Präkognition als solche erkennen.

Ich würde mich nach Möglichkeit lieber nicht auf diese Theorie einlassen. Für mich ist die Telepathie leichter zu akzeptieren als die Präkognition. Und die beiden V2-Fälle sind bislang die einzigen Belege, die eine derartige Theorie zu bestätigen scheinen. Aber es gibt viele andere Beispiele von Vorahnungen, denen ich mich jetzt zuwende und bei denen sich der Gedanke an eine Präkognition oder ein Vorgefühl fast unvermeidlich einstellt.

Andere Arten von Vorahnung

Außer all diesen Beispielen von Vorwarnungen, die Tiere vor Luftangriffen und Erdbeben gaben, habe ich noch 98 andere Berichte über ängstliches Verhalten vor Unfällen, Katastrophen oder Gefahren erhalten.

Es kommt häufig vor, daß Pferde nicht weitergehen wollen, wenn eine Gefahr bevorsteht – auch Franziska Kabusch erlebte dies, als sie an einem verschneiten Wintertag mit einem Pferdeschlitten in ein Nachbardorf in Österreich fahren wollte.

> «Irma, die Stute, zog an, doch nach zehn Metern war Schluß! Sie war nicht zu bewegen, einen weiteren Schritt zu tun. Da ich alles versuchte weiterzukommen, legte Irma den Retourgang ein, und wir landeten in unserem – zum Glück nur kleinen – Dorfbach. Ich war verzweifelt über die Halsstarrigkeit dieses sonst so gutmütigen Pferdes. Urplötzlich brach ein fürchterliches Donnern los. Vom Dach des vor uns liegenden Stadels stürzte eine riesige Schneelawine und verschüttete den Weg, den wir befahren sollten.»

Es ist natürlich einfach möglich, daß das Pferd einige verräterische Geräusche der Lawine im voraus hörte, die es alarmierten. Wir können also den Gedanken an eine Präkognition vermeiden, indem wir uns an diesen Strohhalm des Möglichen klammern.

Ich habe Dutzende von Berichten über Tiere bekommen, die ihre Besitzer daran hinderten weiterzugehen, wenn eine unerwartete Gefahr drohte. Manche Hunde weigerten sich, auf Wegen weiterzugehen, als kurz darauf Äste oder Bäume auf die Stelle fielen, an der der Mensch und der Hund gewesen wären, wenn sie ihren Weg fortgesetzt hätten. Andere Hunde, Pferde und Katzen hielten ihre Besitzer auf oder hinderten sie daran, weiterzugehen oder weiterzufahren, und kurz darauf gab es irgendwelche Verkehrsunfälle, bei denen sie durchaus hätten verletzt oder getötet werden können. Ein Hund weigerte sich hartnäckig, eine Fußgängerunterführung zu betreten, so daß dem Menschen, der bei ihm war, nichts anderes übrigblieb als umzukehren. «Wir hatten uns kaum umgedreht, als es einen fürchterlichen Krach gab und die Betondecke herabstürzte!» Ein anderer Hund hinderte seinen Besitzer daran, ein Boot zu betreten, das kurz darauf explodierte. Ein weiterer zog seinen Herrn vom Straßenrand weg, kurz bevor ein Lieferwagen um die Ecke schleuderte und an der Stelle auf den Gehsteig raste, an der sie gestanden hatten. Und so weiter.

In einigen dieser Fälle ist es zwar möglich, aber unwahrscheinlich, daß die Tiere etwas Ungewöhnliches vernahmen, was sie Alarm schlagen ließ. In vielen Fällen ist dies aber unmöglich, weil das Tier schon lange bevor es irgend etwas gehört haben könnte, was ihm vielleicht einen Hinweis gegeben hätte, unruhig war. Eine Frau beispielsweise, deren Katze normalerweise auf der Rückbank ihres Autos schlief, entdeckte während einer Fahrt, daß das Tier immer unruhiger wurde. Sie versuchte die Katze zu beruhigen, aber schließlich berührte diese ihren Arm und biß ihr dann leicht in die Hand, die das Lenkrad hielt. «Also hielt ich schließlich an. Genau in diesem Augenblick stürzte ein großer Baum auf die Straße, ein paar Meter vor dem Wagen. Wäre ich weitergefahren, dann wäre er aufs Auto gestürzt.» (Adele Holzer)

Einige der Gefahren jedenfalls, auf die Tiere Menschen aufmerksam machen, sind lautlos, und daher könnte das Gehör auch keine Rolle dabei gespielt haben, ihre Besorgnis zu wecken. Ein österreichisches Ehepaar fuhr zu seinem Urlaubsziel über eine steile, enge Gebirgsstraße, als ihre Pudelhündin Susi plötzlich zu heulen begann.

«Sie setzte sogar die Pfoten auf meines Mannes Schulter, als wollte sie ihn am Weiterfahren hindern. Alle meine Versuche, sie zu beruhigen, scheiterten. Sie gebärdete sich immer verrückter. Erschrocken nahm mein Mann den Fuß vom Gas, und als wir um die nächste Kurve kamen, stockte uns der Atem: Die Straße war nicht mehr vorhanden, nur wenige Meter vor uns gähnte ein tiefer Abgrund. Ein Bergrutsch hatte die Straße weggerissen ... Susi hatte uns gerettet.» (Friedel Ehlenbeck)

In den meisten Fällen, von denen ich gehört habe, trug das Verhalten der Tiere dazu bei, ihre Menschen vor einer Gefahr zu schützen. Aber nicht immer hören die Menschen auf solche Warnungen:

«Eines Morgens versuchte mein Hund Toby mich daran zu hindern, aus der Haustür hinauszugehen. Er rempelte mich an, lehnte sich gegen die Tür, sprang an mir hoch und stieß mich zurück. Normalerweise ist er ein ruhiger, liebevoller Hund, der meine Alltagsgewohnheiten kennt – nach vier Stunden wäre ich ja wieder zurück. Ich mußte ihn in die Küche einschließen und ließ ihn heulend zurück – so was hat er noch nie getan und seitdem auch nie wieder. Ich fuhr um 7.30 Uhr morgens los und wurde um 9.40 Uhr in einen schrecklichen Verkehrsunfall verwickelt, bei dem ich mir den Bruch eines Halswirbels und des rechten Arms sowie viele andere Verletzungen zuzog. Als ich im Krankenhaus lag, sah ich durch den Nebel der Schmerzmittel immer wieder ein Bild von Toby vor mir und konnte seine Qual spüren. Ich schickte ihm in Gedanken ein ‹Okay, ich bin bald wieder da›, und die Bilder verschwanden. Als ich mit meinem Mann darüber sprach, sagte er, Toby sei einen ganzen Tag lang sehr aufgeregt gewesen und dann plötzlich ruhig geworden. Allmählich genese ich wieder. In Zukunft werde ich auf Toby hören.» (Elizabeth Powell, Powys, Wales)

Zuweilen sind die Reaktionen des Tiers keine spezifischen Warnungen vor etwas, gegen das der Mensch etwas unternehmen kann, sondern anscheinend Vorgefühle, daß etwas Beunruhigendes passieren wird. 1992 lebte Natalie Polinario in Nord-London bei Staples Corner, als IRA-Terroristen dort am 11. April eine große Bombe hochgehen ließen. Ihre weiße Deutsche Schäferhündin Foxy befand sich draußen im Garten.

«Ich lag auf dem Bett und hatte den Fernseher an. Etwa eine oder zwei Minuten bevor die Bombe explodierte kam sie hereingelaufen und weinte richtig, auf eine wirklich unheimliche Weise. Sie sprang aufs Bett und legte sich einfach neben mich, richtig steif, als ob etwas ihr schreckliche Angst gemacht hätte, aber da draußen war nichts. Und dann hörte ich diesen fürchterlichen Knall – die Bombe in Staples Corner. In dem Augenblick, da sie explodierte, ging es Foxy wieder gut. So was hat sie noch nie zuvor getan und seitdem auch nicht wieder.»

Man kommt kaum um die Schlußfolgerung herum, daß einige dieser Vorahnungen tatsächlich voraussehend gewesen sein müssen. Welche Erklärung könnte es sonst dafür geben? Und wenn schon Vorahnungen von Katastrophen, Unfällen und Luftangriffen präkognitiv sein können, dann könnten dies auch einige Vorahnungen von Unwettern und Erdbeben sein, selbst wenn auch Fälle dabei sind, die sich vielleicht mit einer Empfindlichkeit gegenüber Veränderungen von elektrischen Ladungen oder mit anderen physikalischen Ursachen erklären ließen. Vielleicht ist auch bei einigen der Vorwarnungen vor epileptischen Anfällen, Komata und plötzlichen Todesfällen, von denen im vorigen Kapitel die Rede war, Voraussehen im Spiel.

Präkognition beim Menschen

Überall auf der Welt glaubt man, daß manche Menschen die Fähigkeit besitzen, die Zukunft vorherzusehen. Schamanen, Seher, Propheten, Orakel oder Wahrsager gibt es in den meisten, wenn nicht gar allen traditionellen Gesellschaften, ja selbst in modernen Industriegesellschaften blüht das Geschäft von Wahrsagern und Hellsehern noch immer. Zweifellos befinden sich einige Betrüger darunter. Aber es gibt doch zu viele überzeugende Beispiele menschlicher Vorahnungen, als daß man dieses ganze Erfahrungsgebiet rundweg abtun sollte. Viele Menschen, die keine professionellen Wahrsager sind, haben Vorahnungen gehabt, die sich als wahr erwiesen, und es gibt viele Geschichten über Menschen, denen Träume, Vorgefühle oder Vorahnungen das Leben gerettet haben – sie ließen sie keine Flugzeuge besteigen, die später abstürzten, oder nicht an Orte gehen, an denen sie ebenso schweren wie unerwarteten Gefahren ausgesetzt gewesen wären. Manchmal richten sie sich nicht nach diesen Vorahnungen oder können es nicht, weil sie entweder nicht spezifisch genug sind oder weil sie sie nicht ernst nehmen. Aber manchmal tun sie es doch.

Diese unterschiedlichen Reaktionen wurden vor der Ermordung von Präsident Abraham Lincoln im Jahre 1865 auf dramatische Weise veranschaulicht. Eine Woche bevor er im Ford Theatre in Washington erschossen wurde erzählte er seiner Frau und seinem Freund Ward H. Lamon von einem Traum, in dem er im Weißen Haus Klagelaute vernommen habe. Da er unbedingt herausfinden wollte, was es damit auf sich hatte, sei er von Raum zu Raum gegangen, bis er im East Room zu seiner «überraschten Erschütterung» einen Katafalk erblickte, auf dem ein Leichnam im Leichengewand ruhte, bewacht von Soldaten und von einer Schar trauernder Menschen umgeben. Da das Gesicht des Leichnams bedeckt war, habe er sich erkundigt, wer das denn sei. «Der Präsident», habe man ihm erklärt, der von einem Attentäter umgebracht worden sei.[25]

Weniger bekannt ist die Tatsache, daß General Ulysses S. Grant und seine Frau Julia den Präsidenten zum Ford Theatre hätten begleiten und bei ihm in seiner Loge sitzen sollen. Am Morgen jenes Tages verspürte Mrs. Grant den unüberwindlichen Drang, daß sie, ihr Mann und ihr Kind Washington verlassen und zu ihrem Haus in New Jersey zurückkehren müßten. Der General war unabkömmlich, da er den ganzen Tag Termine hatte, aber Mrs. Grants Gefühl wurde immer stärker, und sie ließ ihm ständig ausrichten, er möge doch fahren. Sie war so hartnäckig, daß er schließlich nachgab, obwohl sie den Präsidenten doch ins Theater begleiten sollten. Als sie Philadelphia erreichten, vernahmen sie die Nachricht von dem Attentat, und später erfuhren sie, daß auch sie von dem Mörder als Opfer ausersehen gewesen waren.[26]

Natürlich sind nicht alle Vorahnungen derart dramatisch, und dabei geht es auch nicht unbedingt um Gefahren. Und viele werden gar nicht wahrgenommen, besonders wenn sie in Träumen auftreten. Präkognitive Träume sind überraschend häufig. Das klassische englische Buch *An Experiment With Time* von dem britischen Ingenieur J. W. Dunne enthält einfache Anweisungen, mit deren Hilfe die Leser ihre eigenen Träume erforschen können.[27]

Es gibt auch einige eindrucksvolle Belege für Vorgefühle aufgrund von Laborexperimenten von Parapsychologen – unter anderem die faszinierenden Untersuchungen, die vor kurzem an der University of Nevada von Dean Radin durchgeführt wurden. Bei diesen Experimenten wurde den Probanden eine

Reihe von Bildern auf einem Computerbildschirm gezeigt, die größtenteils emotional beruhigend waren, wie Fotos von Landschaften, Naturszenen und fröhlichen Menschen. Andere aber waren erregend, etwa pornographische Bilder und Fotos von Leichen. Bei jedem Versuch war der Bildschirm zunächst leer. Dann erschien eines dieser ruhigen oder erregenden Bilder für drei Sekunden. Anschließend wurde der Bildschirm wieder leer. Die Abfolge, in der die Bilder gezeigt wurden, bestimmte der Zufallsgenerator des Computers. Während dieser Tests wurden der Blutdruck, der Hautwiderstand und das Blutvolumen in den Fingerspitzen der Probanden überwacht. All diese Parameter änderten sich, wenn die Teilnehmer emotional erregt wurden, und lieferten objektive Meßwerte ihrer Reaktionen.

Es überrascht nicht, daß es dramatische Veränderungen bei all diesen Messungen der Erregung gab, nachdem die «emotionalen» Bilder gezeigt worden waren, und daß derartige Veränderungen bei den beruhigenden Bildern nicht auftraten. Bemerkenswert an den Ergebnissen ist der Umstand, daß die Erregung einsetzte, bevor die «emotionalen» Bilder auf dem Bildschirm erschienen, obwohl niemand auf irgendeine normale Weise hätte wissen können, welches Bild als nächstes kam. Diese Vorausahnung begann etwa vier Sekunden bevor die emotionalen Bilder erschienen. Die Ergebnisse sind statistisch gesehen überaus signifikant, und sie stellten sich auch in einem eigenständigen Laborversuch in Holland ein.[28]

Aufgrund dieser bemerkenswerten Experimente kann es anscheinend selbst unter Laborbedingungen das Vorgefühl geben, daß gleich etwas emotional Erregendes geschehen wird, selbst wenn man dies nicht mit irgendwelchen «normalen» Mitteln wissen kann.

Ich glaube, wir stehen an der Schwelle einer neuen Phase der Wissenschaft, und diese Art von Forschung ist nur ein Beispiel dafür. Die aufgeschlossene Untersuchung spontaner menschlicher Erfahrungen, ergänzt durch die Laborforschung, kann dazu beitragen, unser Wissen um das Wesen des Menschen zu vertiefen. Des weiteren kann die Erforschung der unerklärten Kräfte der Tiere uns dabei helfen, dieses Wissen in einen allgemeineren biologischen und evolutionären Zusammenhang zu stellen. Und Vorahnungen können uns vielleicht etwas sehr Wichtiges nicht nur über das Wesen von Leben und Geist, sondern auch über das Wesen der Zeit verraten.

SIEBTER TEIL

Schlußbetrachtungen

16

Die Kräfte der Tiere und der menschliche Geist

Das Wahrnehmungsvermögen von Mensch und Tier

Viele Hunde, Katzen und andere Haustiere können die Absichten von Menschen aufschnappen, die etliche Kilometer von ihnen entfernt sind. Sie können ohne Karten und sonstige künstliche Hilfen über unbekanntes Terrain heimfinden. Und sie können Vorahnungen von Erdbeben haben und davor warnen, auch wenn die meisten Menschen nichts spüren und keine Ahnung haben, wann die Erde beben wird.

Natürlich haben nicht alle Tiere ein gleich starkes Wahrnehmungsvermögen – einige Arten sind feinfühliger als andere. So wie sich die Arten in ihrem Geruchssinn und in anderen sinnlichen Fähigkeiten unterscheiden, unterscheiden sie sich auch in ihrem telepathischen Wahrnehmungsvermögen, ihrem Orientierungssinn und ihrer Fähigkeit, drohende Gefahren zu spüren.

Die meisten Formen von Wahrnehmungsvermögen, wie man sie bei Tieren findet, trifft man auch bei heutigen Menschen an, wenn auch in einem geringeren Maße. Warum sind wir so unsensibel? Weil wir Menschen sind? Vielleicht schwand unsere Sensibilität im Laufe der Zehntausende von Jahren, in denen sich unser Gehirn entwickelte. Oder vielleicht hat die Entwicklung der Sprache zu einem Nachlassen unserer Fähigkeit geführt, miteinander auf telepathische Weise zu kommunizieren, Vorahnungen zu erleben oder uns an unbekannten Orten zurechtzufinden. Wenn das so wäre, dann dürften wir – da alle menschlichen Kulturen eine Sprache haben – davon ausgehen, daß Menschen in allen Teilen der Welt in dieser Hinsicht weniger feinfühlig sind als Tiere wie Hunde und Wölfe.

Aber vielleicht ist dieses Nachlassen der Sensibilität nicht so sehr ein Merkmal unseres Menschseins oder unserer Verwendung von Sprache, sondern eher ein neueres Phänomen, eine Folge der Zivilisation, der Entwicklung von Schreiben und Lesen, der mechanistischen Einstellungen und der Abhängigkeit von der Technik. Anscheinend ist kaum daran zu zweifeln, daß Menschen in traditionellen, nichtindustriellen Gemeinschaften oft feinfühliger waren als gebildete Menschen in modernen Industriegesellschaften.

Viele Forscher und Reisende haben berichtet, daß die Formen der telepathischen Kommunikation und der Orientierungssinn in Gesellschaften wie denen der Aborigines in Australien oder der Buschmänner in der Kalahari gut entwickelt waren.[1] In ländlichen Gemeinschaften in Europa waren unerklärte Formen des Wahrnehmungsvermögens früher allgemein anerkannt – etwa das «zweite Gesicht» der Bewohner der schottischen Highlands[2] und die Fähigkeit von Menschen im ländlichen Norwegen, Ankünfte dadurch zu antizipieren, daß sie den *vardøger* eines Menschen hörten, der sich auf dem Heimweg befand (siehe Seite 137). In nichtwestlichen Zivilisationen wie Indien sind derartige Formen des Wahrnehmungsvermögens noch immer selbstverständlich anerkannt.

Sogar in modernen westlichen Gesellschaften kann es Unterschiede im Wahrnehmungsvermögen zwischen verschiedenen Arten von Menschen geben: Im Durchschnitt sind Kinder vielleicht sensibler für telepathische Einflüsse als Erwachsene, Frauen mehr als Männer.[3] Andererseits haben Männer vielleicht einen genauer ausgeprägten Orientierungssinn als Frauen.[4]

Ganz gleich, ob Menschen in traditionellen Gesellschaften nun weniger feinfühlend sind als Tiere oder nicht, existieren menschliches und nichtmenschliches Wahrnehmungsvermögen nicht isoliert voneinander. Menschen und Haustiere leben seit vielen Jahrtausenden zusammen. Menschen verließen sich lange vor der Einführung der Landwirtschaft auf die Warnungen von Hunden. Und sogar vor der Domestikation von Hunden haben zahllose Generationen unserer Jäger-Sammler-Vorfahren nur dadurch überlebt, daß sie das Verhalten von Wildtieren genau beobachteten.

So hat sich eine Symbiose zwischen menschlichem und tierischem Wahrnehmungsvermögen entwickelt, und unsere Vorfahren haben vielleicht Defizite ihrer eigenen Sensibilität dadurch ausgeglichen, daß sie sich auf die Sensibilität der Tiere in ihrer Umgebung verließen. Das können wir auch heute noch tun.

Das Wahrnehmungsvermögen von Tieren und die Erforschung des Übersinnlichen

Merkwürdigerweise wird das unerklärte Wahrnehmungsvermögen von Tieren nicht nur von Mainstreamwissenschaftlern, sondern auch von den meisten Erforschern des Übersinnlichen und von Parapsychologen ignoriert.[5] Warum?

Das hat anscheinend vor allem historische Gründe. Die wissenschaftliche Erforschung von Telepathie und anderen übersinnlichen Phänomenen begann im späten 19. Jahrhundert, als die Pioniere der Erforschung des Übersinnlichen sich erhofften, der Frage des bewußten Überlebens des körperlichen Todes wissenschaftlich nachgehen zu können. Man interessierte sich für die Telepathie, weil sie Licht auf die Beschaffenheit der menschlichen Seele zu werfen schien. In diesem Zusammenhang galten übersinnliche Phänomene als etwas spezifisch Menschliches, nicht als Teil unseres biologischen Erbes.

Die Society for Psychical Research wurde 1882 in England gegründet, «um ohne Vorurteil und Voreingenommenheit und in einem wissenschaftlichen Geist jene realen oder mutmaßlichen Fähigkeiten des Menschen zu untersuchen, die sich anscheinend durch keinerlei allgemein anerkannte Hypothesen erklären lassen». Hier wird zwar nirgendwo die Existenz derartiger Fähigkeiten bei Tieren geleugnet. Aber im Mittelpunkt stehen ausdrücklich die «Fähigkeiten des Menschen». Die gleiche Konzentration auf den Menschen ist auch für die Parapsychologie typisch.

Für die Schulwissenschaft sind die Erforschung des Übersinnlichen und die Parapsychologie gewöhnlich ohne jede oder bestenfalls von marginaler Bedeutung. Das ändert sich radikal, wenn die Telepathie und andere unerklärte Fähigkeiten nicht als etwas spezifisch Menschliches, sondern als Teil unserer biologischen Natur betrachtet werden. Dann wird uns klar, daß die menschliche Telepathie in den Bindungen verwurzelt ist, die auch Angehörige von Tiergesellschaften miteinander koordinieren. Der menschliche Orientierungssinn leitet sich von der Fähigkeit von Tieren ab, nach Nahrungssuche und Erkundungsreisen wieder heimzufinden. Und die menschlichen Vorahnungen hängen eng mit den Vorahnungen bei vielen anderen Anlässen zusammen. Die Erforschung des Übersinnlichen und die Parapsychologie lassen sich so schließlich mit der Biologie verknüpfen, und die Phänomene, die sie erforschen, können in einem evolutionären Zusammenhang betrachtet werden.

Die Kraft der Absicht

Menschliche Absichten können über größere Entfernungen hinweg unterschiedlichste Wirkungen erzielen: Ein Hund kann die Absicht seines Halters heimzukommen über viele Kilometer hinweg aufschnappen, eine Katze kann auf den stummen Ruf ihres Besitzers reagieren, und ein Mensch kann die Absicht von jemandem spüren, ihn anzurufen. Ebenso können sich die Absichten von Tieren auf Menschen auswirken, mit denen sie verbunden sind – etwa wenn Katzen in Not ihre Besitzer zu Hilfe rufen. Schließlich können sich die Absichten von Tieren auch auf andere Tiere auswirken. All diese Formen von Absichten können auf telepathische Weise durch morphische Felder wirken.

Was aber geschieht, wenn sich die Absichten eines Tiers auf ein unbeseeltes Objekt statt auf ein Mitglied seiner sozialen Gruppe richten? Falls seine Absichten ein derartiges Objekt über eine größere Entfernung hinweg ohne bekannte Formen von körperlichem Kontakt beeinflussen könnten, dann wäre dies ein Fall von Psychokinese, wie die Parapsychologen die Wirkung von Geist auf Materie nennen.

In einigen erstaunlichen Experimenten mit Küken hat der französische Forscher René Peoc'h einen derartigen Effekt nachgewiesen. Bei diesen Experimenten waren die Küken mit einer Maschine statt mit ihrer Mutter verbunden. Frisch geschlüpfte Hühner werden wie frisch geschlüpfte Enten und Gänse vom ersten sich bewegenden Objekt, dem sie begegnen, «geprägt» und laufen ihm nach. Unter normalen Umständen veranlaßt dieser Prägungsinstinkt sie, sich an ihre Mutter zu binden, aber wenn die Eier in einem Brutapparat ausgebrütet werden und wenn die kleinen Vögel als erstes einem Menschen begegnen, dann werden sie statt dessen diesem Menschen nachlaufen. In Laborexperimenten können sie sogar dazu gebracht werden, sich von sich bewegenden Luftballons oder anderen unbeseelten Objekten prägen zu lassen.

Bei seinen Experimenten verwendete Peoc'h einen kleinen Roboter, der sich auf Rädern in einer Reihe von zufällig ausgewählten Richtungen herumbewegte. Am Ende jeder Bewegung hielt er an, drehte sich in einem zufällig ausgewählten Winkel und bewegte sich dann wieder in einer geraden Linie eine zufällig ausgewählte Zeit lang, bevor er erneut anhielt und sich drehte, und so weiter. Diese unregelmäßigen Bewegungen wurden durch einen Zufallsgenerator im Innern des Roboters erzeugt. Der Weg, dem der Apparat folgte, wurde aufgezeichnet. In Kontrollexperimenten waren seine Bewegungen absolut zufällig. Peoc'h ließ frisch geschlüpfte Küken diesem Roboter begegnen, und sie wurden auf diese Maschine geprägt, als wäre sie ihre Mutter. Folglich wollten sie ihr nachlaufen, aber Peoc'h hinderte sie daran, indem er sie in einen Käfig steckte, von dem aus sie den Roboter sehen konnten. Aber sie konnten sich nicht auf ihn zu bewegen – statt dessen brachten die Küken den Roboter dazu, sich auf sie zu zu bewegen (Abb. 16.1). Ihr Wunsch, dem Roboter nahe zu sein, beeinflußte irgendwie den Zufallsgenerator, so daß sich der Roboter in der Nähe des Käfigs aufhielt.[6]

Küken, die nicht auf den Roboter geprägt wurden, vermochten nicht auf diese Weise auf seine Bewegungen einzuwirken.

Bei anderen Experimenten hielt Peoc'h nichtgeprägte Küken im Dunkeln. Er zündete eine Kerze an, stellte sie auf den Roboter und steckte die Küken in den Käfig, von wo aus sie sie sehen konnten. Küken halten sich tagsüber gern im Licht auf, und diese Küken «zogen» den Roboter zu sich hin, so daß sie mehr Licht bekamen.[7]

Peoc'h führte auch Experimente durch, bei denen Kaninchen in einen Käfig gesteckt wurden, von wo aus sie den Roboter sehen konnten. Zuerst hatten sie Angst vor ihm, und der

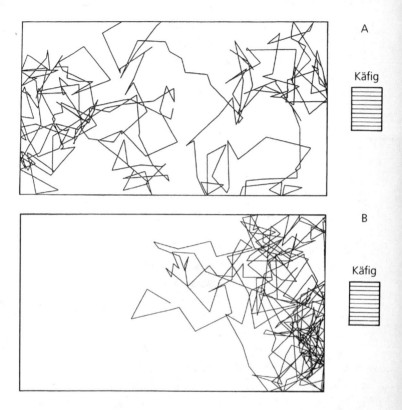

Abbildung 16.1 Der Weg, den der Roboter in den Experimenten von René Peoc'h lief. A: Ein Kontrollexperiment, bei dem der Käfig leer war. B: Ein Experiment, bei dem einen Tag alte Küken, die auf den Roboter geprägt waren, in dem Käfig gehalten wurden (verwendet mit freundlicher Erlaubnis von René Peoc'h).

Roboter bewegte sich von ihnen fort – sie stießen ihn ab. Aber Kaninchen, die dem Roboter mehrere Wochen lang tagtäglich ausgesetzt wurden, hatten keine Angst mehr vor ihm und neigten dazu, ihn zu sich hinzuziehen.[8]

Somit beeinflußte das Verlangen oder die Angst dieser Tiere «zufällige» Vorgänge über eine Entfernung hinweg so, daß der Roboter angezogen oder abgestoßen wurde. Dies wäre offensichtlich nicht möglich, wenn die Wünsche und Ängste der Tiere auf das Innere ihres Gehirns beschränkt wären. Statt dessen erstreckten sich ihre Absichten darüber hinaus, um das Verhalten dieser Maschine zu beeinflussen.

Ich interpretiere diesen Einfluß als ein morphisches Feld, das sich bis zum Fokus der Aufmerksamkeit der Küken erstreckt und dieses Objekt mit sich verknüpft. Genauso wie sich ein Absichtsfeld über eine größere Entfernung hinweg auf Menschen oder Tiere auswirken kann, vermag es sich auch auf ein physikalisches System auszuwirken. Im ersten Fall erzielt die Absicht durch Felder vermittelte Fernwirkungen auf Gehirne. Im zweiten Fall erzielt die Absicht durch Felder vermittelte Wirkungen auf Zufallsvorgänge in Maschinen.

Soweit ich weiß, hat noch niemand die Experimente von Peoc'h wiederholt. Es ist zwar möglich, daß sie irgendeinen technischen Fehler aufweisen, den bislang noch niemand entdeckt hat. Falls sie aber verläßlich und wiederholbar sind, dann sind sie in der Tat sehr wichtig. Wenn ich Unternehmer wäre, würde ich Peoc'h vorschlagen, seine Roboter in die Massenproduktion zu geben und durch Spielwarenläden ebenso wie durch Wissenschaftsgerätefirmen vermarkten zu lassen. Es wäre doch faszinierend, wenn man diese Experimente zu Hause oder in der Schule genauso wie in Forschungslabors durchführen und die Fähigkeiten von Tieren und Menschen testen könnte, die Aktivität des Roboters zu beeinflussen und ihn mit dem eigenen Willen in die eine oder andere Richtung zu bewegen. Man könnte sogar Psychokinese-Wettkämpfe austragen, in denen ein Teilnehmer oder Team den Roboter mit dem Willen in eine Richtung und das andere Team ihn in die Gegenrichtung bewegt – ein Kampf von Willen gegen Willen in Form eines Spiels.

Experimente an der Universität Princeton und an anderen Universitäten haben bereits den Beweis geliefert, daß Menschen tatsächlich «Geist-auf-Materie»-Fernwirkungen auf mit Computern verbundene Zufallsgeneratoren erzielen können. Diese Geräte erzeugen gleichsam elektronisch «Zahl» und «Kopf» in einer Zufallssequenz, wie beim Hochwerfen einer Münze. Die Probanden werden aufgefordert zu versuchen, das System so zu beeinflussen, daß in einer bestimmten Zeit häufiger «Zahl» als «Kopf» oder häufiger «Kopf» als «Zahl» erscheint. Diese Experimente haben überaus signifikante und wiederholbare positive Ergebnisse erbracht. Menschen können also tatsächlich Zufallsvorgänge über eine Entfernung gemäß ihrer Absicht beeinflussen, wobei manchen Menschen das eher gelingt als anderen.[9]

Peoc'hs bahnbrechende Experimente besagen, daß sowohl domestizierte wie wilde Tiere durchaus mit ihren Ängsten und Wünschen das beeinflussen können, was um sie herum geschieht. Aber niemand weiß, wie stark die Kraft der Absicht von Tieren sein kann – genausowenig wissen wir, wie stark unsere eigene Willenskraft ist.[10]

Das Gefühl, angestarrt zu werden

Absichten, die sich über das Gehirn hinaus erstrecken, lassen vielleicht auch das Gefühl entstehen, angeschaut zu werden. Viele Haustierbesitzer haben mir mitgeteilt, daß sie die Aufmerksamkeit ihres Tieres auf sich ziehen können, indem sie es anschauen. Wenn es schläft, können sie es sogar mit ihrem Blick aufwecken. Einige behaupten auch, sie könnten fühlen, wenn ihr Tier sie anschaut. Eine vor Jahren in den USA durchgeführte Umfrage hat gezeigt, daß diese Erfahrungen bei Kindern wie Erwachsenen ziemlich häufig sind, wobei über ein

Drittel der Befragten behauptete, sie könnten den Blick eines Tieres spüren, während die Hälfte erklärte, Tiere könnten ihren Blick spüren.[11]

Aber dieses Phänomen beschränkt sich nicht auf Blicke zwischen Menschen und Tieren. Die meisten Menschen haben gelegentlich das Gefühl, daß andere Menschen sie von hinten ansehen, oder haben erlebt, daß andere sich umdrehen, wenn sie sie von hinten ansehen. Umfragen zeigen, daß zwischen 75 und 97 Prozent der Amerikaner und Europäer erklären, sie würden das Gefühl kennen, von hinten angeschaut zu werden.[12]

Auf der ganzen Welt gibt es viele Märchen und Sagen über die Kraft der Blicke, und zwar in positiver wie in negativer Hinsicht. So legen in Indien viele Menschen Hunderte von Kilometern zurück, um den Segen zu empfangen, der vom Blick, dem *darshan,* eines heiligen Mannes oder einer heiligen Frau übertragen wird. Andererseits gibt es die Vorstellung, daß ein zorniger oder neidischer Blick dem, worauf er fällt, schaden kann. Man spricht hier vom «bösen Blick», und überall auf der Welt versuchen die Menschen, sich durch Gebete, Zauber, Talismane und Amulette davor zu schützen.[13] Die Vorstellung, daß ein böser Blick Mensch und Besitz schweren Schaden zufügen kann, ist uralt – sie wird bereits in der Bibel ebenso wie in sumerischen und anderen antiken Texten aus dem Nahen Osten erwähnt.[14]

Gerade weil derartige Vorstellungen so weit verbreitet sind, tun die meisten Wissenschaftler sie als Aberglauben ab, der es nicht wert sei, ernsthaft untersucht zu werden. Sie werden bestritten oder abgetan.

Gleichwohl ist es möglich, das Gefühl, angestarrt zu werden, mit einfachen, finanziell nicht aufwendigen Experimenten zu untersuchen, wie ich es in meinem Buch *Sieben Experimente, die die Welt verändern könnten* gezeigt habe.[15]

An diesen Experimenten nehmen immer Paare von Versuchspersonen teil, wobei die eine Versuchsperson eine Augenbinde trägt und mit dem Rücken zur anderen sitzt. Diese schaut entweder auf den Nacken der ersten Versuchsperson oder von ihr weg. In einer Reihe von Versuchen ist die Abfolge der Phasen «Anschauen» und «Nichtanschauen» dem Zufall unterworfen. Bei jedem Versuch muß die Person, die die Binde trägt, raten, ob sie angeschaut wird oder nicht. Das Ergebnis ist entweder richtig oder falsch, und die Einzelergebnisse werden aufgezeichnet. (Wer daran interessiert ist, derartige Experimente selbst durchzuführen, findet detaillierte Anweisungen auf meiner Website: www.sheldrake.org.)

Bislang sind über 20 000 Versuche durchgeführt worden, um zu testen, wie real das Gefühl ist, angestarrt zu werden. Die Ergebnisse sind überwältigend positiv und statistisch gesehen höchst signifikant (Abb. 16.2).[16] Anscheinend ist dies alles andere als ein Aberglaube, sondern vielmehr eine reale Wirkung. Diese Experimente bestätigen, daß die meisten Menschen auf Blicke von hinten sensibel reagieren. Derartige Blickexperimente wurden auch vor der Videoüberwachungskamera durchgeführt. Bei diesen Tests wurde der Hautwiderstand der Versuchsperson wie bei einem Lügendetektortest kontrolliert, nämlich so, daß sich emotionale Veränderungen elektrisch messen lassen. So veränderte sich der Hautwiderstand der Versuchspersonen erheblich, wenn sie von jemandem in einem anderen Raum auf einem Fernsehbildschirm angeschaut wurden, auch wenn sie sich dessen nicht bewußt waren.[17]

Diese Experimente zeigen, daß bereits eine Wirkung ausgeübt wird, wenn man jemanden nur anschaut. Der Geist ist anscheinend in der Lage, aus sich herauszugehen, um etwas, was sich im Brennpunkt seiner Aufmerksamkeit befindet, zu beeinflussen. Beim Sehvermögen handelt es sich offenbar um einen Zwei-Wege-Prozeß: um die nach innen gerichtete Bewegung des Lichts ins Auge und um die nach außen gerichtete Projektion eines Einflusses, der den Betrachter mit dem Betrachteten verbindet.

Wenn sich etwas während des Sehens nach außen bewegt, was könnte dies dann sein? Ich behaupte, daß der Wahrnehmende mit dem Objekt der Wahrnehmung durch ein Wahrnehmungsfeld verbunden ist. Dieses Wahrnehmungsfeld ist zwar mit der Hirntätigkeit verknüpft, aber nicht auf das Gehirn beschränkt. Es erstreckt sich weit über den Körper hinaus, um alles zu umfassen, was wahrgenommen wird. Dieses Feld ist eine Art morphisches Feld (siehe Anhang C).

Durch Wahrnehmungsfelder sind Menschen und Tiere mit den Objekten ihrer Aufmerksamkeit verbunden. Dabei ist das Gefühl des Angeschautwerdens höchstwahrscheinlich nicht auf Menschen und ihre tierischen Gefährten beschränkt. Auch Wildtiere sind wohl durchaus in der Lage, den Blick anderer Tiere zu spüren, und zwar sowohl von Tieren ihrer eigenen Art wie auch die gefährlicheren Blicke von fremden und potentiellen Raubtieren.

Wenn Beutetiere spüren können, daß ein verborgenes Raubtier sie anschaut, wäre dies wahrscheinlich überaus lebenswichtig. Folglich würde die natürliche Auslese die Entwicklung des Gefühls, angeschaut zu werden, begünstigen. Aber bislang wissen wir weder etwas über die Entwicklung der Sensibilität für Blicke noch über die Naturgeschichte dieses Phänomens in freier Wildbahn.

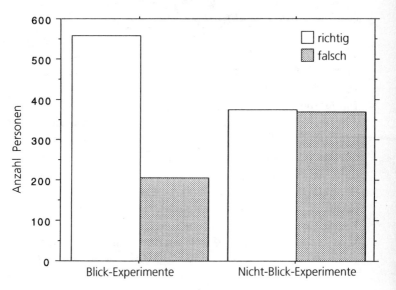

Abbildung 16.2 Ergebnisse von Experimenten über das Gefühl des Angestarrtwerdens, die mit insgesamt 900 Versuchspersonen durchgeführt wurden. Die Zahlen stellen die Anzahl der Personen dar, die öfter richtig als falsch geraten haben («richtig»), ebenso wie der Personen, die öfter falsch als richtig geraten haben («falsch»). (Die Personen mit gleich viel richtigen und falschen Ergebnissen wurden nicht in diese Analyse einbezogen.) Die Ergebnisse beziehen sich auf «Blick-Versuche», bei denen Menschen von hinten angestarrt wurden, sowie auf zur Kontrolle durchgeführte Versuche, bei denen sie nicht angestarrt wurden. Bei den «Blick-Experimenten» rieten viel mehr Menschen richtig als falsch, und dieser Effekt war in statistischer Hinsicht hochsignifikant ($p<10^{-37}$). Bei den «Nicht-Blick-Experimenten» gab es keinen signifikanten Unterschied. Diese Ergebnisse zeigen, daß das Gefühl des Angestarrtwerdens dann funktioniert, wenn Menschen tatsächlich angestarrt werden. Bei den Kontrollversuchen, bei denen Menschen nicht angestarrt werden, werden sie aufgefordert, das Fehlen einer Wirkung festzustellen, und in dieser ganz künstlichen Situation haben sie bloß geraten, so daß die Ergebnisse rein zufällig waren (Sheldrake, 1998b).

Wie man die unerklärten Kräfte von Tieren erklären könnte

In diesem Buch habe ich mich mit einer Vielzahl von unerklärten Kräften bei Tieren befaßt und behauptet, die Vorstellung von morphischen Feldern könne dazu beitragen, viele zu erklären. Aber sie kann nicht alle erklären.[18] Für mich sind die geheimnisvollsten Arten des Wahrnehmungsvermögens jene Vorahnungen, die sich nicht durch Telepathie oder subtile physikalische Hinweise erklären lassen. Aufgrund eines Auswahlverfahrens scheint die Voraussicht oder das Vorgefühl die einzige verbleibende Möglichkeit zu sein (siehe fünfzehntes Kapitel). Bei Präkognitionen und Vorgefühlen scheinen Ereignisse, die passieren werden, Tiere auf irgendeine Weise im Moment zu beeinflussen und auf die potentielle Gefahr aufmerksam zu machen.

Nun weiß ich natürlich nicht, wie das Wissen der Tiere um die Zukunft funktionieren könnte. Aber zumindest führt die Existenz von Voraussicht und Vorgefühl dazu, daß die Grenze zwischen dem, was jetzt geschieht, und dem, was geschehen wird, verwischt wird.

Es gibt eine Kontinuität zwischen Vergangenheit, Gegenwart und Zukunft, die wir aus eigener Erfahrung kennen und die von der Wissenschaft als Grundlage für ein Verständnis des Laufs der Natur unterstellt wird. Aber die konventionelle Wissenschaft geht davon aus, daß Einflüsse nur aus der Vergangenheit heraus wirken – die Ursache geht der Wirkung voraus. Energie und Kausalität strömen aus der Vergangenheit in die Gegenwart und aus der Gegenwart in die Zukunft. Man geht davon aus, daß es keinen Einfluß in der umgekehrten Richtung gibt.

Die Existenz der Präkognition würde dazu führen, daß die konventionelle Annahme falsch ist, und das würde sich gewaltig auf unser Verständnis von Geist, Zeit und Kausalität auswirken.[19]

Einen gedanklichen Zugang zur Präkognition bietet die Annahme, daß es zeitlich umgekehrte Informationsströme gibt. Die Alternative wäre, unsere normale Vorstellung von Gegenwart zu überprüfen. Vielleicht ist sie zu stark eingegrenzt. Was wir «Jetzt» nennen, ist ein Augenblick, der eine gewisse «Dichte» im Raum-Zeit-Kontinuum besitzt, etwa den Bruchteil einer Sekunde. Aber was wir bewußt als «Jetzt» erleben, kann viel kürzer sein als das, was unbewußte Teile von uns als «Jetzt» erfahren.[20] Bei den Experimenten von Dean Radin wurden die Versuchspersonen ja ein paar Sekunden *bevor* sie ein emotional stimulierendes Bild sahen physiologisch erregt (siehe S. 313f.) – ein Zeichen dafür, daß die Gegenwart tatsächlich dichter sein kann als unsere bewußte Wahrnehmung. Hier geht es um wichtige Dinge, über die wir noch sehr wenig wissen. Um die Art und Weise, wie Vorahnungen und Präkognitionen funktionieren könnten, besser zu verstehen, müssen wir meines Erachtens von einer besser belegten Naturgeschichte der Vorahnungen von Tieren und Menschen ausgehen. Bislang steht die Forschung erst am Anfang. Im Anhang schlage ich mögliche Experimente vor, mit denen sich die Leser an dieser laufenden Forschung beteiligen können.

Unsichtbare Vernetzungen

Die Entwicklung der Wissenschaft bringt die zunehmende Anerkennung unsichtbarer Vernetzungen zwischen Dingen mit sich, die im Raum oder in der Raum-Zeit voneinander getrennt sind. Das Konzept der morphischen Felder führt diesen Prozeß weiter.

Die moderne Wissenschaft begann im 17. Jahrhundert mit

einer großartigen Vorstellung von wechselseitigen Zusammenhängen im Universum. Nach Isaac Newtons Gravitationstheorie zieht die Erde den Mond durch den leeren Weltraum an, und der Mond zieht die Erde an, wie dies sein Einfluß auf die Gezeiten offenbart. Ebenso zieht die Sonne die Erde und die Erde die Sonne an. Ja, jeder materielle Körper im Universum zieht alle anderen Körper an – alles ist miteinander wechselseitig verbunden.

Dann gibt es die Magnetfelder der Erde, der Sonne und aller anderen magnetischen Körper, die sich weit über die materiellen Körper selbst hinaus erstrecken. Sehen Sie sich einmal einen Kompaß an, wenn Sie in einem Flugzeug in 10 000 Meter Höhe sitzen – er wird immer noch nach Norden zeigen. Das Magnetfeld der Erde durchdringt den sie umgebenden Raum. Die Strahlung gelangt zur Erde von fernen Galaxien durch elektromagnetische Felder, die sich über Milliarden von Lichtjahren erstrecken. Auf der Erde können elektromagnetische Felder uns unsichtbar mit Ereignissen an fernen Orten verbinden, woran uns unser Umgang mit Radio, Fernsehen und Mobiltelefonen ständig erinnert. Das Zimmer, in dem Sie sich befinden, ist voller Strahlungen aus Tausenden von Radio- und Fernsehsendern. Sie sind umgeben von ungeheuren Mengen unsichtbarer Informationen, ganz gleich, ob Sie einen Empfänger haben, der sich darin einklinken kann, oder nicht.

All diese Arten von Vernetzung stehen mittlerweile außer Frage. Sie sind die Grundlage der modernen Technik, von der wir alle abhängig sind. Sie ist für uns selbstverständlich, und dabei vergessen wir nur allzu leicht, daß sie noch vor wenigen Generationen undenkbar gewesen wäre. Wer hätte sich schon im 18. Jahrhundert das Fernsehen oder das Internet vorstellen können? Aber die Physik ist bereits viel weiter.

Nach der Quantenphysik gibt es eine unvermeidliche Verbindung zwischen dem Beobachter und dem Gegenstand der

Beobachtung, und damit ist die scharfe Trennung zwischen Subjekt und Objekt aufgehoben. Die Wissenschaftler sind keine distanzierten Beobachter mehr, die die Wirklichkeit wie durch eine Fensterscheibe sehen. Sie sind Teil der Wirklichkeit, die sie untersuchen. «Die alte kartesianische Ansicht, daß wir die Natur wie ein Vogelbeobachter aus einem vollkommenen Versteck beobachten können, läßt sich nicht mehr aufrechterhalten. Es gibt eine unauflösliche Verbindung zwischen dem Beobachter und dem Beobachteten.»[21]

Noch überraschender ist es, daß nach der Quantenphysik Teilchen, die aus einer gemeinsamen Quelle stammen, wie etwa zwei Lichtphotonen, die vom selben Atom ausgestrahlt werden, eine geheimnisvolle wechselseitige Verbindung bewahren, so daß das, was mit dem einen geschieht, sofort im anderen widergespiegelt wird. Dies nennt man «Nichtlokalität» oder «Nichttrennbarkeit»; man spricht auch vom Einstein-Podolsky-Rosen-Paradox oder von Bells Theorem. Niemand weiß, wie weit dieser Prozeß reicht oder wie extensiv diese augenblickliche Vernetztheit ist. Einige Physiker spekulieren darüber, daß im Universum alles durch die Nichtlokalität auf der Quantenebene miteinander vernetzt sei:

> «Sobald zwei Teilchen einmal miteinander interagiert haben, bleiben sie irgendwie als Teile ein und desselben unteilbaren Systems miteinander verbunden. Diese Eigenschaft der ‹Nichtlokalität› besitzt sehr weitreichende Implikationen. Wir können uns das Universum als ein ungeheures Geflecht interagierender Teilchen denken, und jede Verknüpfung bindet die beteiligten Teilchen in ein einziges Quantensystem ein.»[22]

Morphische Felder

Morphische Felder verbinden auch Teile eines Systems, die scheinbar voneinander getrennt sind, obwohl bislang niemand weiß, wie sie mit nichtlokalen Quantenphänomenen zusammenhängen. Diese Felder sind die Grundlage von Vernetzungen nicht nur im Raum, sondern auch in der Zeit.

Eine ganze Reihe unerklärter Kräfte von Tieren könnten durch morphische Felder erklärt werden:

- Morphische Felder verbinden Angehörige sozialer Gruppen miteinander und tun dies auch weiterhin, selbst wenn Teile der Gruppe weit voneinander entfernt sind (siehe Abb. 1.5). Diese unsichtbaren Bande fungieren als Kanäle für die telepathische Kommunikation zwischen Tieren und Tieren, Menschen und Tieren sowie Menschen und Menschen (siehe zweites bis viertes und sechstes bis neuntes Kapitel).
- Diese Verbindungen, die wie unsichtbare Gummibänder wirken, liegen auch dem Orientierungssinn zugrunde, der es Tieren und Menschen ermöglicht, einander zu finden (siehe dreizehntes Kapitel).
- Tiere, die auf ihre heimische Umwelt oder auf andere wichtige Orte «geprägt» sind, sind mit diesen Orten durch morphische Felder verbunden. Durch diese Verbindungen können sie zu bekannten Orten gezogen werden, und dadurch sind sie auch in der Lage, über unbekanntes Terrain zu navigieren. Der durch diese morphischen Felder übermittelte Orientierungssinn liegt dem Heimfindeverhalten wie der Migration zugrunde (siehe zehntes bis zwölftes Kapitel).
- Morphische Felder verbinden Tiere mit den Objekten ihrer Absichten – damit ließen sich psychokinetische Phänomene erklären.
- Morphische Felder verbinden Tiere mit den Objekten ihrer

Aufmerksamkeit, und durch diese Wahrnehmungsfelder können Tiere das beeinflussen, was sie anschauen. So hat das Gefühl, angestarrt zu werden, mit diesen Feldern zu tun. Die Idee der morphischen Felder vermag also eine einheitliche Erklärung für eine ganze Reihe scheinbar unterschiedlicher Phänomene zu liefern.

Andere Forscher ziehen es vielleicht vor, diese Felder anders zu benennen oder statt des Begriffs Feld andere Begriffe wie «System» oder «wechselseitige Beziehung» zu verwenden. Aber ganz gleich, wie derartige Vernetzungen genannt werden, in jedem Fall gehe ich davon aus, daß sie die Eigenschaften haben müssen, die ich morphischen Feldern zuschreibe. Mehr darüber im Anhang.

Was wir von unseren Tieren lernen können

Welche Erklärungen auch immer sich als die besten erweisen mögen – zweifellos haben wir viel von unseren Hunden, Katzen, Pferden, Papageien, Tauben und anderen Haustieren zu lernen. Sie können uns eine Menge über soziale Bande und Wahrnehmungsvermögen bei Tieren, aber auch viel über uns selbst beibringen.

Die Phänomene, die ich in diesem Buch vorgestellt habe, legen die Vermutung nahe, daß unsere Absichten, Wünsche und Ängste nicht nur auf unseren Kopf beschränkt sind oder ausschließlich durch Worte und Verhalten kommuniziert werden. Wir können über Entfernungen hinweg Tiere beeinflussen und auf andere Menschen einwirken. Wir bleiben mit Tieren und Menschen, denen wir «nahestehen», wechselseitig verbunden – selbst wenn sie weit von uns entfernt sind. Wir können bestimmte Wirkungen auf Menschen und Tiere durch die Art und Weise ausüben, wie wir sie anschauen, selbst wenn sie nicht wissen, daß wir da sind. Wir können eine Verbindung mit unserem Zuhause aufrechterhalten, wie weit auch immer wir davon im geographischen Sinne entfernt sind. Und wir können von Dingen, die erst geschehen werden, auf eine Weise beeinflußt werden, die im Widerspruch zu unseren üblichen Vorstellungen von Kausalität steht.

Wir befinden uns an der Schwelle eines neuen Verständnisses der Beschaffenheit des Geistes.

Anhang

A. Wie man sich an der Forschung beteiligen kann

Heutzutage gibt es nur wenige Wissenschaftsgebiete, auf denen Amateure – Schüler oder Erwachsene – interessante, praktische Forschungsarbeit leisten können. Die meisten in diesem Buch behandelten Themen jedoch werden von professionellen Wissenschaftlern vernachlässigt. Von wenigen denkwürdigen Ausnahmen abgesehen[1], werden sie auch von Erforschern des Übersinnlichen, von Parapsychologen und Tierärzten ignoriert. Folglich haben wir es hier mit einem ausgesprochen unterentwickelten Forschungsgebiet zu tun. Es befindet sich in einem Stadium, in dem viele Wissenschaftsgebiete sich vor langer Zeit befanden, wie zum Beispiel die Untersuchung des Magnetismus zu Beginn des 17. Jahrhunderts, die Fossilienkunde im 18. Jahrhundert, die Genetik zur Zeit Mendels oder die Molekularbiologie in den fünfziger Jahren. Aber gerade weil dieses Forschungsgebiet noch in den Kinderschuhen steckt, bieten sich hier auch beachtliche Chancen für originelle, bahnbrechende Untersuchungen. Um Pionierarbeit beim Studium an Haustieren zu leisten, braucht man nicht viel mehr als ein Notizbuch und einen Stift. Für aufwendigere Forschungen sind Videokameras und Computer sehr hilfreich. Aber diese komplizierten technischen Geräte sind mittlerweile überall preiswert erhältlich.

Weil sich diese Forschungen in ihren Frühstadien mit einem bescheidenen Budget durchführen lassen, bedarf es keiner massiven staatlichen Finanzierung. Bislang ist diese Forschung keiner Bürokratie unterstellt. Das Gebiet ist ganz offen. Nur selten gibt es eine derartige Freiheit in der Wissenschaft, und solche Phasen halten im allgemeinen nicht lange an. Die in diesem Buch geschilderte Forschung ist ein erster Versuch, die Naturgeschichte dieses nahezu unerforschten Gebiets zu erfassen. Es gibt mehrere Möglichkeiten, wie im Umgang mit Tieren erfahrene Leser sich an dieser Forschungsaufgabe beteiligen können. Aber auch Menschen ohne Tiere können wertvolle Beiträge liefern, wie ich später zeigen werde. Bitte schicken Sie mir Materialien, die diese Forschungsgebiete betreffen, und zwar an eine der am Ende dieses Anhangs angegebenen Adressen.

Schreiben Sie über Ihre eigenen Erlebnisse mit Tieren

Wenn Sie irgendein Verhalten an Ihren Tieren bemerken, das Ihrer Meinung nach einen Beitrag zu diesem laufenden Forschungsprogramm liefern könnte, dann schreiben Sie mir bitte davon. Ein solcher Bericht bedarf keiner besonderen Form. Ein normaler Brief oder eine E-Mail genügt, aber denken Sie bitte daran, Ihre Adresse und Telefonnummer anzugeben, damit meine Kollegen und ich mit Ihnen Kontakt aufnehmen können, falls wir noch irgendwelche Fragen haben oder weitere Details wissen müssen.

Insbesondere möchten wir gern mehr wissen über:

- offenbar telepathische Reaktionen von Kamelen, Elefanten, Falken und anderen Tieren, die in diesem Buch nicht erwähnt sind,

- alle Zeichen für ein ungewöhnliches Verhalten von Reptilien, Amphibien, Fischen, Insekten und anderen wirbellosen Tieren,
- den Orientierungssinn von Tieren,
- Haustiere, die ihre weit von zu Hause entfernten Besitzer finden,
- das Gefühl, von Tieren angestarrt zu werden,
- Tiere, die spüren, wenn sie angeschaut werden,
- Warnungen vor bevorstehenden epileptischen Anfällen,
- Warnungen vor bevorstehenden Katastrophen oder Todesfällen,
- das Gefühl von drohender Gefahr,
- ungewöhnliches Verhalten vor Erdbeben.

Schreiben Sie über Ihre eigenen Erfahrungen

Die meisten unerklärten Kräfte bei Tieren, von denen in diesem Buch die Rede ist, treten auch bei Menschen auf, aber über ihre Naturgeschichte im Bereich des Menschen ist anscheinend so gut wie nichts bekannt. Daher würde ich besonders gern mehr erfahren über persönliche Erfahrungen mit

- stillenden Müttern, deren Milch zu fließen beginnt, wenn ihr Baby gestillt werden muß, selbst wenn sie kilometerweit von ihm entfernt sind,
- dem Gefühl, angeschaut zu werden,
- der Fähigkeit, andere dazu zu bringen, sich umzudrehen, indem man sie anschaut,
- einer ungewöhnlichen Gabe, andere Menschen zu finden,
- einem gut ausgeprägten Orientierungssinn,
- Vorahnungen von Erdbeben und anderen Katastrophen.

Führen Sie Buch über das Verhalten Ihres Tieres

Falls Ihr Tier auf Ihre eigenen Absichten oder die anderer Menschen telepathisch zu reagieren scheint oder wenn es andere Anzeichen eines unheimlichen Wahrnehmungsvermögens aufweist, können Sie einen wertvollen Beitrag zu dieser Forschung leisten, indem Sie darüber Buch führen. Am einfachsten ist es, für diesen Zweck ein eigenes Notizbuch bereitzuhalten.

Notieren Sie das Datum und die Uhrzeit, zu denen Ihr Tier die Reaktion zeigt, und halten Sie auch alle wichtigen Informationen über die Person oder die Umstände fest, auf die es reagiert. Wenn es beispielsweise auf eine heimkommende Person reagiert, dann halten Sie die Zeit fest, zu der sie ankommt, die Zeit, um die sie aufgebrochen ist, das Verkehrsmittel, ob sie zu einer gewohnten Zeit gekommen ist oder nicht und ob die Menschen zu Hause gewußt haben, wann sie zu erwarten war. Falls die Reaktion des Tiers ausbleibt, sollte auch dies festgehalten werden.

Je länger derartige Bücher geführt werden und je mehr Details sie enthalten, desto mehr sind sie von Nutzen.

Legen Sie Ihre eigene Datenbank an

Meine Aufrufe an Tierbesitzer, mir Informationen zukommen zu lassen, sind überwiegend in England, Irland, Frankreich, den deutschsprachigen Ländern und in den USA ergangen. Die Möglichkeit ist groß, solche Informationen auch in anderen Teilen der Welt zu sammeln, zum Beispiel in Osteuropa, Afrika, Asien und Südamerika, wo die Menschen über eine Reihe anderer Erfahrungen berichten können. Entsprechende Aufrufe können über Zeitungen, Zeitschriften sowie Rundfunk- und Fernsehsender erfolgen. Manche Leser können vielleicht auch zur Erforschung bestimmter Tierarten, beispielsweise Papageien oder Frettchen, durch Fachzeitschriften, Mitteilungsblätter und Clubs angeregt werden. Wichtig ist, daß jede Sammlung von Berichten auf systematische Weise geordnet ist, so daß die Berichte abgerufen, überprüft und miteinander verglichen werden können, und dafür ist eine Computerdatenbank unerläßlich. Vielleicht wollen Sie ja Ihre Datenbank in Ihrem eigenen Format anlegen, aber wenn Sie sich an das Format halten möchten, das ich selbst verwende, können Sie die Details über meine Website im Internet erhalten (www.sheldrake.org). Wenn Sie das gleiche Format wie ich verwenden, wird dies schließlich das Zusammenführen von Datenbanken aus verschiedenen Teilen der Welt erleichtern und einen wichtigen Fundus für eine künftige Forschung liefern.

Führen Sie Ihre eigene Umfrage über Haustiere mit ungewöhnlichem Wahrnehmungsvermögen durch

Die einzigen Zufallsumfragen über Haustiere mit ungewöhnlichem Wahrnehmungsvermögen, die ich kenne, sind die vier in diesem Buch geschilderten, die von mir und meinen Kollegen in England und Kalifornien durchgeführt wurden. Niemand weiß, welche Ergebnismuster an anderen Orten entstehen, und für weitere derartige Umfragen gibt es ein großes Potential. Wenn Sie sich an das gleiche Verfahren halten, das wir angewendet haben, lassen sich die Antworten direkt miteinander vergleichen.

Die Details unserer Umfragen sind in wissenschaftlichen Zeitschriften erschienen[2] und stehen auch auf meiner Website zur Verfügung.

Führen Sie Experimente mit Ihren Tieren durch

In diesem Buch, insbesondere im zweiten Kapitel und im nächsten Abschnitt des Anhangs, habe ich Beispiele von Experimenten mit Tieren erwähnt, mit deren Hilfe sich herausfinden läßt, ob ihr Wahrnehmungsverhalten mit Gewohnheit, Routine und normalen sensorischen Informationen erklärt werden kann oder ob irgendeine andere Form von Kommunikation dabei eine Rolle gespielt hat. Weitere Experimente mit Hunden, Katzen, Papageien, Pferden und anderen Tieren wären sehr erwünscht.

Solche Experimente müssen nicht unbedingt mit der Videokamera aufgenommen werden, aber das wäre schon besser. Die Videokamera liefert eine objektive, mit einem Zeitcode versehene Aufzeichnung vom Verhalten des Tiers, die sich unabhängig von Dritten auswerten läßt. Sie bietet auch viel mehr Details, als ein menschlicher Beobachter in einem Notizbuch festhalten könnte.

Sie können Ihre Experimente und Datenanalysen mit den von meinen Kollegen und mir angewandten Methoden durchführen. Die Details sind in wissenschaftlichen Zeitschriften[3] veröffentlicht und auch meiner Website zu entnehmen. Sie können aber auch Ihre eigenen Methoden und Verfahren entwickeln.

Erforschen Sie das Gefühl, angestarrt zu werden

In meinem Buch *Sieben Experimente, die die Welt verändern könnten*[4] habe ich ein einfaches Experiment dargestellt, das zwei Menschen miteinander durchführen können, wobei der eine hinter dem anderen sitzt. In einer Reihe von Versuchen schaut der hinten Sitzende entweder den Rücken der Versuchsperson vor ihm an, oder er blickt zur Seite und denkt an etwas anderes. Ich habe neue Versionen dieses Grundexperiments entwickelt und das Verfahren für eine Verwendung in Schulen modifiziert. Mittlerweile sind viele Experimente in englischen, amerikanischen und deutschen Schulen durchgeführt worden.[5] Die vollständige Anleitung läßt sich samt Trefferlistenformularen von meiner Website herunterladen.

Untersuchen Sie telepathische Telefonanrufe

Wenn Sie entdecken, daß Sie oft wissen, wann bestimmte Menschen anrufen, dann können Sie dieses Phänomen erforschen, indem Sie über Ihre Intuition Buch führen. Am einfachsten halten Sie ein Notizbuch neben dem Telefon bereit. (Natürlich sollte eine elektronische Anzeige der Telefonnummer des Anrufers ausgeschaltet oder verdeckt werden.) Jedesmal wenn Sie das Gefühl haben zu wissen, wer anruft, schreiben Sie den Namen des mutmaßlichen Anrufers ins Notizbuch, bevor Sie den Hörer abheben. Nach dem Gespräch sollten Sie Datum und Uhrzeit eintragen und festhalten, ob Ihre Vermutung richtig oder falsch war. Notieren Sie auch, ob der Anruf erwartet wurde oder nicht. Auf diese Weise können Sie herausfinden, wie oft Ihre Intuitionen richtig oder falsch waren.

Wenn Sie oft recht haben hinsichtlich bestimmter Menschen, die zu unerwarteten Zeiten anrufen, dann besteht die nächste Phase darin, daß Sie einfache Experimente durchführen, bei denen Sie den Anrufer auffordern, zu Zeiten anzurufen, die er mit Zufallsverfahren ausgewählt hat – etwa mit einem Würfel oder mit Hilfe eines elektronischen Zufallsgenerators. Wie oft haben Sie unter diesen erschwerten Bedingungen richtig geraten?

Adressen

Sie können mir Post an eine der folgenden Adressen schicken:

BM Experiments
London WC1N 3XX
England

The Institute of Noetic Sciences
475 Gate Five Road, Suite 300
Sausalito
CA 94965
USA

Sie können mit mir auch per E-Mail über meine Website im Internet kommunizieren: www.sheldrake.org

Berichte über Ihre eigenen Erfahrungen bzw. Experimente können Sie auch an die deutsche Koordinierungsstelle schikken. Hier werden alle deutschsprachigen Berichte übersetzt, ausgewertet und in einer internationalen Datenbank erfaßt:

«Sieben-Experimente-Projekt»
Waldstraße 14
D-22926 Ahrensburg

B. Experimente mit Jaytee

Im zweiten Kapitel habe ich die Hauptergebnisse der vielen Experimente zusammengefaßt, die mit dem Hund Jaytee durchgeführt und mit der Videokamera aufgenommen wurden. Dabei sollte sein Verhalten studiert werden, wenn seine Besitzerin Pam Smart ausgegangen war und wenn sie sich wieder auf dem Heimweg befand. Bei diesen Experimenten wurde die auf einem Stativ montierte Videokamera von Pam selbst eingeschaltet, bevor sie ausging, und dann nahm die Kamera ständig den Bereich auf, in dem Jaytee gewöhnlich wartete, wenn sie heimkam. Wenn ein 120-Minuten-Film eingelegt und die Kamera auf Longplay eingestellt war, konnte bis zu 240 Minuten lang ununterbrochen gefilmt werden. Bei allen Experimenten wurde der Zeitcode mit aufgenommen, so daß Jaytees Verhalten vom Zeitablauf her bis auf die Sekunde genau ermittelt werden konnte.

Die meisten Experimente wurden in der Wohnung von Pams Eltern durchgeführt, die neben ihrer eigenen Wohnung in Ramsbottom im Großraum von Manchester liegt. Dort läßt Pam Jaytee gewöhnlich zurück, wenn sie ausgeht. Zusätzliche, mit der Videokamera festgehaltene Experimente (siehe unten) wurden durchgeführt, als Jaytee allein in Pams Wohnung beziehungsweise im Haus ihrer Schwester zurückblieb. Bei diesen Experimenten war Pam zwischen sieben und 22 Kilometer von zu Hause entfernt.

Die Videobänder wurden schriftlich analysiert, und zwar von dem Augenblick an, da Jaytee sich im Zielbereich neben dem Fenster befand, und seine Aktivitäten dort wurden notiert – zum Beispiel, wenn er eine vorbeigehende Katze anbellte, in der Sonne schlief oder sitzend aus dem Fenster schaute. Diese Analysen wurden von Pam selbst durchgeführt sowie «blind» von mir, Jane Turney oder Dr. Amanda Jacks, ohne daß wir genau wußten, wann Pam die Heimfahrt antrat oder wie lang diese dauerte. Diese Details wurden von Pam separat aufgezeichnet. Ein Vergleich der Analysen von Pam und der von anderen blind durchgeführten Analysen ergab eine bemerkenswerte Übereinstimmung, mit gelegentlichen Abweichungen von nur einer oder zwei Sekunden. Diese geringfügigen Differenzen wirkten sich nur unbedeutend auf die Gesamtergebnisse aus. Für die quantitative Analyse der Daten wurden alle Zeiträume berücksichtigt, in denen Jaytee sich am Fenster befand, selbst wenn er einfach in der Sonne schlief oder vorbeigehende Katzen anbellte ebenso wie wenn er sein übliches Warteverhalten bekundete. Auf diese Weise wurde jede selektive Verwendung von Daten vermieden, auch wenn die Daten mehr «Störungen» aufwiesen, weil sie Besuche am Fenster enthielten, die nichts mit Pams Heimfahrten zu tun hatten.

Die Analyse der Daten

Ich wende zwei Hauptmethoden an, um die Daten statistisch auszuwerten. Bei der ersten werden einfach verschiedene Experimente miteinander verglichen. Bei jedem Experiment wird der prozentuale Anteil der Zeit, den Jaytee am Fenster verbringt, für drei Phasen errechnet:

1. Die ersten zehn Minuten von Pams Heimfahrt (die «Rückkehrzeit»). Es wurden nur Experimente berücksichtigt, bei denen die Heimfahrt mindestens 13 Minuten dauerte, und davon wurden nur die ersten zehn Minuten gezählt. Somit wurden Jaytees Reaktionen, wenn Pam sich ihrem Zuhause näherte, außer acht gelassen, falls er auf die Geräusche ihres sich nahenden Autos reagiert haben konnte. Tatsächlich waren die meisten Fahrzeiten über 15 Minuten lang, so daß über fünf Minuten von Jaytees Verhalten nicht berücksichtigt wurden.
2. Der Zeitraum von zehn Minuten vor ihrer Rückkehr (die «Vorrückkehrzeit»).
3. Der Zeitraum, in dem Pam vor der Vorrückkehrzeit nicht anwesend war (die «Hauptzeit»). Dieser Zeitraum schwankte zwischen 60 und 200 Minuten.

Beispiele von Daten, die auf diese Weise analysiert wurden, zeigt die Abb. B.1.

Die zweite Methode zur Analyse der Daten befaßt sich auch mit zehn Minuten langen Rückkehrzeiten und Vorrückkehrzeiten, aber nun wird die Hauptzeit ebenfalls in zehnminütige Abschnitte eingeteilt. Die Zeit, die Jaytee innerhalb dieser zehnminütigen Zeiträume aus irgendeinem Grund am Fenster verbrachte, läßt sich graphisch darstellen (siehe zweites Kapitel, Abb. 2.4).

Keine dieser Methoden basiert auf einer subjektiven Beurteilung von Jaytees Verhalten. Sie quantifizieren einfach, wie lange er sich am Fenster aufhielt.

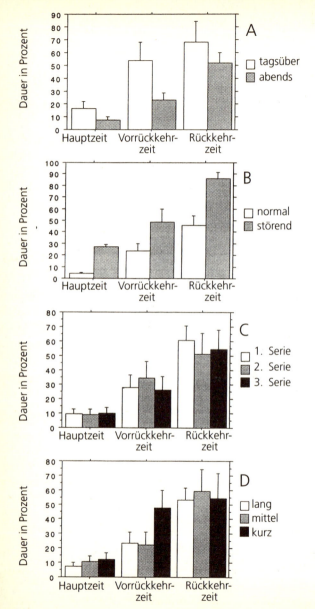

Abbildung B.1

Dreißig normale Heimfahrten

Die durchschnittlichen Ergebnisse von 30 normalen Heimfahrten zu verschiedenen Tageszeiten zeigt Abb. 2.3 A im zweiten Kapitel. In der Hauptzeit von Pams Abwesenheit befand sich Jaytee neun Prozent der Zeit am Fenster, in den zehn Minuten, bevor sie aufbrach, 29 Prozent und während der ersten zehn Minuten ihrer Rückfahrt 55 Prozent der Zeit. Hinter diesen Durchschnittsergebnissen verbergen sich eine ganze Reihe interessanter Details. Erstens: Obwohl Jaytee in 24 Fällen mehr Zeit am Fenster verbrachte, wenn Pam nach Hause unterwegs war, tat er dies in sechs Fällen nicht. In fünf dieser Fälle (alle am Abend) ging er während der ersten zehn Minuten ihrer Heimfahrt überhaupt nicht ans Fenster, im sechsten Fall (am Morgen) nur für zehn Sekunden. In einigen dieser Fälle war er ungewöhnlich träge – vielleicht war er erschöpft von langen Spaziergängen oder krank. Aber warum auch immer er nicht reagierte, bleibt doch festzuhalten, daß er in sechs von 30 Fällen nicht seine üblichen Anzeichen von Erwartung bekundete. Doch in 24 von 30

Abbildung B.1   Jaytees Reaktionen auf Pams Heimfahrten zu von ihr selbst ausgesuchten Zeiten. Die Balken geben den prozentualen Anteil der Zeit an, den Jaytee während der Hauptzeit von Pams Abwesenheit («Hauptzeit»), während der zehn Minuten, bevor sie die Heimfahrt antrat («Vorrückkehrzeit») und während der ersten zehn Minuten ihrer Heimfahrt («Rückkehr») am Fenster verbrachte. Die Daten stammen aus den gleichen 30 Experimenten, wie sie in Abb. 2.3 A zusammengefaßt sind, ermöglichen aber die folgenden Vergleiche:
A: Experimente tagsüber (7) und abends (23).
B: «Normale» Experimente (23) und «störende» Experimente (7), in denen sich Jaytee über 15 Prozent der Zeit in der Hauptzeit von Pams Abwesenheit am Fenster befand.
C: Die erste, zweite und dritte Serie von je zehn Experimenten.

Fällen, also in 80 Prozent der Zeit, zeigte er tatsächlich sein bestimmtes Erwartungsmuster.

Zweitens: Tagsüber war Jaytee generell aktiver und wacher als am Abend und hielt sich im Durchschnitt mehr am Fenster auf (Abb. B.1 A). Da konnte er besser beobachten, was draußen vorging, und an heiteren Tagen hielt er gern am Fenster ein Nickerchen in der Sonne.

Drittens: Die Wirkung der «Störungen» auf das Muster von Jaytees Reaktion läßt sich unmittelbar durch den Vergleich der «gestörten» Experimente mit den restlichen untersuchen (Abb. B.1 B). Per definitionem verbringt Jaytee in der Hauptzeit von Pams Abwesenheit bei gestörten Experimenten mehr Zeit am Fenster. Aber er hielt sich noch immer mehr am Fenster auf, wenn sie sich anschickte heimzufahren, und am meisten überhaupt, wenn sie tatsächlich unterwegs war.

Viertens: Die Frage, ob Jaytees Reaktionsmuster sich im Laufe der Zeit veränderte, läßt sich dadurch beantworten, daß man die Durchschnittsergebnisse der ersten zehn Experimente (von Mai bis September 1995) mit der zweiten und dritten Serie von zehn Experimenten (von September bis Januar 1996 beziehungsweise von Januar bis Juli 1996) vergleicht. Das Muster ist in allen drei Gruppen gleich (Abb. B1 C).

Fünftens: Die Länge der Zeit, die Pam von zu Hause weg war, schwankte erheblich. Verhielt sich Jaytee in gleicher Weise, wenn sie nach kurzen und nach langen Abwesenheiten heimkehrte? Um diese Frage zu beantworten, habe ich die Daten in drei Gruppen eingeteilt – in lange, mittlere und kurze Abwesenheiten (Abb. B.1 D)[1]. Das allgemeine Muster war gleich, aber bei den kurzen Abwesenheiten waren die Experimente stärker gestört, und Jaytee verhielt sich in dem zehnminütigen Zeitraum, bevor Pam die Heimfahrt antrat, erwartungsvoller.

Eine Möglichkeit wäre, daß Jaytee einfach mehr am Fenster

blieb, je länger Pam nicht da war. In diesem Fall wäre er automatisch am meisten in der Zeit am Fenster, wenn sie sich auf dem Heimweg befände, aber nicht aufgrund irgendwelcher übersinnlichen Kräfte. Die Daten im zweiten Kapitel, Abb. 2.4, aber, wo wir die zeitlichen Abläufe von Jaytees Verhalten während kurzer, mittlerer und langer Abwesenheiten von Pam betrachteten, sprechen nicht dafür, daß es sich so verhält. Bei kurzen Abwesenheiten befand sich Jaytee meist während Phase 8 am Fenster, wenn Pam unterwegs nach Hause war, aber in Phase 8 bei mittleren und langen Abwesenheiten gab es keine vergleichbare Zunahme der Zeit am Fenster. Ebenso taucht die vermehrt am Fenster verbrachte Zeit, wenn sich Pam auf dem Heimweg während Phase 11 von mittleren Abwesenheiten befindet, nicht in Phase 11 von langen Abwesenheiten auf. Diese Unterschiede waren statistisch gesehen sehr signifikant. (Wenn Pam bei den kurzzeitigen Experimenten zurückkehrte, befand Jaytee sich in Phase 8 in einem sehr signifikant höheren Prozentsatz der Zeit am Fenster als in Phase 8 der Experimente von mittlerer und langer Dauer [p = 0,004]. In Phase 11 der Experimente von mittlerer Dauer, als Pam tatsächlich heimkam, befand Jaytee sich sehr signifikant häufiger am Fenster als in Phase 11 der Experimente von langer Dauer, in denen sie erst nach über einer weiteren Stunde zurückkehrte [p = 0,003]).

Wir machten auch eine Reihe von Videoaufnahmen an Abenden, an denen Pam erst sehr spät heimkam oder über Nacht wegblieb. Diese Aufnahmen dienen der Kontrolle oder Überprüfung und zeigen, daß Jaytee im Laufe des Abends immer seltener zum Fenster ging (Abb. B.2).

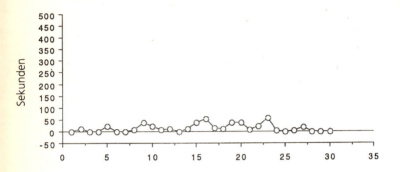

Abbildung B.2 Von Jaytee am Fenster verbrachte Zeit an Abenden, an denen Pam nicht heimkam. Die erste der 30 zehnminütigen Phasen reicht von 17.50 Uhr bis 18 Uhr, die letzte von 22.40 Uhr bis 22.50 Uhr. Hier die Durchschnittsergebnisse von zehn Abenden.

Mit der Videokamera aufgenommene Experimente mit zufällig ausgewählten Rückkehrzeiten

Die Ergebnisse dieser Experimente sind im zweiten Kapitel in Abb. 2.3B dargestellt. Wenn Pam zu zufällig ausgewählten Rückkehrzeiten (sie wurde von mir mit dem Piepser benachrichtigt) heimkam, befand sich Jaytee gewöhnlich während ihrer Heimfahrt viel länger am Fenster, als bevor sie sie antrat. Dies zeigt, daß seine Reaktion auf ihr Heimkommen sich nicht mit Routine oder damit erklären ließ, daß ihre Eltern Bescheid wußten, wann sie käme, und diese Erwartung Jaytee irgendwie vermittelten.

Aber an unseren Ergebnissen ist eines rätselhaft: In einigen Fällen begann Jaytee am Fenster in der zehnminütigen Phase zu warten, *bevor* Pam das Signal erhielt. Wie konnte er vorausgeahnt haben, wann ich sie anpiepsen würde? Es ist zwar denkbar, daß Jaytee meine Absicht, Pam anzupiepsen, über mehr als

300 Kilometer hinweg telepathisch aufgeschnappt hatte. Aber ich nehme diese Möglichkeit nicht sehr ernst. In einem Fall[2] wurde das Signal nicht von mir, sondern von jemand anderem gegeben, den weder Pam noch Jaytee kannten, und dennoch reagierte Jaytee im voraus. Denkbar ist auch, daß Jaytee eine Präkognition hatte, wann Pam angepiepst würde. Aber vielleicht läßt sich dieses Phänomen einfacher mit einer telepathischen Beziehung zwischen Pam und Jaytee erklären.

Bei all diesen Experimenten nämlich wußte Pam, daß sie innerhalb einer bestimmten Zeit durch den Piepser aufgefordert werden würde heimzufahren. Im Idealfall wäre ihr Geist von anderen Dingen völlig in Beschlag genommen, bis das Signal käme. Aber unvermeidlicherweise dachte sie zuweilen über dieses Signal nach, bevor es kam, besonders wenn es gegen Ende der Zeitspanne erfolgte. Sie meint, Gedanken wie «Jetzt dauert's nicht mehr lang» oder «Ich werde gleich aufbrechen» wären manchmal einfach nicht zu vermeiden gewesen. Jaytee könnte also durchaus diese erwartungsvollen Gedanken von ihr aufgeschnappt haben, genauso wie er auf eine konkret formulierte Absicht heimzufahren zu reagieren schien. Auf ähnliche Weise ahnte er Pams Aufbruch bei den von Richard Wiseman und Matthew Smith durchgeführten Experimenten (siehe zweites Kapitel, Abb. 2.5) voraus. Auch hier kann sich Jaytees Erwartungshaltung als Reaktion auf die von Pam eingestellt haben. Ihrer Meinung nach sei es unmöglich gewesen, nicht ans Heimfahren zu denken, während sie mit Matthew Smith zusammen war und darauf wartete, daß er ihr sagte, wann die zufällig ausgewählte Zeit zur Heimfahrt gekommen sei. Zudem wußte Matthew Smith ja selbst, wann sie aufbrechen würden, und diese Erwartung könnte er Pam unbewußt vermittelt haben, indem er zum Beispiel zunehmend angespannter wurde, während der entscheidende Augenblick näherrückte.

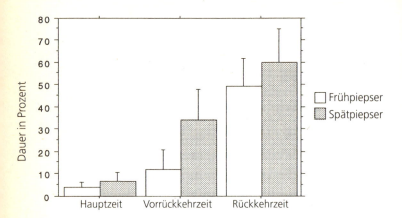

Abbildung B.3 Vergleich der Durchschnittsergebnisse von sechs Experimenten, bei denen Pam zu zufällig ausgewählten Zeiten signalisiert wurde heimzukommen, in der ersten Hälfte der Experimentierzeit («Frühpiepser») und von sechs Experimenten in der zweiten Hälfte («Spätpiepser»).

Falls Jaytee tatsächlich auf Pams Erwartung reagierte, daß sie bald das Signal zur Heimfahrt empfangen würde, dann müßte sich dieser Effekt eigentlich deutlicher zeigen, wenn das Piepsen gegen Ende statt zu Beginn des festgelegten Zeitraums kam. Um diese Idee zu überprüfen, habe ich die Experimente, bei denen Pam früh angepiepst wurde, mit denen verglichen, bei denen sie spät angepiepst wurde (Abb. B.3). Es gab in der Tat einen Unterschied – vor dem frühen Piepsen stellte sich bei Jaytee eine geringere Erwartung ein. Die Zahlen in Abb. B.3 sind Durchschnittszahlen, die natürlich die Unterschiede zwischen einzelnen Experimenten verdecken. Die Ergebnisse aller zwölf Piepserversuche sind in Abb. B. 4 wiedergegeben, so daß man die Muster im Detail erkennen kann. Natürlich gibt es eine große Schwankungsbreite zwischen den einzelnen Versuchen. Aber die Muster der frühen Piepserversuche sehen anders

Experimente mit Jaytee 439

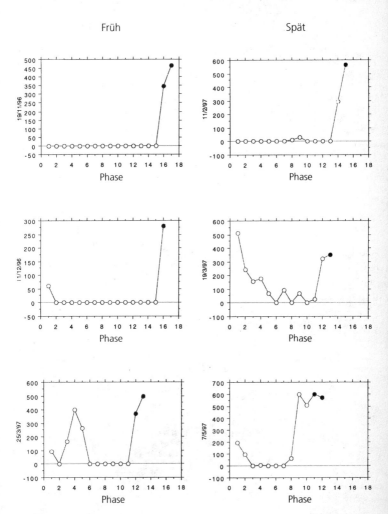

Abbildung B.4 Der detaillierte zeitliche Ablauf aller zwölf Experimente, bei denen Pam zu zufällig ausgewählten Zeiten heimkam, nachdem sie angepiepst wurde. Links die Experimente mit frühem Piepsen, rechts die mit spätem Piepsen. Die Phasen, in denen sie zurückkehrte, sind durch einen fetten Punkt dargestellt (•).

440 Anhang

Früh Spät

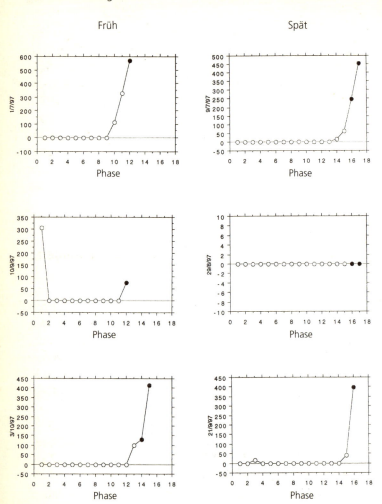

aus als die der späten. In vier der sechs «Frühpiepser-Versuche» bekundete Jaytee überhaupt keine Erwartung vor Pams Aufbruch. Im Gegensatz dazu gab es Anzeichen von Erwartungen in allen außer einem der «Spätpiepser-Versuche». Die Ausnahme war ein Versuch, bei dem Jaytee während des gesamten Experiments überhaupt nicht ans Fenster ging.[3]

Somit hängt Jaytees Erwartung des Piepsens, das Pams Rückkehr signalisiert, anscheinend mit ihrer eigenen Erwartung des Piepsens zusammen, und die war tendenziell größer, je später das Signal kam. Dies bestätigt die Ansicht, daß Jaytees Reaktionen telepathischer Natur sind.

Experimente mit Jaytee in anderen Umgebungen

Manchmal läßt Pam Jaytee bei ihrer Schwester, und auch hier geht Jaytee oft ans Fenster, wenn Pam die Heimfahrt antritt. Cathie, Pams Schwester, weiß normalerweise, wann Pam unterwegs ist, und zwar aufgrund von Jaytees Verhalten. Aber um in Cathies Haus aus dem Fenster zu schauen, muß er auf der Rückenlehne eines Sofas balancieren. Hier kann er also nicht bequem warten, und daher hält er sich hier nur selten lange auf. Gleichwohl zeigte sich in einer Reihe von Experimenten, die mit der Videokamera aufgenommen wurden (Abb. B.5 A), daß sein allgemeines Reaktionsmuster dem in der Wohnung von Pams Eltern glich, auch wenn der prozentuale Anteil der Zeit am Fenster niedriger war.

Wir führten auch eine Reihe von 50 mit der Videokamera aufgenommenen Experimenten durch, bei denen Jaytee allein in Pams Wohnung zurückblieb, während sie ausging. Die Kamera war so eingestellt, daß sie seine Besuche am Fenster aufzeichnete.

Das Gesamtmuster glich dem, das wir bereits so oft gesehen

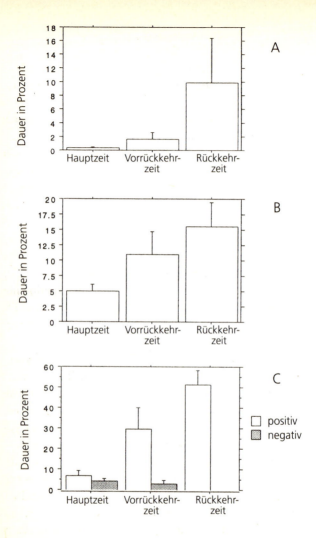

Abbildung B.5 Durchschnittsergebnisse von Experimenten, bei denen Jaytee im Haus von Pams Schwester und allein in Pams Wohnung geblieben war.
A: Im Haus von Pams Schwester. Durchschnitt aus fünf Experimenten.
B: Allein in Pams Wohnung. Durchschnitt aus 50 Experimenten.
C: Allein in Pams Wohnung. Vergleich von Durchschnittsergebnissen aus 15 «positiven» und 35 «negativen» Experimenten.

haben (Abb. B.5 B). Aber der prozentuale Anteil der am Fenster verbrachten Zeit war geringer als in der Wohnung von Pams Eltern.

Eine eingehende Analyse der Daten ergab, daß Jaytee zwei verschiedene Reaktionsmuster bekundete. Bei den meisten Tests (35 von 50) ging Jaytee nicht ans Fenster, wenn Pam sich auf dem Heimweg befand. Ja, im Grunde stattete er dem Fenster in der ganzen Zeit, in der sie abwesend war, nur wenige oder gar keine Besuche ab. Das liegt vielleicht unter anderem daran, daß die Sicht aus dem Fenster großenteils durch einen Busch verdeckt ist, so daß es kaum eine Möglichkeit gibt zu beobachten, was draußen vorgeht, auch wenn die Straße, auf der Pam mit ihrem Auto ankommt, immer noch zu sehen ist. Im Gegensatz dazu verhielt Jaytee sich in 15 der 50 Experimente (30 Prozent) fast genauso wie in der Wohnung von Pams Eltern (Abb. B.5 C) und bekundete sein übliches Erwartungsverhalten.

Somit war Jaytee zwar anscheinend in der Lage, Pams Heimfahrten vorauszuahnen, wenn er allein war, tat dies aber normalerweise nicht. Warum nicht? Ich vermute, daß dies eine Frage der Motivation ist. Wenn Pam unterwegs nach Hause ist, wartet er eher wegen Pams Familienangehörigen als aus eigenem Interesse am Fenster. Er teilt seine Erwartung mit und sagt damit den anderen, daß sie unterwegs ist. Wenn er es niemandem sagen kann, ist er weniger motiviert dazu. Dennoch tut er es manchmal trotzdem. Die Unterschiede in seinem Verhalten in Pams Wohnung und in der ihrer Eltern waren graduell. An beiden Orten wartete er manchmal am Fenster, wenn Pam heimkam, manchmal nicht. Aber in der Wohnung von Pams Eltern betrug das Verhältnis von Warten und Nichtwarten etwa 80:20, in Pams Wohnung, wo er allein war, dagegen etwa 30:70.

Schlußfolgerungen

Diese umfassende Reihe von Experimenten mit Jaytee, die mit der Videokamera aufgezeichnet wurden, bestätigt, was Pams Eltern im Laufe von mehreren Jahren ganz unwissenschaftlich festgestellt und was systematische Aufzeichnungen von Jaytees Verhalten während 100 Abwesenheiten von Pam bereits gezeigt hatten.[4] Wenn Jaytee in der Wohnung von Pams Eltern war, schien er normalerweise zu wissen, wann sie heimkam, selbst wenn sie zu verschiedenen Tageszeiten zurückkehrte, zu zufällig ausgewählten Zeiten aufbrach und in unbekannten Fahrzeugen fuhr. Das gleiche Verhaltensmuster legte er auch an den Tag, als er wiederholt von Skeptikern getestet wurde (siehe zweites Kapitel, Abb. 2.5).

Normalerweise setzten seine Reaktionen in der zehnminütigen Phase ein, bevor Pam losfuhr, was die Vermutung nahelegt, daß er auf telepathische Weise herausfand, wann sie beabsichtigte heimzufahren, bevor sie tatsächlich den Heimweg antrat.

Sein Erwartungsverhalten war weniger ausgeprägt, wenn er sich in der Wohnung von Pams Schwester befand, wahrscheinlich weil er nicht so ohne weiteres aus dem Fenster schauen konnte, sondern auf der Rückenlehne eines Sofas herumbalancieren mußte. Dennoch begab er sich häufiger zum Fenster, wenn Pam unterwegs nach Hause war, und bekundete das gleiche Erwartungsverhalten, als er von Skeptikern getestet wurde. War er allein in Pams Wohnung, ging er relativ selten zum Fenster, und in den meisten Fällen reagierte er nicht, wenn Pam heimfuhr. Dennoch wies er manchmal das gleiche Erwartungsverhaltensmuster wie in der Wohnung von Pams Eltern auf. Weil dieses Muster so ausgeprägt war, selbst wenn dieser Effekt im Durchschnitt zusammen mit den Fällen, in denen er nicht reagierte, abgeschwächt wurde, war das Gesamtergebnis noch immer in statistischer Hinsicht signifikant.

Diese Ergebnisse erhärten die Vorstellung, daß Jaytee auf telepathische Weise wußte, wann Pam heimkam, auch wenn er nicht immer auf ihre Heimfahrten reagierte – am wenigsten, wenn er allein in Pams Wohnung blieb, und am häufigsten, wenn er bei Pams Eltern war, die auf seine Reaktionen achteten. Ich gehe davon aus, daß bei Experimenten mit anderen Hunden, die telepathisch sensibel auf die Rückkehr ihrer Besitzer reagieren, diese Reaktion ebenfalls von den Umständen beeinflußt wird, in denen sich der Hund befindet. Wenn er wie Jaytee ist, wird er eher in Gegenwart vertrauter Menschen, die sein Erwartungsverhalten beachten, reagieren, als wenn er allein gelassen wird.

C. Morphische Felder

In diesem Buch habe ich immer wieder kurz die Hauptmerkmale morphischer Felder erwähnt. Nun möchte ich diesen Begriff ausführlich erläutern und auf einige der damit verbundenen Phänomene eingehen.

Mein Interesse an diesen Ideen erwachte während meiner Forschungstätigkeit zur Evolution von Pflanzen an der Universität Cambridge. Wie entwickeln sich Pflanzen aus einfachen Embryonen zur charakteristischen Form ihrer Art? Wie nehmen die Blätter von Weiden, Rosen und Palmen ihre Form an? Wie entwickeln ihre Blüten sich auf so unterschiedliche Weise? All diese Fragen haben etwas mit dem zu tun, was die Biologen *Morphogenese* nennen, die Entstehung von Form (abgeleitet von den griechischen Wörtern *morphé* = Form und *génesis* = Erzeugung, Entstehen), die eines der großen ungelösten Probleme der Biologie ist.

Wenn man sich naiv mit diesen Problemen befaßt, erklärt man schlicht, jede Morphogenese sei genetisch programmiert. Die einzelnen Arten befolgen einfach die Anweisungen ihrer Gene. Aber nach kurzem Nachdenken erkennt man, daß diese Antwort nicht ausreicht. Alle Zellen des Körpers enthalten die gleichen Gene. In Ihrem Körper zum Beispiel ist das gleiche genetische Programm in Ihren Augenzellen, in Ihren Leberzellen ebenso wie in den Zellen Ihrer Arme und Beine vorhanden. Aber wenn sie alle identisch programmiert sind, warum entwickeln sie sich dann so unterschiedlich?

Manche Gene kodieren die Sequenz der Aminosäuren in Proteinen, andere sind an der Steuerung der Proteinsynthese beteiligt. Sie ermöglichen es Organismen, bestimmte Chemikalien zu erzeugen. Aber damit allein läßt sich die Form nicht erklären. Ihre Arme und Ihre Beine sind in chemischer Hinsicht identisch. Würden sie zermahlen und biochemisch analysiert, wären sie ununterscheidbar. Aber sie besitzen unterschiedliche Formen. Ihre Form läßt sich nur mit etwas erklären, was über die Gene und die von ihnen kodierten Proteine hinausgeht.

Das ist leichter zu verstehen, wenn man es einmal mit der Architektur vergleicht. In einer Straße in der Stadt stehen unterschiedlich gebaute Häuser, aber was sie unterscheidet, sind nicht die Baumaterialien. Sie könnten alle aus chemisch identischen Ziegeln, Betonteilen, Hölzern und so weiter hergestellt sein. Würde man sie abreißen und chemisch analysieren, wären sie nicht zu unterscheiden. Was sie unterscheidet, sind die Pläne der Architekten, nach denen sie erbaut wurden. Diese Pläne tauchen in keiner chemischen Analyse auf.

Die Biologen, die die Formentwicklung bei Pflanzen und Tieren studieren, sind sich seit langem dieser Probleme bewußt, und seit den zwanziger Jahren vertreten viele Forscher die Ansicht, daß sich entwickelnde Organismen von Feldern geformt werden, den sogenannten *morphogenetischen Feldern.* Sie sind so etwas wie unsichtbare Entwürfe, die der Form des wachsenden Organismus zugrunde liegen. Aber sie sind natürlich nicht von einem Architekten gezeichnet, genausowenig wie man sich vorstellen darf, daß ein «genetisches Programm» von einem Computerprogrammierer entworfen ist. Es sind

Felder: sich selbst organisierende Einflußgebiete, vergleichbar magnetischen Feldern und anderen bislang anerkannten Feldern in der Natur.

Der Begriff der morphogenetischen Felder ist zwar in der Biologie weithin anerkannt, aber niemand weiß, was diese Felder sind oder wie sie funktionieren. Die meisten Biologen nehmen an, daß sie irgendwann einmal als normale physikalische und chemische Phänomene erklärt werden können. Aber das ist nichts weiter als ein Irrglaube. Nachdem ich mich jahrelang mit den Problemen der Morphogenese herumgeschlagen und über morphogenetische Felder nachgedacht hatte, war ich zu der Schlußfolgerung gelangt, daß es sich bei diesen Feldern nicht bloß um irgendwelche mechanistischen Standardprozesse, sondern um etwas wirklich Neues handelt. Dies war der Ausgangspunkt dafür, daß ich die Idee der morphogenetischen Felder entwickelte. Zum ersten Mal habe ich sie in meinem Buch *Das schöpferische Universum*[1] vorgestellt und dann in meinem Buch *Das Gedächtnis der Natur*[2] weiterentwickelt. Dieser Begriff besitzt drei Hauptmerkmale:

Erstens: Morphogenetische Felder sind eine neue Art von Feld, die bislang von der Physik nicht anerkannt wird.

Zweitens: Sie nehmen Gestalt an, entwickeln sich wie Organismen. Sie haben eine Geschichte und enthalten ein immanentes Gedächtnis aufgrund des Prozesses, den ich morphische Resonanz nenne.

Drittens: Sie sind Teil einer größeren Familie von Feldern, den sogenannten morphischen Feldern.

Auf diesen Prinzipien basiert das, was ich die Hypothese der Formenbildungsursachen nenne.

Die Hypothese der Formenbildungsursachen

In dieser Hypothese behaupte ich, daß es in selbstorganisierenden Systemen auf allen Komplexitätsebenen eine Ganzheit gibt, die auf einem charakteristischen organisierenden Feld dieses Systems beruht, seinem morphischen Feld. Jedes selbstorganisierende System ist ein Ganzes, das aus Teilen besteht, die wiederum Ganze auf einer tieferen Ebene sind (Abb. C.1). Auf jeder Ebene verleiht das morphische Feld jedem Ganzen seine charakteristischen Eigenschaften und bewirkt, daß es mehr ist als die Summe seiner Teile.

Bei Pflanzen nennt man die Felder, die für die Entwicklung und Aufrechterhaltung der Körperform zuständig sind, morphogenetische Felder. Bei der Organisation von Wahrnehmung, Verhalten und geistiger Tätigkeit nennt man sie Wahrnehmungs-, Verhaltens- und geistige Felder. Bei Kristallen und Molekülen heißen sie Kristall- und Molekülfelder. Bei der Organisation von Gesellschaften und Kulturen spricht man von sozialen und kulturellen Feldern.[3] All diese Arten von organisierenden Feldern sind morphische Felder.[4]

Morphische Felder sind, genauso wie die bereits anerkannten Felder der Physik, Einflußgebiete in der Raum-Zeit, innerhalb der und um die Systeme herum angesiedelt, die sie organisieren. Sie wirken probabilistisch. Sie beschränken den immanenten Indeterminismus der unter ihrem Einfluß befindlichen Systeme oder zwingen ihm eine Ordnung auf. Sie umfassen und verknüpfen die verschiedenen Teile des Systems, das sie organisieren. Somit organisiert ein kristallines Feld die Art und Weise, wie die Moleküle und Atome im Innern des Kristalls angeordnet sind. Ein Seeigel-Feld formt die Zellen und Gewebe innerhalb des heranwachsenden Seeigelembryos und führt seine Entwicklung auf die charakteristische ausgewachsene Form der Spezies hin. Ein soziales Feld organisiert und koordiniert das Verhalten von Individuen innerhalb einer sozialen Gruppe, zum Beispiel die Art und Weise, wie einzelne Vögel in einer Schar fliegen.[5]

Morphische Felder führen die von ihnen beeinflußten Systeme zu charakteristischen Zielen oder Endpunkten hin. Der britische Biologe C. H. Waddington gab den kanalisierten Pfaden der Veränderung, die von morphogenetischen Feldern organisiert wird, den Namen *Chreode* und veranschaulichte diese Chreoden in Gestalt von Kanälen, durch die eine Kugel zum Ziel hin rollt.[6] Die Kugel steht für die Entwicklung eines bestimmten Teils des Embryos zu seiner charakteristischen reifen Form hin, zum Beispiel dem Herzen oder der Leber. Störungen in der normalen Entwicklung können die Kugel vom Boden des Kanals weg- und an der Kanalwand hochdrücken, aber wenn sie nicht über die Oberkante dieser Wand hinweg in einen anderen Kanal gedrückt wird, kehrt sie wieder zum Boden des Kanals zurück, allerdings nicht zu dem Punkt, von dem aus sie gestartet war, sondern an eine spätere Position im kanalisierten Pfad der Veränderung. Dieser Vorgang steht für die embryonale Regulation, den Prozeß, durch den ein sich entwickelnder Organismus trotz aller Störungen während des Entwicklungsprozesses eine normale erwachsene Form erreichen kann.

Der Mathematiker René Thom hat mathematische Modelle von morphogenetischen Feldern entwickelt, in denen die Endpunkte, auf die hin Systeme sich entwickeln, als *Attraktoren* definiert werden.[7] In der Dynamik, einem Zweig der Mathematik, stellen Attraktoren die Grenzen dar, zu denen dynamische Systeme hingezogen werden. Sie ermöglichen eine wissenschaftliche Beschäftigung mit Zielen, Zwecken oder Absichten.

Das umstrittenste Merkmal dieser Hypothese ist die Behauptung, daß morphische Felder sich entwickeln. Sie sind nicht für alle Zeit durch ewig gültige mathematische Gleichun-

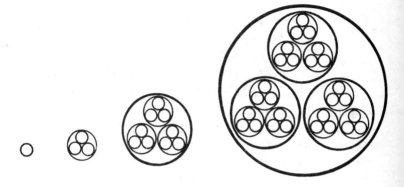

Abbildung C.1 Aufeinanderfolgende Ebenen in einer verschachtelten Hierarchie selbstorganisierender Systeme. Auf jeder Ebene sind die Systeme Ganze, die Teile enthalten, die ihrerseits Ganze sind, welche Teile einer tieferen Ebene enthalten. Diese Zeichnung könnte subatomare Teilchen in Atomen, Atome in Molekülen, Moleküle in Kristallen oder Zellen in Geweben, Gewebe in Organen, Organe in Organismen oder Individuen in Familiengruppen, Familiengruppen in Gesellschaften, Gesellschaften in Ökosystemen darstellen. Auf jeder Ebene wird das Ganze durch ein morphisches Feld organisiert.

gen in einer Art transzendentem platonischem Reich oder durch ein Read-only-Programm in einer kosmischen CD-ROM fixiert. Ihre Struktur beruht auf dem, was zuvor geschehen ist. Sie enthalten eine Art Gedächtnis. Durch Wiederholung werden die Muster, die sie organisieren, zunehmend wahrscheinlich, zunehmend gewohnheitsmäßig.

Das erste Feld irgendeines Typs, etwa das Feld der ersten Insulinkristalle oder das Feld einer neuen Idee wie Darwins Theorie der Evolution, entsteht durch einen kreativen Sprung. Die Quelle dieser evolutionären Kreativität ist unbekannt. Vielleicht handelt es sich um einen Zufall, vielleicht um den Ausdruck irgendeiner im Geist und in der Natur angesiedelten Kreativität.[8]

Ganz gleich, wie sich dieser Ursprung erklären läßt – sobald ein neues Feld, ein neues Organisationsmuster entstanden ist, wird dieses morphische Feld durch Wiederholung stärker. Das gleiche Muster wird wahrscheinlich wieder auftreten. Je häufiger Muster sich wiederholen, desto wahrscheinlicher werden sie – die Felder enthalten eine Art von kumulativem Gedächtnis und nehmen zunehmend den Charakter des Gewohnheitsmäßigen an. Felder entwickeln sich in der Zeit und bilden die Basis für Gewohnheiten. Aus dieser Sicht ist die Natur prinzipiell gewohnheitsmäßig. Selbst die sogenannten «Naturgesetze» sind vielleicht eher so etwas wie Gewohnheiten.[9]

Informationen oder Handlungsmuster werden von einem System auf ein folgendes System der gleichen Art durch die, wie ich es nenne, morphische Resonanz übertragen. Bei der morphischen Resonanz handelt es sich um den Einfluß von Gleichem auf Gleiches, von Handlungsmustern auf nachfolgende ähnliche Handlungsmuster, ein Einfluß, der sich durch Raum und Zeit fortpflanzt. Diese Einflüsse lassen vermutlich mit der räumlichen und zeitlichen Entfernung nicht nach, aber sie stammen nur aus der Vergangenheit, nicht aus der Zukunft. Je größer die Ähnlichkeit, desto stärker der Einfluß der morphischen Resonanz.

Die morphische Resonanz ist die Basis des inhärenten Gedächtnisses in Feldern auf allen Komplexitätsebenen. Jedes morphische System, etwa ein Giraffenembryo, «schaltet sich ein» auf vorhergehende ähnliche Systeme, in diesem Fall auf vorhergehende sich entwickelnde Giraffen. Durch diesen Prozeß greift jede einzelne Giraffe auf ein kollektives oder vereintes Gedächtnis seiner Spezies zurück und trägt ihrerseits dazu bei. Beim Menschen kann diese Art des kollektiven Gedächtnisses durchaus eng mit dem verwandt sein, was der Psychologe C. G. Jung das «kollektive Unbewußte» genannt hat.

Diese Hypothese erlaubt eine Reihe von Vorhersagen auf den

Gebieten der Physik, Chemie, Biologie, Psychologie und der Sozialwissenschaften. Uralte Systeme wie Wasserstoffatome, Salzkristalle und Hämoglobinmoleküle werden von so starken morphischen Feldern, so tief verwurzelten Gewohnheiten gesteuert, daß sich an ihnen kaum eine Veränderung beobachten läßt. Sie verhalten sich, *als ob* sie von fixierten Gesetzen gesteuert würden. Im Gegensatz dazu sollten neue Systeme – neue Kristalle, neue Formen von Organismen, neue Verhaltensmuster, neue Ideen – eine zunehmende Tendenz aufweisen, sich selbst hervorzubringen, je öfter sie wiederholt werden. Sie sollten zunehmend wahrscheinlicher, immer gewohnheitsmäßiger werden. Bei der morphischen Resonanz geht es um nichtlokale Wirkungen im Raum wie in der Zeit. Hier ein Überblick über die hypothetischen Eigenschaften morphischer Felder, wie ich sie in meinem Buch *Das Gedächtnis der Natur*[10] dargelegt habe:

1. Sie sind selbstorganisierende Ganzheiten.
2. Sie besitzen sowohl einen räumlichen als auch einen zeitlichen Aspekt und organisieren räumlich-zeitliche Muster von rhythmischer Aktivität.
3. Durch Anziehung führen sie das unter ihrem Einfluß stehende System zu bestimmten Formen und Aktivitätsmustern hin, deren Entstehen sie organisieren und deren Stabilität sie aufrechterhalten. Die End- oder Zielpunkte, auf die die Entwicklung unter dem Einfluß der morphischen Felder zusteuert, werden Attraktoren genannt.
4. Sie verflechten und koordinieren die morphischen Einheiten oder Holons, die in ihnen liegen, und auch diese sind wiederum Ganzheiten mit eigenen morphischen Feldern. Die morphischen Felder verschiedener Grade oder Ebenen sind ineinander verschachtelt, sie bilden eine Holarchie.
5. Sie sind Wahrscheinlichkeitsstrukturen, und ihr organisierender Einfluß besitzt Wahrscheinlichkeitscharakter.

6. Sie enthalten ein Gedächtnis, das durch Eigenresonanz einer morphischen Einheit mit ihrer eigenen Vergangenheit und durch Resonanz mit den morphischen Feldern aller früheren Systeme ähnlicher Art gegeben ist. Dieses Gedächtnis ist kumulativ. Je häufiger ein bestimmtes Aktivitätsmuster sich wiederholt, desto mehr wird es zur Gewohnheit oder zum Habitus.

In meinen Büchern *Das schöpferische Universum* und *Das Gedächtnis der Natur* habe ich eine Vielzahl experimenteller Tests der morphischen Resonanz erörtert. Der Erfolg aller dieser Tests hängt davon ab, inwieweit sich Veränderungen in der Leichtigkeit oder Wahrscheinlichkeit feststellen lassen, mit der das wiederholte Muster erneut auftritt. Mit anderen Worten: Ich habe mich auf den Aspekt der Hypothese der Formenbildungsursachen konzentriert, den ich oben in Punkt 6 formuliert habe. Zunächst also habe ich keine Experimente vorgeschlagen, mit denen sich der allgemeine Aspekt der Hypothese der Formenbildungsursachen testen ließe, nämlich die Existenz der räumlich ausgedehnten Felder selbst, deren Merkmale in den Punkten 1 bis 5 formuliert sind. Diese Frage habe ich in meinem Buch *Sieben Experimente, die die Welt verändern könnten*[11] angesprochen, und darauf werde ich später noch eingehen (siehe S. 362 f.).

Zusammenhänge mit der Quantenphysik

Experimente zum Testen der räumlichen Aspekte morphischer Felder lassen auf eine Art von Nichtlokalität schließen, die gegenwärtig von der Schulwissenschaft nicht anerkannt wird. Dennoch wird sich vielleicht herausstellen, daß sie mit der Nichtlokalität oder Nichttrennbarkeit zusammenhängen, die ein integraler Bestandteil der Quantentheorie ist und Zusammenhänge oder Korrelationen über eine Distanz hinweg impliziert, die sich die klassische Physik nicht hätte träumen lassen. Albert Einstein beispielsweise war die Vorstellung einer «geistigen Aktion über eine Distanz hinweg» zutiefst zuwider – aber seine schlimmsten Befürchtungen haben sich bewahrheitet.[12] Neuere Experimente beweisen, daß diese Zusammenhänge von zentraler Bedeutung für die Physik sind. Noch sind wir uns über ihre umfassenderen Implikationen nicht im klaren. Vielleicht hängen sie mit dem zusammen, was ich morphische Felder nenne. Aber niemand weiß dies bislang. Die Nichtlokalität ist einer der überraschendsten und paradoxesten Aspekte der Quantentheorie: Teile eines Quantensystems, die in der Vergangenheit miteinander verbunden gewesen sind, behalten eine unmittelbare Verbundenheit, selbst wenn sie sehr weit voneinander entfernt sind. Zwei Photonen beispielsweise, die sich per definitionem mit Lichtgeschwindigkeit bewegen und die sich in entgegengesetzten Richtungen von einem Atom entfernen, das sie ausgestrahlt hat, behalten eine direkte nichtlokale Verbundenheit – wenn die Polarisation des einen gemessen wird, weist das andere sofort die entgegengesetzte Polarisation auf, selbst wenn die Polarisation jedes Teilchens erst im Augenblick der Messung ermittelt wurde.

Die zwei im Raum getrennten Teile desselben Systems sind durch ein Quantenfeld miteinander verbunden. Aber dies ist kein Feld im gewöhnlichen Raum, sondern es wird vielmehr mathematisch als ein vieldimensionaler Raum von Möglichkeiten dargestellt.

Genauso wie Atome und Moleküle sind auch die Angehörigen sozialer Gruppen Teile desselben Systems. Sie teilen sich ihre Nahrung, atmen die gleiche Luft, sind durch ihren Geist und ihre Sinne wechselseitig miteinander verknüpft und interagieren ständig. Wenn sie getrennt werden, können die Teile des sozialen Systems eine nichtlokale oder untrennbare Verbundenheit behalten, vergleichbar der in der Quantenphysik zu beobachtenden Verbundenheit.

Wenn dies der Fall ist, dann könnten morphische Felder im Sinne der Quantentheorie neu interpretiert werden. Dies würde auf eine enorme Ausweitung der Quantentheorie hinauslaufen, die dann auch die biologische und die soziale Organisation umfassen müßte. Das kann durchaus ein Schritt sein, den die Physik tun muß.

Ich habe mich mit dem Quantenphysiker David Bohm über den Zusammenhang zwischen der Idee der morphischen Felder und seiner Theorie der impliziten Ordnung unterhalten, einer «eingehüllten» Ordnung, die der expliziten Ordnung zugrunde liegt – der entfalteten Welt, wie wir sie erfahren. Bohms Theorie, die auf der Untrennbarkeit von Quantensystemen beruht, erwies sich als außerordentlich kompatibel mit meinen eigenen Darlegungen.[13] Diese Zusammenhänge sind auch von dem amerikanischen Quantenphysiker Amit Goswami[14] sowie dem deutschen Quantenphysiker Hans-Peter Dürr[15] untersucht worden.

Aber möglich ist auch, daß morphische Felder ein völlig neuartiges Feld darstellen, das noch nicht in irgendeiner Weise von der Physik beschrieben worden ist. Dennoch hätten sie mehr mit den Feldern der Quantentheorie gemein als mit Gravitationsfeldern oder elektromagnetischen Feldern. Ich möchte mich nun mit Beweisen befassen, die mit dem räumlichen Aspekt morphischer Felder zusammenhängen, und dann mit Beweisen, die die morphische Resonanz betreffen.

Experimente zu morphischen Feldern

Bislang ist es mir noch nicht gelungen, mir potentiell entscheidende Experimente auszudenken, um die Existenz von morphischen Feldern *innerhalb* von Molekülen, Kristallen, Mikroorganismen, Pflanzen und Tieren zu überprüfen. Morphische Felder wirken zusammen mit bekannten Arten von Feldern und Gradienten, und im allgemeinen lassen sich die Wirkungen morphischer Felder nur schwer von möglichen Wirkungen chemischer Gradienten, von Genen, elektromagnetischen Feldern und anderen bekannten Arten der Verursachung trennen. Doch das Auftreten von morphischen Resonanzwirkungen (siehe unten) würde die Existenz solcher Felder implizieren und damit einen indirekten Beweis für ihre Existenz liefern.

Am einfachsten kann man morphische Felder *direkt* testen, indem man mit Gesellschaften von Organismen arbeitet. Individuen lassen sich so voneinander trennen, daß sie nicht mehr mit normalen sinnlichen Mitteln miteinander kommunizieren können. Wenn es zwischen ihnen noch immer zu einem Informationsaustausch kommt, würde dies die Existenz von Bindungen oder wechselseitigen Verknüpfungen von der Art implizieren, wie sie morphische Felder darstellen.

Als ich nach Belegen für feldartige Verbindungen zwischen Angehörigen einer sozialen Gruppe zu suchen begann, entdeckte ich, daß ich mich in Bereiche begab, von denen die Wissenschaft noch sehr wenig versteht. So weiß beispielsweise niemand, warum Gesellschaften von Termiten so koordiniert sind, daß diese kleinen, blinden Insekten komplexe Nester mit einer komplizierten Innenarchitektur bauen können.[16] Niemand versteht, wieso Vogelscharen oder Fischschwärme die Richtung so rasch ändern können, ohne daß die einzelnen Tiere miteinander zusammenstoßen.[17] Und niemand weiß, wie die sozialen Bande beim Menschen beschaffen sind.

Ein besonders vielversprechendes Gebiet für diese Art von Forschung sind die Bande zwischen Menschen und Haustieren, von denen in diesem Buch die Rede war.

Nach der Hypothese der Formenbildungsursachen erstrecken sich morphische Felder über das Gehirn hinaus in die Umwelt, wobei sie uns mit den Objekten unserer Wahrnehmung verbinden und auf diese durch unsere Absichten und unsere Aufmerksamkeit einwirken können.[18] Dies ist ein weiterer Aspekt der morphischen Felder, der sich für experimentelle Tests eignet. Dies würde bedeuten, daß wir aufgrund solcher Felder Dinge beeinflussen können, indem wir sie einfach anschauen – allerdings läßt sich das nicht durch die konventionelle Physik erklären. So sind wir beispielsweise vielleicht in der Lage, jemanden zu beeinflussen, indem wir ihn von hinten anschauen, wobei er auf keine andere Weise wissen kann, daß wir ihn anstarren.

Das Gefühl, von hinten angestarrt zu werden, ist tatsächlich eine weitverbreitete Erfahrung. Experimente deuten bereits darauf hin, daß es ein reales Phänomen ist (siehe sechzehntes Kapitel).[19] Anscheinend läßt es sich weder durch Zufall noch durch die bekannten Sinne, noch durch die derzeit von den Physikern anerkannten Felder erklären.[20]

Die ungelösten Probleme der Navigation, Migration und des Heimfindeverhaltens von Tieren beruhen vielleicht auch auf unsichtbaren Feldern, die die Tiere mit ihren Zielen verbinden. Sie könnten praktisch wie unsichtbare Gummibänder wirken, die sie mit ihrem Zuhause verknüpfen. In der Sprache der Dynamik ausgedrückt, kann dieses Zuhause als Attraktor gelten.[21]

Die morphische Resonanz in der Biologie

Wenn es so etwas wie morphische Resonanz gibt, dann müßten die Form ebenso wie das Verhalten von Organismen ein immanentes Gedächtnis besitzen. Wie dies bei der morphischen Resonanz generell der Fall ist, werden dann seit langem bestehende Muster der Morphogenese und des Instinktverhaltens so stark gewohnheitsmäßig sein, daß sich keine Veränderungen feststellen lassen. Nur im Falle von neuen Entwicklungs- und Verhaltensmustern kann die Bildung von Gewohnheiten beobachtet werden.

Experimente mit Fruchtfliegen haben bereits gezeigt, daß derartige Effekte auf dem Gebiet der Morphogenese vorkommen können.[22]

Viele Indizien sprechen auch dafür, daß sich Verhalten bei Tieren rasch entwickeln kann, als ob sich ein kollektives Gedächtnis durch morphische Resonanz bildet. Insbesondere sind Anpassungen im großen Maßstab im Verhalten domestizierter Tiere auf der ganzen Welt beobachtet worden. 1947 beispielsweise hat Roy Bedichek, seinerzeit ein bekannter texanischer Naturforscher, über Veränderungen im Verhalten von Pferden geschrieben, die er im Laufe seines Lebens wahrgenommen habe:

«Vor 50 Jahren noch wurde frank und frei erklärt, daß Stacheldraht nie für Pferdeweiden verwendet werden könnte. Erschrockene oder herumtollende Pferde rasten direkt hinein, schnitten sich die Kehle auf oder rissen sich große Fleischfetzen von der Brust, und keineswegs tödliche Wunden oder bloße Kratzer wurden von Schmeißfliegenlarven befallen. Ich kann mich noch gut an die Zeit erinnern, als man auf texanischen Farmen oder Ranches kaum ein Pferd fand, das nicht verängstigt war von schlimmen Erfahrungen mit Stacheldraht... Aber im Laufe eines halben Jahrhunderts hat das Pferd gelernt, sich vor Stacheldraht zu hüten. Fohlen rasen nur selten hinein. Der ganzen Spezies ist eine neue Angst beigebracht worden.

Als die ersten Automobile auftauchten, ging es im Pferdewagenverkehr drunter und drüber ... Fahrzeuge gingen zu Bruch, und viele Leute brachen sich das Genick, als sie zu Pferd dem Automobil begegneten und das Tier daran gewöhnen wollten. Der Ruf nach Gesetzen wurde laut, Automobile von Pferden fernzuhalten ... [Aber] die Haustiere haben generell ihre ursprüngliche Angst vor der Lokomotive wie vor dem Automobil verloren.»[23]

Bei dieser Veränderung geht es nicht einfach nur darum, daß Fohlen von ihren Müttern lernen. Selbst wenn sie noch nie auf Stacheldraht gestoßen oder Autos begegnet und von älteren und erfahreneren Pferden getrennt sind, reagieren die Jungtiere heute generell nicht mehr so wie ihre Vorfahren vor 100 Jahren.

Ein anderes Beispiel. Rancher im gesamten amerikanischen Westen haben herausgefunden, daß sie sich viel Geld für Weideroste sparen können, wenn sie statt dessen falsche verwenden – sie malen einfach Streifen quer über die Straße. Echte Weideroste bestehen aus einer Reihe paralleler Stahlrohre oder -schienen mit Lücken dazwischen, so daß das Vieh nicht darüber hinweglaufen kann, und jeder Versuch, dies zu tun, stellt eine schmerzhafte Erfahrung dar. Doch heute unternimmt das Vieh nicht einmal den Versuch, diese Roste zu überqueren. Die vorgetäuschten Roste funktionieren genauso wie die echten. Wenn sich das Vieh ihnen nähert, hat mir ein Rancher erklärt, «treten sie mit allen vier Beinen auf die Bremse».

Beruht das bloß darauf, daß Kälber vom älteren Vieh lernen, diese Roste nicht zu überqueren? Offenbar nicht. Mehrere Rancher haben mir gesagt, daß auch Herden, die noch nie echten Weiderosten begegnet waren, die falschen meiden. Und Ted Friend von der Texas A & M University hat die Reaktion von mehreren hundert Stück Vieh auf gemalte Roste getestet und herausgefunden, daß unerfahrene Tiere sie genauso meiden wie diejenigen, die schon einmal auf echte Roste gestoßen sind.[24] Auch Schafe und Pferde zeigen eine Aversion dagegen, gemalte Roste zu überqueren. Diese Aversion kann durchaus auf morphischer Resonanz von früheren Angehörigen der Spezies beruhen, die auf schmerzhafte Weise gelernt haben, sich vor Weiderosten zu hüten.

Es gibt viele solcher Beispiele. Auch Daten von Laborversuchen mit Ratten und anderen Tieren zeigen, daß derartige Effekte vorkommen. Am bekanntesten sind Experimente, in denen aufeinanderfolgende Generationen von Ratten gelernt haben, aus einem Wasserlabyrinth zu entkommen. Im Laufe der Zeit ist es Ratten in Laboratorien auf der ganzen Welt gelungen, dies immer schneller zu tun.[25]

Bislang ist auf dem Gebiet des tierischen Lernverhaltens nur ein spezifisch abgestimmter experimenteller Test der morphischen Resonanz durchgeführt worden. Dieses Experiment mit einen Tag alten Küken fand im Labor eines Skeptikers statt, bei Steven Rose an der Open University in England. Jeden Tag wurde Scharen von frisch geschlüpften Küken ein kleines gelbes Licht (eine Leuchtdiode) gezeigt, und sie pickten genauso danach wie nach jedem anderen auffallenden kleinen Objekt in ihrer Umgebung. Anschließend wurde ihnen eine Chemikalie injiziert, die bei ihnen eine leichte Übelkeit hervorrief. Sie assoziierten das Gefühl der Übelkeit mit dem Picken nach dem gelben Licht, und danach vermieden sie es, danach zu picken, wenn es ihnen wieder gezeigt wurde. (Diese rasche Form des Lernens nennt man «konditionierte Abneigung».) Zur Kontrolle wurde einer gleich großen Zahl von Küken eine kleine verchromte Perle vorgesetzt. Nachdem sie danach gepickt hatten, wurde ihnen eine normale Salzwasserlösung injiziert, die keine nachteiligen Wirkungen hatte und keine Abneigung dagegen hervorrief, nach der Chromperle zu picken, wenn sie ihnen wieder vorgesetzt wurde. Dieses Experiment ging von der Idee aus, daß spätere Scharen von frisch geschlüpften Küken eine zunehmende Abneigung aufweisen würden, nach dem gelben Licht zu picken, wenn es ihnen zum erstenmal gezeigt würde, und zwar aufgrund der morphischen Resonanz von den vorherigen Küken. Sie würden auf ein kollektives Gedächtnis der Abneigung zurückgreifen, und je mehr Küken eine Abneigung gegenüber dem gelben Licht «eingeimpft» würde, desto stärker würde dieser Effekt auftreten. Bei den Kontrollküken hingegen wäre keine derartige Abneigung gegenüber der Chromperle zu erwarten. Tatsächlich entwickelten nachfolgende Scharen von Küken, denen die gelbe Leuchtdiode vorgesetzt wurde, eine zunehmende Abneigung dagegen, wie dies auf der Grundlage der morphischen Resonanz vorhergesagt war.[26] Dieser Effekt war statistisch gesehen signifikant.

Morphische Resonanz beim menschlichen Lernverhalten

Die morphische Resonanz erlaubt viele Folgerungen, was das Verständnis des menschlichen Lernverhaltens betrifft, zu dem auch die Aneignung von Sprachen gehört. Aufgrund des kollektiven Gedächtnisses, auf das einzelne Menschen zurückgreifen und zu dem sie ihren Beitrag leisten, sollte es im allgemeinen leichter sein, das zu lernen, was andere zuvor gelernt haben.

Diese Vorstellung entspricht ziemlich genau den Beobachtungen von Linguisten wie Noam Chomsky, die dargelegt haben, daß der Spracherwerb bei kleinen Kindern so rasch und kreativ erfolgt, daß er sich nicht einfach durch Nachahmung erklären läßt. Die Struktur der Sprache ist anscheinend auf irgendeine Weise ererbt. In seinem Buch *Der Sprachinstinkt* führt Steven Pinker viele Beispiele an, die diese Idee bestätigen.

Dieser Prozeß ist besonders verblüffend bei der Entwicklung neuer Sprachen, der sehr rasch vonstatten gehen kann. Wenn Menschen, die verschiedene Sprachen sprechen, sich miteinander verständigen müssen, aber die Sprache des anderen nicht beherrschen, bedienen sie sich eines Notbehelfs, einer sogenannten Mischsprache wie dem Pidgin-Englisch – holpriger Wortfolgen, die der Sprache der Kolonisatoren entlehnt sind –, ohne sich dabei groß um die Grammatik zu kümmern. Aber in vielen Fällen ist aus so einer Mischsprache auf einen Schlag eine vollständige komplexe Sprache geworden, wie etwa das Kreolische. Eine Gruppe kleiner Kinder muß dann nur mit der Mischsprache in einem Alter konfrontiert werden, in dem sie ihre Muttersprache erlernt. Historisch gesehen passierte dies vermutlich in Gruppen von Sklavenkindern, die von einem Arbeiter gemeinsam gehütet wurden, der zu ihnen auf Pidgin-Englisch sprach. «Da die Kinder sich nicht damit zufriedengaben, die fragmentarischen Wortfolgen zu reproduzieren, fügten sie eine komplexe Grammatik ein, wo zuvor noch keine existierte, und schon war eine ganz neue, ausdrucksstarke Sprache geboren.»[27]

Noch bemerkenswerter ist die Entwicklung neuer Zeichensprachen. In Nicaragua beispielsweise gab es bis vor kurzem überhaupt keine Zeichensprache, und darum waren gehörgeschädigte Menschen isoliert. Als die Sandinistas 1979 an die Macht kamen, wurden die ersten Schulen für Gehörgeschädigte errichtet.

«Die Schulen konzentrierten sich darauf, die Kinder im Lippenlesen und im Sprechen zu drillen, und wie immer, wenn dies versucht wird, waren die Ergebnisse kläglich. Aber das spielte keine Rolle. Auf den Spielplätzen und in den Schulbussen erfanden die Kinder ihr eigenes Zeichensystem und kombinierten es mit den Befehlsgesten, deren sie sich zu Hause bei ihren Familien bedienten. Nach kurzer Zeit entwickelte sich aus diesem System das, was man heute die Lenguaje de Signos Nicaragüense (LSN) nennt.»[28]

Dieser Pidgin-Zeichensprache bedienen sich inzwischen gehörgeschädigte Jugendliche, die die Schule besuchten, als sie zehn Jahre oder älter waren. Ganz anders verhält es sich bei jungen Leuten, die etwa mit vier Jahren auf die Schule kamen, als LSN bereits existierte. Sie «sprechen» eine viel komplexere und ausdrucksvollere Sprache, die man als Idioma de Signos Nicaragüense (ISN) bezeichnet. Diese kreolische Sprache mit ihrer logischen Grammatik wurde mit einem Schlag geschaffen. Dazu Pinker: «Vor unseren Augen wurde eine Sprache geboren.»[29]

Die ererbten Pläne, die das Erlernen existierender und die Entwicklung neuer Sprachen ermöglichen, sind nicht bloß allgemeine Prinzipien, die aus logischen Gründen in allen Sprachen vorhanden sein müssen. Es sind eher willkürliche Konventionen, die auch unterschiedlich gewesen sein könnten. Pinker: «Es ist, als ob voneinander isolierte Erfinder auf wundersame Weise identische Buchstabenbelegungen von Schreibmaschinentastaturen oder Morsezeichen oder Verkehrszeichen entwickelt hätten.»[30]

Chomsky wie Pinker nehmen an, daß die Fähigkeit zum Erlernen von Sprache von einer Kodierung für universale Strukturen in der DNS abhängig sein muß, die allen Sprachen gemeinsam sind. Sie halten es für selbstverständlich, daß jede Erbinformation in den Genen verankert ist, und müssen daher die Existenz einer universalen Grammatik unterstellen, weil kleine Kinder aller ethnischen Gruppen in der Lage zu sein scheinen, jede Sprache zu erlernen – ein von einer finnischen Familie adoptiertes vietnamesisches Baby beispielsweise lernt ohne Schwierigkeiten Finnisch.

Die morphische Resonanz bietet eine einfachere Erklärung. Das kleine Kind steht in Resonanz sowohl mit den Menschen, die in seiner Umgebung sprechen, als auch mit den Millionen, die die Sprache in der Vergangenheit gesprochen haben. Die morphische Resonanz ermöglicht ihm das Erlernen der Sprache, wie sie andere Arten von Lernen möglich macht. Genauso befördert die morphische Resonanz den Erwerb von Zeichensprachen durch Gehörgeschädigte, die sich in frühere Benutzer dieser Sprachen einschalten. Es ist gar nicht erforderlich, die Existenz von Genen für normale wie für Zeichensprachen zu unterstellen, die latent in der DNS aller Menschen schlummern.

Natürlich ist diese Interpretation der Sprachaneignung durch Formenbildungsursachen spekulativ. Aber das ist auch die Theorie von Genen für eine hypothetische universale Grammatik. Pinker selbst räumt ein: «Niemand hat bislang ein Grammatik-Gen lokalisiert.»[31]

Veränderungen des menschlichen Leistungsvermögens im Laufe der Zeit

Eine Möglichkeit, die Effekte morphischer Resonanz in einem größeren Maßstab zu studieren, bieten bereits existierende Mengen quantitativer Daten über das menschliche Leistungsvermögen, die im Laufe von vielen Jahren erhoben wurden. Weist das menschliche Leistungsvermögen im Laufe der Zeit die Tendenz auf, sich zu steigern? Offensichtlich ist dies bei Fertigkeiten wie Snowboardfahren und Computerprogrammieren der Fall.

Aber derartige Steigerungen sind nur selten quantitativ dokumentiert, und die Lage ändert sich ständig aufgrund von technischen Neuerungen, einer größeren Verbreitung der entsprechenden Geräte und Ausrüstung, besseren Lehrern, sozialen und wirtschaftlichen Kräften und so weiter. Irgendwelche morphischen Resonanzeffekte ließen sich nur schwer im einzelnen nachweisen, selbst wenn entsprechende quantitative Daten existierten.

Eines der wenigen Gebiete, auf denen detaillierte quantitative Daten über Zeiträume von Jahrzehnten zur Verfügung stehen, sind die IQ-(Intelligenzquotient-)Tests. Um 1980 ging mir auf, daß, falls es so etwas wie morphische Resonanz gibt, die durchschnittliche Leistungsfähigkeit bei IQ-Tests zunehmen müßte, nicht weil die Menschen intelligenter werden, sondern weil sich IQ-Tests leichter absolvieren lassen würden – infolge der morphischen Resonanz von den Millionen Menschen, die sich ihnen bislang bereits unterzogen haben.

Ich suchte nach Daten, mit denen sich diese Hypothese testen ließe. Ich konnte weder eine Erörterung dieser Frage noch irgendwelche veröffentlichten Daten finden. Daher faszinierte es mich, als sich 1982 herausstellte, daß sich die durchschnittlichen IQ-Testergebnisse in Japan ein Jahrzehnt nach dem Zweiten Weltkrieg um drei Prozent erhöht hatten.[32] Kurz darauf wurde festgestellt (zur Erleichterung vieler Amerikaner), daß die IQs in den USA sich mit einer ähnlichen Rate erhöht hatten.

Dieser Effekt wurde in Amerika erstmals von James Flynn bei der Untersuchung der Intelligenztests der US-Militärbehörden entdeckt. Flynn fand heraus, daß Rekruten, die im Vergleich zu ihren Altersgefährten nur durchschnittlich intelligent waren, über dem Durchschnitt lagen, wenn sie mit Rekruten einer vorhergehenden Generation verglichen wurden, die exakt den gleichen Test absolviert hatten (Abb. C.2). Niemand hatte diesen Trend bemerkt, weil Tester routinemäßig nur Einzelergebnisse mit anderen Angehörigen der gleichen Altersgruppe verglichen, die zur gleichen Zeit getestet wurden – zu irgendei-

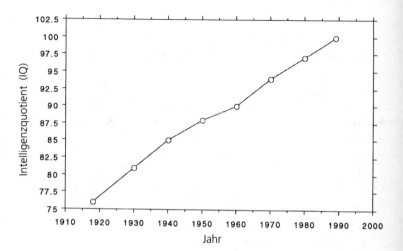

Abbildung C.2 Ein Beispiel für den «Flynn-Effekt»: das Ansteigen der IQ-Ergebnisse in den USA zwischen 1918 und 1989. Die Ergebnisse wurden an den Levels von 1989 gemessen (nach Horgan, 1995).

ner Zeit wurde das durchschnittliche IQ-Ergebnis per definitionem mit 100 angesetzt.[33]

Inzwischen hat Flynn ermittelt, daß vergleichbare Zuwächse auch in 20 anderen Ländern, unter anderem in Australien, Deutschland, Frankreich, Großbritannien und Holland, zu verzeichnen sind.[34] Es wurde immer wieder versucht, diesen «Flynn-Effekt» zu erklären, aber bislang ist dies nicht gelungen.[35] So läßt sich dieser Effekt beispielsweise so gut wie gar nicht auf die Übung im Absolvieren solcher Tests zurückführen. Derartige Tests werden ohnehin seit einigen Jahren nicht mehr so häufig durchgeführt. Auch eine bessere Bildung kann diesen Effekt nicht erklären, ebensowenig, wie einige Wissenschaftler meinen, die Zunahme der Zeit, die fürs Fernsehen aufgewendet wird. Die IQ-Ergebnisse begannen sich schon

Jahrzehnte vor der Einführung des Fernsehens in den fünfziger Jahren zu erhöhen, und dem Fernsehen wurde, wie Flynn ironisch anmerkt, gewöhnlich «ein Verblödungseinfluß» zugeschrieben, «bis sich dieser Effekt einstellte».[36] Je mehr Forschungen inzwischen betrieben wurden, desto mysteriöser ist der Flynn-Effekt geworden. Flynn selbst bezeichnet ihn als «rätselhaft».[37] Aber die morphische Resonanz könnte eine natürliche Erklärung liefern.

Wenn sich der Flynn-Effekt tatsächlich durch morphische Resonanz erklären läßt, dann zeigt sich, daß derartige Resonanzeffekte relativ gering sind. Wenn Millionen von IQ-Tests nur zu einem Anstieg von ein paar Prozent führen, dann werden die Effekte der morphischen Resonanz bei Experimenten mit ein paar hundert oder bestenfalls ein paar tausend Menschen wohl zu gering sein, um sie überhaupt vor dem «statistischen Rauschen» aufgrund der großen Leistungsschwankungen bei den einzelnen Testpersonen ausmachen zu können.

Implikationen

Die Hypothese der Formenbildungsursachen hat in allen Wissenschaftszweigen weitreichende Implikationen.

In der Chemie, der Kristallographie und der Molekularbiologie kann man erkennen, daß molekulare und kristalline Formen nicht von ewigen, unveränderlichen Gesetzen bestimmt sind, sondern sich entwickeln und eine Art von Gedächtnis besitzen. Die Erforschung des Gedächtnisses im molekularen und kristallinen Bereich könnte letztlich zu bedeutenden technischen Anwendungen führen, etwa zu neuartigen Computern, die durch morphische Resonanz miteinander vernetzt und mit globalen Kollektivspeichern ausgestattet sind.

In der Biologie kann man erkennen, daß die Entwicklung

von Tieren und Pflanzen von unsichtbaren Organisationsfeldern gestaltet wird, den Trägern der Vorfahrengewohnheiten. Zur Entwicklung biologischer Formen gehört nicht nur die Entwicklung von Gen-Pools, sondern auch die Entwicklung der morphischen Felder der Spezies. Durch diese Felder lassen sich, wie schon Charles Darwin angenommen hat, erworbene Anpassungen vererben.[38] Und wenn sich neue Gewohnheiten bilden, kann die Evolution infolge von morphischer Resonanz viel rascher vonstatten gehen und sich ausbreiten, als wenn sie nur von dem Transfer von Mutationsgenen von den Eltern zum Nachwuchs abhängt.

Instinkte beruhen auf den gewohnheitsmäßigen Verhaltensfeldern der Spezies, die die Tätigkeit des Nervensystems prägen – sie werden von Genen beeinflußt und auch durch morphische Resonanz vererbt. Durch morphische Resonanz können sich neu erlernte Verhaltensmuster in einer Spezies verbreiten. Das Erlernen dieser neuen Fertigkeiten kann im Laufe der Zeit – während sie immer gewohnheitsmäßiger werden – zunehmend leichter werden.

In der Psychologie lassen sich die Geistestätigkeiten als Felder interpretieren, die mit den physiko-chemikalischen Aktivitätsmustern im Gehirn interagieren. Aber diese Felder sind nicht auf das Gehirn beschränkt, sondern erstrecken sich über den Körper hinaus in die Umwelt hinein. Diese erweiterten mentalen Felder liegen der Wahrnehmung und dem Verhalten zugrunde. Sie ermöglichen es auch, daß sich «paranormale» Phänomene wie das Gefühl des Angestarrtwerdens so interpretieren lassen, daß sie als normal erscheinen. Das persönliche Gedächtnis kann als Selbstresonanz aus der Vergangenheit eines Menschen verstanden werden – man braucht nicht mehr davon auszugehen, daß alle Erinnerungen als flüchtige materielle «Spuren» im Gehirn gespeichert werden müssen.[39] Eine weniger spezifische Resonanz mit unzähligen anderen Menschen in der Vergangenheit verbindet uns alle mit dem kollektiven Gedächtnis unserer Gesellschaft und Kultur und letztlich mit dem kollektiven Gedächtnis der gesamten Menschheit.

Persönliche und kollektive Gewohnheiten unterscheiden sich nicht von ihrer Art, sondern von ihrem Ausmaß her – beide beruhen auf morphischer Resonanz. Dieses neue Verständnis des Gedächtnisses könnte dem Verständnis des Lernens generell neue Impulse vermitteln und durchaus wichtige Anwendungsmöglichkeiten in Erziehung und Bildung zur Folge haben. Unterrichtsmethoden, die die morphische Resonanz von jenen Menschen maximieren, die in der Vergangenheit die gleiche Sache gelernt haben, könnten zu einem effizienteren und rascheren Lernen führen.

Die morphischen Felder sozialer Gruppen würden dazu beitragen, viele ansonsten rätselhafte Aspekte der sozialen Organisation zu erklären, wie das Verhalten gesellschaftsbildender Insekten, von Vogelschwärmen und von menschlichen Gesellschaften. Die Sozialwissenschaften könnten eine neue theoretische Grundlage erhalten, und neue Wege der Forschung würden sich auftun. Das Verständnis kultureller Formen als morphischer Felder würde ebenso unser Verständnis des kulturellen Erbes wie den Einfluß der Ahnen auf unser Leben revolutionieren. Richard Dawkins hat für die «Einheiten der kulturellen Übertragung» den Begriff «Meme» geprägt[40], und solche Memes lassen sich als morphische Felder interpretieren. Die morphische Resonanz würde auch ein neues Licht auf viele religiöse Praktiken und Rituale werfen.[41] Selbst wissenschaftliche Paradigmen lassen sich als morphische Felder verstehen, die durch morphische Resonanz stabilisiert werden und dazu tendieren, zunehmend gewohnheitsmäßig und unbewußt zu werden, je häufiger sie wiederholt werden.[42]

Der gesamte Kosmos erscheint mittlerweile als evolutionär. Die Felder von Atomen, Molekülen, Kristallen, Planeten, Sternen und Galaxien entwickeln sich, und wie die morphischen Felder biologischer Organismen ist auch ihre Evolution der natürlichen Auslese unterworfen. Die Hypothese der Formenbildungsursachen stellt somit eine Möglichkeit dar, den Entwicklungsprozeß in der ganzen Natur und nicht bloß im Reich der Biologie zu erforschen.

Aber so allgemein die Implikationen dieser Hypothese auch sein mögen, gibt es dafür doch eine entscheidende innere Grenze. Sie mag zwar als Erklärung dafür dienen, wie Organisationsmuster wiederholt werden – aber sie erklärt nicht, wie sie überhaupt entstehen. Sie läßt die Frage der evolutionären Kreativität offen. Die Idee von den Formenbildungsursachen ist mit einer Reihe verschiedener Theorien von Kreativität vereinbar, die von der Vorstellung, alles Neue sei letztlich eine Frage des Zufalls, bis hin zur Idee der göttlichen Kreativität reichen.[43]

Anmerkungen

Vorwort

1 Dieser Gruppe gehörten die Wissenschaftsphilosophen Richard Braithwaite und Margaret Masterman, die Philosophin Dorothy Emmet sowie die Physiker Ted Bastin und Christopher Clarke an. Die Gruppe gab von 1966 bis 1981 die Vierteljahreszeitschrift *Theoria to Theory* heraus.
2 Sheldrake (1981).
3 Sheldrake (1988).
4 Sheldrake (1994).

Einleitung

1 Serpell (1986).
2 Zur mechanistischen Theorie des Lebens sowie zu entsprechenden Alternativen siehe Sheldrake (1988, 1990).
3 Pfungst (1911).

1. Die Domestikation von Tieren

1 Karsh/Turner (1988).

2 Godwin (1975), Marx u. a. (1988).
3 Leakey/Lewin (1992), Mithen (1996).
4 Ehrenreich (1977).
5 Ebenda.
6 Eliade (1964), Burkert (1996).
7 Eliade, a.a.O.
8 Masson (1997).
9 Morell (1997).
10 Paxton (1994).
11 Fiennes/Fiennes (1968).
12 Serpell (1983).
13 Ebenda.
14 Galton (1865).
15 Kerby/Macdonald (1988).
16 Clutton-Brock (1981).
17 Kiley-Worthington (1987).
18 Interessante Einzelheiten zur Entstehung der Lassie-Geschichten enthält Garber (1996).
19 Galton (1865).
20 Fiennes/Fiennes (1968).
21 In den USA gab es 1996 im Durchschnitt 2,2 Katzen pro Haushalt mit Katzen gegenüber 1,7 Hunden pro Haushalt mit Hunden (Quelle: Humane Society of America, Washington, D.C.).
22 Darwin (1875).
23 Kiley-Worthington (1987).
24 Kerby/Macdonald (1988).
25 Sheldrake (1988).
26 Francis Huxley hat darauf hingewiesen, daß Darwins berühmtestes Buch eher den Titel «The Origin of Habits» («Der Ursprung der Gewohnheiten») tragen sollte (Huxley, 1959).
27 Sheldrake (1981, 1988).
28 Zu einem mathematischen Modell der Kommunikation durch ein morphisches Feld siehe Abraham (1996).

2. Hunde, die wissen, wann ihre Halter nach Hause kommen

1 Serpell (1986).
2 Fogle (1995), S. 41.
3 Shiu/Munro/Cox (1997), Munro/Paul/Cox (1997).
4 Boone (1954), 7. Kapitel.
5 Serpell (1986), S. 103 f.
6 Sheldrake/Smart (1997), Brown/Sheldrake (1998), Sheldrake/Lawlor/Turney (1998).
7 www.sheldrake.org.
8 Sheldrake/Smart (1997), Brown/Sheldrake (1998), Sheldrake/Lawlor/Turney (1998).
9 Matthews (1994).
10 Bei der linearen Korrelation zwischen Fahrzeit und Jaytees Reaktionszeit beträgt $p<0{,}0001$ (Sheldrake/Smart, 1998).
11 In 20 von 55 Fällen reagierte Jaytee zu der Zeit, da Pam aufbrach, oder innerhalb von zwei Minuten danach. Aber manchmal reagierte Jaytee, bevor Pam aufbrach, und manchmal danach: In neun Fällen reagierte er über drei Minuten früher, in 26 Fällen über drei Minuten später. Ist dieses Schwanken bloß reiner Zufall, oder könnte es an gewissen Problemen beim Aufzeichnen der Daten liegen? Es könnte mindestens zwei mögliche Probleme gegeben haben, die einander entgegengesetzt waren. Erstens waren einige der Daten über Jaytees Verhalten vielleicht zu spät erfaßt worden. Falls Mr. und Mrs. Smart nicht in ihrem Wohnzimmer saßen oder beispielsweise durch Besucher, Telefonanrufe oder durchs Fernsehen abgelenkt waren, hätten sie Jaytees Reaktionen nicht sofort bemerkt. Somit hatte Jaytee in einigen der Fälle, in denen seine Reaktionen den Aufzeichnungen zufolge erst nach Pams Antritt der Heimfahrt einsetzten, vielleicht tatsächlich früher reagiert, eher zu der Zeit, da sie aufbrach. Zweitens könnte in einigen der Fälle, in denen Jaytee früher reagierte, diese Vorzeitigkeit ein falsches Ergebnis aufgrund der Art und Weise sein, wie Pams Aufbruchzeit definiert wurde. Die von Pam festgehaltenen Aufbruchzeiten waren die Zeiten, in denen sie tatsächlich die Fahrt antrat. Aber manchmal war sie bereits seit zehn Minuten oder früher aufbruchbereit, nahm sich jedoch noch Zeit, um sich

von den Leuten zu verabschieden, mit denen sie zusammengewesen war, oder um mit ihnen im Gehen noch ein wenig zu plaudern. Und manchmal dachte sie daran heimzufahren, bevor sie tatsächlich Anstalten dazu machte. Falls Jaytee auf ihre Absichten reagierte, dann würde er im allgemeinen reagieren, *bevor* sie mit dem Auto losfuhr.

12 Sheldrake/Smart (1998).
13 Ebenda.
14 Ebenda.
15 Eine Videokassette mit Sequenzen aus diesem Experiment ist käuflich zu erwerben (Sheldrake, R. [1997], *Seven Experiments that Could Change the World: The Video,* Wellspring Media, 65 Bleecker Street, New York, NY 10012, USA).
16 Sheldrake (1994).
17 $p<0,000001$.
18 Es war wichtig, daß Pam während der Zeit, in der sie angepiepst wurde, in der Lage war, gleich heimzukommen. Daher konnten wir diese Experimente beispielsweise nicht durchführen, während sie beim Zahnarzt oder mitten in einer wichtigen Besprechung war. Die meisten Experimente fanden statt, wenn sie Freunde oder Familienangehörige besuchte, wenn sie in der Bibliothek, in einem Café oder in einer Kneipe war. Natürlich mußten Pam und ich im voraus wissen, innerhalb von welchem Zeitraum das Piepsen erfolgen würde.
19 $p<0,000001$.
20 Siehe z. B. Matthews (1995).
21 Wiseman/Smith/Milton (1998).
22 Über die Fakten läßt sich nicht streiten, wohl aber über ihre Interpretation. Richard Wiseman und Matthew Smith erfanden ein eigenes Kriterium, nach dem sie Jaytees Erfolg beurteilten. Sie legten fest, daß Jaytees «Signal» für Pams Rückkehr das erste Mal sein sollte, da er sich länger als zwei Minuten ohne ersichtlichen äußeren Grund am Fenster aufhielt. Sie verständigten weder mich noch die Familie der Hundehalterin wegen dieses Zwei-Minuten-Kriteriums, sondern richteten sich dabei nach einer Bemerkung über das Verhalten des Hundes in einer populären Fernsehsendung. Alle Daten im Anschluß an diese sogenannten

Signale ignorierten sie. Obwohl Jaytee während Pams Abwesenheit mehrmals zum Fenster ging, verbrachte er in ihren Experimenten in der Wohnung von Pams Eltern eigentlich einen weitaus höheren Anteil der Zeit am Fenster, wenn sich Pam tatsächlich auf dem Heimweg befand. Im Durchschnitt war Jaytee nur vier Prozent der Hauptzeit von Pams Abwesenheit am Fenster. In den zehn Minuten vor ihrer Rückkehr war er 48 Prozent der Zeit am Fenster, und während sie tatsächlich unterwegs war, 78 Prozent dieser Zeit. Dieses Ergebnismuster, das ausführlicher im Anhang dargestellt ist, gleicht meinen eigenen Ergebnissen (Abb. 2.3) und ist statistisch gesehen signifikant.

Doch Wiseman, Smith und Milton beschlossen, den größten Teil ihrer Daten zu ignorieren und Jaytee zu disqualifizieren, falls er sich nicht nach ihrem willkürlichen Zwei-Minuten-Kriterium richtete, und somit konnten sie behaupten, daß Jaytee den Test nicht bestanden hatte. Sie gaben diese Schlußfolgerung durch Presseerklärungen, im Fernsehen und in der Zeitung bekannt.

Leider war ihnen ihr skeptischer Eifer wichtiger als die wissenschaftliche Objektivität. Sie versuchten ihre selektive Verwendung der Daten damit zu rechtfertigen, daß sie erklärten, sie würden «eine von den Medien aufgestellte Behauptung» testen, statt daß sie das in meinen eigenen Experimenten dokumentierte Muster von Erwartungsverhalten untersuchten und alle Daten berücksichtigten.

1999 veröffentlichte Jochen Paulus über Wisemans und Smiths skeptische Schlußfolgerungen einen Artikel in der *Zeit,* der den Titel «Tierische Wahrheit» trug (*Die Zeit,* 13.3.1999) und auch im *Tagesanzeiger* unter dem Titel «Der Spuk mit Jaytee ist vorbei» erschien (*Tagesanzeiger,* 17.3.1999). Paulus übernahm unkritisch Wisemans skeptische Behauptungen und stellte diese von Wiseman und seinen Kollegen 1995 durchgeführten Experimente als eine Widerlegung von Jaytees Fähigkeiten dar, während ihre Ergebnisse eigentlich meine eigenen bestätigen und zusätzliches Beweismaterial für die Fähigkeit des Hundes liefern, die Rückkehr seiner Besitzerin zu antizipieren. Wiseman und seine Kollegen haben gewiß ebenso wie Paulus nachgewiesen, daß die Medien irreführen können, was nicht weiter überrascht. Sie erinnern uns auch daran, daß man gegenüber den Behauptungen von Skeptikern skeptisch sein muß. Eine ausführlichere Darstellung dieser Kontroverse enthält Sheldrake (1999), *British Journal of Psychology.*

3. Katzen

1 Deag/Manning/Lawrence (1988).
2 Kerby/Macdonald (1988).
3 Turner (1995).
4 In den Geschichten, in denen das Geschlecht der Katze angegeben ist, beträgt der Anteil der Männchen insgesamt 54 Prozent, der der Weibchen 46 Prozent.

4. Papageien, Pferde und Menschen

1 Eine statistische Analyse aufgrund des T-Tests mit paarweisem Sample ergab eine Signifikanz von p = 0,03.
2 Barber (1993).
3 von Frisch (1974).
4 Pet Food Manufacturers Association (GB), 1997.
5 van der Post (1958).
6 Inglis (1977), S. 18.
7 Lang (1911).
8 Hygen (1987). Zum Begriff *vardøger* siehe Tom Husted, *Stor norsk-tysk ordbok,* Oslo ²1944, S. 803.
9 Z. B. Haynes (1976), S. 208 f.
10 Knowles (1996).

5. Wenn Tiere trösten und heilen

1 Partridge, E. (1958), S. 475.
2 Die wichtigste Formulierung dieses Standpunkts stammt von Dawkins (1976).

3 Die systematischste Darstellung dieser Theorie findet sich bei Wilson (1980).
4 Zur Erörterung, inwieweit das Abgeben von Alarmsignalen für das Individuum gefährlich, für die Gruppe aber von Nutzen sein kann, siehe Ridley (1996).
5 Aber wenn Haustiere und Menschen einander das Leben retten, dann sind sie in genetischer Hinsicht wechselseitig voneinander abhängig und bleiben dies auch über viele Generationen hinweg. Sie wären daher der Auslese für einen Altruismus zwischen den Arten unterworfen.
6 Karsh/Turner (1988).
7 Ebenda.
8 Hart (1995), Dossey (1997).
9 Lynch/McCarthy (1969).
10 Friedmann (1995).
11 Hart (1995), Rennie (1997).
12 Hart (1995).
13 Serpell (1991).
14 Hart (1995).
15 Dossey (1997).
16 Z. B. Paul/Serpell (1996).
17 Z. B. Summerfield (1996).
18 Z. B. Phear (1997).
19 Ormerod (1996).
20 Rennie (1997).
21 Susan Chernak McElroy (1997) führt in ihrem Buch *Animals as Teachers and Healers* viele Beispiele von Hunden und anderen Tieren auf, die heilen und trösten, sowie von Hunden, die Kranke und Sterbende aufsuchen.
22 Metzger (1998).
23 Garber (1997), S. 137f.
24 Edney (1992).
25 McCormick/McCormick (1997).
26 Stewart (1995).
27 Ebenda.
28 Masson (1997).
29 Michell/Rickard (1982), S. 127.

30 Ebenda, S. 128.

6. Unglück und Tod an fernen Orten

1 Masson (1997).
2 Bradshaw/Nott (1995).
3 Morris (1986), S. 17.
4 Steinhart (1995), S. 24.
5 Gurney/Myers/Podmore (1886), Broad (1962).
6 Stevenson (1970).

8. Telepathische Rufe und Befehle

1 Woodhouse (1992), S. 54.
2 Sheldrake/Smart (1997), Sheldrake/Lawlor/Turney (1998), Brown/Sheldrake (1998), Sheldrake (1998a).
3 Ebenda.
4 Ebenda.
5 Bechterew (1949; engl. Übersetzung eines ursprünglich 1924 in der *Zeitschrift für Psychologie* erschienenen Artikels).
6 Bechterew (1949), S. 175.
7 Aber einige erste und wenig überzeugende Laborexperimente wurden von Osis (1952) sowie Osis/Forster (1953) mit Katzen durchgeführt.
8 Kiley-Worthington (1987), S. 88 f.
9 Roberts (1996).
10 Blake (1975).
11 Ebenda, S. 131.
12 Ebenda, S. 94.
13 Ebenda, S. 129.
14 Patanjali, *Yoga Sutras*, III, 36.
15 Smith (1989).
16 Myers (1997).
17 St Barbe Baker (1942), S. 41.
18 Steiger/Steiger (1992), S. 16.

19 Die Umfragen wurden so durchgeführt, daß willkürlich aus Telefonbüchern ausgewählte Haushalte angerufen wurden. In Bury erklärten 65 Prozent der Befragten, sie hätten mit Menschen telefoniert, die sagten, sie hätten gerade daran gedacht, sie anzurufen. 50 Prozent der Befragten sagten, sie selbst hätten ohne jeglichen Hinweis gewußt, wer sie anrufen würde, bevor sie den Hörer abgenommen hätten. Dies hatten signifikant mehr Frauen als Männer erlebt. (Der statistisch signifikante Unterschied zwischen Männern und Frauen lag bei $p<0{,}02$.) Über ein Drittel der Menschen, die diese Erfahrungen gemacht hatten, erklärten, sie kämen oft vor. In London wurde ein Zufallssample der Bevölkerung gefragt: «Haben Sie jemals das Gefühl gehabt, jemand würde Sie gleich anrufen, kurz bevor er oder sie es tat?» 58 Prozent erklärten, sie hätten dies schon erlebt.

9. Telepathie unter Tieren

1 Wilson (1971).
2 Hölldobler/Wilson (1994).
3 von Frisch (1974), S. 157.
4 Ebenda, S. 158.
5 Marais (1973).
6 Sheldrake (1994).
7 Wilson (1980).
8 Ebenda, S. 207 f.
9 Partridge (1981).
10 Ebenda, S. 493 f.
11 Mathematische Modelle von Fischschwärmen müssen Synergie- oder Kooperationseffekte im gesamten Schwarm in Betracht ziehen – sie stellen das Feld der Schule dar. Siehe z. B. Huth/Wissel (1992), Niwa (1994).
12 Selous (1931), S. 9.
13 Ebenda, S. 10.
14 Potts (1984).
15 Einen Überblick zur neueren Forschung über das Scharverhalten und die mathematischen Modelle von Tiergruppen bieten Par-

rish/Hammer (1997). Modelle, die lokale Interaktionen zwischen Vögeln und ihren Nachbarn verwenden, sind auf der Basis von Zellautomatenprogrammen von Craig Reynolds u. a. konstruiert worden; am bekanntesten ist Reynolds' Programm «Boids» (Details enthält seine Internetseite www.hmt.com/cwr/boids/html). Diese Programme sind in der Lage, einige Eigenschaften des Scharverhaltens zu simulieren. Aber einige neue Modelle sagen das Scharverhalten weitaus besser voraus als die ursprünglichen «Boids». Diese Modelle basieren auf Feldphänomenen wie den Feldern, die den Magnetspin der Atome in einem Magneten ordnen, oder den Feldern fließender Flüssigkeiten. Aber keines dieser Computermodelle berücksichtigt die Details, wie die Kommunikation zwischen den Vögeln in Wirklichkeit abläuft. Beobachtungsdaten von Hochgeschwindigkeits-Filmaufnahmen zeigen, daß diese Interaktion zu rasch ist, als daß sie sich durch visuelle Stimuli von Nachbarn erklären ließe. Die Vögel reagieren rascher, als ihre Nervenimpulse dies zuließen, falls sie bloß auf ihre Nachbarn reagierten (Sheldrake, 1988). Vielmehr reagieren sie anscheinend auf das Muster der Veränderung in der sich bewegenden Schar als einem Ganzen. Diese neuen, verbesserten Feldversionen der «Boids» enthalten eine Art von raschem Informationstransfer durch Felder und stimmen durchaus mit einem Feldmodell überein, wie ich es vorschlage.

16 Long (1910), S. 101–105.
17 Blake (1975).
18 Ostrander/Schroeder (1970).
19 Rogo (1997).
20 Wylder (1978).
21 Peoc'h (1997).

10. Unglaubliche Reisen

1 Burnford (1961).
2 Young (1995).
3 Lemish (1996), S. 220.
4 Haldane, *Drovers' Roads of Scotland*.

5 Herrick (1922).
6 Schmidt (1932).
7 Schmidt (1936).
8 Ebenda.
9 Thomas (1993).
10 Ebenda.
11 Am 6. August 1996 brachte *BBC 1* einen Fernsehbericht in der Sendung «Out of this World».
12 McFarland (1981).
13 Steinhart (1995), S. 16.
14 Boitani u. a. (1995).
15 Kerby/Macdonald (1955).
16 Liberg/Sandell (1955).
17 Matthews (1968).
19 Carthy (1963).
20 Gould (1990).
21 Schmidt-Koenig/Ganzhorn (1991).
22 Walraff (1990).
23 Schmidt-Koenig (1979).
24 Diese Erfahrung machte man, als man versuchte, die geographische Länge auf dem Meer zu bestimmen, die für die Navigation auf hoher See von großer Bedeutung ist. Siehe Sobel (1996).
25 Keeton (1981).
26 Schmidt-Koenig (1979), Wiltschko/Wiltschko/Jahnel (1987).
27 Moore (1988), Walcott (1991).
28 van der Post (1962), S. 235.
29 Forster (1778).
30 Einen Überblick über die Forschungsergebnisse bietet Baker (1989).

11. Migrationen und Gedächtnis

1 Brower (1996).
2 Berthold (1991).
3 Keeton (1981).
4 Able (1982).

5   Wiltschko/Wiltschko (1995, 1999).
6   Skinner/Porter (1987).
7   Able/Able (1996).
8   Sobel (1996).
9   Hasler/Scholz/Horrall (1978).
10 Papi/Luschi (1996).
11 Ebenda.
12 Lohmann (1992).
13 Jouventin/Weimerskirch (1990), Weimerskirch u. a. (1993).
14 Papi/Luschi (1996).
15 Sheldrake (1981, 1988).
16 Helbig (1996).
17 Perdeck (1958).
18 Ebenda.
19 Ebenda.
20 Baker (1980).
21 Helbig (1996).
22 Wenn Vögel verschiedener Zugvogelrassen gekreuzt werden, zum Beispiel Mönchsgrasmücken aus Ost- und Westeuropa, dann würde sich nach dieser Hypothese ihr Nachwuchs in beide Sets von Migrationsgewohnheiten einschalten und dabei wahrscheinlich durcheinandergeraten. Tatsächlich weisen derartige Hybridvögel, wenn sie zu Beginn der Zugsaison getestet werden, um zu sehen, in welcher Richtung sie in Käfigen hüpfen, eine viel größere Schwankungsbreite auf als Vögel der Elternrassen. Käfigvögel der östlichen Rasse tendieren dazu, in Richtung Südosten zu hüpfen, die der westlichen Rasse in Richtung Südwesten, und die Hybriden hüpfen im Durchschnitt in eine dazwischenliegende Richtung, nämlich nach Süden (Helbig, 1993, 1996). Falls die Hybriden im wirklichen Leben auf einem Südkurs beharrten, würden sie damit keinem der traditionellen Migrationswege von Europa nach Afrika folgen, mit kurzen Seeüberquerungen bei der Straße von Gibraltar oder am Bosporus, und entweder umkommen oder sich ein neues Winterquartier suchen müssen.
23 Bowen/Avise (1994).

12. Tiere, die wissen, wann sie sich ihrem Zuhause nähern

1 Thomas (1993).

13. Haustiere, die ihre weit entfernten Halter wiederfinden

1 Die näheren Details enthält ein im 19. Jahrhundert in St. Gallen erschienener Bericht mit dem Titel *Zollikofer und sein Hund*. Professor C. Zollikofer von der ETH in Zürich, ein Nachkomme des Botschafters, hat mir freundlicherweise eine Kopie überlassen.
2 Cooper (1983), S. 149.
3 Geller (1998).
4 Rhine (1951).
5 Rhine/Feather (1962).
6 Ebenda.
7 Ebenda.
8 Ebenda.
9 Whitlock (1992).
10 Pratt (1964).
11 Nachgedruckt in *World Farming Newsletter*, 1983.
12 «Cow's long march», in: *Soviet Weekly*, 24. Januar 1987.
13 Long (1919), S. 95.
14 Ebenda, S. 97 ff.

14. Vorahnungen von Anfällen, Komata und plötzlichen Todesfällen

1 Eine aufschlußreiche Darstellung des Gefühls der Angst bietet Masson (1996).
2 Hölldobler/Wilson (1994).
3 Brown (1975).
4 Chandrasekeran (1995).
5 Price (1998).
6 Edney (1993).
7 Smith (1997).

8 Support Dogs, P.O. Box 447, Sheffield S6 6YZ, England.
9 National Service Dog Centre, 289 Perimeter Road E, Renton, WA 98055–1329, USA. Ein Trainingsprogramm zählt auch zum Prison Pet Partnership Program, 9601 Bujacich Road, P.O. Box 17, Gig Harbor, WA 98335–0017, USA.
10 Chandasekeran (1995).
11 Als dieses Buch entstand, waren entsprechende Forschungsprogramme bei mindestens zwei Institutionen in den USA in der Planung: The Epilepsy Institute, 257 Park Avenue South, New York, NY 10010, USA, und im Department of Physiological Sciences, College of Veterinary Medicine, University of Florida, P.O. Box 100144, Gainesville, FL 32610-0144, USA.
12 Lim u. a. (1992).
13 Williams/Pembroke (1989).

15. Vorahnungen von Erdbeben und anderen Katastrophen

1 Diese Berichte verdanke ich Anna Rigano. In meinem Auftrag begab sie sich nach Assisi, Foligno und in andere vom Erdbeben betroffene Gebiete in Umbrien – drei Wochen nach dem Hauptbeben von Assisi (26. September 1997), während es noch Nachbeben gab – und befragte Dutzende von Haustierbesitzern und Tierärzten nach ihren Erfahrungen hinsichtlich des Verhaltens der Tiere vor dem Erdbeben.
2 Tributsch (1981), S. 25.
3 Ebenda, S. 28.
4 Bardens (1987).
5 Wadatsumi (1995).
6 Geller u. a. (1997).
7 Tributsch (1981), S. 21.
8 Ebenda, S. 22.
9 Evernden (1976).
10 Hui (1996).
11 Hui/Kerr (1997).
12 Hui (1996).
13 Otis/Kautz (1981).

14 Die Wahrscheinlichkeit von Zufallsergebnissen lag bei nur $p<0{,}00005$.
15 Tributsch (1981), S. 120 ff.
16 Otis/Kautz (1981).
17 Ikeya u. a. (1997).
18 Lighthill (1996).
19 Time Research Institute, P.O. Box 620198, Woodside, CA 94962, USA.
20 Ikeya/Takaki/Takashimizu (1996), Ikeya/Matsuda/Yamanaka (1998).
21 Cooper (1983).
22 Ebenda, S. 128.
23 Peter (1994).
24 Parson (1956).
25 Inglis (1985), S. 74.
26 Radin (1997), S. 112.
27 Dunne (1958).
28 Radin (1997), 7. Kapitel.

16. Die Kräfte der Tiere und der menschliche Geist

1 Zu zwei Geschichten über die Buschmänner von Laurens van der Post siehe S. 136 und S. 290.
2 Lang (1911).
3 Aufgrund unserer Umfragen erklärten mehr Frauen als Männer, sie hätten ein übersinnliches Erlebnis gehabt, wobei mehr Menschen anscheinend telepathische Telefonanrufe erlebt hatten: Sheldrake/Smart (1987), Sheldrake/Lawlor/Turney (1998), Brown/Sheldrake (1998).
4 Baker (1989).
5 Die erstaunlichste Ausnahme stellt das bahnbrechende Werk von Rhine/Feather (1962) dar. Eine kritische Würdigung der Forschung von Parapsychologen über dieses Thema enthält Morris (1977).
6 Peoc'h (1988a, b).
7 Peoc'h (1988c).

8 Peoc'h (1997).
9 Jahn/Dunne (1987), Radin (1997).
10 Eine Erörterung der Wirkungen von Absichten und ihre Beziehung zum positiven Denken und zum Gebet enthält Sheldrake/Fox (1996).
11 Cottrell/Winer/Smith (1996).
12 Sheldrake (1994), Cottrell/Winer/Smith (1996).
13 Elsworthy (1898).
14 Dundes (1981).
15 Sheldrake (1994).
16 Sheldrake (1998b, c).
17 Braud/Shafer/Andrews (1993a, b), Schlitz/LaBerge (1997). Ein Forscher entdeckte allerdings keine positiven Effekte, als er selbst oder seine skeptischen Kollegen die Rolle des Starrenden übernahmen: Richard Wiseman. Stets positive Ergebnisse bei diesem Experiment erzielte Marilyn Schlitz vom Institute of Noetic Sciences in Sausalito, und sie begab sich nach England zu Wisemans Labor, um das Experiment unter seinen Bedingungen mit einer Gruppe freiwilliger Teilnehmer durchzuführen, die willkürlich Schlitz oder Wiseman zugeteilt wurden. Wenn Schlitz bei diesen Experimenten die Starrende war, veränderte sich der emotionale Zustand ihrer Partner auf statistisch signifikante Weise, wie Veränderungen ihres Hautwiderstands anzeigten. War Wiseman der Starrende, wiesen seine Partner keine signifikanten Veränderungen auf (Wiseman/Schlitz, 1997). Das verweist eindeutig auf einen «Experimentatoren-Effekt», demzufolge die Erwartungen und Fähigkeiten von Experimentatoren sich auf die Ergebnisse ihrer Experimente auswirken können. Aber während es leicht nachvollziehbar ist, daß ein Skeptiker das Scheitern eines Experiments bewirken kann, lassen sich die Ergebnisse von Marilyn Schlitz nicht in ähnlicher Weise erklären. Ihr Glaube an die Existenz dieses Effekts könnte ihren Partnern nur dann das Gefühl vermittelt haben, sie würde sie anstarren, wenn ihr Geist irgendeinen echten Einfluß über die Distanz hinweg ausübte.
18 Mit dem Konzept des morphischen Feldes ließen sich vielleicht Präkognitionen erklären, wenn es weiterentwickelt und die Art und Weise berücksichtigt würde, wie sich Wellen und Schwin-

gungen zeitlich ausbreiten, und zwar ohne scharfe Trennungen zwischen Vergangenheit, Gegenwart und Zukunft. Siehe dazu Sheldrake/McKenna/Abraham (1998).
19 Einige dieser Implikationen werden erörtert in Sheldrake/McKenna/Abraham (1998).
20 Diesen Denkansatz verdanke ich David Jay Brown.
21 Barrow (1988), S. 361.
22 Davies/Gribbin (1991), S. 217. Eine neuere experimentelle Entwicklung des Prinzips der Nichtlokalität stellt die Herbeiführung des «Quanten-Teleports» dar (Bouwmeester u. a., 1997).

Anhang

A. Wie man sich an der Forschung beteiligen kann

1 Siehe z. B. Rhine/Feather (1962), Edney (1993), Peoc'h (1988a, b, c; 1997a, b).
2 Sheldrake/Smart (1997), Sheldrake/Lawlor/Turney (1998), Brown/Sheldrake (1998), Sheldrake (1998a).
3 Sheldrake/Smart (1998, 1999).
4 Sheldrake (1994).
5 Sheldrake (1998b, c).

B. Experimente mit Jaytee

1 In diesem Zusammenhang bedeutet lang über 3 Stunden, mittel 1 Stunde 50 Minuten bis 2 Stunden 50 Minuten und kurz 1 Stunde 20 Minuten bis 1 Stunde 40 Minuten.
2 Am 1. Juli 1997.
3 Am 29. August 1997.
4 Sheldrake/Smart (1998).

C. Morphische Felder

1 Sheldrake (1981).
2 Sheldrake (1988).
3 Sheldrake (1981).
4 Sheldrake (1988).
5 Ebenda, 13. und 14. Kapitel.
6 Waddington (1957).
7 Thom (1975, 1983).
8 Eine Darstellung alternativer Kreativitätstheorien enthält Sheldrake (1988), 18. Kapitel.
9 Sheldrake (1988, 1990).
10 Sheldrake (1988), S. 382 f.
11 Sheldrake (1994).
12 Davies/Gribbin (1991).
13 Bohm/Sheldrake (1985), «Morphogenetische Felder und die implizite Ordnung», in: Sheldrake (1985), S. 234.
14 Goswami (1997).
15 Dürr (1997).
16 Sheldrake (1994).
17 Sheldrake (1988).
18 Sheldrake (1981), Abschnitt 9.6.
19 Sheldrake (1994, 1998b, c).
20 Abraham/McKenna/Sheldrake (1992), Sheldrake (1994).
21 Eine Diskussion über diese Idee enthält Sheldrake/McKenna/Abraham (1998), 4. Kapitel.
22 Sheldrake (1988), 8. Kapitel.
23 Bedichek (1947, Nachdruck 1961), S. 157 f.
24 Sheldrake (1988b).
25 Sheldrake (1988), 9. Kapitel.
26 Sheldrake (1992a). Vielleicht war es unvermeidlich, daß Rose und ich uns hinsichtlich der Interpretation der Daten nicht einigen konnten. Er blieb skeptisch (Rose, 1992), aber seine Schlußfolgerungen beruhten auf einem falschen Datensatz sowie darauf, daß er die Ergebnisse der Kontrollküken ignorierte (Sheldrake, 1992b).
27 Pinker (1994), S. 33.

28 Ebenda, S. 36.
29 Ebenda, S. 37.
30 Ebenda, S. 41.
31 Ebenda, S. 46.
32 Anderson (1982).
33 Flynn (1983, 1984).
34 Flynn (1987).
35 Neisser u. a. (1995), Horgan (1995).
36 Horgan (1995).
37 Ebenda.
38 Darwin (1875).
39 Sheldrake (1988).
40 Dawkins (1976).
41 Sheldrake/Fox (1996).
42 Sheldrake (1988a).
43 Sheldrake (1981, 1988a, 1990).

Literatur

Able, K. T./Able, M. A., The flexible migratory orientation system of the Savannah sparrow, in: *Journal of Experimental Biology*, 199, 1996, S. 3–8.

Able, K. T., The effects of overcast skies on the orientation of free-flying nocturnal migrants, in: Papi F./Wallraff, H. G. (Hrsg.), *Avian Navigation*, Berlin 1982.

Abraham, R., *Vibrations: communication through a morphic field*. Visual Math Institute, Santa Cruz 1996.

Abraham, R./McKenna, T./Sheldrake, R., *Trialogues at the Edge of the West* (dt.: *Cyber-Talk. Mutige Anstöße für die Vernetzung von wissenschaftlichem Fortschritt und Heilung der Erde*), Santa Fe 1992.

Anderson, A. M., The great Japanese IQ increase, in: *Nature* 297, 1982, S. 180f.

Ash, E. C., *Dogs: Their History and Development*, London 1927.

Baker, R., *The Mystery of Migration*, London 1980.

Baker, R., *Human Navigation and Magnetoreception*, Manchester 1989.

Barber, T. X., *The Human Nature of Birds*, New York 1993.

Bardens, D., *Psychic Animals: An Investigation of their Secret Powers*, London 1987.

Barrow, J., *The World Within the World*, Oxford 1988 (dt.: *Die Natur der Natur. Wissen an den Grenzen von Raum und Zeit*, Heidelberg 1993).

Bechterew, W., «Direct influence» of a Person upon the behaviour of animals, in: *Journal of Parapsychology* 13, 1949, S. 166–176.

Bedichek, R., *Adventures with a Texas Naturalist*, Austin 1961.

Berthold, P., Spatiotemporal programmes and the genetics of orientation, in: Berthold, P. (Hrsg.), *Orientation in Birds*, Basel 1991.

Blake, H., *Talking with Horses: A Study of Communication Between Man and Horse*, London 1975.

Bloxham, H./Gubbins, D., The secular variation of the Earth's magnetic field, in: *Nature* 317, 1985, S. 777–781.

Bohm, D./Sheldrake, R., Morphogenetic fields and the implicate order, in: Sheldrake, R., *A New Science of Life* (dt.: *Das schöpferische Universum*), London ²1985.

Boitani, L./Francisci, F./Ciucci, P./Andreoli, G., Population biology and ecology of feral dogs in central Italy, in: Serpell, J. (Hrsg.), *The Domestic Dog*, Cambridge 1995.

Boone, J. A., *Kinship With All Life*, New York 1954.

Bouwmeester, D./Pan, J. W./Mattle, K./Eibl, M./Weinfurter, H./Zellinger, A., Experimental quantum teleportation, in: *Nature* 390, 1997, S. 575–579.

Bowen, B. W./Avise, J. C., Tracking turtles through time, in: *Natural History* 12, 1994, S. 5–6, 38–39.

Bradshaw, J. W. S./Nott, H. M. R., Social and communication behaviour of companion dogs, in: Serpell, J. (Hrsg.), *The Domestic Dog*, Cambridge 1995.

Braud, W./Shafer, D./Andrews, S., Reactions to an unseen gaze (remote attention): A review, with new data on autonomic staring detection, in: *Journal of Parapsychology* 57, 1993(a), S. 373–390.

Braud, W./Shafer, D./Andrews, S., Further studies of autonomic detection of remote staring: replications, new control procedures, and personality correlates, in: *Journal of Parapsychology* 57, 1993(b), S. 391–409.

Broad, C. D., *Lectures on Psychical Research*, London 1962.

Brower, L. P., Monarch butterfly orientation, in: *Journal of Experimental Biology* 199, 1996, S. 93–103.

Brown, D. J./Sheldrake, R., Perceptive pets: a survey in northwest California, in: *Journal of the Society for Psychical Research* 62, 1998, S. 396–406.

Brown, J. L., *The Evolution of Behavior*, New York 1975.
Burkert, W., *The Creation of the Sacred: Tracks of Biology in Early Religions,* Cambridge, Mass., 1996.
Burnford, S., *The Incredible Journey,* London 1961 (dt.: *Die unglaubliche Reise*, Stuttgart 1962).
Carthy, J. D., *Animal Navigation,* London 1963.
Chandrasekeran, R., Epileptic owners swear by seizure-alerting dogs, in: *The Washington Post,* 31. Juli 1995.
Clutton-Brock, J., *Domesticated Animals From Early Times,* London 1981.
Cooper, J., *Animals in War,* London 1983.
Cottrell, J. E./Winer, G. A./Smith, M. C., Beliefs of children and adults about feeling stares of unseen others, in: *Developmental Psychology* 32, 1996, S. 50–61.
Darwin, C., *The Variation of Animals and Plants Under Domestication,* 1875.
Davies, P./Gribbin, J., *The Matter Myth,* London 1991.
Dawkins, R., *The Selfish gene,* Oxford 1976.
Deag, J. M./Manning, A./Lawrence, C. A., Factors influencing the mother-kitten relationship, in: Turner, D. C./Bateson, P. (Hrsg.), *The Domestic Cat,* Cambridge 1988.
Dossey, L., The healing power of pets: a look at animal-assisted therapy, in: *Alternative Therapies* 3, 1997, S. 8–15.
Dundes, A. (Hrsg.), *The Evil Eye: A Casebook,* Madison, Wisc., 1981.
Dunne, J. W., *An Experiment With Time,* London ^{3}1958.
Dürr, H. P., Sheldrakes Vorstellungen aus dem Blickwinkel der modernen Physik, in: Dürr, H. P./Gottwald, F. T. (Hrsg.), *Rupert Sheldrake in der Diskussion,* Bern, München, Wien 1997.
Edney, A. T. B., Companion animals and human health, in: The *Veterinary Record* 130, 1992, S. 285–287.
Edney, A. T. B., Dogs and human epilepsy, in: *The Veterinary Record* 132, 1993, S. 337–338.
Ehrenreich, B., *Blood Rites,* New York 1997.
Eliade, M., *Schamanismus und archaische Ekstasetechnik,* Zürich 1964.
Elsworthy, F., *The Evil Eve,* London 1898.
Evernden, J. R. (Hrsg.), Abnormal Animal Behaviour Prior to Earth-

quakes, US National Earthquakes Hazards Reduction Program, Conference 23.–24. September 1976.

Fiennes, R./Fiennes, A., *The Natural History of the Dog,* London 1968.

Flynn, J. R., Now the great augmentation of the American IQ, in: *Nature* 301, 1983, S. 655.

Flynn, J. R., The mean IQ of Americans: massive gains 1932 to 1978, in: *Psychological Bulletin* 95, 1984, S. 29–51.

Flynn, J. R., Massive IQ gains in 14 nations, in: *Psychological Bulletin* 101, 1987, S. 171–191.

Fogle, B., Unexpected dog ownership findings from Eastern Europe, in: *Anthrozoos* 7, 1994, S. 270.

Fogle, B., *The Encyclopedia of the Dog,* London 1995 (dt.: *Die BLV-Enzyklopädie der Hunde,* München 1996).

Forster, J. R., *Observations Made During a Voyage Around the World,* London 1778.

Friedmann, E., The role of pets in enhancing human well-being: physiological effects, in: Robinson, I. (Hrsg.), *The Waltham Book of Human-Animal Interaction: Benefits and Responsibilities of Pet Ownership,* Oxford 1995.

Frisch, K. von, *Tiere als Baumeister,* Frankfurt/Berlin/Wien 1974.

Galton, F., The first steps towards the domestication of animals, in: *Transactions of the Ethnological Society of London, New Series* 3, 1865, S. 122–138.

Garber, M., *Dog Love,* London 1996.

Geller, R. J./Jackson, D. D./Kagan, Y. Y./Mulargia, F., Earthquakes cannot be predicted, in: *Science* 275, 1997, S. 1616f.

Geller, U., Uri Geller's Weird Web, in: *The Times,* 27. Mai 1998.

Godwin, R. D., Trends in the ownership of domestic pets in Great Britain, in: R. S. Anderson (Hrsg.), *Pet Animals and Society,* London 1975.

Goswami, A., Eine quantentheoretische Erklärung von Sheldrakes morphischer Resonanz, in: Dürr, H. P./Gottwald, F. T. (Hrsg.), *Rupert Sheldrake in der Diskussion,* Bern, München, Wien 1997.

Gould, J. L., Why birds (still) fly south, in: *Nature* 347, 1990, S. 331.

Gurney, E./Myers, F./Podmore, F., *Phantasms of the Living,* London 1886.

Hart, L. A., Dogs as human companions: a review of the relationship, in: Serpell, J. (Hrsg.), *The Domestic Dog*, Cambridge 1995.

Hasler, A. D./Scholz, A. T./Horall, R. M., Olfactory imprinting and homing in salmon, in: *American Scientist* 66, 1978, S. 347–355.

Haynes, R., *The Seeing Eye, The Seeing I*, London 1976.

Helbig, A. J., What do we know about the genetic basis of bird orientation?, in: *Journal of Navigation* 46, 1993, S. 376–382.

Helbig, A. J., Genetic basis, mode of inheritance and evolutionary changes of migratory direction in palearctic warblers, in: *Journal of Experimental Biology* 199, 1996, S. 49–55.

Herrick, F. H., Homing powers of the cat, in: *Science Monthly* 14, 1922, S. 526–539.

Hölldobler, B./Wilson, E. O., *Journey to the Ants: A Story of Scientific Exploration*, Cambridge, Mass., 1994 (dt.: *Ameisen – die Entdeckung einer faszinierenden Welt*, Basel 1995).

Horgan, I., Get smart, take a test: a long-termin rise in IQ scores baffles intelligence experts, in: *Scientific American*, November 1995, S. 10 f.

Hui, L., China's campaign to predict quakes, in: *Science* 273, 1996, S. 1484 ff.

Hui, L./Kerr, R. H., Warnings precede Chinese tremblors, in: *Science* 276, 1997, S. 526.

Huth, A./Wissel, C., The simulation of the movement of fish schools, in: *Journal of Theoretical Biology* 156, 1992, S. 365–385.

Huxley, F., Darwin: life and habit, in: *The American Scholar*, 1959, S. 1–19.

Hygen, G., *Vardøger: Vårt Paranormale Nasjonalfenomen*, Oslo 1987.

Ikeya, M./Matsuda, T./Yamanaka, Y., Reproduction of Mimosa and clock anomalies before earthquakes, in: *Proceedings of the Japanese Academy* 74B, 1998, S. 60–64.

Ikeya, M./Takaki, S./Matsumoto, H./Tani, A./Komatsu, T., Pulsed charge model of fault behavior producing seismic electrical signals, in: *Journal of Circuits, Systems and Computers* 7, 1997, S. 153–164.

Ikeya, M./Takaki, S./Takashimizu, T., Electric shocks resulting in seismic animal anomalous behaviors, in: *Journal of the Physical Society of Japan* 65, 1996, S. 710 ff.

Inglis, B., *Natural and Supernatural*, London 1977.

Inglis, B., *The Paranormal: An Encyclopedia of Psychic Phenomena,* London 1985.
Jahn, R. J. /Dunne, B., *Margins of Reality,* New York 1987.
Jouventin, P./Weimerskirch, H., Satellite tracking of wandering albatrosses, in: *Nature* 343, 1990, S. 746 ff.
Karsh, E. B./Turner, D. C., The human-cat relationship, in: Turner D. C./Bateson, P. (Hrsg.), *The Domestic Cat,* Cambridge 1988.
Keeton, W. T., Orientation and navigation of birds, in: Aidley, D. J. (Hrsg.), *Animal Migration,* in: Society for Experimental Biology Seminar Series 13, Cambridge 1981.
Keller, O., *Antike Tierwelt,* Leipzig 1913.
Kerby, G./Macdonald, D. W., Cat society and the consequences of colony size, in: Turner, D. C./Bateson, P. (Hrsg.), *The Domestic Cat,* Cambridge 1955.
Kiley-Worthington, M., *The Behaviour of Horses,* London 1987.
Knowles, O. S., Leserbrief, in: *The Psi Researcher* 21, 1996, S. 24.
Lang, A., Second sight, in: *Encyclopaedia Britannica,* Cambridge ^{11}1911.
Leakey, R./Lewin, R., *Origins Reconsidered,* London 1992 (dt.: *Der Ursprung des Menschen. Auf der Suche nach den Spuren des Humanen,* Frankfurt am Main 1993).
Lemish, G. H., *War Dogs: Canines in Combat,* Washington 1996.
Liberg, O./Sandell, M., Spatial organization and reproductive tactics in the domestic cat and other felids, in: Turner D. C./Bateson, P. (Hrsg.), *The Domestic Cat,* Cambridge 1955.
Lighthill, J. (Hrsg.), *A Critical Review of VAN,* in: *World Scientific,* Singapore 1996.
Lim, K./Wilcox, A./Fisher, M./Burns-Cox, C. J., Type 1 diabetics and their pets, in: *Diabetic Medicine* 9, 1992, Supp. 2, S. 3.
Lohmann, K. J., How sea turtles navigate, in: *Scientific American,* Januar 1992, S. 75–82.
Long, W., *How Animals Talk,* New York 1919.
Lynch, J. J./McCarthy, J. F., Social responding in dogs: heart rate changes to a person, in: *Psychophysiology* 5, 1969, S. 389–393.
Marais, E., *The Soul of the White Ant,* Harmondsworth 1973.
Marx, M. B./Stallones, L./Garrity, T. F./Johnson, T. P., *Anthrozoos* 2, 1988, S. 33–37.

Masson, J. M., *When Elephants Weep,* New York 1996 (dt.: *Wie Tiere fühlen,* Reinbek 1997).

Masson, J. M., *Dogs Never Lie About Love,* London 1997.

Matthews, G. V. T., *Bird Navigation,* Cambridge ²1968.

Matthews, R., Animal magic or mysterious sixth sense?, in: *The Sunday Telegraph,* 24. April 1994.

Matthews, R., Psychic dog gives scientist a lead, in: *Sunday Telegraph,* 15. Januar 1995.

McCormick, A./McCormick, D., *Horse Sense and the Human Heart,* Health Communications, Deerfield Beach, FLA, 1997.

McElroy, S. C., *Animals as Teachers and Healers,* New York 1997.

McFarland, D. (Hrsg.), Navigation, in: *The Oxford Companion to Animal Behaviour,* Oxford 1981.

Metzger, D., Coming home, in: Peterson, B./Metzger, D./Hogan, L. (Hrsg.), *Intimate Nature: The Bond Between Women and Animals,* New York 1998.

Michell, J./Rickard, J. M., *Living Wonders: Mysteries and Curiosities of the Animal World,* London 1982.

Mikulecky, M., Sheldrake versus Rose, in: *Biology Forum* 89, 1996, S. 469–478.

Mithen, S., *The Prehistory of the Mind: A Search for the Origins of Art, Religion and Science,* London 1996.

Moore, B. R., Magnetic fields and orientation in homing pigeons: the experiments of the late W. T. Keeton, in: *Proceedings of the National Academy of Sciences, USA* 85, 1988, S. 4907 ff.

Morell, V., The origin of dogs: running with the wolves, in: *Science* 276, 1997, S. 1647 f.

Morris, D., *Dogwatching,* London 1986.

Morris, R. L., Parapsychology, biology and ANPSI, in: *Handbook of Parapsychology* (hrsg. v. Wolman, B. B.), New York 1977.

Munro, K. J./Paul, B./Cox, C. L., Normative auditory brainstem response data for bone conduction in the dog, in: *Journal of Small Animal Practice* 38, 1997, S. 353–356.

Myers, A., *Communicating with Animals,* Chicago 1997.

Neisser, U., Intelligence: Knowns and Unknowns, in: *American Psychological Association Report* 1995.

Niwa, H. S., Self-organizing dynamic model of fish schooling, in: *Journal of Theoretical Biology* 171, 1994, S. 123–136.

Ormerod, E., Pet programmes in prisons, in: *Society for Companion Animal Studies Journal* 8 (4), 1996, S. 1–3.

Osis, K., A test of the occurrence of a psi effect between man and the cat, in: *Journal of Parapsychology* 16, 1952, S. 233–256.

Osis, K./Forster, E. B., A test of ESP in cats, in: *Journal of Parapsychology* 17, 1953, S. 168–186.

Ostrander, S./Schroeder, L., *Psychic Discoveries Behind the Iron Curtain,* London 1970.

Otis, L. S./Kautz, W. H., Biological premonitors of earthquakes: a validation study, in: *Annual report prepared for the US Geological Service* 1981.

Papi, F./Luschi, P., Pinpointing «Isla Meta»: the case of sea turtles and albatrosses, in: *Journal of Experimental Biology* 199, 1996, S. 65–71.

Parrish, J. K./Hammer, W. M. (Hrsg.), *Animal Groups in Three Dimensions,* Cambridge 1997.

Parson, N. A., *Guided Missiles in War and Peace,* Cambridge, Mass., 1956.

Partridge, B., Schooling, in: McFarland, D. (Hrsg.), *The Oxford Companion To Animal Behaviour,* Oxford 1981.

Partridge, E., *Origins: A Short Etymological Dictionary of Modern English,* London 1958.

Paul, E. S./Serpell, J. A., Obtaining a new pet dog: effects on middle childhood children and their families, in: *Applied Animal Behaviour Science* 47, 1996, S. 17–29.

Paxton, D., Urban animal management, in: *Proceedings of the Third National Conference on Urban Animal Management in Australia,* Australian Veterinary Association, Canberra 1994.

Peoc'h, R., Action psychocinétique des poussins sur un générateur aléatoire, in: *Revue Française de Psychotronique* 1, 1988(a), S. 11–24.

Peoc'h, R., Chicken imprinting and the tychoscope: an ANPSI experiment, in: *Journal of the Society for Psychical Research* 55, 1988(b), S. 1–9.

Peoc'h, R., Psychokinetic action of young chicks on an illuminated source, in: *Journal of Scientific Exploration* 9, 1988(c), S. 223–229.

Peoc'h, R., Telepathy experiments between rabbits, in: *Fondation Odier de Psycho-Physique Bulletin* 3, 1997(a), S. 25–28.

Peoc'h, R., Telekinesis experiments with rabbits, in: *Fondation Odier de Psycho-Physique Bulletin* 3, 1997(a), S. 28-36.

Perdeck, A. C., Two types of orientation in migrating starlings and chaffinches as revealed by displacement experiments, in: *Ardea* 46, 1958, 1–37.

Peter, M., Fliegerangriff! Tauben schlugen Alarm, in: *Kronenzeitung*, Wien, 26. November 1994.

Pfungst, O., *Clever Hans: A Contribution to Experimental Animal and Human Psychology*, New York 1911 (dt.: *Der kluge Hans. Ein Beitrag zur nicht-verbalen Kommunikation*, Frankfurt am Main ²1977).

Phear, D., A study of animal companionship in a day hospice, in: *Society for Companion Animal Studies Journal* 9 (1), 1997, S. 1–3.

Pinker, S., *The Language Instinct*, London 1994 (dt.: *Der Sprachinstinkt. Wie der Geist die Sprache bildet*, München 1996).

Potts, W. K., The chorus line hypothesis of manoeuvre coordination in avian flocks, in: *Nature* 309, 1984, S. 344 f.

Pratt, J. G., *Parapsychology: An Insider's View of ESP*, London 1964.

Price, P., Back from the dead, in: *The Times*, 21. Februar 1998.

Radin, D., *The Conscious Universe: The Scientific Truth of Psychic Phenomena*, San Francisco 1997.

Rennie, A., The therapeutic relationship between animals and humans, in: *Society for Companion Animal Studies Journal* 9 (4), 1997, S. 1–4.

Rhine, J. B., The present outlook on the question of psi in animals, in: *Journal of Parapsychology* 15, 1951, S. 230–251.

Rhine, J. B./Feather, S. R., The study of cases of «psi-trailing» in animals, in: *Journal of Parapsychology* 16, 1962, S. 1–22.

Ridley, M., *The Origins of Virtue*, London 1996 (dt.: *Die Biologie der Tugend. Warum es sich lohnt, gut zu sein*, Berlin 1997).

Roberts, M., *The Man Who Listens to Horses*, London 1996 (dt.: *Der mit den Pferden spricht*, Bergisch-Gladbach 1997).

Rogo, D. S., Do animals have ESP? In: *Psychic Pets and Spirit Animals*, St. Paul, MN, 1997.

Rose, S., So-called «formative causation»: a hypothesis disconfirmed, in: *Biology Forum* 85, 1992, S. 445–453.

Schechter, B., Birds of a feather, in: *New Scientist,* 23. Januar 1999, S. 30–33.

Schlitz, M. J./LaBerge, S., Covert observation increases skin conductance in subjects unaware of when they are being observed: a replication, in: *Journal of Parapsychology* 61, 1997, S. 185–196.

Schmidt, B., Vorläufiges Versuchsergebnis über das hundliche Orientierungsproblem, in: *Zeitschrift für Hunderforschung* 2, 1932, S. 133–156.

Schmidt, B., *Interviewing Animals,* London 1936.

Schmidt-Koenig, K., *Avian Orientation and Navigation,* London 1979.

Schmidt-Koenig, K./Ganzhorn, J. U., On the problem of bird navigation, in: Bateson, P. P. G./Klopfer P. H. (Hrsg.), *Perspectives in Ethology,* Bd. 9, New York 1991.

Selous, E., Thought Transference of What?, in *Birds,* London 1931.

Serpell, J., Best friend or worst enemy: cross-cultural variation in attitudes to the domestic dog, in: *Proceedings of the 1983 International Symposium of the Human-Pet Relationship.* Österreichische Akademie der Wissenschaften, Wien 1983.

Serpell, J., *In the Company of Animals,* Cambridge 1986.

Serpell, J., Beneficial effects of pet ownership on some aspects of human health and behaviour, in: *Journal of the Royal Society of Medicine* 84, 1991, S. 717–720.

Sheldrake, R., *A New Science of Life: The Hypothesis of Formative Causation,* London 1981, ^{2}1985 (dt.: *Das schöpferische Universum. Die Theorie des morphogenetischen Feldes,* München 1983).

Sheldrake, R., *The Presence of the Past: Morphic Resonance and the Habits of Nature,* London 1988(a) (dt.: *Das Gedächtnis der Natur. Das Geheimnis der Entstehung der Formen in der Natur,* Bern/München/Wien 1990).

Sheldrake, R., Cattle fooled by phoney grids, in: *New Scientist,* 11. Februar 1988(b), S. 65.

Sheldrake, R., *The Rebirth of Nature: The Greening of Science and God,* London 1990 (dt.: *Die Wiedergeburt der Natur. Wissenschaftliche Grundlagen eines neuen Verständnisses der Lebendigkeit und Heiligkeit der Natur,* Bern/München/Wien 1991).

Sheldrake, R., An experimental test of the hypothesis of formative causation, in: *Biology Forum* 85, 1992(a), S. 431–443.

Sheldrake, R., Rose refuted, in: *Biology Forum* 85, 1992(b), S. 455–460.

Sheldrake, R., *Seven Experiments that Could Change the World: A Do-It-Yourself Guide to Revolutionary Science*, London 1994 (dt.: *Sieben Experimente, die die Welt verändern könnten. Anstiftung zur Revolutionierung des wissenschaftlichen Denkens*, Bern/München/Wien 1994).

Sheldrake, R., Perceptive pets with puzzling powers: three Surveys, in: *International Society for Anthrozoology Newsletter* 15, 1998(a), S. 2–5.

Sheldrake, R., The «sense of being stared at» confirmed by simple experiments, in: *Biology Forum* 91, 1998(b), S. 257–280.

Sheldrake, R., The sense of being stared at: experiments in schools, in: *Journal of the Society for Psychical Research* 62, 1998(c), S. 311–323.

Sheldrake, R./Fox, M., *Natural Grace: Dialogues on Science and Spirituality*, London 1996 (dt.: *Die Seele ist ein Feld. Der Dialog zwischen Wissenschaft und Spiritualität*, Bern/München/Wien 1998).

Sheldrake, R./Lawlor, C./Turney, J., Perceptive pets: a survey in London, in: *Biology Forum*, 91, 1998, S. 57–74.

Sheldrake, R./McKenna, T./Abraham, R., *The Evolutionary Mind*, Santa Cruz 1998 (dt.: *Cyber-Talk. Mutige Anstöße für die Vernetzung von wissenschaftlichem Fortschritt und Heilung der Erde*, Bern/München/Wien 1998).

Sheldrake, R./Smart, P., Psychic pets: a survey in northwest England, in: *Journal of the Society for Psychical Research* 61, 1997, S. 353–364.

Sheldrake, R./Smart, P., A dog that seems to know when its owner is returning: preliminary investigations, in: *Journal of the Society for Psychical Research* 62, 1998, S. 220–232.

Sheldrake, R./Smart, P., A dog that seems to know when its owner is returning: videotaped experiments (in Vorbereitung).

Shiu, J. N./Munro, K. J./Cox, C. L., Normative auditory brainstem response data for hearing threshold and neuro-otiological diagnosis in the dog, in: *Journal of Small Animal Practice* 38, 1997, S. 103–107.

Skinner, B. J./Porter, S. C., *Physical Geology*, New York 1987.

Smith, H., My psychic bunny's a lifesaver, in: *News of the World Magazine*, 8. Juni 1997.
Smith, P., *Animal Talk: Interspecies Telepathic Communication*, Point Reyes, 1989.
Sobel, D., *Longitude*, London 1996 (dt.: *Längengrad*, Berlin 1996.)
St Barbe Baker, R., *African Drums*, London 1942.
Steiger, B./Steiger, S. H., *Strange Powers of Pets*, New York 1992.
Steinhart, P., *The Company of Wolves*, New York 1995.
Stevenson, I., *Telepathic Impressions*, Charlottesville, VA, 1970.
Stewart, M., Dogs as counsellors?, in: *The Society for Companion Animal Studies Journal* 7 (4), 1995, S. 1–4.
Summerfield, H., Pets as therapy, in: *The Society for Companion Animal Studies Journal* 8 (4), 1996, S. 9.
Thom, R., *Structural Stability and Morphogenesis*, Reading, MA, 1975.
Thom, R., *Mathematical Models of Morphogenesis*, Chichester 1983.
Thomas, E. M., *The Hidden Life of Dogs*, Boston 1993 (dt.: *Das geheime Leben der Hunde*, Reinbek 1996).
Tributsch, H., *Wenn die Schlangen erwachen. Mysteriöse Erdbebenvorzeichen*, Stuttgart 1981.
Turner, D. C., The human-cat relationship, in: *The Waltham Book of Human-Animal Interaction* (hrsg. v. I. Robinson), Oxford 1995.
Van der Post, L., *The Lost World of the Kalahari*, London 1962.
Wadatsumi, K., *Witnesses 1519 Prior to Earthquake*, Tokio 1995.
Waddington, C. H., *The Strategy of the Genes*, London 1957.
Walcott, C., Magnetic maps in Pigeons, in: Berthold, P. (Hrsg.), *Orientation in Birds*, Basel 1991.
Wallraff, H. G., Navigation by homing pigeons, in: *Ethology, Ecology and Evolution* 2, 1990, S. 81–115.
Weimerskirch, H./Salamolard, M./Sarrazin, F./Jouventin, P., Foraging strategy of wandering albatrosses through the breeding season: a study using satellite telemetry, in: *Auk* 110, 1993, S. 325–341.
Whitlock, R., How do they do it?, in: *The Guardian Weekly*, 4. Dezember 1992.
Williams, H./Pembroke, A., Sniffer dogs in the melanoma clinic?, in: *The Lancet*, April 1989, S. 734.
Wilson, E. O., *The Social Insects*, Cambridge, Mass., 1971.
Wilson, E. O., *Sociobiology*, Cambridge, Mass., 1980.

Wiltschko, R./Wiltschko, W., *Magnetic Orientation in Animals,* Berlin 1995.
Wiltschko, R./Wiltschko, W., Das Orientierungssystem der Vögel: I. Kompaßmechanismen, in: *Journal für Ornithologie* 140, 1995, S. 1–40.
Wiltschko, W./Wiltschko, R./Jahnel, M., The orientation behaviour of anosmic pigeons in Frankfurt a. M., Germany, in: *Animal Behaviour* 35, 1987, S. 1328 ff.
Wiseman, R./Schlitz, M., Experimental effects and the remote detection of staring, in: *Journal of Parapsychology* 61, 1997, S. 197–207.
Wiseman, R./Smith, M./Milton, J., Can animals detect when their owners are returning home? An experimental test of the «psychic pet» phenomenon, in: *British Journal of Psychology* 89, 1998, S. 453–462.
Woodhouse, B., *How Your Dog Thinks,* Letchworth 1992.
Wylder, J., *Psychic Pets: The Secret World of Animals,* New York 1978.
Young, R., Dog walks 60 miles home to its master, in: *The Times,* 9. Sept. 1995.

Quellennachweis

Bert Hölldobler/Edward O. Wilson, Ameisen – *Die Entdeckung einer faszinierenden Welt,* S. 130 © Birkhäuser Verlag, Basel, 1995.
Steven Pinker, *Der Sprachinstinkt. Wie der Geist die Sprache bildet* © Kindler Verlag, München, 1996.
H. Tributsch, *Wenn die Schlangen erwachen. Mysteriöse Erdbebenvorzeichen* © Deutsche Verlags-Anstalt, Stuttgart, 1981.
Wir danken den genannten Rechtsinhabern für die Genehmigung zum Abdruck der Auszüge aus den obengenannten Werken.

Personenregister

Die meisten der in diesem Buch zitierten Menschen haben nichts gegen die Verwendung ihres richtigen Namens einzuwenden. Die mit einem Sternchen gekennzeichneten Personen wünschten unter Pseudonym genannt zu werden.

Abhau, Elliott 132
Aitken, Max (später: Lord Beaverbrook) 64
Albrecht, Familie 361
Albrecht, Hilde 164
Allen, Esther 362
Andrews, Jill* 224
Arcangel, Dianne 176
Armitage Dannaker, Cindy 140
Arnold, Nancy 207
Ashton, John 76
Ausden, Doris 321

Balderstone, Tony 262
Bamsay, Pauline 207
Barrow, John 417
Bartlett, Carole 63
Batabyal, Gloria und John 56
Bate, John 130

Beale, Ruth 156, 351
Beasant, Steven 357
Beaumont, David 71
Beauzetier, Familie 267
Bechterew, Wladimir 211
Bedichek, Roy 459
Berry, Walter 167
Beyer, Timothy 165 f.
Bienz, Elisabeth* 116
Blake, Harry 218 f., 225, 250 f., 253
Bohm, David 456
Boone, J. Allen 69
Bositschnick, Gertrude 151
Bowker, Rowland 173
Bradham, Molly 315
Bramley, Frank 198
Broccard, P. 155
Broderick, Mosette 111

Personenregister

Broese, Laura 177
Brown, David 121
Brown, David Jay 374
Brown, James 324
Brown, Joan* 129
Brown, Sheila 63
Brown-Griffin, Antonia 351
Bryan, Elizabeth 65
Burdett, Mary* 197
Burke, Patricia 328
Butler, Lucinda* 235

Cacciaruchi, Silvana 368
Cane, Barry 377
Chambers, Lisa 217
Charlin, Mme. 174
Chomsky, Noam 462, 464
Clark, Ken 267
Collen, John 214
Collin-Smith, Joyce 107
Collyer, Larry und Daphne 74
Cook, James 290
Cottenham, Karen 353
Cox, Celia 59
Craig, Sarah 214
Crips, Lucy 226
Cuthbert, der heilige 226

Dale, Roger 265
Dam, Derwent 160
Darwin, Charles 21 f., 39, 45, 50, 286, 451, 469
Davies, Paul 417
Dawkins, Richard 470
Day, Christopher 76
Denot, Herminia 132 f.
Descartes, René 19
Dickinson-Butler, Michaela 320
Disney, Walt 262

Doherty, Dorothy 365
Doolen, Familie 332
Doolittle, Dr. 226
Dougan, Kathy 121
Dunne, J.W. 396
Durow, W. 211 f.
Dürr, Hans-Peter 456

Edney, Andrew 352 f.
Edwards, Peter 53 f., 68, 320
Ehlenbeck, Friedel 393
Eigner, Dieter 196
Einstein, Albert 455
Erickson, Familie 266
Espeluque, Christine 361
Essner, Ariste 252
Eyles, John 116

Fallaize, Kate 354
Feather 332, 334
Fennell, Jan 194
Ferrier, Malcolm 134 f.
Finn, Maxine 190
Flynn, James 466 ff.
Forrester, Catherine* 223
Forstinger, Louise 383
Fowler, Fiona 133
Franz von Assisi 226, 367
Frazer Ker, Ian 65
Freud, Sigmund 157
Friedmann, Erika 147
Friend, Ted 460
Frisch, Karl von 241 f.

Galton, Francis 39, 41, 44
Gavit, Louise 61, 68
Geller, Uri 329 f.
Goswami, Amit 456
Gough, Charles 161

Grant, Ulysses S. 396
Gray, Susan 376 f.
Gribbin, John 417

Halama, Dr. Peter 357
Hall, Iris 169
Hamilton, Jeannette 152
Harberd, Alan 359
Hardy, Bonnie 140
Harrison, Frank 72
Harrison, John 300
Hart, Rona 207
Harvey, Tony 73
Hayward, Joan* 199
Herrick, F. H. 268
Heyde, Rosemarie van der 153
Hohrein, Roberto 124
Höllbolder, Bert 239
Holzer, Adele 392
Hoschet, Liliane 193
Howard, Margaret 233
Howard, Sheila 189
Huber, R. 153
Hyde, Stephen 169
Hyers, Sam 75
Hygen, Prof. Georg 137

Ikeya, Motoji 382

Jacks, Dr. Amanda 430
Johns, Celia 221
Johnson, Jahala 151
Johnson, M. 334
Joyce, Michael 80
Jung, C. G. 48, 452

Kabusch, Franziska 391
Kant, Immanuel 369
Katafiasz, Leone 168

Katz, Dolores 224
Kautz, William 379
Kellard, R. 192
Kessel, Dagmar* 386
Kipling, Rudyard 103
Knowles, O. S. 141
Köpfler, Heidi 124
Koref, Dr. Alfred 330
Künzli, Andrea 186, 217

Lamon, Ward H. 395
Laufer, Kate 17
Lawrence, C. W. 140
LeBourdais, Eric 210
Lees, Martha 222
Leger, Dr. Heinz 93
Liebrecht, Savyon 385
Lincoln, Abraham 395
Long, William 248 f., 338
Lycett, Familie 119

Marais, Eugene 242 f.
Mardell, Jenny* 316
Margaret, Lise 355
Marshall Thomas, und Elizabeth 271, 322
Masson, Jeffrey 160
McCormick, Adele 131, 157
McCurrach, Marie 233
McKinstry, Renata 375
McPherson, Raymond 209
Meek, Tirzah 18
Meither, Helen 62
Melle, Barbara von 93
Mendel 421
Metzger, Andrea 173
Metzger, Deena 153
Meursing, Laura 220
Michaels, Sheila 139

Millian, Nancy 177
Milstein, Dr. Karen 119
Mitchinson, Mike 214
Moore, G. 170
Morris, Desmond 172
Munro, Kevin 59
Murray, Christine 348, 356
Myres, Arthur 228

Neely, Peter 215
Newton, Isaac 416
Norris, Sue 152
Northwood, John 153

O'Driscoll, Catherine und John 70
Orr, Julia 17
Osten, Herr von 24
Otis, Leon 379

Palmer, Alice 315
Parfett, Molly 162
Pawlow 191
Paxton, David 37
Pembroke, Andrew 359
Penney, Jane* 210
Peoc'h, René 253, 405 ff.
Perdeck, A. C. 305 ff.
Peteri, Heinz 386
Pfungst, Otto 24 f.
Pinker, Steven 463 f.
Pirie, Patrick 254
Plinius der Ältere 369
Polinario, Natalie 394
Porter, Sonya 220
Post, Laurens van der 136, 228, 290
Potts, Wayne 246 f.
Powell, Barbara* 357

Powell, Elizabeth 394
Preston, Teresa 55
Preston-Jones, Judith 110 f.
Pugh, Teddy 384
Pulfer, Karl 174

Radin, Dean 396, 415
Railton Edwards, Margaret 134
Rallon, Dr. Max 171
Ramaschanow, Magomed 338
Raymer, Joséa 317
Rhine, J. B. 331 ff.
Richards, Karen 151
Richardson, William 264
Rieder-Kunz, Lotti 177
Rigano, Anna 368
Roberts, Monty 218
Roche, Bryan 107
Rodenberg, Vicki 231
Rolfe, Robert und Suzanne 122 f.
Rose, Steven 461
Rothschild, Miriam 71
Rothwell, Mary 193
Rowe, Veronica 230
Rudkin, Clive 272 f., 280
Rudolph, Jeanne 106
Ruys, Jacqueline 202

Salisbury, Marchioness of 71
Sarasola, Dr. Carlos 106
Sauer, Monika 69
Savage, Richard 234
Schauenburg, Hans 363
Schmidt, Bastian 268 ff.
Schneider, Dagmar 155
Scott, Sylvia 190
Scotts, Sandy 376
Selous, Edward 245
Serpell, James 148

Shackleton, Victor 328
Siculus, Diodoros 369
Simpson, Margaret 254
Sinel 137
Sleeman, Arthur und Mavis 337 f.
Smart, Pamela 89, ff., 429 ff., 433 ff., 441 ff.
Smith, Matthew 98, 437
Smith, Penelope 227
Spate, Hillary 351
Spruit, Radboud 79
St. Barbe Baker, Richard 228
Stewart, Dr. Mary 158 f.
Stumpf, Prof. C. 24 f.
Sweeney, Margaret 165

Theiler, K. 125
Thom, René 450
Turney, Jane 213, 341

Varotsos, P. 381
Vergnes, Geneviève 316
Vickery, Christine 364
Vieyra, Jenny 319 f.

Waddington, C. H. 450
Wall, Mary* 176
Waller, S. 234
Walsh, Betty 201
Watson, David und Celia* 120
Way, Olwen 200
Weber, Erni 363
Welsh, Jeanne 265
Westcott, Pauline 189
White, David 230 f.
Williams, Hywel 359
Willis, Dr. Roy 388
Wilson, Edward O. 239 f.
Wiseman, Dr. Richard 98, 101, 437
Wolfe, Edward 64
Wood-Anderson, Jeremy 127
Woodhouse, Barbara 205
Woods, Josephine* 255
Wordsworth, William 161
Woutisseth, G. 221

Zaugg, Helena 231
Zollikofer, C. 324

Sachregister

Aale 300, 382
Aberglaube 229, 349, 370, 410
Abneigung, konditionierte 461
Aborigines 183, 290
Absencen 348 ff.
Absicht 67 ff., 279
Absichten 138, 206, 229, 255, 419
– vorausahnen 209
–, gedankliche – lesen 188
–, menschliche 199
Abstoßung 280
Abwesenheit 71, 74, 96 ff., 110, 115 f., 121, 434 f.
Adeliepinguine 285
Affen 40, 130
–, vorausahnendes Verhalten von 201
Ägypten, altes 38 ff.
Ägypter, alte 103
Ahnung 56, 131
Aktionsraum 281 ff., 293
Alarm 249, 345 ff., 391
–, blinder 88, 380
–, falscher 378
Alarmieren, telepathisches 389
Alarmreaktion 346
Alarmrufe 347 f.
Alarmschrei 386
Alarmsignal 145

Albatrosse 285, 301 f.
Alltagsgewohnheiten 393
Alpenstrandläufer 246
Altruismus zwischen Haustieren und Menschen 146
Amazonaspapagei 119
Ameisen 46, 239 f., 347
Ameisenkolonien, altruistisches Verhalten in 145
Amphibien 128, 423
Amseln 347
Amulette 410
Anerkennung 148, 150
Anfälle 348 ff., 357, 362
–, epileptische 348, 351 f., 356, 358, 394
–, Warnungen vor epileptischen -n 423
Angehöriger, Rückkehr eines -n 65
Angestarrtwerden, Gefühl des -s 409, 469
Angst 224, 256, 280, 346, 348, 372, 377, 407
–, Kommunikation von 346
Ängste 409, 419
Ankunft vorhersehen 78
–, vorausahnen 75
Ankünfte, Antizipation von -n 141
Anpassung, erworbene 469

Anruf 230 ff.
Antilope 136
Anziehung 280
Arbeitshunde 149, 208, 210, 264, 352
Arbeitsteilung, komplexe 239
Attentat 396
Attraktoren 450, 453, 458
Audiometrie 59
Aufgeregtheit 320, 375, 377
Aufmerksamkeit 83, 270, 411
Aufmerksamkeits- und Alarmwelle 389
Aufregung 110, 117, 198, 233, 256
–, Anzeichen von 121, 193
Auslese, natürliche 304, 310, 412
Auto- oder Motorradunfälle 165
Autogeräusche, Wahrnehmung ferner 62
Automaten, genetisch vorprogrammierte 19

Babys 138, 141, 316, 423, 464
Band 327, 339
– zwischen Mensch und Tier 170
–, Zerreißen des -es 170
–, zwischen dem Hund und seinem Halter 83
Bande 117, 127, 150, 170, 261
– zwischen den Angehörigen einer sozialen Gruppe 340
– zwischen Hunden und ihren Haltern 162
– zwischen Hunden und Menschen 183
– zwischen Mensch und Tier 27
– zwischen Katzen und Menschen 183
– zwischen Pferden und Menschen 183
–, emotionale 77
–, emotionale – zwischen Tier und Mensch 33

–, soziale 47, 118
–, soziale – beim Menschen 47, 457
–, soziale – zwischen Haustieren und Menschen 183
–, unsichtbare 46, 163
–, zwischen Menschen 46
–, zwischen Tieren 46
– zwischen Tieren und Menschen 219
Bauernhof, Tiere vom 337
Bauernhund 269
Bauernkatze 104, 284
BBC 273
Beagle 348
Beance-Schäferhündin 170
Bedrohung 347
Bedürfnisse 148, 255
Befehle 169, 204 ff., 211 f.
–, stumme 27, 206
Begrüßungsverhalten 55
Behinderte, Hilfshunde für 356
–, Reitprogramme für 157
Bellen 233, 347
Bells Theorem 417
Berner Sennenhund 158
Besitzer, Ankunft des -s vorausahnen 118
Besorgnis 115
Beutetiere 314, 412
Beziehung, telepathische 437
Beziehungen, liebevolle 77
–, übersinnliche – zu Menschen 128
Bienen 22, 46, 239, 281
–, Schwänzeltanz der 241
Bilder, emotionale 397
Bindungen, starke (emotionale) 33, 120
Biologen 448
Biologie 243, 404, 468, 471
Blaustirnamazonaspapagei 120
Blinddarmentzündung 361

Blutdruck 147, 397
Bluthund 58
Bombenangriffe 384 f.
Bonobos 201
Border-Collie 272, 360
Border-Terrier 74, 320
Botschaften, telepathische 217
Boxer 65, 252
Brände 378
Brieftauben 27, 126, 285, 333
Brutgebiet 305
Brutgründe 296
Brutplätze 302
Buchfinken 305, 307
Bulldoggen 84
Bullterrier 262
Buntbarsche 128
Buschmann 136

Chemie 453, 468
Chihuahuas 85
Chorus-line-Hypothese 247
Chow-Chow 74, 157
Cockerspanielhündin 375
Collies 84 ff., 169, 262, 355, 359

Dalmatiner 84
darshan 410
Darwinisten 25
Deklination, magnetische 296
Deutsche Schäferhunde 58, 84 ff., 167, 224, 317, 355
Diabetic medicine 359
Diabetiker 358
Diensthunde 149
Dingohündin 322
Dingos 171
DNA/DNS 37, 465
Dobermann 350, 357, 360
Doggen, dänische 221
Domestikation 39, 42
Down-Syndrom 157
Dressur 208

Drogenabhängigkeit 157
Duftspur 282, 327, 336, 339

Echtzielorientierung 306
Eheprobleme 154
Eidechsen 41, 126
Eifersucht 120
Einflüsse, telepathische 50, 185, 206, 216, 403
Einfühlungsvermögen 227
Einheiten, morphische 453
Einsamkeitsheulen 173
Einstein-Podolsky-Rosen-Paradox 417
Einstellung, mechanistische 239, 402
Einzelgänger 118, 127
Elche 249
Elchhund 388
Elefanten 40, 422
Elektrizitätstheorie 382
Elenantilope 136
Elritzen 347, 382
Elster 267, 334
Embryonen 446, 449 f.
Emotionen 255
–, unerfüllte 227
Empathie 145, 150
Empfindlichkeit 83
Emus 376
Endeavour 290
Energietiere 35
Enten 39, 248, 386, 405
Entfernung, Absichtsfeld über größere 408
–, größere 57, 325, 331
Entfernungen 331
–, große 73, 228
Epilepsie 28, 348 f., 356 ff.
Epilepsiepatientin 357
Epilepsy Today 352
Epileptiker 149, 349 f., 352, 355, 361 ff.

Erahnen, telepathisches 184
Erbe, evolutionäres 141
Erdbeben 346, 367, 372, 374 ff.,
  391, 394
–, ungewöhnliches Verhalten vor
  423
–, Vorahnung von 384, 401, 423
–, Vorausahnen von – durch Tiere
  374
–, Vorzeichen von 379
–, warnende Anzeichen vor 389
Erdbebenvorhersage 370, 373, 381
Erdbestattungen 336
Erde, Magnetfeld der 296 f., 299,
  341, 416
Erdmagnetfeld 288
Ergebenheit, treue 162
Erinnerung, selektive 368, 370
Erkundungsreisen 404
Erkundungszüge 279
Erlebnisse, traumatische 280
–, telepathische 227
Erregung 280, 397
Erster Weltkrieg 324
Erwartung 110, 131, 140, 193,
  198, 323, 436
–, Anzeichen von 126
–, Zeichen der 115
Erwartungen 100
Erwartungsdruck 149
Erwartungshaltung 65, 132, 320,
  437
Erwartungsmuster 114
Erwartungsverhalten 444
Erziehungs- und Bildungssystem
  229
Eskimos 33
ESP 28, 251 f.
Europa 137
Evolution 469
–, Theorie der 451
Evolutionsgeschichte 34, 257
Evolutionsprozeß 309

Fähigkeiten, außergewöhnliche
  227
–, höhere geistige 141
–, soziale 148
–, telepathische 229, 320
–, unerklärte 404
–, unheimliche – von Tieren und
  Menschen 18
Fährtenlesen 58
Falken 422
Falkland-Krieg 168
Fasanenhähne 386
Feld, kristallines 449
–, morphisches 27, 48 ff., 117,
  183, 238, 240 ff., 245, 247,
  261, 277 ff., 289, 293, 302,
  305, 309, 311 f., 326, 342,
  414 f., 418 f., 446, 448 f., 450,
  452 ff.
–, morphisches – einer Spezies
  469
Feld, soziales 48, 238, 449
–, morphogenetische 447 f., 450
–, elekromagnetische 416
–, elektrostatische 381
Feldhypothese 247
Ferngefühl 67
Finken 122
Fische 46, 135, 314, 370, 423
–, tropische 128
Fischforscher 244
Fischschwärme 48, 183, 243, 245,
  457
Fliegeralarm 386
Flöhe 188
Flucht 249 f.
Flynn-Effekt 467 f.
Fohlen 460
Fontäneneffekt 244
Formenbildungsursachen 449,
  458, 465, 468, 471
Formentwicklung bei Pflanzen
  und Tieren 447

Formica subintegra 347
Forschungsprojekte, wissenschaftliche 147
Fortpflanzung 171
Foxterrier 211
Freiheitsgefühl 157
Frettchen 425
Friedhof 335 f.
Füchse 171
Fuchshunde 84
Führhunde 205, 213, 215
– für Blinde 149
– für taube Menschen 149
–, Experiment mit -n 216
Furcht 383
Fürsorge, elterliche 128

Gänse 39, 124 ff., 248, 372, 386, 405
Gedächtnis 284, 320
–, Erforschung des 468
–, immanentes 302, 459
–, kollektives 48, 304, 462
–, neues Verständnis des 470
Gedanken 67, 205
– lesen 192, 216
– telepathisch aufschnappen 128
–, erwartungsvolle 437
Gedankenübertragung 246, 254
Gefahr, drohende 189, 423
–, Gefühl der 249
Gefahren 392 f.
–, äußere 346
–, Fähigkeit, drohende – zu spüren 401
Gefahrenquelle 347
Gefährten, menschliche 77, 172
–, tierische 345 f.
Gefühl 178, 225, 410
–, angeschaut zu werden 423
–, angestarrt zu werden 411, 458
–, kollektives 346
–, merkwürdiges 176

–, unruhiges und besorgtes 225
Gefühle 67, 185
–, telepathisch kommunizierte 255
Geheul 339
Gehirn 19
–, physio-chemikalische Aktivitätsmuster im 469
Gehör 59 f., 83, 130, 199 f., 326
– des Hundes 54
–, empfindliches 380
–, scharfes 131
Gehorchen 212
Gehörlose 356
Geist, Beschaffenheit des -es 420
Geist-auf-Materie-Fernwirkung 409
Geisteskrankheiten, schwere 157
Gene 446 f., 457
–, die Migration programmierende 310
–, egoistische 145 f.
Gen-Pools 469
Geräusche 61 ff., 65, 82, 129, 138, 167, 194, 345, 387 f., 431
–, vertraute 106, 281, 314
Geruch 83, 326 ff., 331
Gerüche 65, 82, 263 f., 270, 288, 315, 345
–, vertraute 281
Geruchsepithel 288
Geruchssinn 28, 57, 199 f., 300, 326, 328, 334, 380, 401
–, Aufspüren durch den 331
–, scharfer 54
Geruchstheorie 331
Geschicklichkeits- und Gehorsamkeitswettbewerbe 208
Gesellschaften, moderne 184
–, traditionelle ländliche 184
Gesellschaftsinsekten 46
Gesellschaftstiere 44, 46, 346
Gewohnheiten, kollektive 49

–, vertraute 128
Gewohnheitsmuster 49, 194
Gezeiten, Einfluß auf die 416
Giraffe 452
Giraffenembryo 452
Golden Retriever 70, 156, 210, 351
Goldfische 41, 128
Golfkrieg 385
Grab 335 f.
Grabmale 336
Grand-mal-Anfall 348, 351
Gravitationsfelder 456
Gravitationstheorie 416
Greyhound 84, 328 f.
Griechen, alte 156
Grillen 375
Großkatzen 35
Großmästereien 41
Großstadtbewohner, moderne 291
Großstadthündin 269
Großwildjagd 35
Gruppe, morphisches Feld der 241
Gruppen, Angehörige sozialer 418
Gruppen, morphische Felder sozialer 470
Gruppen, soziale 46, 145, 238, 255, 279, 405, 457
Gruppenseele 242
Gun Dogs 84

Halbaffen 315
Halluzinationen 178
Halter, Gedanken und Absichten des -s 356 f.
Halter, Rückkehr des -s 57
Hamster 129, 135
Handlungsmuster 452
Hausgänse 125
Haushunde 55, 171, 284
Hauskatzen 281, 284
Hausschafe 134
Hausschwein 266

Haustier 27, 81, 146, 136, 334 f.
Haustierarten 129
Haustierbesitzer 264, 312, 359, 368, 379, 409
Haustiere 14, 19 f., 27, 33 f., 41 ff., 47, 55, 81 f., 131, 146, 148, 159, 163, 185, 190, 196, 206, 208, 229, 256, 283, 302, 375, 378, 401, 419, 421
–, paranormale 126
–, Tod ferner 178
–, unerklärliches Verhalten an -n 375
–, Wahrnehmungsvermögen von -n 14, 197
–, unerklärliche Kräfte von -n 26
Haustierhalter 14, 20 f., 26, 66, 81, 148, 197, 205, 326
Haustierhaltung 42, 136
Haustierheilung 157
Hausvögel 126
Hautwiderstand 397, 411
Heilkraft 150
Heilungsprozeß 157
Heimatbasis 281
Heimfahrt 78, 82, 94
Heimfahrten, unterbrochene 80
Heimfindeexperimente 306
Heimfindesystem, doppeltes 292
Heimfindeverhalten 277, 418
Heimfindevermögen 312
Heimkehr 110
–, unerwünschte – von Pferden 265
Heimkommen 358, 436
Heimweg 78, 91, 101 f., 107, 132 f., 135, 270, 273
Hellseher 395
Hengst 218
Herde 48, 145, 238, 249 f., 255
Herdentiere 39 f.
Herzanfälle 362
Herzinfarkte 148, 165, 362

Heulen 173
High-Tech-Medizin 361
Hilferufe 256
–, stumme 219
Himmel 300
Himmelsrichtungen 272
Hinweise, sensorische 323
–, sinnliche 209, 216
–, verbale 322
Hirsch 339
Holarchie 453
Holon 453
Hominidenarten 34
Homo erectus 35
Homo sapiens 35
Hören 196
Hörfähigkeit 59
Hörvermögen 60
Hörweite 60, 112, 126
Hounds 84 ff.
Hühner 39, 124 f., 248, 372, 375
–, vorausahnendes Verhalten von -n 124
Hühnerhof 124
Hund 33, 55 f., 58, 60 f., 64, 83, 108, 152, 161, 204, 208 f., 263 f., 268, 314, 324, 327 ff., 334, 361 f., 384 f., 392 f., 405
–, Geheul eines -es 169
–, herrenloser 334
Hunde 14, 18, 22, 26 ff., 34, 37 ff., 44 f., 47, 53 ff., 59 f., 62, 66 ff., 74, 77, 80, 83, 105, 107, 109, 111 ff., 118 f., 129, 131, 135, 147 ff., 152 ff., 156, 158, 160, 162 ff., 168, 170 ff., 190 ff., 195, 197, 204 f., 208, 212, 223, 233 f., 254 f., 264 ff., 268, 281, 283 f., 297, 312, 314, 324 ff., 331 f., 335, 350 ff., 357 f., 364 f., 375 f., 380, 382 f., 391, 401 f., 419, 429
–, Abrichten von -n 208

–, Domestikation von 38
–, Experimente mit -n 212
–, Navigation von -n 289
–, Verbundenheit von -n mit dem Leichnam ihres so sehr geliebten Menschen 336
–, Vorahnungen bei -n 365
–, Warnungen von -n 403
–, wilde Ahnen der 283
Hundearten, Empfindlichkeit verschiedener 85
Hundebesitzer 80, 87, 221
Hunde-ESP 322
Hunde-Frühwarnsystem 56
Hundeführer 205, 264, 329
Hundegeschichten 112
Hundehalter 27, 53, 87, 166, 191, 197, 252, 320, 352, 389
Hunderassen 38, 84 f.
Hundetrainer 20
Hundezüchter 22
Hundezüchterverband 84
Huskies 33, 84
Husky 271
Hütehund 209, 262, 268, 334
Hypoglykämie 359

Imker 22
Impuls, stummer 250
Industrieländer 42
Industriestaaten 137
Informationen, normale sensorische 426
–, sinnliche 145
Informationsströme, umgekehrte 415
Insekten 128, 292, 370, 423, 457
–, Kommunikation bei sozialen 241
–, soziale 240, 243
Insektengesellschaften 238 f.
Instinkte 49 f.
Instinktverhalten 459

Intentionen 94, 100, 114, 185
–, menschliche 26
Intuition 178, 427
–, telepathische 204
IQ-Ergebnisse 467
IQ-Tests 466, 468
Irish Setter 53 f., 68, 73, 320, 324
ISN 464
Isoliertheit 148

Jagd 35, 37, 40 ff., 84, 282, 339
Jagderfolg 136
Jagdhunde 39, 84, 352
Jagdrevier 208
Jagdtechniken 37
Jäger 35, 136, 249
Jäger und Sammler 35
Jäger- und Sammlerahnen 289
Jäger-Sammler-Gesellschaften 35
Jäger-Sammler-Kulturen 35, 341
Jäger-Sammler-Vorfahren 403
Jungtiere 41, 282, 314, 460
Jungvögel 305, 307

Käfig 226, 253, 267, 294 f., 386, 406
Käfigvögel 375
Kakadu 122
Kalahariwüste, Buschmänner in der 136, 228, 290, 402
Kalb 337 f., 460
Kalibrierung 229
Kamele 422
Kanarienvögel 122
Kaninchen 9, 41, 129, 226, 252 ff., 347, 353, 406
Kaninchenliebhaber 22
Kaninchenpaare 253
Kapuzineräffchen 234
Karibus 249 f., 255
Katafalk 396
Katastrophe, bevorstehende 368
Katastrophen, Vorahnungen von 394, 423

Kater 17, 115 f., 174, 207, 220, 230, 284, 319 f., 354, 363 f.
Katze 18, 22, 27, 33 f., 40 f., 103 ff., 115, 129, 131, 135, 146 f., 150 ff., 154 f., 163, 172 ff., 177, 183, 196 ff., 204, 209, 219 ff., 225 f., 230 f., 233 ff., 263, 266, 268, 279, 281, 284, 289, 291, 297, 312 f., 315, 325, 327, 332 f., 354, 365, 367, 375 ff., 382 f., 385, 391 f., 401, 405, 419, 426, 430
–, antizipatorisches Verhalten von -n 113
– n einschläfern 189
–, Navigation von -n 289
–, verschwundene 221, 325
–, Vorahnungen von -n 365
–, vorausahnendes Verhalten von -n 105, 116
–, Warteverhalten von -n 106
Katzenbesitzer 44, 104 f., 113, 147, 186, 188, 197, 206 f., 220 f., 325, 377
Katzenliebhaber 22
Katzenmumien 40
Katzenmutter 47, 314
Katzenpflegeheim 222
Kaulquappen 9, 128
Kinder 9, 34, 138 f., 148 f., 184, 341, 349, 409, 462 f.
King Charles Spaniel 84
Kleinsäugetiere 129, 135
Kojoten 171
Kodex, ethischer 227
Kolik, 225
Komata 358
–, Vorwarnungen vor 394
Kommissar Rex 41
Kommunikation 25, 219, 228 f., 241, 250, 257, 426
– von Angst 346

– zwischen Haustieren und ihren Besitzern 226
– zwischen Mensch und Hund 209
– zwischen Menschen und Tieren 256
–, mentale – mit Pferden 218 (s. auch Pferde, mentale Kommunikation mit)
– mit der nichtmenschlichen Welt 35
–, nichtvisuelle 179
–, normale sensorische 209, 246
–, schamanische 227
–, sensorische 257
–, sinnliche 48, 241
–, soziale 257
– bei sozialen Insekten 241
–, stumme 339
–, telepathische 27, 50, 73, 77, 117, 135, 211, 227, 255 ff., 279, 323, 342, 402, 418
–, telepathische – zwischen Pferden 251
–, unsichtbare 257
–, visuelle 179
Kommunikationsfähigkeit 227
Kommunikator, Projektion der Gedanken des -s 227
Kompaß 287 f., 290, 294, 296, 301, 341, 416
–, biologischer 288
Kompaßsinn 19, 27, 288, 294 f., 299
– magnetischer 299
Kontakt, direkter 212
–, körperlicher 149, 159, 405
–, physischer 216
–, sinnlicher 256
Kontakte, soziale 149
Kontinentalverbindungen 305
Kopfschmerzen 148, 377
Korallen 238

Körperbewegungen 24, 212 f.
Körpersignal 216 f.
Körpersprache 25 f., 56, 145, 185, 192, 322 f.
Kraft, telepathische 207
–, geheimnisvolle übersinnliche 236
Kräfte, geheimnisvolle 24
–, okkulte 35
–, physikalische 286
–, telepathische 207
–, übernatürliche 25
–, übersinnliche 29, 435
–, unerklärliche tierische 23
Kranke, chronisch 149
Krankheiten, Ausbruch von 364
Kreativität, evolutionäre 471
–, göttliche 471
Kristallographie 468
Krokodile, Brutpflegeverhalten von -n 127
Kuckucke 292
–, junge 304 f.
Kuh 225, 337 f.
Kühe 40, 372
Küken 405 f., 408, 461 f.
Kummer 163 ff., 168 f., 172 f., 175, 256, 348
Kurzzeitwissen 117

Laborexperiment 244, 382
Laborversuch 397
Labrador 165
Labrador-Greyhound 63
Lachse 261, 300
Ladung, Änderung der elektrischen 345
–, Veränderung der elektrischen 389, 394
Ladungen, elektrische 381
Lämmer 134
Landwirtschaft 403

–, moderne industrialisierte 40
Länge, geographische 289
Langstreckenreise 301
Lasttiere 33, 40
Laubfrösche 128
Lawine 391
Laysanalbatros 285
Lebewesen, Kommunikation zwischen 184
–, nichtmenschliche 136, 178, 184, 340, 346
Leid 178, 206
Leiden 147, 178
Leidenschaft 145
Leistungsvermögen, menschliches 465
Lernverhalten, menschliches 462
–, tierisches 461
Liebe, fehlende 227
–, uneingeschränkte 150
Liebesfähigkeit 160
LSN 464
Luftangriff 169, 385, 387, 389, 394
Lügendetektortest 411
Lumineszenz, seismo-atmosphärische 381
Lurcher 84

Magie, heilende 146
Magnet 245, 289
Magnetfeld 245, 288, 295 ff., 299, 341, 416
Magnetismus 280, 421
–, Theorie des 288
Magnetismus-Hypothese 289
Magnetkompaß 300
Magnetkompaß-Sinn 295
Magnetpole 296 f.
Magnetsinn 288 f., 293, 296 f., 301
Männchen 87, 104, 109, 284, 352, 358

Manöverwelle 247
Maschinen, komplexe, genetisch vorprogrammierte 10
Massentierhaltung 33
Maultiere 41
Mäuse 11, 129, 135, 369
Meeresschildkröten 300 f.
Meerschweinchen 11, 41, 129
Meme 470
Menagerie 42
Menschen, Absichten von 401
–, behinderte 149
–, blinde 205, 213
–, feindselige 347
–, gehörgeschädigte 463
–, verletzte 166
–, verstorbene geliebte 336
Mensch-Hund-Beziehungen 77
Mensch-Katze-Beziehung 104
Mensch-Tier-Interaktion 158
Merkmale, vertraute 281
Miauen 173, 208, 221
Migräneanfälle 153
Migranten 293
Migrantengeneration 293
Migration 261, 292, 302, 304, 306, 310, 312, 319, 342, 418, 458
–, programmierte 297
Migrationsfeld 304
Migrationsgene 297
Migrationsjahreszeit 294
Migrationsmuster 296, 309 f.
Migrationsprozeß 294
Migrationsrasse 309
Migrationsroute 309 ff.
Migrationsverhalten 293
–, programmiertes 296
Migrationswege 293, 309 ff.
Migrationszyklus 292 f., 309
Mischlinge 85, 358
Mischlingshund 332, 357, 384
Mischsprache 463

Molekularbiologie 421, 468
Monarchfalter 293
Mönchsgrasmücke 309 ff.
Mönchsittiche 121 f.
Morphogenese 446, 448, 459
Morsezeichen 464
Motivation 279, 443
Möwen 386
Muskelspannung, Veränderungen in der 217
Mutantengene 310
Mutationen, genetische 309 f.
–, zufällige 296
Mutationsgene, Transfer von 469
Mutter 252, 405 f.
Mütter 139 f., 423, 460
Mutterinstinkt 337

Nachbeben 368, 376, 380
Nahrung, Suche nach 301
Nahrungsgründe 261, 292, 300 ff., 304, 309
Nahrungsquellen, neue 283, 310
Nahrungsruf, stummer 248, 340
Nahrungssuche 279, 302, 404
Natur, biologische 404
–, Lauf der 414
–, telepathische 117, 325, 441
–, tierische 256
Navigation 279, 282, 286, 289, 295, 300, 319, 458
Navigationsfähigkeit 261, 283 f., 286
Navigationshilfen 290
Navigationsleistungen 289, 301
Navigationsprogramm, magnetisches 299
Navigationssystem 299
Navigationsverhalten 307
Navigatoren 291, 296
Neigungen, kannibalistische 127
Nervensystem 297, 469
Nervosität 375, 377

Nestlinge 183
Neufundländer 64, 84 f., 197, 213, 215, 233, 254, 262, 316
Neurophysiologie 211
New-Forest-Pony 133
Nichtlokalität 417, 454 f.
Nichttrennbarkeit 417, 454
Nierenkolik 363
Nilkrokodile 127
Nistbedingungen, veränderte 311
Nistplätze 301
Nordhalbkugel 294
Nordpol, geographischer 296 f.
–, magnetischer 288, 296 f.
Not, 223, 364
–, Tiere in 225 f., 279
Notfälle 165, 172 f.
–, medizinische 365
Notsignal 224 ff.
Nubische Falbkatze 103
Nymphensittiche 121 f.

Ochsen 41
Operationen 186, 333
Ordnung, explizite 456
–, implizite 456
ORF 93, 101
Organisation, soziale 239
Organisationsfelder, unsichtbare 469
Organisationsformen, komplexe, soziale 238
Organismen 447 f., 453, 457, 471
–, lebende 10, 13
–, Verhalten von 459
–, winzige 238
Organismus 447
–, Gesellschaft als 240
Orientierung 306, 340, 342
Orientierungsfähigkeit 268, 271, 281
Orientierungsmechanismus 306

Orientierungspunkte 261, 304, 314, 318
–, himmlische 294
–, vertraute 286, 314
Orientierungssinn 26 ff., 261, 264 f., 270 ff., 275, 277, 279, 282, 284, 290 f., 293, 297, 302, 304 f., 312, 318 f., 325 f., 341 f., 401 ff., 418, 423
–, geheimnisvoller 284
–, guter 27
–, menschlicher 404
Ornithologen 306
Ortsprägung 305, 307
Osterentenpärchen 266

Panik 346 f., 372, 381
Papagei 121 f., 386
Papageien 22, 41, 118 f., 125, 135, 234, 236, 419, 425 f.
Papageienarten 121
Parapsychologe 237, 396, 403, 405, 421
Parapsychologie 178, 331, 404
Partner, miteinander verbundene 184
PAT-Preis 156, 351
PAT-Programme 156
PAT-Tiere 149
Pekinesen 85
Perserkatze 107, 173, 333
Petit mal 349
Pferde 17 f., 21 ff., 27, 34, 39 f., 131 ff., 135, 146, 157 f., 204 f., 216 ff., 225, 236, 250 f., 253, 255, 265 f., 312, 315, 372, 375, 383, 391, 419, 426, 459, 461
–, Experimente mit -n 253
– in freier Wildbahn 250
–, mentale Kommunikation mit -n 218
–, Methoden des Zähmens von -n 218

Pferdeflüstern 218
Pferdehalter 200
Pferdepaar 251
Pferdetherapie 158
Pferdetrainer 20, 218, 225, 250
Pferdeweiden 459
Pferdezüchter 22
Pflanzen 22, 447, 449, 457
Pflegeheim 156
Pflege- und Altenheime 149
Phänomen, elektrisches 73, 384
Phänomene, elektrische 383 f.
–, chemische 448
–, magnetische 73
–, paranormale 20, 469
–, parapsychologische 101
–, physikalische 448
–, psychokinetische 418
–, durch Schwerkraft verursachte 73
–, telepathische 207
–, übersinnliche 20, 403 f.
–, unerklärte 78
Physik 243, 416, 448 f., 453, 455 f., 458
Physiker 417, 458
Pidgin-English 463
Piepser 436 f.
Pionierarbeit 421
Pionierforschungsarbeit 237
Pioniertätigkeit 213
Pitbullterrier 348
Planetarium 294
Platzregen 383
Polizeihunde 41, 323
Polizeihundestaffel 58, 323
Pole, magnetische 299
Polumkehrung 297
Polynesien, Seefahrer von 290
Pony 41, 200
Prägung 305
Prägungsinstinkt 405
Präkognition 78, 137, 345, 390 f., 414 f., 437

Primaten 159
Programm, angeborenes 294
–, genetisches 447
Programme, ererbte 302
Programmieren, genetisches 295
Programmierung, genetische 297, 293, 310
Promenadenmischung 192
Psi-Spurensuche 331 f.
Psychokinese 405
Psychologen 157 ff., 452
Psychologie 453, 469
Pudel 84 f., 152, 170, 392
Pudelweibchen 190, 315
Pulsfrequenz 147

Quantenebene 417
Quantenfeld 455
Quantenphänomene 418
Quantenphysik 11, 416 f., 456
Quantensysteme 417, 455 f.
Quantentheorie 455 f.

Ratten 10 f., 129, 367 ff., 372, 461
Raubfisch 46, 243
Raubtier 282, 314, 338, 412
Raubtiere 35, 38, 250, 314, 338, 346, 378
Rauferei 164
Raum-Zeit 241, 415, 449
Raum-Zeit-Kontinuum 415
Raupen 9
Reaktion, akustische 168
–, ängstliche 280, 377
–, aufgeregte 377
–, panikartige 382
–, subtilere 70
–, vorausahnende 91, 196
–, telepathische 422
Reaktionsmuster 69, 424, 443
Reduktionismus 239
Reflexe, bedingte 191
Regenwürmer 382

Rehe 39
Reiter 131, 204 f., 216 ff.
Reitpferd 40
Reptilian International 127
Reptilien 118, 126 ff., 135, 370, 423
Resonanz 185, 465
–, emotionale 184
–, morphische 302, 448, 452 ff., 456, 459, 461 f., 465 f., 468 ff.
Retriever 84
Rettungshund 351
Revolution, wissenschaftliche 19
Richtung, programmierte 306
–, vorprogrammierte 295
Richtungsinformation 341
Riechen 196
Riechweite 112, 356
Riesenvögel 376
Rinder 39, 372
Rotkäppchen 34
Rotkehlchen 281
Routine 26, 55, 94, 100, 106, 117, 201 f., 209, 426, 436
Rückenschmerzen 153
Rückkehrzeiten 431, 436
Rudel 37, 46 ff., 54, 171, 183, 255, 283, 338 ff.
–, jagendes 339
Rufe 184, 204, 206 f., 209, 256, 325
–, stumme 27, 209, 229, 405

Säugetierarten 129, 135
Säugetiere 118, 128, 255, 370
–, elterliche Fürsorge bei -en 145
Savannen-Ammern 299
Scent Hounds 84
Sceptical Inquirer 101
Schafe 39, 134 f., 204, 209, 225, 461
Schäfer 161, 204, 262, 264
Schäferhund 76, 84, 149, 177, 362, 383, 388

Schäferhündin 160, 254, 361, 394
Schafherde 266
Schafzüchter 134
Schamanen 35, 226, 395
Schar 145, 249, 450
Scharen 238, 255, 306
Schildkröten 9, 126, 301 f., 383
Schildpattkatze 354
Schlaflosigkeit 377
Schlaganfall 162, 224
Schlangen 126, 240, 369, 372
Schlauer-Hans-Effekt 25 f.
Schmetterling 293
Schoßhündchen 42, 210, 352
Schoßtiere 41
Schreckreaktion 246
Schulbiologie 239
Schulwissenschaft 18, 20, 229, 291, 404
Schwäche, emotionale 227
Schwalben 261, 285, 292, 295, 302, 304
–, europäische 27
Schwämme 238
Schwarm 46 f., 243 ff., 347
–, Kursänderung im 246
Schwärme 125, 128, 238, 255
Schwarmverhalten 244 f.
Schwarzschnabel-Sturmtaucher 285
Schweine 39, 372
Schweißhunde 84
Science 370, 373
Seeigelembryos 449
Seeigel-Feld 449
Seele, menschliche 404
–, unsichtbare 243
Seeschildkröten 127, 261
Seeschwalben 285
Seevögel 285
Sehvermögen 244, 270, 326, 329, 411
Sehweite 126, 356

Seismologen 371, 373 f., 381
Seismologie 371
Selbstmord 150, 154
– von Hunden 162
Selbstresonanz 469
Selbstvertrauen 157
Selbstwertgefühl 148, 159 f.
Sensibilität 403
–, Nachlassen der 402
Setter 84
Sheltie-Hündin 360
Shih-Tzu-Hunde 176
Siamkater 221, 261
Siamkatze 110, 231
Sicherheit, emotionale 150
Sicherheitsgefühl 148
Sichtkontakt 219
Sichtweite 112, 209
Sight Hounds 84
Signale, optische 241
–, sensorische 249
Singvögel 380
Sinn, scharfer telepathischer 205
–, sechster 28 f., 78
Sinneskanäle, normale 178
Sinneskontakt, normaler 245
Sinneswahrnehmungen 167
Sittiche 383
Sonne 287, 293 f., 296, 299 f.
–, Position der 294
Sonnennavigations-Theorie 287
Sonnenposition 289
Sonnenstand 271, 300
Sonnensystem, Gravitationsfeld des -s 241
Sorgen 174, 175, 177
Sozialwissenschaften 453, 470
Soziobiologie 239
Spaniels 84, 169
Spaß 147 f.
Spaziergang 191, 363 f., 383
Spaziergänge 196
–, Vorausahnen von -n 195

Spezies, kollektives oder vereintes Gedächtnis einer 452
Sporttauben 9
Springer-Spaniel-Hündin 76
Spürhunde 84, 264, 360
Stabheuschrecken 41, 118, 128
Stadtplan, geistiger 275
Stammesgesellschaften 226
Standardtests, psychologische 147
Stare 47, 285, 305 ff., 309 f.
Starenschar 245
Sterben 256
Sterne 271, 293 f., 296, 299
–, Lauf der 295
Sternenkompaß 294
Störche 285
Strauße 375
Streß, Anzeichen von 253
Strömungen 301, 314
Südpol 297
Suggestion 212 f.
Sumpfschildkröte 126, 239, 300 ff., 311
Sunday Telegraph 91
Superorganismus 46, 238 ff.
Support Dogs 354 f.
Sympathie 145
System, soziales 456
Systeme, dynamische 450
–, selbstorganisierende 449

Tagesausflüge 120
Talismane 410
Tauben 9 f., 22, 267, 285 ff., 291, 293, 297, 302, 333, 346, 367, 386, 419
–, heimfindende 291, 307
–, heimfliegende 293
–, Navigationsleistungen von 289
–, Orientierungsfähigkeit von 285
Taubenclubs 22
Taubenschwärme 386

Telefon 27, 204, 212, 227, 230 ff., 233 f., 237, 351
Telefonanruf 201, 204, 236 f.
Telefone 229
Telepathie 26, 28, 48 f., 50, 53, 65 ff., 73, 78, 117, 126, 131, 136 f., 141, 145, 178, 183 ff., 202, 204, 209 f., 217 f., 227 ff., 237 f., 250, 255 ff., 312, 322, 342, 345, 358, 389 f., 403 f., 414
– unter Tieren 238
– von Tier zu Tier 136, 238
–, Kanäle für 117
–, Manifestationen von 67
–, menschliche 178, 256, 404
Termiten 46, 239, 241 f., 457
Termitenkolonien 48
Terrain, unbekanntes 401, 418
–, neues 282
–, unvertrautes 18, 261
–, vertrautes 281
Terrier 17, 84 f., 161, 272, 328, 352
Terriermischling 89
Territorien 283 f., 310
Territorium 40, 117, 281, 283
–, unbekanntes 319
The Lancet 359
Theorie, mechanistische 20
Therapeuten 157 ff.
Tier, Absicht des -es 405
–, Vorahnungen des -es 384
–, Wesen des -es 29
Tierarten, wilde wie domestizierte 261
Tierarzt 76 f., 111 f., 146, 186, 281, 361
Tierärzte 20 f., 59, 188, 190, 368, 421
Tierbeobachter 368
Tiere, Ängste der 408
–, Auffinden verlorengegangener 228

–, Ausbeutung von -n 19
–, domestizierte 33, 40, 44 f., 281
–, Experimente mit -n 426
–, gesellige 170
–, Graumsamkeiten gegenüber -n 33
–, heilige 42
–, Heimfindeverhalten von -en 268
–, Herden wilder 249
–, im Wasser lebende 282
–, Interaktion mit -n 34
–, Kommunikation mit -n 205
–, Reaktionen von -n 78, 199 f.
–, Sensibilität der 403
–, Telepathie bei -n 255
–, Überleben und Vermehrung der 309
–, Umgang mit -n 422
–, unerklärte Kräfte von -n 23, 94, 342, 418
–, unerklärtes Wahrnehmungsvermögen bei -n 26
–, Warnungen durch 370
–, wilde 189, 249
–, wirbellose 423
Tiergesellschaften 340, 404
– in freier Wildbahn 184
Tiergruppen, soziales Gefüge von 146
Tierhalter 14, 205, 227, 323
Tierhaltungsgewohnheiten 43
Tierheime 74 f., 320
Tierkliniken 166, 186
Tierkommunikation 227
Tier-Mensch-Felder 341
Tier-Mensch-Verbindung 341
Tier-Ort-Felder 341
Tier-Ort-Verbindung 341
Tierreich, soziale Organisation im 239
–, Telepathie im 255
Tiertrainer 14, 20, 26, 226

Tierverhaltensforscher 194, 374
Timberwölfe 338
Times 262
Timing 210
Tod 151, 160, 162 f., 168, 170, 173 ff., 178, 336, 358, 365
–, ferne 173, 178, 256
–, Warnung vor bevorstehenden 423
Tollwut 39
Totenkopfäffchen 130
Totenwache 336
Toy Group 85 f.
Toy Dogs 86
Trainer 24, 208, 211, 315
Traum 175, 177 f., 395
Träume 395 f.
–, präkognitive 396
Treiberameisen 239
Treiberameisenkolonie 240
Treue 160
Trommeln 228 f.
–, Kommunikation durch 228
–, Sprache der 229
Trost 153 f., 172
Turkestan 40

Überschallgeschwindigkeit 388 ff.
Übersinnliches 403, 421
–, Erforscher des -n 421
–, Erforschung des -n 404
Übersinnlichkeit 128
Überwinterungsgebiet 305 ff.
Umweltinformationen 314
Unabhängigkeit 151
–, von Katzen 104
Unbewußtes, kollektives 48, 452
Unfall 163, 166, 173, 175, 254, 325, 351, 357
Unfälle 165, 172
–, an fernen Orten 219
–, ferne 178, 256
Unglück 365

Unruhe 115, 165, 226, 233, 256, 315, 375, 380
Unterzuckerung 359
Unwetter 223f., 383f., 389
–, Vorahnungen von -n 394
Urinstinkt 172
Utility Dogs 86
Utility Group 84ff.,

V2-Raketen 388, 390
VAN-Gruppe 381
vardøger 137f., 402
Väter 138f.
Vektornavigationsprogramm, raumzeitliches 294
Vektorphänomene 341
Veränderungen, elektrische 28
–, emotionale 411
–, Empfindlichkeit gegenüber 394
–, Empfindlichkeit gegenüber elektrischen 384
Verantwortungsgefühl 148
Verbindung, feldartige 457
–, emotionale 20, 75
–, enge – zum Halter 354
–, reale 48, 170
–, telepathische 66, 128f., 206, 215, 253, 325
–, übersinnliche 131, 256
–, unsichtbare – zwischen Tier und Mensch 28
Verbundenheit 125, 336
–, emotionale 146
– zwischen Mensch und Katze 147
–, Mangel an sozialer 127
Verbundensein zwischen Tier und Mensch 40
Verhalten, ängstliches vor Unfällen, Katastrophen oder Gefahren 391
–, antizipatorisches 53f., 113
–, altruistisches 145
–, kriminelles 157

–, paranormales 129
–, rätselhaftes 312
–, rücksichtsvolles und tröstendes 152
–, scheinbar unerklärliches 375
–, unabhängiges 152
–, tierisches 20, 29, 145
–, tröstendes und heilendes 150
–, unabhängiges 152
–, ungewöhnliches 364f., 368, 372ff., 378f., 382, 423
–, vorausahnendes 66, 81, 85, 105, 116, 124, 126, 131, 141
Verhaltensänderung 322, 356
Verhaltensfelder 449, 469
–, gewohnheitsmäßige 469
Verhaltensmuster 368, 453, 459, 469
Vernetzung 416
Verursachungsketten 345
Verwandte, wilde wie verwilderte 284
Verzweiflung 148, 163
Vieh 263f., 369, 372, 460f.
–, älteres 460
Viehherden 84, 264
Vögel 118, 121f., 124f., 128, 246, 255, 266f., 282, 285f., 289, 292f., 295f., 299, 304ff., 309f., 332, 369f., 376, 386, 405, 450
–, beringte 306
–, domestizierte 125f., 248
–, elterliche Fürsorge bei -n 145
–, hungernde 248
–, Orientierungssinn der 305
–, Streckenrekorde von -n 285
Vogelarten 135, 235, 285
Vogelbeobachter 417
Vogeljunge 126
Vogelscharen 46, 48, 245, 248, 457
Vogelschwärme 246, 470

Vorahnung 59, 117, 194, 198, 342, 345, 383, 390
Vorahnungen 26, 29, 256, 345, , 365, 384, 394 ff., 398, 402, 414 f.
–, menschliche 395, 404
–, präkognitive 302, 383, 390
Vorausahnen, von Erdbeben 374
–, telepathisches 202
Vorausahnung 68, 73
Vorausecho 137
Vorausreaktion 70
Vorauswissen 28, 345
Vorfahren, Gedächtnis der 261, 304
Vorfahrengewohnheiten 469
Vorgefühl 345, 390, 394 ff., 414
Vorhersagen 370, 373, 452
Vorstellungen 178
Vorwarnungen 107, 345, 386 f., 391

Wachen 179
Wacherlebnisse 175
Wachhunde 42, 335
Wachsamkeit 93
Wächtergeister 35
Wachzustand 175, 178
Wahrnehmung, außersinnliche 28 f., 78
–, bewußte 415
–, Kräfte der 18
–, Objekt der 412, 458
–, sinnliche 325
Wahrnehmungsfelder 412, 418, 449
Wahrnehmungsverhalten 14, 426
Wahrnehmungsvermögen 18, 21, 29, 401 ff., 414
– von Haustieren 14, 185, 197
–, nichtmenschliches 402
–, starkes 401

– bei Tieren 419
–, unerklärtes 26, 342, 403
–, ungewöhnliches 21, 425
–, unheimliches 424
Wahrsager 395
Waldkauz 124
Warnhinweise 270
Wandertiere 299, 304
Warnrufe 386
Warnung 346
–, stumme 250
Warnungen 385, 387, 393 f.
–, vor inneren Gefahren 346
–, von Hunden 403
–, von Tieren gegebene 378
–, tierische 379
Warnverhalten 352 f.
Warteverhalten 106, 201, 430
Weibchen 87, 104, 109, 127, 284, 352, 358
Weideroste 460 f.
Weißwedelhirsche 347
Wellenläufer 285
Wellensittiche 9, 41, 121 f.
Welse 382
Welsh-Cob-Pony 18
Weltanschauung, mechanistische 23
Wespen 46, 239
West-Highland-Terrier 168
Wetter 109
Wetterveränderungen 378
Wettfliegen 126
Whippethündin 254
Wiesel 369
Wild 283
Wildenten 266
Wildhunde 46
Wildhüter 161, 263
Wildkatze, afrikanische 103
Wildkatzen 104
Wildnis 339
Wildpferde 46

Wildtiere 238, 314, 412
–, Verhalten von -n 403
Wildvögel 248, 367, 375
Windhunde 38, 84
Windrichtung 68, 92, 387 f.
Winseln 154, 173, 357
Winternahrungsgründe 292
Winterquartiere 292, 295
Wirkung, entspannende 149
–, heilende 150
–, therapeutische 157
Wirkungen, nichtlokale 453
Wohlbefinden 159
Wolf 37, 47
–, verletzter 39
Wölfe 37 f., 42, 54 f., 171 f., 183, 250, 281, 283 f., 338 ff., 402
–, Aktionsräume der 284
Wolfshund 156
Wolfsjunge 42, 54
Wolfsrudel 283 f., 340
Working Dogs 85
Working Group 84, 86
Wünsche 205, 408 f., 419
Würmer 370
Wüstenspringmäuse 41, 129

Yorkeshireterrier 321

Zähmen, Methoden des -s von Pferden 218
Zauberwesen 149
Zaunkönigpärchen 183
Zebra 39
Zeichensprache 463, 465
Zeitempfinden 90
Ziegen 39, 375
Zielgerichtetheit 279
Zivilisation 402
–, frühe 40
–, nichtwestliche -en 402
–, urbane 184
Zoo 200, 315
Zootiere 201
Zoowärter 21
Züchtung 86
Zufallsmutationen 310
Zughunde 84
Zugtiere 40
Zugvögel 27, 286, 294 f., 304 f.
Zugvogelarten 304
Zukunft vorhersehen 395
Zuneigung 147, 149 f.
–, angeborene 39
– zu Menschen 125
–, persönliche 100, 125
Zureiten, konventionelles 218
Zusammenhang, biologischer 340, 398
–, evolutionärer 398, 404
Zweites Gesicht 137, 402
Zweiter Weltkrieg 64, 139, 265, 385, 387 f., 466
Zwergcockerspaniel 361
Zwerglanghaardackelhündin 362
Zwergschimpansen 201
Zwischenlandeplätze, herbstliche 306

Können Katzen sprechen? Die Antwort ist ein klares Ja: Katzen verfügen nachweislich über ausgesprochen feine Kommunikationsmöglichkeiten. Man muß sie nur verstehen. Lernen auch Sie die Katzensprache! Alles, was Sie dazu brauchen, ist Geduld, Beobachtungsgabe und Einfühlungsvermögen. Roman Berger zeigt Ihnen, wie Sie Ihren vierbeinigen Freund noch besser verstehen können.

Mit zahlreichen Zeichnungen und einem unterhaltsamen Test.

Roman Berger

Und Katzen sprechen doch
Die Geheimnisse der Katzensprache

Econ | **Ullstein** | List